应用型本科院校规划教材/经济管理类

Management

管理学

（第2版）

主　编　李　伟　辛云鹏
副主编　佟伯承　王立民　李　刚　冯　颖

哈尔滨工业大学出版社
HARBIN INSTITUTE OF TECHNOLOGY PRESS

内容提要

本书全面、系统地阐述了管理学的基本概念、基本原理和方法以及管理的基本职能。本书注重对基本概念、基本原理和基础知识的理解与把握,以及对管理理论和实践在当代最新发展情况给予必要的介绍和分析。全书共分十二章,各章配有学习要求、主要概念、案例导读、本章小结、思考与练习题、案例分析,并根据需要配有资料库、阅读资料等内容。通过资料库和案例分析把管理学理论与实践有机地结合起来,以引导学生能够运用相关管理理论与知识,分析并解决实践中所遇到的种种现象和问题。

本书适用于高等院校经济与管理类专业本科生,以及其他专业选修管理类课程人员或企业培训人员使用。

图书在版编目(CIP)数据

管理学/李伟,辛云鹏主编.2 版—哈尔滨:哈尔滨工业大学出版社,2011.9
应用型本科院校规划教材
ISBN 978-7-5603-3053-2

Ⅰ.①管… Ⅱ.①李… ②辛… Ⅲ.①管理学-高等学校-教材 Ⅳ.①C93

中国版本图书馆 CIP 数据核字(2011)第 186051 号

策划编辑	赵文斌 杜 燕
责任编辑	刘 瑶
出版发行	哈尔滨工业大学出版社
社　　址	哈尔滨市南岗区复华四道街 10 号 邮编 150006
传　　真	0451-86414749
网　　址	http://hitpress.hit.edu.cn
印　　刷	肇东粮食印刷厂
开　　本	787mm×960mm 1/16 印张 21.25 字数 464 千字
版　　次	2010 年 8 月第 1 版 2011 年 9 月第 2 版 2011 年 9 月第 2 次印刷
书　　号	ISBN 978-7-5603-3053-2
定　　价	34.80 元

(如因印装质量问题影响阅读,我社负责调换)

《应用型本科院校规划教材》编委会

主　　任　修朋月　竺培国
副主任　王玉文　吕其诚　线恒录　李敬来
委　　员　（按姓氏笔画排序）
　　　　　丁福庆　于长福　王凤岐　王庄严　刘士军
　　　　　刘宝华　朱建华　刘金祺　刘通学　刘福荣
　　　　　张大平　杨玉顺　吴知丰　李俊杰　李继凡
　　　　　林　艳　闻会新　高广军　柴玉华　韩毓洁
　　　　　藏玉英

序

哈尔滨工业大学出版社策划的"应用型本科院校规划教材"即将付梓,诚可贺也。

该系列教材卷帙浩繁,凡百余种,涉及众多学科门类,定位准确,内容新颖,体系完整,实用性强,突出实践能力培养。不仅便于教师教学和学生学习,而且满足就业市场对应用型人才的迫切需求。

应用型本科院校的人才培养目标是面对现代社会生产、建设、管理、服务等一线岗位,培养能直接从事实际工作、解决具体问题、维持工作有效运行的高等应用型人才。应用型本科与研究型本科和高职高专院校在人才培养上有着明显的区别,其培养的人才特征是:①就业导向与社会需求高度吻合;②扎实的理论基础和过硬的实践能力紧密结合;③具备良好的人文素质和科学技术素质;④富于面对职业应用的创新精神。因此,应用型本科院校只有着力培养"进入角色快、业务水平高、动手能力强、综合素质好"的人才,才能在激烈的就业市场竞争中站稳脚跟。

目前国内应用型本科院校所采用的教材往往只是对理论性较强的本科院校教材的简单删减,针对性、应用性不够突出,因材施教的目的难以达到。因此亟须既有一定的理论深度又注重实践能力培养的系列教材,以满足应用型本科院校教学目标、培养方向和办学特色的需要。

哈尔滨工业大学出版社出版的"应用型本科院校规划教材",在选题设计思路上认真贯彻教育部关于培养适应地方、区域经济和社会发展需要的"本科应用型高级专门人才"精神,根据黑龙江省委书记吉炳轩同志提出的关于加强应用型本科院校建设的意见,在应用型本科试点院校成功经验总结的基础上,特邀请黑龙江省9所知名的应用型本科院校的专家、学者联合编写。

本系列教材突出与办学定位、教学目标的一致性和适应性,既严格遵照学科体系的知识构成和教材编写的一般规律，又针对应用型本科人才培养目标及与之相适应的教学特点，精心设计写作体例，科学安排知识内容，围绕应用讲授理论，做到"基础知识够用、实践技能实用、专业理论管用"。同时注意适当融入新理论、新技术、新工艺、新成果，并且制作了与本书配套的PPT多媒体教学课件，形成立体化教材，供教师参考使用。

"应用型本科院校规划教材"的编辑出版，是适应"科教兴国"战略对复合型、应用型人才的需求，是推动相对滞后的应用型本科院校教材建设的一种有益尝试，在应用型创新人才培养方面是一件具有开创意义的工作，为应用型人才的培养提供了及时、可靠、坚实的保证。

希望本系列教材在使用过程中，通过编者、作者和读者的共同努力，厚积薄发、推陈出新、细上加细、精益求精，不断丰富、不断完善、不断创新，力争成为同类教材中的精品。

黑龙江省教育厅厅长

2010年元月于哈尔滨

再版前言

管理学是一门富有逻辑、充满智慧、极富挑战性的学科。虽然管理学的发展历史相对于众多自然科学来说，发展历史很短，但是自 20 世纪初至今，管理学已显示出强大的生命力。从弗雷德里克·泰勒的科学管理方法，亨利·法约尔的一般行政管理理论，霍桑研究所带来的人力资源的新发现，到现代的定量方法、过程理论、权变方法、全面质量管理等，无不表明这个新兴学科正在蓬勃发展。

管理学为社会资源的整合配置提供了重要的理论基础，其目的在于协调各方面的因素，设计出有效的程序和规则，运用各种方法和技术，使得组织以最少的投入，高效率地完成既定目标。管理在人类的社会生活中发挥了不可替代的作用。管理学大师彼得·德鲁克曾说："在人类历史上，还很少有什么事情比管理学的出现和发展更为迅猛，对人类具有更大和更为激烈的影响。"

如今管理学已经成为高等院校经济管理类各专业的主要必修课程。学习管理学将使每一个人受益终生。管理类的经典著作、各类读物及各种教材等，已浩如烟海。为满足培养应用型本科人才的需要，既能在较短的时间内对管理学进行系统学习，掌握相应的基础知识与管理理论，又能做到学以致用，同时满足教与学的需要，特编写本书。本书结构新颖、体系严密、层次分明、难易适中，全书共分十二章。在编写过程中汲取了近几年来管理学教材和社会发展中所创立的新思想与新方法。

本书由李伟、辛云鹏担任主编，负责全书统稿工作。由佟伯承、王立民、李刚、冯颖担任副主编。具体分工为：第一章、第五章、第九章由李伟编写；第二章、第四章、第十二章由佟伯承编写；第八章、第十章由辛云鹏编写；第十一章由王立民编写；第三章由陈平编写；第六章由王成东编写；第七章由卢玉编写。李刚、冯颖在审定整体结构、资料搜集、各章节的修订、文字校对等方面做了大量的工作；哈尔滨理工大学远东学院的杨漾老师对书中的图片制作也给予大力支持与帮助。在此，对他们的热情和付出一并表示最衷心的感谢！

编者在本书的编写过程中参阅和借鉴了大量的文献资料，在此对这些文献资料的作者也表示由衷的谢意。由于编者水平有限，文中如有缺点和错误，恳请专家、读者和广大同仁不吝指正与赐教。

编　者

2011 年 7 月

目　　录

第一章　导论 ... 1
　　第一节　管理概述 ... 2
　　第二节　中外早期管理思想 ... 13
　　第三节　管理理论的形成与发展 ... 21
　　本章小结 ... 31
　　思考与练习题 ... 32

第二章　管理环境 ... 34
　　第一节　管理环境概述 ... 35
　　第二节　组织环境分析 ... 39
　　第三节　环境研究的程序与方法 ... 51
　　第四节　管理道德与社会责任 ... 54
　　本章小结 ... 62
　　思考与练习题 ... 63

第三章　信息与信息化管理 ... 65
　　第一节　信息的概念与特征 ... 66
　　第二节　信息管理的概念与过程 ... 70
　　第三节　信息化环境 ... 74
　　第四节　企业信息化 ... 82
　　本章小结 ... 87
　　思考与练习题 ... 87

第四章　决策 ... 89
　　第一节　决策概述 ... 90
　　第二节　决策过程与影响因素 ... 97
　　第三节　决策方法 ... 103
　　本章小结 ... 116
　　思考与练习题 ... 116

第五章　计划 ... 119
　　第一节　计划概述 ... 120
　　第二节　目标管理 ... 130
　　第三节　战略计划与战略管理 ... 137
　　本章小结 ... 144

  思考与练习题 145

第六章　组织 147
  第一节　组织概述 148
  第二节　组织结构设计 152
  第三节　组织变革与发展 156
  第四节　组织文化 162
  本章小结 170
  思考与练习题 170

第七章　人力资源管理 174
  第一节　人力资源管理概述 175
  第二节　人力资源计划 178
  第三节　员工招聘及培训 183
  第四节　绩效管理与薪酬管理 189
  本章小结 195
  思考与练习题 196

第八章　领导 198
  第一节　领导概述 199
  第二节　领导理论 202
  第三节　领导艺术 210
  本章小结 222
  思考与练习题 222

第九章　激励 225
  第一节　激励概述 226
  第二节　激励理论 231
  第三节　激励手段与方法 244
  本章小结 247
  思考与练习题 248

第十章　沟通 250
  第一节　沟通概述 252
  第二节　人际关系沟通与公共关系沟通 258
  第三节　有效的沟通技巧 264
  本章小结 272
  思考与练习题 273

第十一章 控制 ····· 275
- 第一节 控制的基本概念 ····· 277
- 第二节 控制过程 ····· 285
- 第三节 控制方法 ····· 288
- 本章小结 ····· 294
- 思考与练习题 ····· 294

第十二章 管理创新 ····· 298
- 第一节 管理创新概述 ····· 299
- 第二节 管理创新的过程和原则 ····· 306
- 第三节 管理创新的基本内容 ····· 310
- 第四节 管理创新的理论 ····· 314
- 本章小结 ····· 323
- 思考与练习题 ····· 324

参考文献 ····· 327

第一章 Chapter 1

导 论

【学习目的与要求】

通过本章的学习,学生应全面掌握管理、管理者和管理学等基本概念,以及它们的分类与具体内容;掌握管理者的分类与要求;掌握管理学的研究范围、研究方法等;了解管理理论的发展历程、各管理学派的主要理论及观点。

【本章主要概念】

管理　管理者　管理学　霍桑试验　人性理论

【案例导读】

韦尔奇的时间管理

杰克·韦尔奇是美国GE公司历史上最年轻的执行总裁。在管理上,他对一年内该做的大事是这样安排的:

1. 每年1月初,与全公司500位高层主管到佛罗里达州开全年营业计划决策会议。

2. 3月,与公司最高层的30位主管在GE训练中心开主管会议,主要目的是检验年初所订计划的进度并交换意见。

3. 4月和5月,韦尔奇会到GE各主要分公司和部门,与公司3 000位经理人见面,用手上完整的资料亲自评估各经理人的表现。同时,将员工意见调查表寄出,以便进一步了解员工的需求。

4. 6月,召开年中最高层主管会议,地点仍在哈德逊河畔的训练中心。

5. 6~7月,与GE部门主管在总部商讨3年计划。

6. 9月,召开第三季度最高层主管会议。

> 7.10月,与公司前140位主管,在GE训练中心商定第二年年初佛州会议应该注意的事项。
> 8.10~11月,召开最高层主管预算和人力资源评估会议。
> 9.12月,召开第四季度最高层主管会议。
> 试分析韦尔奇的管理方法对我们有什么启发?
>
> 资料来源:http://www.ncc.com.cn.

【点评】

从案例中可以看出,韦尔奇在管理方面有以下可借鉴和启发之处:

(1)时间管理的目标性。即在时间管理方面,始终不渝地按工作目标(即计划目标)来安排一年的各项工作。

(2)时间计划安排的效率性。韦尔奇一年召开8次中高层会议,每次都对重点工作进行了商讨和布置,同时落实检查。

(3)时间管理的合理性。决策咨询会,工作与计划落实情况的调研、检查以及预算、人力资源评估等重要工作都合理地列入计划工作之内。

(4)围绕领导的重要工作来安排年度时间计划。领导的重点工作是年度营业计划决策和长远计划(3年)、计划的检查及对下属的工作检查。

(5)韦尔奇的时间管理的启发——时间是最宝贵的资源,没有时间计划就等于浪费资源。因此,及早地做好大学期间学习生涯的时间计划,是迈向成功的第一步。

第一节 管理概述

一、管理的起源与发展

管理实践活动是伴随着人类共同劳动而出现的,它与人类的历史同样悠久。人类在共同劳动中为有效地达到一定的目标,需要开展有组织的活动,于是就产生了最早的管理活动。早在原始社会时期便产生了简单的劳动管理和行政管理。例如,人们对狩猎进行简单分工,在氏族首领主持下分配猎取的食物,氏族首领对氏族内部公共事务的安排等。当时的管理活动显然十分原始,但其本质与现代管理一致。封建社会时期,中国历代帝王的管理机构和治国典章制度更是相当复杂和完备,包含着许多中国传统管理思想的理论和智慧。在西方文明发源地的希腊、罗马、埃及、巴比伦等文明古国,管理在文化、生产、法律、军事、建筑、艺术等许多方面也有着光辉的实践。埃及金字塔、巴比伦"空中花园"、中国长城等伟大的古代建筑工程都证明了在几千年前人类已能组织、指挥、协调数万乃至数十万人的劳动,能历时多年完成计划周密的宏大工程,这些都是人类管理实践活动的骄傲。

管理活动的出现促使人们不断地总结经验,初步形成了一些零散的管理思想,而管理被系统地研究,只是最近一二百年的事情。18世纪60年代,第一次工业革命开始后,由于现代工业技术的广泛应用和工商企业的快速发展,管理开始被普遍地重视和系统地研究,全球性的管理发展热潮是在第二次世界大战后形成的。

二、管理的内涵

管理是一个古老的概念,从字面上看,管理有"管辖"、"处理"、"管人"、"理事"等含义,即对一定范围内的人员及事务进行安排和处理。但是这种从字面上的解释是不可能表达出管理本身所具有的完整含义。关于管理的内涵,从经验性阶段的研究到弗雷德里克·泰勒的科学管理理论的产生,中外学者从不同角度对管理行为、管理活动和管理过程进行了深入研究。

1911年,美国古典管理学家、科学管理的奠基人弗雷德里克·泰勒(Frederick W. Taylor)对管理进行了描述,指出"管理就是确切地了解你希望工人干些什么,然后设法使他们用最好、最节约的方法完成它。"

1916年,法国古典管理学家亨利·法约尔(Henry Fayol)在他的代表作《工业管理与一般管理》中指出:"管理就是实行计划、组织、指挥、协调和控制。"他第一次提出了计划、组织、指挥、协调、控制等管理职能。

1955年,美国管理学家哈罗德·孔茨(Harold Koontz)与西里尔·奥唐奈(Cyril O'Donnell)在合著的《管理学》中认为:"管理是设计并保持一种良好的环境,使人在群体里高效率地完成既定目标的过程。"

1960年,美国著名管理学家赫伯特·A·西蒙(Harbert A. Simen)在他的著作《管理决策的新科学》中认为:"管理就是决策。"

1996年,罗宾斯和库尔塔(Robbins and Coultar)认为:"管理指的是和其他人一起并且通过其他人来切实有效完成活动的过程。"这一定义把管理视作过程,它既强调了人的因素,又强调了管理的双重目标,既要完成活动,又要讲究效率,即以最低的投入换取既定的产出。

1997年,普伦基特和阿特纳把管理定义为"对资源的使用进行分配和监督的人员"。在此基础上,他们把管理补充定义为"一个或多个管理者单独或集体行使相关职能(计划、组织、人员配备、领导和控制)和利用各种资源(信息、原材料、货币和人员)来制订并达到目标的活动。"

1998年,路易斯、古德曼和范特对管理的定义为:"管理是为切实有效地支配和协调资源,并努力达到组织目标的过程。"这一定义与前一定义大同小异,所不同的是它立足于组织资源,其中原材料、人员、资本、土地、设备、顾客、信息等都属于组织资源。

《世界百科全书》的解释是:管理就是对工商企业、政府机关、人民团体以及其他各种组织的一切活动的指导。其目的是要使每一行为或决策都有助于既定目标的实现。

我国的管理科学起步较晚,国内学者对管理的含义表述也不尽相同,在我国的一些文献或教科书中也给管理下了一些定义。南京大学周三多教授提出:"管理是社会组织中,为了实现预期的目标,以人为中心进行的协调活动。"他认为,管理的目的是为了实现预期的目标,管理的本质是协调,协调的中心是人。

复旦大学芮明杰教授提出:"管理是对组织的资源进行有效整合以达到组织既定目标与责任的动态创造性活动。"他认为,计划、组织、指挥、协调、控制等行为是有效整合资源所必需的活动,应归于管理的范畴之内,他们本身并不等于管理,管理的核心在于对现实资源的有效整合。

国内还有诸多学者提出各种解释,诸如"管理是指组织中的如下活动或过程:通过信息获取、决策、计划、组织、领导、控制、创新等职能的发挥来分配、协调包括人力资源在内的一切可以调用的资源,以实现单独的个人无法实现的目标";"管理是指在一定组织中的管理者,运用一定的管理职能、原则和手段协调组织和个人高效率地实现既定目的的活动过程";"管理就是指由专门机构和人员进行的控制人和组织的行为,使之趋向预定目标的技术、科学活动"等。

综合以上各种观点,可以把管理的概念表述为:管理是指管理者在特定的环境下,对所拥有的资源(如人力、物力、财力等)有效地计划、组织、领导、控制和创新,以期高效率地达到组织目标的过程。

具体而言,管理的内涵包括如下几层含义:

(1)目的性。管理的目的是为了有效地实现预期的组织目标。所有的管理活动都是紧密围绕如何实现组织目标而进行的,并且追求有效性。

(2)主体性。管理的主体是管理者。一个组织的运行效率和效果,往往取决于管理者的理念、能力以及其正确的决策和有效的具体管理。

(3)有效性。资源对于任何组织来说都是稀缺的,如何用最少的资源创造最大的价值,这是管理者首要面对的任务。

(4)职能性。管理的过程是各种职能应用的过程,职能是职责与功能的概括。管理职能是在管理过程中对反复出现并带有共性的管理功能的抽象。最基本的管理职能是实施计划、组织、领导、控制和创新,管理活动只有依靠这些基本职能的应用才能开展。

(5)协调性。人是各种资源的开发者、利用者和掌控者,只有通过人的劳动,才能实现和提高资源的价值。人的劳动又属于集体的活动,集体活动难免会有冲突和矛盾,就需要协调。

(6)客观性。管理是在一个特定的环境下进行的,抛开外部环境和特殊环境对管理的影响,仅从管理存在的意义这个角度去分析,就可以得知管理需要"组织"或"企业"这样一个特殊的环境才能存在。如果没有组织或企业环境的存在,管理也就不存在了,所以管理对环境是有特定要求的。

三、管理的职能与性质

(一)管理的基本职能

管理的职能是指管理本质的外在根本属性及其所应发挥的基本效能,通常把管理职能概括为四大主要管理职能,即计划、组织、领导和控制。

1. 计划

计划是管理的首要职能,管理活动从计划工作开始。计划是管理者用以识别并选择适当目标和行动方案的过程,是管理者事先对未来行动所做的安排,体现了管理活动的有意识性。具体地说,计划工作主要包括以下内容:

(1)描述组织未来的发展目标,如利润增长目标、市场份额目标、社会责任目标等;

(2)有效地利用组织的资源实现组织的发展目标;

(3)决定为实现目标所要采取的行动。

计划工作包含了各种决策过程,因为要在各种备选方案中进行选择。在没有作出决策之前,不可能有真正的计划。在计划体系中,战略计划是最高层次的,属于总体的远期计划;部门计划属于中层的操作性较强的计划;下级的工作计划则是近期的具体计划。

2. 组织

管理者在制订好计划方案后,就要求组织以必要的人力与其他资源去执行计划,把计划落实到行动中,这就是组织职能。组织具有两层含义:第一层含义是指名词意义上的组织,主要是指组织形态;第二层含义是指动词意义的组织,主要是指组织工作。这两层含义在组织职能中都会有所涉及,但主要是第二层含义,即动词意义上的组织。

组织职能的主要内容包括进行部门规划、权力分配、工作协调等活动,其任务是构建一种工作关系网络,使组织成员在这样的网络下更有效地开展工作。组织工作是计划工作的延伸,包括组织结构的设计、组织关系的确立、资源的配置、组织的变革等。

3. 领导

计划与组织工作做好以后,不一定能够保证组织目标的实现,因为组织目标的实现要依靠组织全体成员的努力。配备在组织机构中各个岗位上的人员,由于各自的个人目标、需求、喜好、性格、素质、价值观、工作职责、掌握信息量等方面存在较大差异,在相互合作中必然会产生各种矛盾或冲突。因此需要权威的领导者进行领导,指导成员的行为,沟通成员之间的信息,增强成员相互之间的理解,统一成员的思想和行动,激励每个成员自觉地为实现组织目标共同努力。

管理的领导职能是一门非常奥妙的艺术,它贯彻在整个管理活动中。不仅组织的高层领导、中层领导要实施领导职能,基层领导,如工厂的班组长、行政机关的科长、学院的教研室主任等也担负着领导职能,都要做下属的工作,重视工作中人的因素的作用。领导对工作人员施加影响,使其对组织和集体的目标作出贡献。领导的工作内容包括激励、合适的领导方式、沟通等。

4. 控制

控制是指组织在动态变化的环境中,为确保实现既定目标而进行的检查、监督、纠偏等一系列管理活动的统称,是保证既定目标能按计划实现所必不可少的职能。

在执行计划过程中,由于受到各种因素的干扰,常常使组织成员的实践活动背离原来的计划。为了保证目标及为此而制订的计划得以实现,就需要管理者有控制职能。控制的实质就是使实践活动符合计划。管理者必须及时取得计划执行情况的信息,并将有关信息与计划进行比较分析,结合内外环境的状态变化情况,发现实践活动中存在的问题,分析原因,并及时采取有效的纠正措施。

(二)管理的性质

1. 管理的二重性

管理的二重性是指管理同时具有合理组织生产力的自然属性和为一定生产关系服务的社会属性。

管理的自然属性也称管理的一般性。它是与生产力相联系的,是为了组织共同劳动而产生的,通过"指挥劳动生产"表现出来的,适应社会化生产要求的一般属性。任何管理过程都是对资源的科学配置和协调整合的过程。它包括许多客观的、不因社会制度和社会文化的不同而变化的自身规律。管理理论揭示了这些规律,并创造了与之相适应的管理手段和管理方法。管理的这种特性不以人的意志而转移,也不因社会制度和社会文化的不同而变化,完全是一种客观存在,所以称之为自然属性。

管理的社会属性是与生产关系、社会文化相联系的,反映了一定社会形态中统治阶级的要求,通过"监督生产劳动"表现出来的,并受到生产关系或经济基础的影响与制约。管理必须反映与之相关的生产关系和社会文化的要求。不同的生产关系和社会文化使管理思想、管理目标和管理方式表现出不同的特色,从而使管理带有与生产关系、社会文化相适应的个性特色和特殊个性。

掌握管理的二重性,有利于深入认识管理的性质。管理的自然属性为人们学习、借鉴先进的管理经验、管理方法提供了依据;管理的社会属性则告诉人们,不能简单地、机械地照搬他人的理论与做法,必须结合本国国情,在引进的基础上消化吸收、不断创新。

2. 管理的科学性与艺术性

管理是一门科学。孔茨在《管理学精华》中指出:"管理作为一门科学尽管是粗糙的,但毕竟已有了不同于其他学科的、独特的学科知识体系。"

管理的科学性表现为:管理活动的过程可以通过管理活动的结果来衡量,大量管理实践经验的升华、管理活动的基本规律以及从事管理活动的科学手段与方法,对管理工作有重要的指导作用。管理已形成了自身一整套系统的理论和科学的方法,并借助于现代科学技术和手段,利用系统的基本管理原理和科学方法,研究和探索管理者如何有组织地、有效地实现预期目标,从中揭示管理活动的各种规律,同时还不断通过管理实践的结果来验证和丰富管理理论本身。总之,管理的科学性表现在:它以反映管理客观规律的管理理论和以科学方法为指导,有一套分析管理问题、解决管理问题的科学方法论等方面。

管理的艺术性表现在管理的实践性上。它在实践中发挥管理者的创造性,并因地制宜地采取措施,为有效地进行管理创造条件。由于管理对象分别处于不同的环境、不同的行业、不同的资源供给条件等状况下,实施同样的管理措施,结果却可能截然不同。管理的艺术性就是强调管理的实践性必须灵活运用管理理论,才能进行有效的管理。

管理既是一门科学,又是一门艺术,管理的科学性与管理的艺术性并不是互相对立的,而是相互补充的。管理的科学性揭示了管理活动的规律性,反映管理的共性;管理的艺术性则揭示了管理活动的创新性,反映管理的个性。

四、管理者和管理者技能

(一)管理者及其类型

1. 管理者

所谓管理者是对在组织中从事管理活动的成员的总称,任何管理活动都要由一定的管理者来执行。在组织中存在两种基本活动:一是管理活动,即协调其他人活动的活动,由管理者来完成;二是业务活动,即由管理活动进行协调的其他人的活动,由业务活动者来完成。比如,学校的校长、工厂的厂长、公司的总经理等,他们虽然有时也做一些具体的操作性事务,但其主要职责是指挥下属开展工作。因此,管理者在组织中相对于其他成员是由职能分工而产生的一种角色,并非组织中所有成员都是管理者。

对于什么是管理者这一概念各学派学者有着各自的观点。

管理职能学派的创始人法国管理学家亨利·法约尔认为:管理者是管理职能的执行者。

决策理论学派的重要代表人物赫伯特·A·西蒙认为:"优秀的管理者能够同时做到两点:第一,能灵活地应用相对合适和简捷的科学方法来进行管理;第二,这些方法不至于给他的思考能力强加上无法负担的重任,或者破坏他对经验常识的良好感觉。"组织是作为决策的个人所组成的系统,决策贯穿于管理的全过程,管理就是决策,管理赋予管理者决策者的身份,管理者就是决策者。

经理角色学派的著名代表人物亨利·明茨伯格(Henry Mintzberg)认为:管理者在工作过程中,实际上充当着各种角色,并把它确定为 10 种角色,按照与人际关系、信息传递和决策的关系分成 3 大类。人际关系方面的 3 种角色:挂名首脑、领导者和联络者;信息方面的 3 种角色:信息接受者、信息传递者和发言人;决策方面的 4 种角色:企业家、故障排除者、资源分配者和谈判者。管理者就是一个多角色者。

经验主义学派的代表人物彼得·德鲁克(Peter F. Drucker)认为:管理者在实际的管理过程中有两项特殊的任务:一是创造出一个富有活力的整体,把投入的各项资源转化为比各项资源的总和更多的东西;二是在每一项决策和行动中协调当前与长远的利益。

亨利·丹尼森认为:"管理者如果不是一个组织的领导者和向导,那么他根本就算不上一个管理者。"

概括地说,所谓管理者是指执行管理工作的人,属于管理的主体。管理者通过协调其他人的活动,与其他人或者通过其他人实现组织的目标。

2. 管理者的类型

在组织中,管理者往往是由多个人、多个职能角色构成的群体。

(1)按管理者所处的层次划分。

①高层管理者。高层管理者是指处在组织最高层次的管理者。高层管理者的主要职责是对组织中的重大问题、远景问题作出谋划,评价整个组织的绩效,对组织的成败负有根本的责任等。在组织的重大对外交往活动中,往往由他们作为组织的代表。

②中层管理者。在组织中的各个部门的管理者,处于高层管理人员和基层管理人员之间的都是中层管理人员,包括职能部门和直接部门的管理者,如地区经理、部门经理、车间主任等。中层管理者的职责是落实高层管理者的决定或决策,协调本部门及其所管理的基层的活动,他们向最高管理层直接报告工作,同时还负责监督和协调基层管理人员的工作。

③基层管理者。基层管理者也称一线管理人员,是处在组织最基层的管理人员,其所管辖的是作业人员。他们的职责主要是上传下达,既执行中层的决策,又协调具体业务活动,如给下层人员分派具体工作、直接指挥和监督现场作业活动等。

管理者的层次如图1.1所示。

图1.1 管理者的层次

(2)按管理者所从事管理活动的领域宽度划分。

① 综合管理者。综合管理者是指负责组织的若干类或全部活动的管理者。例如,公司的总经理、工厂的厂长、大型企业的事业部经理、地区经理等。他们大都不只是负责一项活动,而是统管包括生产、营销、人事、财务、计划等在内的几类或全部活动。

② 职能管理者。职能管理者指在组织中仅负责某一类活动的管理者。根据其所管理的具体专业领域的不同,又可细分为生产管理人员、营销管理人员、人事管理人员、财务管理人员、研发管理人员、后勤供应管理人员等诸多类型。

(二)管理者的技能

任何管理者都要具备相应的管理技能,这是从事管理工作的先决条件。根据罗伯特·卡茨(Robert L. Katz)的研究,管理者应具备 3 类技能,即技术技能、人际技能和概念技能。

1. 技术技能

技术技能,是指运用管理者所监督的专业领域中的程序、惯例、技术和工具的能力,即熟悉和精通某种特定专业领域的知识,如工程、制造、财务等专业知识。尽管管理人员可以依靠有关专业技术人员来解决专门的技术问题,但他们还是需要了解其所管理的专业领域相关的基本技术知识,否则他们将很难与其所主管的组织内的专业技术人员进行有效的交流与沟通,从而也将无法对其所主管的各项管理工作进行具体的指导。例如,工程师对工程技术的监督,系主任对教学工作的监督,工厂的生产经理对生产过程的监督等,都是掌握相应专业领域的技术技能。技术技能对于基层管理者十分重要,对于中层管理者较重要,对于高层管理者较不重要。

2. 人际技能

人际技能又称为人际关系技能,是指成功地与别人打交道并与别人沟通的能力,即处理人事关系的技能,包括对下属的领导能力和处理不同部门或群体之间关系的能力。具有良好人际技能的管理者能够使员工做出最大的努力。他们知道如何与员工沟通,如何激励、引导和鼓舞员工的热情和信心,这种技能对于各个层次的管理者都是必备的,因为各个层次的管理者都必须通过与其他人员进行有效沟通,才能相互合作,共同完成组织的目标。

3. 概念技能

概念技能是指把观点设想出来并加以处理以及将关系抽象化的能力,也就是管理者对复杂情况进行抽象和概念化的技能,即把企业视为一个整体,从全局出发认清为什么要这样做的能力。理查德·L·达夫特在其所著的《管理学》中对此作了清楚的表述:"概念技能是把组织作为一个整体进行考察和考虑各个构成部分之间关系的认知能力,它包括管理者的思维、信息处理和计划能力,包括对部门如何适合整个组织和组织如何适合所在产业、社区与社会环境的认知能力,体现了用广泛而长远的眼光进行战略思维的能力"。对于高层管理者来说,这种技能是非常重要的。

如图 1.2 所示,表示对管理者应具备 3 种技能的要求。

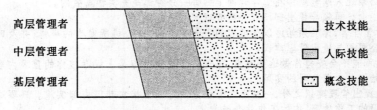

图 1.2　各层次管理者的技能要求

【资料库1.1】

管理者应具有的五种习惯

作为一名合格的管理者必备的五种习惯,这些习惯并不复杂,但作用却非常显著。如果你是一位管理者,或者你希望将来成为管理者,就应该从现在做起,努力培养这些习惯。

习惯之一:延长工作时间

许多人对这种习惯不屑一顾,认为只要自己在上班时间提高效率,没有必要再加班加点。实际上,延长工作时间的习惯对管理者的确非常重要。

作为一名管理者,不仅要将本职的事务性工作处理得井井有条,还要应付其他突发事件,还要去思考部门及公司的管理及发展规划。有大量的事情不是在上班时间出现,也不是在上班时间可以解决的。这需要你根据公司的需要随时为公司工作。

上述种种情况,都需要你延长工作时间。根据不同的事情,超额工作的方式也有不同。如为了完成一个计划,可以在公司加班;为了理清管理思路,可以在周末看书和思考;为了获取信息,可以在业余时间与朋友们联络。总之,你所做的这一切,可以使你在公司更加称职,从而巩固你的地位。

习惯之二:始终表现你对公司及其产品的兴趣和热爱

你应该利用任何一次机会,表现你对公司及其产品的兴趣和热爱,不论是在工作时间,还是在下班后;不论是对公司员工,还是对客户及朋友。

当你向别人传播你对公司的兴趣和热爱时,别人也会从你身上体会到你的自信及对公司的信心。没有人喜欢与悲观厌世的人打交道。同样,公司也不愿让对公司的发展悲观失望或无动于衷的人担任重要工作。

习惯之三:自愿承担艰巨的任务

公司的每个部门和每个岗位都有自己的部门及岗位职责,但总有一些突发事件无法明确地划分到部门或个人,而这些事情往往还是比较紧急或重要的。如果你是一名合格的管理者,就应该从维护公司利益的角度出发,积极去处理这些事情。

如果这是一件艰巨的任务,你就更应该主动去承担。不论事情成败与否,这种迎难而上的精神都会让大家对你产生认同。另外,承担艰巨的任务是锻炼你能力的难得机会,长此以往,你的能力和经验会迅速提升。

在完成这些艰巨任务的过程中,你有时会感到很痛苦,但痛苦只会让你成熟。

习惯之四:在工作时间避免闲谈

可能你的工作效率很高,也可能你现在工作很累,需要放松,但你一定要注意,不要在工作时间做与工作无关的事情。这些事情中最常见的就是闲谈。

在公司里,并不是每个人都很清楚你当前的工作任务和工作效率,所以闲谈只能让人感觉你很懒散或很不重视工作。另外,闲谈也会影响他人的工作,引起别人的反感。

你也不要做与工作无关的事情,如听音乐、看报纸等。如果你没有事做,可以看看本专业的相关书籍,查找一下最新专业资料等。

总之,你必须让人感觉到你在工作时间里的每一分钟都是充实和高效的。

习惯之五:向公司领导提出部门或公司管理问题及建议

作为一名管理者,你必须始终以管理者的眼光观察部门、公司所发生的事情,并及时将发现的问题归纳总结,向公司领导提出管理建议。

你的上级可能不会安排你做这些事情,但你的管理能力却是上级考核你的重要内容。你必须让别人感觉到,你始终关心着公司的发展。

除向上级提出管理建议之外,一些小的管理方法可以直接在部门内部实施。只要这些方法行之有效,能提高部门的工作效率,你的工作就会被肯定。

资料来源:http://www.china-qg.com.

五、管理学的研究对象和方法

任何一门学科都有自己特定的研究对象和研究方法,管理学也有其特定的研究对象与研究方法。

(一)管理学的研究对象

管理学是研究社会组织中管理活动的一般运动规律的科学,研究领域相当广泛。管理学与社会科学、自然科学两大领域的多种学科有着广泛而密切的联系。管理学是以社会科学中的经济学理论为主导,以自然科学中的相关学科为工具,以生产理论中的技术科学为基础的一门边缘学科,具有与社会科学和自然科学相互渗透的特点。

管理学的研究对象是组织中的管理活动。具体地说,就是通过对复杂的管理活动的研究,探讨并总结其内在规律性,然后上升为理论而形成的一个理论体系。这个理论体系由一系列反映管理活动内在规律性的概念、原理、原则、制度、程序、方法等组成。

概括地说,管理学的研究对象包括以下几方面:

1. 生产关系方面

管理学作为一门以经济科学为主导的科学,生产关系是管理学研究的重点。研究生产关系就是要研究人们在物质资料的生产、分配、交换、消费过程中的关系。其具体包括:如何正确处理组织中人与人的相互关系;如何建立和完善组织机构以及各种管理体制等问题;如何激励组织成员,最大限度地调动其积极性和创造性等问题。

2. 生产力方面

管理科学与生产力的发展密切相关,生产力发展水平不同,对管理的要求也不同。合理组织生产力是管理学研究的重要内容,具体包括:如何配置各种资源、要素,使其充分发挥作用;如何根据组织目标的要求和社会需求,合理地利用各种资源实现最佳的经济效益和社会效益等。

3. 上层建筑方面

管理学离不开政策、法令、计划、管理机制、规章制度等,因此,管理学与上层建筑也有着密切的关系。其具体包括:如何使组织的内部环境与外部环境相适应;如何使组织的规章制度与社会的政治、经济、法律、道德等上层建筑保持一致。

4. 管理的一般规律

管理的一般规律是指管理活动中内在的、本质的、必然的联系,具体包括:管理活动中的职能;执行这些职能涉及组织中的哪些要素;执行各项职能时应遵循的原则,采用的方法、技术等;如何克服在执行管理职能时所遇到的各种障碍与阻力等。

(二)管理学的研究方法

管理学的研究方法是多种多样的,主要有以下几种方法:

1. 归纳和演绎的方法

归纳法就是对一系列典型的事物进行观察分析，找出各种因素之间的因果关系，从中找出事物发展变化的一般规律；而演绎法则是从一般到个别和根据一般原理推论个别事物结论的研究方法。在管理学的研究中归纳和演绎的研究方法是相辅相成的，因为人们认识管理问题的过程就是先由特殊到一般，再由一般到特殊这样不断循环和不断深化的过程。在管理学的研究方法中，归纳和演绎是统一的，这种统一是客观的管理现实中个性与共性、矛盾的特殊性和普遍性的对立统一的反应。

2. 试验法

试验法是人为地为某一试验创造一定的条件，并观察试验结果，再与未给予这些试验条件（对照组）的对比试验的实际结果进行比较分析，从中寻求外加条件与试验结果之间的因果关系，找出其中某些普遍适用的规律性。例如，美国在1927年到1932年所进行的霍桑试验，后来根据其试验结果所发表的人际关系理论就是一个典型的试验法事例。这种方法在微观管理工作中如生产管理、设备管理、产品质量管理以及营销方法、劳动组织等许多领域中，都能得到广泛的应用。在管理活动中，试验法已成为摸索经验、进行决策的强有力的工具。管理实践中比较常见的试验方法有对比性试验、可行性试验、仿真模拟试验等。

3. 比较研究法

比较研究法一般可分为类比法和对比法，前者是将一类事物的某些相同方面进行比较，以另一事物的正确或谬误证明这一事物的正确或谬误，即引用和自身比较相同的，有共同性的方面或特点；后者是将截然相反的两种事物或情况进行比较，因为比较的双方形成鲜明的对照，互为衬托，所以这种方法特别能突出事物某一方面的性质，显出双方的差别。

4. 案例研究法

案例研究法就是指在研究、学习管理学的过程中，通过对典型的管理案例进行分析、讨论，从中总结出管理的经验、方法和原则，以加强对管理理论的理解与运用。在实际的管理学研究中，案例研究法又可分为两种：一种是选取实际管理活动中的案例进行调查和分析研究；另一种是选取实验案例进行调查和分析研究。实际上，管理学的基本原理和理论都是通过不同形式的案例调查方法获得的。案例调查研究法也是管理学研究的一种最基本、最常用的方法。

另外，管理学是一门实践性很强的学科。管理理论来源于管理实践，应用于管理实践，并在管理实践中得到丰富、发展和完善。因此，在学习和研究管理学时，还应运用理论联系实际的方法，要善于观察管理实践、总结管理经验，在实践中学习、运用和提炼，真正领会管理理论的精髓。

上述方法，可根据具体情况而灵活采用不同的方法，也可以把几种方法综合地加以运用，以便收到更好的研究效果。

第二节　中外早期管理思想

早期的管理思想是指19世纪末管理思想系统化之前,人们经过管理实践和总结经验而形成的对管理某些方面的思考与认识。

一、中国早期的管理思想

我国是一个历史悠久的文明古国,有着光辉灿烂的民族文化,人们在社会实践中形成的管理思想源远流长。《论语》、《孙子兵法》、《资治通鉴》等著作中的管理思想,备受世界各国管理学界的重视。尽管我国古代的管理思想浩如烟海,可是,由于受生产力和科学技术发展的限制,我国的管理思想与实践缺少系统的整理和提炼。归纳起来我国古代的管理思想大致体现在以下几个方面。

(一)组织方面的管理思想

《周礼》是儒家经典之一,书中收集周王室官制,将周代官员分为天、地、春、夏、秋、冬六官,以天为最高职。六官分360职,各有职掌,层次分明,职责清楚。

在春秋战国时代,韩非子在《韩非子·王道》中说:"官有万职,君惟一身。贤君之用官,如大将之御众。以一用十,以十用百,以百用千,以千用万,是则君之用者有万,而凭之者惟十。约而易操,近而能烛。"因此,"圣人治吏不治民",只要领导者能够采用合理的组织形式,逐级授权,无论组织规模多大,都能够掌握应付局面。元代董传霄提出"百里一日运粮术"的具体做法,其中提到"人不息肩,米不着地,排列成行",可减少不必要的停留时间,缩短操作过程,提高工作效率,这种办法体现出现代流水作业的原理。

(二)经营方面的管理思想

中国古代有许多生产经营的理论思想,比较著名的人物有春秋时期的范蠡、管子、司马迁等。

范蠡在其谋略之书《计然》中体现了他的治国用兵及经营富家的思想。《计然》中的"待乏"原则强调预测市场物资的需求和价格的变化,以达到有利可图;"积著之理"则注重于赚取利润的方式,主张经营高质量的物品,促进货币流动,并以存货多寡预测价格贵贱。

管子是春秋初期的政治家和思想家,他提出的经营思想主要有:

(1)经营管理要顺应事物自身的客观规律。认为一切社会活动均有"轨"可循,"不通于轨数而欲为国,不可","如若逆之,必怀其凶不可复振也"。

(2)强调和气生财,即处理好人际关系,认为"上下不和,虽安必危"。

(3)办事要守信誉。主张"不欺其民也","言而不可复者,君不言也;行而不可再者,君不行也。凡言而不可复,行而不可再者,有国者之大禁也"。

(4) 办事要从实际出发,量力而行。认为"动必量力,举必量技","不为不可主张办一切成,不求不可得"。

(5) 主张办一切事情必须统筹谋划。提出"事无备则废"、"以备待时"的观点。

其中,许多论点成为后代政治家、理财家的行为准则。

司马迁的《史记·货殖列传》是一篇有名的经济论著,它使我国古代治生的管理思想有了较为完整的理论体系。司马迁的"自然之验"涉及了经济管理的基本思想。他肯定了"农而食之,虞而出之,工而成之,商而通之"等社会生产和流通活动在历史发展中的重要作用。他认为:发展商品经济,满足人们的物质需要和求富要求,是社会经济发展的自身规律。

(三) 以人为本的管理思想

老子在《道德经》中讲到:"域中有四大,而人居其一焉。""四大"指道、天、地、人。可见,老子十分重视人的因素。他提倡"上善若水","为无为,则无不治",体现出当代柔式管理的思想。

《管子》中明确指出:"凡治国之道,必先富民。民富则国易治,民贫则国难治。民富则其安乡里家,敬上畏罪,故国易治;民贫则危乡轻家,犯上犯罪,故难治也。"

在用人方面,我国素有"选贤任能"、"任人唯贤"的主张及"禅让制度"。在《尧典》中,就记述了尧、舜的禅让事迹。在重视人才方面,墨子主张"不辨贫富、贵贱、远近、亲疏,贤者举而尚之,不肖者抑而废之"。《韩非子·八经》中提到:"量能授官"、"举能以就官"、"见能于官以授职"。

以上这些我国以人为本的管理思想,比西方著名的霍桑实验中提出的人本思想要早两千多年。

(四) 理财方面的管理思想

孔子在理财方面主张"崇俭",他在《论语》中指出:"节用而爱人,使民以时"。墨子主张"俭节则昌,淫佚则亡"。荀况主张富国与富民并举,提倡"上下俱富"、"节其流,开其源,使天下必有余,而上不忧不足"。

(五) 管物方面的管理思想

我国古代对物管理的一个指导思想就是"利器说"。孔子在《论语》中指出:"工欲善其事,必先利其器"。《吕氏春秋》指出,使用利器可达到"其用日半,其功可使倍"的效果。

(六) 法治胜于人治的思想

我国的法治思想起源于先秦法家和《管子》,后来逐渐演变成一整套法制体系,包括田土法制、财税法制、军事法制、人才法制、行政管理法制、市场法制等。韩非在论证法治优于人治时,以舜为例,"舜事必躬亲",亲自解决民间的田界纠纷和捕鱼纠纷,花了三年时间纠正三个错误。韩非认为这个办法不可取,"舜有尽,寿有尽,天下过无已者,以有尽逐无已,所止正者寡矣"。如果制定法规公之于众,错者以法纠正,治理国家就方便了。他还主张法应有公开性和平等性,即实行"明法"、"一法"原则。"明法"就是"著之于版图,布之于百姓",使全国皆知。"一法",即人人都得守法,在法律面前,人人平等,"刑过不避大臣,赏善不遗匹夫",各级政府官员不能游离法外。

(七)系统管理思想

我国古代能集中体现系统管理思想的言论和实例很多。如战国时期李冰父子组织修建的都江堰,秦代征募近30万人修筑万里长城,隋朝时期动员近百万民工开拓大运河等。这些浩大的系统工程都是古代管理思想在劳动组织中实践的典范。

春秋末期思想家老子曾阐明自然界的统一性,把宇宙作为一个整体系统来研究,以认识人类赖以生存的地球所处的位置和气候变化规律对人类生产和生活的影响。

我国古代天文学家很早就揭示了天气运行与季节变化的关系,制定了历法,划分了指导农事活动的24个节气。

我国古代医学经典《黄帝内经》强调人体各器官的有机联系,指出身体健康与自然环境的联系、心理与生理现象的关联等,诊断疾病强调综合分析,强调因人、因时、因地制宜,把治疗与调养、治疗与防病结合起来。

总之,我国古代的系统管理思想极为丰富,有许多内容至今仍闪耀着光芒。

二、国外早期管理思想

国外的管理实践和管理思想也有着悠久的历史,古巴比伦人、古埃及人和古罗马人在这些方面都有着重要贡献。早期的管理主要是对国家、军队、部落、教会、家庭等进行管理。

(一)古埃及的管理思想

在古埃及以法老为最高统治者的金字塔式的管理机构是值得称道的管理实例。为了加强国家的行政管理,法老设立宰相,法老掌管宗教。社会事务交给宰相管理,明显具有分权的含义。宰相是当时社会的指导者、组织者、协调者和决策者。在宰相下面设有复杂的官僚机构,由它来衡量尼罗河水位上涨的情况;由它来预测农业收成和国家总收入,将这些收入分配给各政府部门,管理全国的工商业,等等。

古埃及人建造的金字塔、尼罗河水利工程,至今仍被视为人间奇迹,充满了神奇色彩。从管理的角度看,这些由成千上万的劳动者共同劳动创造的工程,充分体现了当时严密的组织管理体制、先进的管理思想和卓越的管理才能。

【阅读资料1.1】

圣经中有这样一则著名的故事。希伯来人的领袖摩西在率领希伯来人摆脱埃及人的奴役而出走的过程中,他的岳父耶罗斯对他事必躬亲的做法提出批评和建议:"你这种做事的方式不对,你会累垮的。你承担的事情大而繁重,光靠你个人是完不成的。现在你听我说,我要给你一个建议……你应当从百姓中挑选出能干

的人,封他们为千夫长、百夫长、五十夫长和十夫长,让他们审理百姓的各种案件。凡是大事呈报到你这里,所有的小事由他们去裁决,这样他们会替你分担许多容易处理的琐事。如果你能够这样做事,这是上帝的旨意,那么你就能在位长久,所有的百姓将安居乐业。"

这一故事较为充分地体现了古代西方分权、授权、管理层次和管理权力划分的管理思想,是国外有关管理思想的最早记载。

(二)古希腊的管理思想

古希腊人崇尚民主管理,发展出了一种新型的城市政府——城邦。城邦鼓励自由交换意见,提供了自由讨论的实践经验。伯里克利时代(公元前461~前429年),是雅典民主政制的全盛时期。公民大会享有立法权以及批准新会议提议等权利;组建公民陪审团,每一个陪审团都有一个法庭,公民对它的判决不能上诉。

希腊人早就认识到按规定速度应用统一的方法能使产量最大化这一原则。他们用音乐来规定时间,用笛子和管乐器来规定动作。这样,他们配合着音乐来工作,引进了节奏、标准动作和工作速度。其结果会使产量增加而浪费和疲劳会减少。

古希腊的思想家们对管理有着许多精辟的见解。亚里士多德不仅指出了管理一个家庭与管理一个国家的相同之处,而且研究了国家制度并提出了国家制度的各种形式,以及采取各种形式国家制度的原则。

苏格拉底提出管理具有普遍性,认为一个好商人的职责和一个好将军的职责实质上是相同的。他认为,管理技能在公共事务和私人事务之间也是相通的,提出了管理的普遍性思想。

柏拉图在其《理想国》中首先提出了经济科学中的专业化或劳动分工原理。

希腊著名哲学家色诺芬专门写了《家庭经济》一书,精辟地论述了劳动分工问题,认为一个人只做一种最简单的工作就会把工作做得更好。色诺芬提出了管理的对象、目标和中心。他认为"家庭管理"研究的是优秀的主人如何管理好自己的财产。这里的"家庭管理"囊括了奴隶主阶级对生产资料和劳动力(奴隶)的各种组织与管理问题,检验管理水平高低的标准是财富是否得到增加,认识到了管理的中心任务是加强对人的管理。他认为分工可以提高产品的质量。因为一个人不可能精通一切技艺,所以劳动分工是必要的。

希腊人探寻各种知识和思想,在哲学、政治、经济、文学、艺术、体育、数学、生物学、医学等许多领域中取得了显著的成就。科学和思维的发展也促进了管理思想的发展,这种探究精神后来被许多著名管理学者推崇。

(三)古罗马的管理思想

古罗马从一个小城市发展成为一个世界帝国,其统治延续了几个世纪。罗马帝国的巩固主要依靠严格的体制、权力层次以及各军政机构之间的具体分工。罗马帝国在法制和分权制度方面有着卓越的贡献。罗马共和时期在管理体制上,已经体现了行政、立法和司法的分离。

1. 马基雅维利的管理思想

马基雅维利被称为"政治学之父"。他提出与管理有关的原则如下：

(1) 必须依靠群众的同意。马基雅维利经常重申这样的观点，所有的政府，不论是君主制、贵族制或民主制，其持续存在都依赖于群众的支持。君主可能通过武力或继承而登上王位，但要牢固地控制国家，还必须得到群众的支持。他的这种主张实际上是权力接受论，即权力的根源是自下而上的，而不是自上而下的。他还指出，如果一位君主既可以通过贵族获得权力，也可以通过人民获得权力，那他就应该明确地选择后者。

(2) 组织要有内聚力。马基雅维利认为，组织中内聚性的原则能使国家持续存在。一个君主维持组织统一的最有效的方法就是紧紧地抓住自己的朋友。组织内聚力的一个关键因素是使人民知道他们可以指望自己的君主，以及君主期望他们来做什么——责任明确性原则。一个君主如果没有法律而只有多变的政策，很快就会使整个国家陷入混乱。

(3) 领导要有领导技艺。马基雅维利认为，一个领导者应该成为人民的榜样并鼓舞他的人民从事伟大的事业，要以自己的博爱和仁慈为人民树立榜样，始终维持自己的尊严，在任何事情上都不能丧失；应该奖赏那些有益于城市和国家的人，保证他的人民不至于被不公平地剥夺自己的物品，以此来鼓励他们从事自己的职业；要善于对事件和人民进行观察，识别忠诚于他的贵族和只是追求自己利益的贵族。他必须能够认识这两种人并使他们有利于自己。当机会来到时，要善于利用但并不是欺诈。

(4) 领导者一定要有使组织存在下去的意志。马基雅维利认为，任何组织的主要目标之一是使自己生存下去。政府机构、宗教团体、公司等，全都努力使自己永远存在下去。因而他提出：一个君主应该像罗马人那样经常警惕着混乱状态。当他的王国处于存亡关头时，君主有权采取严酷的措施，在必要时，抛开所有道德上的借口，背弃任何已不再有用的誓言。马基雅维利所提出的管理原则是为了君主能够成功地管理一个国家，但同样也适用于管理其他组织，对以后的管理思想发展有相当大的影响。

2. 威尼斯兵工厂的管理经验

1436年，在威尼斯建立了政府的造船厂（即兵工厂），后来发展成为当时最大的工厂。政府与工厂是控制与授权经营的关系，兵工厂的管理体现了互相制约和平衡。兵工厂由正、副厂长负责，负责威尼斯元老院同兵工厂之间的联系环节的特派员对兵工厂的管理也有很大的影响。元老院本身也常常直接管理或干预兵工厂的事务。特派员和厂长们主要从事于财务管理、采购和类似的职能，无法指挥实际的造船工作。造船厂中各个巨大的作业部门由工长和技术顾问来领导。政府给工厂下达明确的生产任务。工厂内部的管理已具有相当的水平，兵工厂在成品部件的编号和储存、安装舰只的装配线、人事管理、部件的标准化、会计控制、存货控制、成本控制等方面积累了成功的管理经验。

仓库中经常备有应急物资、配件和装备，所有的装备都编上号码并储存在指定的地方。工人按照其工作而分别支付计件工资和计时工资。在造船厂的某些行业（特别是木工行业），工人要通过考试才能被雇用;在生产部件和装配中实行标准化管理;实行会计控制,认识到并应用会计作为一种管理控制的技术,在用料等方面实行成本控制。

在欧洲文艺复兴时期,也有许多管理思想出现。国外管理实践和管理思想革命性的发展是在18世纪工业革命以后。

三、工业革命和管理思想的发展

(一)工业革命时期的管理思想

从18世纪下半叶开始,伴随着科学技术的发展,英国爆发了工业革命。英国工业革命的过程基本上包括三个方面:纺织机等机器是工具上的革命,蒸汽机是动力上的革命,工厂制度是生产组织方式的革命。正如恩格斯所说:"分工、动力,特别是蒸汽机的利用、机器的应用,这就是从18世纪中叶起,工业用来摇撼旧世界的三个伟大的杠杆。"工业革命引起了生产组织方式的变化,促进了生产力的大发展,使社会发生巨大变革。随着人们对自然的认识水平的提高、生产工具的不断改进,生产组织方式的变化,工业企业的效率问题、控制问题、对企业中人的管理问题更加突出,使当时的人们不得不深入思考,如何在市场中通过努力来获得高效率和最大利润。

英国重商主义后期的重要代表人物詹姆斯·斯图亚特在《政治经济学原理研究》中,论述了工人由于重复操作而使作业动作更为灵巧。他提出了管理人员和工人之间的分工问题。

英国古典经济学的杰出代表和理论体系的建立者亚当·斯密于1776年出版了他的最重要的著作《国民财富的性质和原因的研究》,提出了经济人的概念和经济自由的思想。

大卫·李嘉图是19世纪初英国资产阶级古典经济学的杰出代表和完成者,他的代表作是1817年出版的《政治经济学及赋税原理》。李嘉图在经济理论上的最大贡献是坚持和发展了劳动价值论。

(二)英国工业革命后管理思想的延伸

安德鲁·尤尔是管理教育的先驱,许多工厂的管理人员都是他的学生。尤尔在管理方面的主要著作是1835年出版的《制造业的哲学》。他指出每一个企业都有三种有机系统:第一是机械系统,指生产的技术和过程;第二是道德系统,指工厂中的人事方面;第三是商业系统,指工厂企业通过销售和筹措资金来维持生存。尤尔把企业有机地划分为三个系统,这是一种早期系统思想的反映,对后来的管理思想家们有很大的影响,组织理论的集大成者亨利·法约尔的一些思想即来源于此。

查尔斯·巴比奇是英国的数学家、发明家和科学管理的先驱者。巴比奇在管理学上的贡献是多方面的,其著作《论机器和制造业的节约》于1832年出版。巴比奇制定了一种"观察制造业的方法";发展了亚当·斯密关于劳动分工的思想;在劳资关系方面,提出了固定工资和利润分享的制度。

威廉·杰文斯是英国的经济学家和逻辑学家,他把数学方法引进经济学,在经济学方面的代表作是《政治经济学理论》和《经济学原理》。他在管理思想方面有较大贡献。杰文斯是第一个研究劳动强度和疲劳关系问题的人,比泰勒在米德维尔钢铁公司的类似的研究实验早10年;他进行了初步的工时研究和动作研究,使一个工人能每日或每周做的工作量为最大,但又能使他恢复全部疲劳;在劳资关系方面,杰文斯号召工人和管理当局合作,主张工业合伙,包括利润分享和职工拥有股票,认为这是解决分歧和消除罢工的较好方法。

(三)美国早期的科学管理思想

1. 麦卡勒姆的管理思想

丹尼尔·克雷格·麦卡勒姆出生于苏格兰,1822年来到美国,先后担任纽约伊利铁路公司分公司的监工和伊利公司总监。麦卡勒姆认为:良好的管理是以严格的纪律、具体和详细的职务说明、经常准确地报告任务完成情况、根据成绩确定工资和提升、明确上下级权力层次以及在整个组织机构中贯彻个人责任和下级对上级报告的责任等为基础的。

麦卡勒姆的管理经验主要体现在以下方面:

(1)制定严密的管理制度。这种管理制度的原则是:

①适当地划分职责,实行明确的分工负责制;

②授予充分的权力以便能够充分地执行责任;

③要有能够了解是否切实承担起责任的手段;

④极其快捷的报告制度,对于一切情况能够及时反馈,如果出现疏忽和偏差,能及时得到纠正;

⑤通过每日的检查和报告来反映上述各种情况。

这种制度的一个前提条件是不应给主要负责人增加麻烦,也不应该减少主要负责人对下属的影响力,使他既能及时发现情况,又能找出失职者。

(2)制定十分严密的组织细则来贯彻这些原则。

①把员工按其职务要求分为各个等级,并要求员工穿上表示其等级的制服;

②为员工拟订职务说明书,并规定员工必须按职务说明书工作;

③制定表示各部门之间的分工和报告控制系统的组织图(也是最早的组织图),是一种树状结构图。用树根代表董事会;树枝代表业务部门,以此来表示组织内部的相互关系。

2. 普尔的管理思想

亨利·普尔的一生处于美国铁路事业从无到有并走向成熟的重要时代,他在1849~1862年间长期担任《美国铁路杂志》的主编。普尔是麦卡勒姆在伊利公司进行改革的最有力的支持者,麦卡勒姆的成果之所以取得巨大的影响也应归功于普尔和他的杂志。普尔在管理方面的主张是:

(1)建立一种管理体系来管理企业,这种体系不能依靠企业的创办人和资助者来管理,而是通过培养专业管理人员来进行。普尔从麦卡勒姆的成果中发现了建立健全的管理体系的三

个原则:

①组织原则。这是一切管理的基础,从总经理到普通工人都必须有细致的劳动分工,每个人都应有具体的职责和责任,并直接对他的上司负责。

②沟通交往原则。在组织中设计一种报告制度,使企业的最高管理层能不断地、准确地了解业务的进展情况。

③信息原则。信息就是"沟通交往的记录",普尔认为必须编制和保存一套有关成本、收入、定额测定等方面的系统资料,并对这些资料进行分析,以便改进业务。这实际上就是管理文献中"数据库"概念的雏形。

(2)普尔注意到企业中人的因素,提出改变僵化的领导作风。普尔提出要用集体精神来克服只强调严格管理的官僚化作风,要在不影响个人激励和尊严的情况下,从混乱中寻求秩序。他认为领导失败的原因有二:第一,不是根据能力和教育情况,而是根据其他因素来挑选人才;第二,未能建立一个可以查明管理人员情况的系统。普尔呼吁要培养有能力妥善管理别人财产的职业管理人员。

3. 亨利·汤的管理思想

亨利·汤是美国的工程师和管理学家,也是一位杰出的企业家。他于1868年与人合伙创办制造公司,并担任总经理达48年。他有多部管理方面的著作,在管理思想上和泰勒有着极为相似的认识,强调管理的重要性;支持并推广科学管理运动;提出一种激励员工的收益分享制度。

亨利·汤在管理思想上的主要贡献有以下几方面:

(1)亨利·汤首先强调管理的重要性,认为管理是一门独立的学科。当时美国的企业界不重视管理,否认管理是一门独立的学科,工程师一般局限于自己的专业领域,只用纯技术的观点来考察问题,不关心企业的管理。1886年,汤发表了《作为经济学家的工程师》一文,强调了管理的重要性,大声疾呼他的工程师同事们承认并努力来发展管理的科学。他认为:"为了高效率地指挥一个企业,工厂管理与工程技术有着同样的重要性"。

(2)支持并推广科学管理运动。亨利·汤于1870年就开始系统地应用高效率的管理方法。1884年~1890年,他先后担任过美国机械工程师学会的副会长和会长,此外还有相当长的时间是学会的领导成员之一。他运用自己的影响力支持科学管理运动,提供宣传阵地,促进了该学会成员对科学管理运动的兴趣和支持。亨利·汤是科学管理运动的重要先驱者之一。

(3)亨利·汤在著名的论文《利益分享》中提出了一种激励员工的收益分享制度。在他之前也有人提出用利润分享的办法来缓和劳资矛盾,但他认为利润分享既不是一种公正的措施,也不是一种正确解决问题的方法。因为一个部门员工努力节省下来的利润,会被另一些部门员工的失误所抵消,使得整个企业的利润减少或没有利润。他提议为每个工作单元或部门确定生产成本和定额,然后根据他们自己的表现,把盈利返还给他们。其具体做法是:员工有一个最低保证工资,其定额依科学方法测定,每一部门超过定额而生产出来的收益,由员工和雇主各得一半。定额应保持三至五年不变,以免降低工资,挫伤员工的积极性。亨利·汤的收益分享制度,实际上是对刺激生产的手段——工资,这个重要课题进行了开创性实验。

4. 梅特卡夫的管理思想

梅特卡夫是从事军工企业管理的美国军官,他意志坚定,对工作要求严格,在管理上取得了较大的成就。1885年,梅特卡夫的代表作《制造业的成本和公营及私营工厂的管理》一书出版,该书被誉为管理科学领域中具有开创性的著作。他在接管了法兰克福兵工厂后,发现该厂采用的传统的组织和管理方法,效率很低并造成巨大浪费。于是他在1881年实行了一套新的控制制度——使用卡片来加强车间内各个工种的协调和控制,取得了很好的效果。这些卡片把劳动控制、成本控制和工厂管理紧密地结合起来,在当时确实是一个创举。

5. 哈尔西的管理思想

哈尔西是美国的机械工程师,他在管理方面最重要的著作是《劳动报酬的奖金方案》。哈尔西提出了一种新的奖金方案:以工人目前的产量作为标准产量,以工人目前所花费的生产时间作为标准时间,工人如果提前完成工作,则把所节省时间的收益按一定比率(约为正常工资的1/3或1/2)发给工人作为奖金,其余归雇主。哈尔西认为自己的方案有以下特点:一是简单易行;二是工人基本工资有了保证;三是消除了平均主义;四是提高的收益由工人和雇主共享,促进了劳资双方的积极性,减少了劳资纠纷。哈尔西的奖金方案在英、美等国曾经被广泛采用,在当时被誉为工资报酬制度的一种创新,同泰勒的"计件工资制"一起成为以后多种工资方案的参考模式。

6. 史密斯的管理思想

史密斯是美国的工程师和企业家,是美国机械工程师学会最早的成员之一。史密斯同亨利·汤一起促使美国机械工程师学会的成员研究管理问题,对美国的管理思想和科学管理制度的发展起了重要的作用。

史密斯在管理方面的主要贡献是提出了一套有关机械零件的术语和记忆符号的系统及其有关原则。1881年,史密斯出版了《机械零件术语》一书,提出建立一个良好的符号系统的三条原则:①区别性。同一工厂中的各种机器的零件能相互区别。②记忆性。术语和符号应使人便于想起所表示的是机器中的哪一种零件。③简明性。术语和符号应简单明确。这三条原则对以后的所有术语系统都产生了较大影响。

第三节 管理理论的形成与发展

纵观管理理论发展的历史,大致可以划分为三个阶段:

第一阶段为古典管理理论。19世纪末20世纪初在美国、法国、德国等西方国家形成的有一定科学依据的管理理论,其代表人物有泰勒、法约尔、韦伯等。

第二阶段为行为科学理论。早期的行为科学理论叫做人际关系学,出现于20世纪30年代,以后发展成为行为科学理论;在20世纪60年代中叶,发展成为组织行为学,其代表人物有梅奥、巴纳德等。

第三阶段为现代管理理论。现代管理理论主要出现于第二次世界大战以后,这一时期管理领域非常活跃,出现了一系列管理学派,每一学派都有自己的代表人物。这些理论和学派,在历史渊源和理论内容上互相影响和联系,被形象地称为"管理理论的丛林"。

一、古典管理理论

18世纪中期的工业革命产生了工厂和企业,开始了企业管理实践。在20世纪初,为建立管理理论迈出了决定性的第一步。

20世纪的前半叶是管理思想多样化的时期。科学管理从如何提高作业人员生产率的角度看待管理;法国的一般行政管理者关心整个组织的管理及如何使之更有效;以德国的马克斯·韦伯等人为代表的古典组织理论,重点分析管理工作的运行机制和基本原则。

(一)泰勒的科学管理思想

1911年,弗雷德里克·泰勒出版了《科学管理》一书。这本书阐述了科学管理理论应用科学方法确定从事一项工作的"最佳方法",其内容很快被世界范围内的管理者们普遍接受,科学管理理论从管理思想到工作方法,形成了系统的理论体系,在提高劳动生产效率方面取得了巨大的成就,因而被公认为管理学产生的标志。该理论的代表人物弗雷德里克·泰勒被誉为"科学管理之父"。科学管理关心的是那些能够最大限度提高工人劳动生产率的手段。它代表了一种20世纪以来一直在使用的工作(作业)设计模式。在一个典型的制造性企业里,科学管理的思想和技术在车间使用,办公区域则使用着行政管理思想。

【资料库1.2】

弗雷德里克·泰勒(1856—1915),美国人,出生于费城。18岁进入费城一家小机械厂做工。4年后进入米德维尔钢铁厂当技工,很快被提升为工长、总技师。在业余学习的基础上,于1883年获得机械工程学士学位,1884年被提升为总工程师。他一生中做过大量的科学试验,例如,他进行的切割试验持续6年,写出报告300多份,切割量达80万磅,费用超过15万美元。在试验的基础上,他提出了大量有关提高生产率的原则和方法。1891年,他独立开业,免费从事管理咨询工作,推广他的科学管理理论和方法。

泰勒一生致力于提高生产率的研究工作,是一个乐于观察思考的人。走路时,他数脚步,以找出最适当的步幅。他不能容忍看到一台车床闲置或一个人无所事事。他从不偷懒,也不允许别人这样做。泰勒的著作有《工厂管理》、《计件工资制》、《科学管理》等,其中《科学管理》一书被人们视为管理理论的里程碑。

科学管理的主要内容可划分为三个方面:作业管理、组织管理和管理哲学。

1. 作业管理

作业管理是科学管理最具特色的部分和主要内容,由一系列的科学方法组成。

(1)工作定额原理。工作定额原理建立在"动作-工时"研究的基础之上,目的是为工人制订"合理的日工作量"。这一原理为开发科学方法代替旧的经验方法奠定了基础。

(2)标准化原理。标准化原理是指制订并使工人掌握标准化的、科学的操作方法,包括标准化的工具、机器和材料以及标准化的作业环境,即所谓的"标准化原理"。泰勒将其视为管理当局的首要职责,他认为工人提高劳动生产率的潜力是巨大的。挖掘潜力的方法应该把工人多年积累的经验和技巧归纳整理并结合起来,通过分析比较找出其中具有共性和规律性的东西,并将其标准化。用这一方法对工人的工作方法、使用的工具、劳动和休息时间等进行合理搭配,同时对机器安排、环境因素等进行改进,消除种种不合理因素,把最好的因素结合起来,为提高生产率提供根本保证。

【阅读资料1.2】

铁锹试验

泰勒通过对工人劳动过程的观察,特别是使用秒表和量具精确计算工人铲煤的效率与铁锹尺寸的关系,发现每锹质量为21磅(1磅=0.4536千克)时效率最高,探索出实现铲煤最高效率的铁锹尺寸大小与铲煤动作的规范方式,并相应设计出大小12种规格的铁锹。工人每次劳动,除指派任务外,还要指定所用铁锹的规格,以提高劳动效率。实验前,工人干不同的活拿同样的铁锹。实验后,铲不同的东西拿不同的铁锹,生产效率得到大幅度提高。

资料来源:http://baike.baidu.com。

---

(3)制订培训工人的科学方法。泰勒认为,挖掘人的最大潜力必须做到人尽其才,某一项工作必须找到最适宜做这项工作的人,同时还要最大限度地挖掘最适宜做这项工作的人的最大潜力——这就有可能达到最高效率。因此,对任何一项工作必须要挑选"第一流的工人"——既适合于其作业又愿意努力干活的人。泰勒认为把工人培训成为"第一流的工人"是领导的职责。企业管理当局的责任,在于为员工安排最合适的作业,把员工培训成为第一流的工人,使其能力与作业相配合;泰勒以第一流工人"在不损害其健康的情况下,能维持很长年限的速度,也是使其更加愉快而健壮的速度"为标准,制订了"日作业定额"。所谓"第一流速度",不是以突击活动或持续紧张为基础,而是以工人能长期维持的正常速度为基础。

(4)刺激性工资制度。1895年,泰勒提出了刺激性工资制度,这一制度的两个要点为:一是通过对工时的研究和分析,制订一个作业的定额或标准,把定额的制订从以估计和经验为依据改为以科学为依据;二是采用"差别计件制"。

2. 组织管理

职能化原理包括把计划职能与执行职能分开,变经验工作法为科学工作法,实行工长制。

（1）把计划职能与执行职能分开，变经验工作法为科学工作法。所谓的经验工作法是指每个工人用什么方法操作，使用什么工具，都根据他自己的（或师傅等人）的经验来决定。泰勒主张明确划分计划职能与执行职能，为专门计划部门指定标准化的操作方法、工具和定额，拟订计划并发布指示和命令，进行有效的控制。现场工人从事执行的职能，按照计划部门制订的操作方法和指示，使用标准工具从事实际作业，不得自行改变计划。

（2）职能工长制。一种"职能管理"，即将管理的工作予以细分，使所有管理者只承担一种管理职能。泰勒认为职能工长制具有三个优点：①对管理者的培训较少；②管理者责任明确，因而可以提高效率；③车间现场的职能工长只需进行指挥监督。因此，非熟练技术工人也可以从事较复杂的工作，从而可以降低整个企业的生产费用。虽然这一思想当时并没有得到推广，但却为以后职能部门的建立和管理的专业化提供了参考。

（3）例外原则。例外原则即高级管理人员应把例行的一般日常事务授权下级管理人员去做，自己只保留对例外事项的决定与监督权。这种管理控制原理后来发展成为管理上的分权化原则和实行事业部制管理体制。

3. 管理哲学

泰勒在美国听证会上声明，科学管理不是计件工作制，不是工时研究，不是职能工长制，不是人们谈到科学管理时一般人所想到的任何方法。它们都不是科学管理，它们只是科学管理的有益辅助手段。泰勒进一步宣称，"科学管理在实质上包含要求每一个工人进行一场全面的心理革命——要求工人在对待工作、同伴和雇主的义务上进行一种全面的心理革命。此外，科学管理还要求工长、监工、企业所有人、董事会进行一场全面的心理革命，要求他们在对管理部门的同事、对他们的工人和所有日常问题的责任上进行一场全面的心理革命。没有双方的这种心理革命，科学管理就不能存在"，"他们会看到，当他们双方不再相互敌视，而是肩并肩地向同一方向迈进时，通过他们的共同努力所创造出的剩余额将多得简直令人目瞪口呆……以至工人工资有大大增加的充分余地，制造商的利润也会大大增加。这就是伟大的心理革命的开始，是实现科学管理的第一步"，"科学管理的常规特征是协调而不是不和"。但是，"科学管理中没有任何一点慈善的内容，任何一种管理措施如果含有慈善因素，则一定失败。慈善因素在任何管理措施中都没有地位"。因此，可以说科学管理是一种改变人们对管理实践重新审视的管理哲学。

与泰勒同时代的另一批思想家也在思考着管理问题，他们关注的焦点是整个组织。我们称这些人为一般行政管理理论家，他们在发展更一般的管理理论——解释管理者的工作是什么，以及有效的管理是由哪些要素构成的。他们与科学管理思想家一起被称为古典理论家，其中的杰出代表有亨利·法约尔和马克斯·韦伯。

（二）法约尔的一般行政管理理论

亨利·法约尔（1841—1925），法国人，出生于一个资产阶级家庭。亨利·法约尔的职业生涯是在法国一家大型矿业冶金公司度过的，并在该公司担任总经理达30年之久。因具有长期从事高层管理工作的背景,他对全面管理工作(所有管理者的活动)有着深刻的体会和了解。法约尔是第一个概括和阐述一般管理理论的管理学家。其管理思想主要体现在《工业管理与一般管理》这部经典著作中,他认为应建立一套公认的普遍验证过的原则、方法。

法约尔认为经营与管理是两个不同的概念。经营是引导一个组织趋向于一个目标。经营包含六种活动:技术活动(生产),商业活动(交换活动),财务活动(资金的筹集、控制和使用),安全活动(设备维护与人身的安全),会计活动(记账算账,成本核算和统计),管理活动(行政管理)。

法约尔的主要贡献在于提出了关于管理的五大要素或五大职能——计划(探索未来,制订行动计划)、组织(建立企业物质和社会的双重结构)、指挥(使人发挥作用)、协调(连接、联合、调动所有的活动及力量)和控制(注意是否一切都按已制订的规章和下达的命令进行)的思想,这一思想已成为认识管理职能和管理过程的一般性框架,较为系统地阐述了管理工作的因素(即管理职能),认为管理就是计划、组织、指挥、协调和控制。这种观点被人们普遍接受,并成为研究管理职能的基础。

法约尔根据自己在大企业的管理经验,进一步提出了组织经营的14项原则:分工、权力与责任、纪律、统一指挥、统一领导、个人利益服从集体利益、报酬合理、集权与分权、等级链与跳板、秩序、公平、人员稳定、首创精神、集体精神。这些原则目前仍运用于现代管理实践中。法约尔也因上述贡献而被人们誉为"经营管理之父"。

(三)韦伯的官僚行政组织

马克斯·韦伯是德国的一位社会学家和哲学家,也是一位享誉世界的思想家、"组织理论之父"。在20世纪早期,他提出了一种权威结构理论,并依据权威关系来描述组织活动。他描述了一种被他称之为官僚行政组织的理想组织模式。所谓"理想的官僚组织体系"是一种体现劳动分工原则、有着明确定义的等级和详细的规则与制度,以及非个人关系的组织模式。其核心是设立公职,权力的承袭通过职位而不是依靠世袭或个人魅力。韦伯认为尽管这种"理想的官僚主义行政组织"在现实中是不存在的,但它代表了一种可供选择的现实世界的重构模式。他把这种模式作为推理的基础,用来推论在一个大团体中应当做哪些工作和应当如何从事这些工作。韦伯认为,这种高度结构化的、正式的、非人格化的理想行政组织体系是一种合理的、高效率的最有效形式,优于其他形式,适用于各种行政管理工作。这一理论对工业化以来各种不同类型的组织产生了广泛而深远的影响,成为现代大型组织采用的一种组织管理模式。

二、行为科学理论

行为科学的诞生是西方管理理论与实践发展的必然结果。20世纪初期,泰勒制逐渐行之无效,工人的组织化程度与谈判地位都已提高,罢工、怠工现象屡有发生,提高劳动生产率问题成为一大难题。这促使管理学家重新审视科学管理理论,研究新的管理理论,行为科学应运而生。行为科学早期称为人际关系学说,诞生于20世纪30年代。行为科学对工人在生产中的行为以及这些行为产生的原因进行分析研究,目的是解释、预测、控制人的行为,使之有利于达成组织预期的目标,同时使个人获得成长与发展。

（一）霍桑试验和人际关系理论

1. 霍桑试验

行为科学的研究最初始于著名的霍桑试验。1924年,美国国家科学院的全国科学研究委员会决定,在西屋电气公司的霍桑工厂对如何调动人的积极性展开研究。霍桑试验分为两个阶段。

第一阶段:研究工作环境对劳动生产率的影响。起初管理工作者和管理学者试图在工作环境和工人的健康与生产率之间寻求一种因果关系。在这一阶段,先后对照研究不同的温度、湿度、照明度、工资报酬、休息时间、工作日和工作时间的长度、休息时提供茶点等一系列环境因素对生产率的影响。

试验表明,这些改善工作环境及福利待遇的措施明显提高了产量。但令研究者困惑的是,多数优惠措施取消后,产量反而增长更快,再恢复被取消的"优惠"措施,产量又大幅提高。研究一直持续到1927年仍没有得到明确的结果。

第二阶段:社会心理角度的研究。正当试验难以进行下去的时候,实验小组成员之一,西屋电气公司检验部主任乔治·潘诺克在纽约哈佛俱乐部偶然听了心理病理学教授梅奥的一次报告受到启发,于是邀请梅奥参加试验。

梅奥解释了第一阶段的试验结果,指出生产率持续上升的关键在于工人精神状态的巨大变化,因为作为试验对象的工人成为一个社会单位,对试验中受到的关心感到心情愉快,还产生了一种参与意识。接着,他们从社会心理的角度进一步设计了两项试验:

第一是访谈。先后用两年时间,对两万工人进行访谈,让工人们自由发泄心中闷气,收到良好的效果,工人们一吐心中抑郁之情之后,感到他们的处境改善了。据此实行的改革是:把以往从事压制监视方式的领班训练成为访谈者,以同情的态度征求和听取工人的意见,消除工人和领班之间的对立。结果工人劳动态度大有改变,缺勤率大大减少,产量大幅提高。

第二是绕线室的团体行为试验。在梅奥之前的一些管理学者如泰勒等人都注意到了工厂中存在着有系统的怠工和团体压力,梅奥在绕线室中设计了试验来观察与分析这个问题。结果发现,工厂部门中的无形团体能对各个成员的生产行为进行强有力的控制。据此,梅奥提出企业中的"非正式组织"说。

2. 人际关系学说

梅奥等人通过霍桑实验建立了人际关系学说。1933年,梅奥出版了《工业文明中人的问题》标志着人际关系学说的诞生。梅奥的人际关系学说的主要内容如下:

（1）工人是"社会人"。古典管理理论把人视为"经济人",认为金钱是刺激职工工作的唯一动力。生产效率主要受到工作方法和工作条件的制约。霍桑试验说明职工还受到社会和心理影响,生产效率主要取决于职工的积极性,取决于职工的家庭和社会生活以及企业中人与人之间的关系。

(2)企业中存在着"非正式组织"。古典管理理论只注意管理组织机构、职权划分、规章制度等。霍桑试验说明除正式团体外,企业里还存在非正式的小团体,小团体通过不成文的规范左右着小团体成员的情感倾向和行为,这种非正式组织与正式组织相互依存,对生产率有很大的影响。

(3)工人的士气是决定生产效率的关键。科学管理理论认为,生产效率与作业方法、工作条件之间存在着必然的因果关系,只要正确地确定工作,采取恰当的刺激制度,适当改善工作条件,就可以提高生产效率。霍桑试验否定了科学管理理论的上述命题,并且证明了另外一种新的因果关系——工人士气(工作态度)直接影响着生产效率的变化。

(4)新型的领导能力在于提高员工的满足度。企业中的管理人员要同时具有经济技能和人际关系技能。要对各级管理人员进行训练,使他们学会了解人们的逻辑行为与非逻辑行为。学会通过与工人交谈,了解其感情的变化,使正式组织的经济需要与非正式组织的社会需要取得平衡。

(二)行为科学及其主要理论

20 世纪 30 年代开始,以梅奥为创始人的人际关系学派受到了极大的关注。1952 年,美国成立了"行为科学高级研究中心",进一步开展了人的行为、社会环境和人际关系与提高工作效率关系的研究,推动了行为科学理论的形成和发展。行为科学主要理论概括如下。

1. 人性理论

人性理论是行为科学的基础理论之一,基于对"人性"的不同认识,管理重点、领导方式、激励形式均不相同。"人性"主要指组织中的个人对工作、组织目标、人际关系的心理状态、认识情况和目标追求。

最早提出人性理论的是梅奥,他指出:人不是只追求物质利益的"经济人",而是将社会心理需求看得更重要的"社会人"。

1960 年,哈佛大学教授道格拉斯·麦克雷戈在《企业中的人性面》一书中提出"X 理论"和"Y 理论",把基于经济人假说的传统管理理论看做是"X 理论"。"X 理论"在管理方式下立足于管理,认为工人没有积极性、主动性,对组织目标漠不关心;奉行强制、惩罚、金钱刺激这种"胡萝卜加大棒"的管理方式。"Y 理论"建立在"自动人"(自我实现人)基础之上,认为人是可以信赖的,可以自我激励、自我控制,他们有能力把自己的个人目标和组织目标结合起来。因此,管理的重点是关心人,培养人的归属感,发挥工人潜能,鼓励参与管理,引导工人在实现组织目标的同时达到自我发展的目标。

2. 个体行为理论

行为科学认为,人的行为受几种动机驱使。动机被激发是由于人的需要,最强烈的需要决定人的行为。人的行为达到预期目标,需要就得到满足,从而产生新需要,激发新动机,采取新行为,达到新目标,循环往复、永无止境。个体行为理论研究人的行为原因、行为发展过程以及如何引导与强化人的有利于组织目标的行为,化解与消除那些抑制人的积极性的行为。主要理论有马斯洛的需求层次理论、赫茨伯格的双因素理论、麦克利兰的激励需求理论、邦鲁姆的期望理论、斯金纳的强化理论、亚当斯的公平理论等。

3. 群体行为理论

行为科学认为,管理所面对的不仅仅是个体行为,群体行为对生产效率的影响也很大。行为科学的群体理论始于梅奥提出的正式组织与非正式组织观点。正式组织是指为实现组织目标,按照组织原则、规章制度等规定各个成员间相互关系和职责范围的组织体系,如企业中的车间、班组等。非正式组织是指某些正式组织中的成员自然形成的一种无形组织。

继梅奥之后,巴纳德在其1938年的代表作《经理的职能》一书中,深入阐述了正式组织的性质、结构以及非正式组织的作用。他认为非正式组织有三种作用:①信息交流;②通过对协作意愿的调节,维持正式组织内部的团结;③维护个人品德和自尊心的感觉。他认为,三种作用有助于使正式组织更有效率,是非正式组织成为正式组织不可缺少的组成部分。

群体行为的另一重要理论是库尔特·卢因提出的"团体动力学"。卢因把自己的思想称为"场论",他认为团体行为就是一套复杂的力和彼此间的相互作用,这些力不仅影响团体结构,而且修正个人行为。一个团体永远不会处于一种固定的平衡状态,而是处于各种力相互适应的准静态平衡形式。

行为科学的群体理论也包括冲突论。传统管理理论认为冲突是坏事,行为科学认为组织中的冲突是一种自然现象,是不可避免的,它具有建设性与破坏性的双重效果。行为科学的群体理论还包括沟通论,它是研究群体内部成员之间,尤其是领导与下属之间的信息交流问题。

4. 组织行为理论

组织行为理论主要包括有关领导理论和组织变革与发展理论。组织行为理论包括三大类,即性格理论、个人行为理论和权变理论。

(1)性格理论:性格理论研究领导者个人性格与其领导行为的关系。

(2)个人行为理论:依据个人品质或行为方式对领导风格进行分类,研究管理有效性与行为的关系。

(3)权变理论:有效的领导取决于外界环境与领导者行为的相互关系。没有一种具体的领导方式可以在任何场合下都有效,应根据具体情况创建新的领导方式。

三、现代管理理论

现代管理理论主要产生在20世纪40年代至60年代。第二次世界大战以后,科技进步以及原用于军事战争的技术及管理思想转向发展社会生产,促进生产力的飞速发展,相应地出现了许多新的管理理论。

(一) 社会系统学派

社会系统学派认为人与人的相互关系就是一个社会系统,它是人们在意见、力量、愿望、思想等方面的一种合作关系。管理人员的作用就是要围绕着物质的(材料与机器)、生物的(作为一个呼吸空气和需要空间的抽象存在的人)和社会的(群体的相互作用、态度与信息)因素去适应总的合作系统。

该学派是从社会学的角度来分析各类组织,其特点是将组织看做一个社会系统,是一种人的相互关系的协作体系,是社会大系统中的一部分,受到社会环境各方面因素的影响,美国的巴纳德是该学派的创始人,他的著作《经理的职能》对该学派有很大的影响。该学派主要以组织理论为研究重点,对管理理论所作的贡献是巨大的,并对其他学派的形成(如社会技术系统学派、决策理论学派、系统理论学派)产生很大影响。

(二) 经验或案例学派

该学派主张通过分析经验(通常是一些案例)来研究管理问题。最早提出这一见解的是美国的德鲁克、戴尔、纽曼、斯隆等人。他们认为应该从企业管理的实际出发,以大企业的管理经验为主要研究对象,通过研究各种各样成功和失败的管理案例,可以了解怎样管理。

经验或案例学派并未形成完整的理论体系,其内容也比较庞杂,其中的一些研究反映了当代社会化大生产的客观要求,是非常有价值的。

(三) 社会技术系统学派

创立这一学派的是英国的特里斯特及其同事。他们根据对煤矿中"长壁采煤法"研究的结果认为,要解决管理问题,只分析社会协作系统是不够的,还必须分析研究技术系统对社会的影响,以及对个人的心理影响。他们认为管理的绩效,以至组织的绩效,不仅取决于人们的行为态度及其相互影响,还取决于人们工作所处的技术环境。管理人员的主要任务之一就是确保社会协作系统与技术系统的相互协调。

该学派的大部分著作都集中于研究科学技术对个人、对群体行为方式,以及对组织方式和管理方式等的影响,尤其注重于工业工程、人机工程等方面问题的研究。其代表著作有《长壁采煤法的某些社会学的和心理学的意义》、《社会技术系统的特性》等。这个学派虽然没有研究到管理的全部理论,但却首次把组织作为一个社会系统和技术系统综合起来考虑,可以说填补了管理理论的一个空白。

(四) 系统管理学派

系统管理理论是应用系统理论的原理,全面分析、研究企业和其他组织的管理活动和管理过程,重视对组织结构和模式的分析,并建立起系统模型以便于分析的管理理论。其代表人物有卡斯特、罗森茨韦克、约翰逊等。该学派将系统理论与方法应用于管理之中,影响到组织理论、管理科学及管理信息系统的发展。

（五）管理过程学派

管理过程学派的创始人是亨利·法约尔,当代主要代表人物是美国学者哈罗德·孔茨和西里尔·奥唐。管理过程学派的特点是把管理理论和实践归纳为原则与步骤,将管理理论同管理者的职能(应该做什么)与工作过程(如何有步骤地去做)联系起来,认为管理是由一些基本步骤(如计划、组织、控制等)所组成的一个独特过程,这些步骤之间相互联系、依次运转,形成一个完整的管理过程。其主要观点是:管理是一个过程;管理存在共同的基本原理;管理有明确的职能和方法;管理拥有自己的基本方法;管理人员的环境和任务受到文化、物理、生物等方面的影响,管理理论也应从其他学科中吸取有关的知识。

（六）管理科学学派

管理科学理论是指以现代自然科学和技术科学的最新成果(如先进的数学方法、电子计算机技术以及系统论、信息论、控制论等)为手段,运用数学模型对管理领域中的人力、物力、财力进行系统的、定量的分析,并作出最优规划和决策的理论。

在第二次世界大战时期,英国为解决国防需要而产生"运筹学",发展了新的数学分析和计算技术。例如,统计判断、线性规划、排队论、博弈论、统筹法、模拟法、系统分析等。这些成果应用于管理工作产生了"管理科学理论",其主要内容是一系列的现代管理方法和技术。这一理论的代表人物是美国研究管理学和现代生产管理方法的著名学者伯法。他们开拓了管理学的一个广阔的研究领域,使管理从以往定性的描述走向了定量的预测阶段。

管理科学理论的主要内容包括三个方面:

1. 运筹学

运筹学是管理科学理论的基础,是以杰出的物理学家布莱克特为首的一部分英国科学家为了解决雷达的合理布置问题而发展起来的数学分析和计算技术。就其内容讲,这是一种分析的、实验的和定量的科学方法,专门研究在既定的物质条件(人力、物力、财力)下,为达到一定的目的,运用科学的方法(主要是数学的方法),进行数量分析,统筹兼顾研究对象的整个活动中各个环节之间的关系,为选择出最优方案提供数量上的依据,以便作出综合性的合理安排,最经济、最有效地使用人力、物力、财力,以达到最佳的效果。

2. 系统分析

系统分析是把系统的观点和思想引入管理的方法之中,认为事物是极其复杂的系统。系统分析就是运用科学和数学的方法对系统中事件进行研究和分析,其特点是解决管理问题时要从全局出发进行分析和研究,从而作出正确的决策。系统分析一般有如下步骤:

(1)首先弄清并确定该系统的最终目的,同时明确每个阶段的目标和任务;

(2)必须把研究对象看作是一个整体,一个统一的系统,然后确定每个局部要解决的任务,研究它们之间以及它们与总体目标之间的相互关系和相互影响;

(3)寻求达到总体目标以及与其相联系的各个局部任务的可供选择的方案;

(4)对可供选择的方案进行分析比较,选出最优方案;
(5)组织各项工作的实施。

3. 决策科学化

决策科学化是指决策时要以充足的事实为依据,采取严密的逻辑思考方法。对大量的资料和数据按照事物的内在联系进行系统分析和计算,遵循科学程序,作出正确决策。先进工具——电子计算机和管理信息系统,为决策科学化提供了可能和依据。

(七)沟通中心学派

该学派同决策理论学派关系密切,它主张把管理人员看成一个信息中心,并围绕这一概念来形成管理理论。该学派认为,管理人员的工作就是接收信息、储存与发出信息;每一位管理人员的岗位犹如一台电话交换台。这一学派强调计算机技术在管理活动和决策中的应用,强调计算机科学同管理思想和行为的结合。大多数计算机科学家和决策理论家都赞成这个学派的观点。其代表人物有:美国的李维特,其代表作是《沟通联络类型对群体绩效的影响》;申农和韦弗,其代表作是《沟通联络的数理统计理论》。

(八)管理文化学派

管理文化学派产生于20世纪70年代后期。管理文化包括企业文化、公司文化、组织文化,是在长期的管理实践中形成的,是一种客观存在。该学派是企业因成长与发展的环境经历、管理思想、价值观、作风等不同,在管理实践中所形成的独特的管理方式和方法,或者说是以其独特的价值观为核心所形成的企业员工的共同行为规范、道德准则和群体意识。

本章小结

管理是指管理者在特定的环境下,对所拥有的资源有效地计划、组织、领导、控制和创新,以期待高效率地达到组织目标的过程。管理学的研究对象是组织中的管理活动。管理的职能可概括为计划、组织、领导和控制职能。

我国在社会实践中形成的管理思想源远流长。《论语》、《孙子兵法》、《资治通鉴》等著作中的管理思想,备受世界各国管理学界的重视,但我国的管理思想缺少系统的整理和提炼。国外的早期管理思想主要体现在对国家、军队、部落、教会、家庭等进行管理方面。

管理理论的形成与发展经历了古典管理理论、行为科学理论、现代管理理论三个阶段。古典管理理论的代表人物有泰勒、法约尔、韦伯等,他们分别在科学管理理论、组织管理理论和行政组织理论方面对管理学早期理论的发展作出了贡献。

行为科学理论早期叫做人际关系学,以后发展成为行为科学理论,代表人物是梅奥、巴纳德等。

现代管理理论形成于第二次世界大战以后,这一时期管理领域非常活跃,出现了一系列管理学派,每一学派都有自己的代表人物。这种现象被美国著名的管理学家哈罗德·孔茨称为

"管理理论的丛林"。

思考与练习题

1. 选择题

(1) 管理学理论形成包括( )个阶段。
  A. 一 B. 二 C. 三 D. 四

(2) "科学管理之父"是( )。
  A. 泰勒 B. 韦伯 C. 亚当斯 D. 马斯洛

(3) 管理的核心是( )。
  A. 处理好人际关系 B. 决策 C. 计划 D. 控制

(4) 韦伯提出的理想的组织形态是( )。
  A. 行政性组织 B. 神秘化组织 C. 传统的组织 D. 现代组织

(5) ( )需要更多地掌握概念性技能。
  A. 中层管理人员 B. 高层管理人员 C. 基层管理人员 D. 作业人员

2. 简述题

(1) 为什么说"管理"是一种必备的生活技能?
(2) 为什么大型公司鼓励员工"像企业家一样思考"?
(3) 有人说可以根据一个人有没有下属来判断他是不是管理者,你认为这种提法正确吗?为什么?
(4) 如果想成为一个合格的管理者应具备哪些素质?
(5) 如何利用管理的职能来完成大学毕业的目标?

3. 案例分析

鼎立建筑公司

鼎立建筑公司成立之初原是一家小企业,仅有10多名员工,主要承揽一些小型建筑项目和室内装修工程。创业之初,大家齐心协力,干劲十足,经过多年的艰苦创业和努力经营,目前已经发展成为员工过百的中型建筑公司,有了比较稳定的顾客,生存已不存在问题,公司走上了比较稳定的发展道路,但仍有许多问题让公司经理胡先生感到头疼。

创业初期,人手少,胡经理和员工不分彼此,大家也没有分工,一个人顶几个人用,大家不分昼夜,不计较报酬,有什么事情饭桌上就可以讨论解决。胡经理为人随和,十分关心和体贴员工。由于胡经理的工作作风以及员工工作具有很大的自由度,大家工作热情高涨,公司因此得到快速发展。

然而,随着公司业务的发展,特别是经营规模不断扩大之后,胡经理在管理工作中不时感觉到不如以前得心应手了。首先,让胡经理感到头痛的是那几位与自己一起创业的"元老",他们自恃劳苦功高,对后来加入公司的员工,不管其在公司职位高低,一律不看在眼里。其次,胡经理感觉到公司内部的沟通经常不顺畅，大家谁也不愿意承担责任，一遇到事情就来向他汇报，但也仅仅是遇事汇报，很少有解决问题的建议，结果导致许多环节只要胡经理不亲自去推动，似乎就要"停摆"。另外，胡经理还感到，公司内部质量意识开始淡化，对工程项目的管理大不如从前，客户的抱怨也正逐渐增多。

上述感觉令胡经理焦急万分，他认识到必须进行管理整顿。但如何整顿呢？胡经理想抓纪律，想把"元老"们请出公司，想改变公司激励系统……他想到了许多，觉得有许多事情要做，但一时又不知道从何处入手，因为胡经理本人和其他"元老"们一样，自公司创建以来一直一门心思地埋头苦干，并没有太多地琢磨如何让别人更好地去做事，加上他自己也没有系统地学习管理知识，实际管理经验也欠丰富。出于无奈，他请来了管理顾问，并坦诚地向顾问说明了自己遇到的难题，希望顾问能帮助他解决问题。

资料来源：http://www.51edu.com.

分析讨论：
(1)鼎立建筑公司成立之初取得成功的因素主要有哪些？
(2)请你帮助鼎立建筑公司分析目前出现问题的原因以及给出改进建议。

第二章
Chapter 2

管理环境

【学习目的与要求】

通过本章的学习,要求学生了解环境的含义及分类,能从变化和复杂两个维度对组织环境加以评估;了解环境的特性及环境研究的作用;掌握一般环境、产业环境所包含的要素及其对组织生存和发展的影响;掌握组织内部环境的构成要素及组织如何发挥自身优势面对外部环境的机遇和威胁;了解环境研究的程序和方法;了解社会责任的概念、内容及有关社会责任的不同观点;了解管理道德的不同发展阶段及其影响因素。

【本章主要概念】

组织环境　一般环境　具体环境　有形资源　无形资源　管理道德　利益相关者　社会责任

【案例导读】

达尔文的惊愕

从1831年至1836年,达尔文乘英国皇家海军舰艇"贝格尔"号作环球考察。一天,达尔文来到非洲的一个原始部落。这个部落的人过着原始的生活,住的是山洞或树窝,吃的是野果和兽肉,还有一个可怕的习俗——当妇女年老力衰时就把她放逐到深山里任其饿死。达尔文十分惊愕和不解,通过翻译问他们为什么这么干?部落首长说:妇女的任务是生孩子,年纪大了不能生孩子,留着她们干什么?又说,妇女生的孩子可以传宗接代,是有用的,但在没有食物吃的时候,一部分孩子也可以当食物吃。这个"逐老吃幼"的习俗和文明社会"尊老爱幼"的理念相去甚远,怀着悲悯之情的达尔文决定要帮这个野蛮部落做点什么。他花钱买了部落中的一个男孩,把他送到伦敦培养了16年,然后送回这个部落,希望他能改变他的部落的野蛮习俗。多年之后达尔文来到非洲这个部落,却找不到这个青年了,便去问首长:他到哪里去了?这个首长平静地说:我们把他吃了。达尔文惊愕地问:"为什么?"首长说:"他什么也不会,留着也没有用。"

资料来源:http://www.gmw.cn.

【点评】
　　组织处于一定的环境之中,任何组织无论其规模大小、实力强弱,其业务活动必定受到各种外部因素的影响,组织在决策时必须充分考虑这些影响。组织内部的资源既是管理的对象,也是组织开展活动的约束条件,组织在决策时也必须给予充分的重视和准确的分析。本章在对组织外部环境和内部资源进行分析的基础上,系统地说明了管理决策应该如何适应环境变化、利用环境机会以及如何充分发挥内部优势,实现组织目标。

第一节　管理环境概述

　　组织是在环境的作用中发展的,不同的环境对组织发展的影响也不尽相同。组织要在环境中生存下去,谋得自身的长远发展,就必须了解环境、认识环境。

一、组织环境的含义

　　斯蒂芬·P·罗宾斯将组织环境定义为:对组织绩效起着潜在影响的外部机构或力量。管理的环境是组织生存发展的物质条件的综合体,它存在于组织界限之外(外部环境),可能对管理者的行为产生直接或间接影响;又表现于组织界限之内,成为组织开展活动的前提和约束条件。

二、组织环境的分类

　　组织环境对组织的生存和发展起着决定性作用。科学划分组织环境的类型,有利于管理者更清楚地认识环境、把握环境。

　　(一)以组织界线(系统边界)来划分

　　以组织界线(系统边界)来划分可以把环境分为内部环境和外部环境,或称为工作(具体)环境和社会(一般)环境。

　　内部环境是指组织内部的各种影响因素的总和。内部环境随着组织的诞生而产生,对组织的管理活动产生影响。内部环境决定了管理活动的可选择的方式和方法,而且在很大程度上影响到组织管理的成功与失败。

　　外部环境也称为一般环境,是组织之外的客观存在的各种影响因素的总和,是对某一特定社会中所有组织都产生影响的环境因素。它不以组织的意志为转移,是组织的管理者必须面对的重要影响因素。

　　外部环境与管理相互作用,在一定条件下甚至对管理起决定作用。外部环境制约管理活动的方向和内容;同时,管理对外部环境具有能动的反作用。

　　(二)根据环境系统的特性来划分

　　根据环境系统的特性来划分,可将环境划分为简单－稳态环境、复杂－稳态环境、简单－

动态环境和复杂-动态环境四种类型。组织应该调整战略以适应环境,究竟如何调整应视环境的不同而定。

斯蒂芬·P·罗宾斯从环境的变化程度和环境的复杂程度两个维度将环境区分为四种类型,如表 2.1 所示。

表 2.1 环境的分类

		变化程度	
		稳态	动态
复杂程度	简单	低不确定性 1. 稳定的和不可预测的环境要素少 2. 要素有某些相似并基本维持不变 3. 对要素的复杂知识要求低	高-中程度不确定性 1. 动态的和不可预测环境要素少 2. 要素有某些相似,处于连续不断变化中 3. 对要素的复杂知识的要求低
	复杂	低-中程度不确定性 1. 稳定的和不可预测的环境要素多 2. 要素间彼此不相似,但单个要素基本维持不变 3. 对要素的复杂知识要求高	高不确定性 1. 动态的和不可预测的环境要素多 2. 要素间彼此不相似并处于连续变化中 3. 对要素的复杂知识要求高

分析和确认环境的状况,一是看环境的复杂性;二是看环境的动荡程度或稳定性。

1. 环境的复杂性

外部环境的复杂性,是指企业在进行外部环境分析时所应当考虑到的环境因素的总量水平。如果企业外部的影响因素多,且各因素间相互关联,则意味着环境复杂。环境的复杂性不仅表现在环境因素的多寡上,而且还表现在环境因素的多样化方面。也就是说,影响企业的外部环境因素不是同属某一类或几类,而是多种多样、千差万别。一般来说,随着时代的发展,企业作为一个开放系统,它所分析的外部环境因素会有越来越多样化的发展趋势,因而企业所面临的外部环境会变得更加复杂。

2. 环境的稳定性

可从两个方面来考查环境的动荡程度:一是看环境的新奇性。这主要是说明企业运用过去的知识和经验对这些事件的可处理程度。对于动荡程度低的环境,企业可以用过去的经验、知识处理经营中的问题;而对于动荡程度高的环境,企业就无法仅用过去的知识和经验去处理经营的问题。其二要看环境的可预测性。随着环境动荡程度的提高,环境的可预测性逐渐降低,不可预测性逐渐提高。在高动荡程度的环境里,企业所能了解的只是环境变化的弱信号,企业环境中更多地存在着许多不可预测的突发事件。

【资料库2.1】

温水煮青蛙的实验

19世纪末,美国康奈尔大学的科学家们进行了一个著名的实验:把一只青蛙投进盛满沸水的铁锅里,结果那只青蛙就像被电击似的跳了出来,接着科学家又把它放进常温的水里,慢慢地加热,当水温升至70~80℃时,青蛙虽然感觉到外界温度在慢慢变化,却没有往外跳,看上去仍显得若无其事,随着水温的上升,那只青蛙变得愈来愈虚弱,竟然在不知不觉中被煮熟了,仍不自知。

放在常温水中的青蛙之所以被煮熟,是因为青蛙体内感应生存威胁的器官,只能感应到外部激烈的环境变化,而对于缓慢而渐进的变化却视而不察。

状态1:简单-稳态环境,即低不确定性的环境。这种环境中的组织会处于相对稳定的状态。在这种环境下,管理者对内部可采取强有力的组织结构形式,通过计划、纪律、规章制度及标准化来管理。一般的日用品生产企业大都处于此种环境。

状态2:复杂-稳态环境,即低-中程度不确定性的环境。此为相对稳定却极为复杂的环境。处于这种环境的组织,为适应复杂环境会采取分权的形式,强调根据不同的资源条件来组织各自的活动。它们面对众多竞争对手、资源供应者、政府部门的特殊利益代表组织,并做出管理上的相应改变。汽车制造企业基本处于此种环境之中。

状态3:简单-动态环境,即高-中程度不确定性的环境。处于这种环境中的组织一般处于相对缓和的不稳定状态之中。面临这种环境的组织一般采用调整内部组织管理的方法来适应变化中的环境。纪律和规章仍占主要地位,但也可能在其他方面,如市场销售方面需要采取强有力的措施,以对付快速变化的市场形势。音像制品公司多属于这一环境中的组织,它们面临的竞争对手不多,材料供应商也只有固定的几个,销售渠道单一,涉及的政府管理部门也有限。尽管环境影响因素不多,但面临着技术或市场需求的迅速变化。

状态4:复杂-动态环境,即高度不确定性的环境。面对这种环境,管理者更强调组织内部各方面及时有效相互联络,并采取权力分散、下放和各自相对独立决策的经营方式。一般而言,家电企业、高新技术企业面临的是技术飞速发展、市场需求变化迅速、竞争对手对抗剧烈的动荡且复杂的环境。

在这四种状态的环境中,低度不确定性的环境对管理者的影响最小,高度不确定性的环境则对管理者的影响最大。

三、组织环境的特性

组织环境是与组织及组织活动相关的、在组织系统之外的一切物质和条件的统一体。

组织环境的性质与内容与组织和组织活动息息相关。组织环境具有以下一些性质。

(一)唯一性

组织处于同外部环境的动态作用之中,但是对每个组织来说,它面对着自己唯一的外部条件。即使是两个同处于某一行业的竞争组织,由于它们本身的特点、资源状况和视野的差异,对环境的认识和理解也是不同的,因此它们也不会具有绝对相同的外部环境。环境这种唯一性的特点,就要求组织的外部环境分析必须要具体情况具体分析,不但要把握住组织所处环境的共性,而且要抓住其个性。

(二)客观性

组织环境是客观存在的,它不随组织中人们的主观意志为转移,它的存在客观地制约着组织的活动。自然的和社会的各种条件是组织环境的基础,它们是组织赖以生存的物质条件,对组织来说是一种客观存在。

(三)系统性

组织环境是由与组织相关的各种外部事物和条件相互有机联系所组成的整体,也是一个系统,可以将它称为组织的外部系统。组成这个系统的各种要素,如自然条件、社会条件等相互关联,形成一定的结构,表现出组织环境的整体性。组织所处的社会是一个大系统,组织的外部环境和内部环境构成了不同层次的子系统。任何子系统都要遵循它所处的更大系统的运动规律,并不断进行协调和运转。人们的管理活动就是在这种整体性的环境背景中进行的。

(四)动态性

组织环境的各种因素不断地变化,各种组织环境因素又在不断地重新组合,不断形成新的组织环境。组织系统既要从组织环境中输入物质、能量和信息,也要向组织环境输出各种产品和服务,这种输入和输出的结果必然要或多或少使组织环境发生变化,使组织环境自身总是处于运动和变化之中。这种环境自身的运动就是组织环境的动态性。组织环境处于经常的发展变化之中,使组织内部要素与各种环境因素的平衡经常被打破,往往形成了组织结构的变化。因此,组织必须及时修订自己的经营方案,以适应不断变化的环境。

(五)不确定性

不确定性是复杂组织的基本问题,应对不确定性是管理的本质。经济学家富兰克·H·奈特(Frank H. Knight)从事件的结果是否是可预见的角度区分了风险和不确定性。他认为风险的特征是概率估计的可靠性以及将它作为一种可保险的成本进行处理的可能性;不确定性是指人们缺乏对事件基本性质的知识,对事件可能的结果知之甚少,难以通过现有理论或经验进行预见和定量分析。难以用概率表示缺乏因果关系、无法预知的结果是不确定性事件的特征。当组织环境不确定性加大时,管理人员准确预测未来的难度则加大。

(六)复杂性

环境的复杂性程度是指组织环境中的要素数量以及组织所拥有的与这些要素相关的知识广度。因此,环境的复杂性取决于环境的组成要素多少以及组织对环境因素的了解程度。与一个组织有关系的竞争者、顾客、供应商,以及政府组织越少,组织环境的复杂性就越小。

组织环境的唯一性、客观性、系统性、动态性、不确定性、复杂性等特征,反映了组织环境本身就是一个有着复杂结构的、运动着的系统。正确分析组织所面临的环境中各种组成要素及其状况,是管理者进行成功的管理活动所不可缺少的前提条件。

四、环境分析的意义和作用

组织环境的特点及其变化必然制约组织活动方向和内容的选择。环境研究就是要通过分析组织活动的内外影响因素,揭示活动条件变化的规律,预测其未来变化,为活动方向和内容的选择与调整提供依据。

环境研究对组织决策有着非常重要的影响,具体表现在以下四个方面。

(一)可以提高组织活动的动态适应性

组织活动的过程也就是组织不断了解环境、适应环境的过程。组织环境是在不断地发生着变化,组织只有通过对环境的有效研究,才能了解和掌握环境变化的规律,了解环境的变化程度和大小,并及时掌握环境的变化趋势,根据环境的变化适时、适当地调整经营策略。

(二)可以提高组织决策的准确性

外部环境是组织存在的土壤,它既为组织活动提供条件,同时也必然对组织活动起到一定的制约作用。外部环境分析可以为组织提供大量的,能够客观反映环境特点及其变化趋势的信息;内部环境分析可以使组织明确自身的资源状况和利用能力,了解组织文化特点及其对组织成员行为倾向的影响。在此基础上,组织可以制订出既符合环境要求,又能为组织成员所接受并愿意为其努力地作出正确的决策。

(三)可以提高组织决策的及时性

环境在变化中提供的发展机会,组织只有及时加以充分利用,才能实现组织目标,谋求组织发展;同样,对于环境在变化中造成的威胁,组织更应及早觉察并及时采取应变措施。

(四)可以提高组织决策的稳定性

组织环境,特别是外部环境的状况和特点是在不断变化的组织,可是组织的决策必须保持一定的稳定性。

决策的稳定性和活动的动态适应性之间的矛盾可以通过环境研究来解决。环境研究可以帮助组织认识环境变化的规律、预测环境发展的前景,从而使组织今天的决策不仅适应了今天的环境特点的要求,而且能符合明天发生变化后的环境特点的要求,这样决策就可以保持相对的稳定性。

第二节 组织环境分析

组织要进行决策,首先必须全面地、客观地分析和掌握外部环境的变化,并以此为基础和出发点来制定组织的战略目标。

一、外部环境分析

组织与其外部客观的经营条件、经济组织及其他外部经营因素之间处于一个相互作用、相互联系、不断变化的动态过程之中。对这些外部环境分析的目的,就是找出外部环境为组织所提供的、可以利用的发展机会以及外部环境对组织发展所构成的威胁,以此作为制定战略目标和战略的出发点、依据和限制的条件。现以自主经营的企业为例来分析外部环境对其产生的影响。

外部环境诸因素对一个企业的影响程度是不同的。首先,对于一个特定的企业来说,它总是存在于某一产业(行业)环境之内,这个产业环境直接影响企业的生产经营活动。所以,第一类外部环境是具体(产业)环境,它是企业微观的外部环境。第二类外部环境因素是间接或潜在的对企业发生作用和影响,一般将这类外部环境称为一般环境或企业的宏观外部环境。一般来说,宏观外部环境包括下面一些因素或力量,它们是政治法律环境、经济环境、社会文化环境、技术环境、自然环境等。这两类环境因素与企业内部的关系如图 2.1 所示。产业环境和位于其内部的各个企业均要受到政治、经济、社会、技术等宏观环境的影响。当然,这些因素和力量都是相互联系、相互影响的。

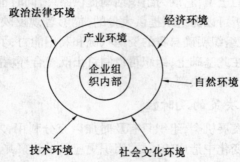

图 2.1 企业外部环境与内部环境的关系

(一)外部一般环境分析

一般环境,是指对某一特定社会中的各种组织都会产生影响、都会起作用的共有环境,又称大环境或宏观环境。其包括政治法律环境、技术环境、经济环境、社会文化环境以及自然环境。

1. 政治法律环境

政治法律环境,是指对企业经营活动具有现存的和潜在的作用与影响的政治力量,也包括对企业经营活动加以限制和要求的法律和法规等。具体来说,政治因素包括国家和企业所在地区的政局稳定状况、执政党所要推行的基本政策以及这些政策的连续性和稳定性。另外,政府的税收政策会影响企业的财务结构和投资决策,资本持有者总是愿意将资金投向那些具有较高需求,且税率较低的产业部门。

政府因素对企业行为的影响是比较复杂的。有些政府行为对企业的活动有限制性的作用,有些政府政策对企业有着积极的影响。例如,我国实施的西部大开发战略、振兴东北老工业基地等政策措施都为当地企业提供了良好的发展机遇。此外,政府贷款和补贴对某些行业的发展也有着积极的影响。

虽然一些政治因素对企业的行为有直接的影响,但一般来说,政府主要是通过制定一些法律和法规来间接地影响企业的活动。

2. 经济环境

在众多的经济因素中,首先要分析的是宏观经济的总体状况。一般说来,在宏观经济大发展的情况下,市场扩大,需求增加,企业发展机会就多。如国民经济处于繁荣时期,建筑业、汽车制造、机械制造、轮船制造业等都会有较大的发展。反之,在宏观经济低速发展或停滞或倒退的情况下,市场需求增长很小甚至不增加,这样企业发展机会也就少。

除上述宏观经济总体状况以外,企业还应考虑中央银行或各专业银行的利率水平、劳动力的供给(失业率)、消费者收入水平、价格指数的变化(通货膨胀率)等。这些因素将影响企业的投资决策、定价决策、人员录用政策等。

产业集群的存在对于一个地区的竞争力具有重要的影响,从而为集群内部的组织提供良好的发展机遇。所谓产业集群,是指在特定领域中,同时具有竞争与合作关系,且在地理上集中,有交互关联性的企业、专业化供应商、服务供应商、相关产业的厂商以及相关的机构(如大学、制定标准化的机构、产业公会等)的经济集聚现象。产业集群为一个区域所带来的竞争性主要表现在下列三个方面:

(1)外部经济效应。集群区域内企业数量众多,从单个企业来看,规模也许并不大,但集群区内的企业彼此实行高度的分工协作,生产率极高,产品不断出口到区域外的国内市场和国际市场,从而使整个产业集群区域获得一种外部规模经济。

(2)空间交易成本的节约。空间交易成本包括运输成本、信息成本、寻找成本以及合约的谈判成本与执行成本。产业集群区内企业地理邻近,容易建立信用机制和相互信赖关系,从而大大减少机会主义行为。区内拥有专业化人才库,还能吸引最优秀的人才来工作。这就减少了在雇佣专业人才方面的交易成本。集群区内有大量的专业信息,个人关系及种种社区联系使信息流动很快,这样减少了企业的信息成本。重要投入品大多可以从集群区内其他企业就近获得,可以节省运输成本和库存成本,还能享受供应商提供的辅助服务。因此,集群区域内企业之间保持着一种充满活力和灵活性的非正式关系。在一个环境快速变化的动态环境里,这种产业集群现象相对垂直一体化安排和远距离的企业联盟安排,更加具有效率。

(3)学习与创新效应。产业集群是培育企业学习能力与创新能力的温床。企业彼此接近,激烈的竞争压力,不甘落后的自尊需要,当地高级顾客的需求,迫使企业不断进行技术创新和组织管理创新。一家企业的知识创新很容易外溢到区内的其他企业,因为这些企业通过实地参观访问和经常性的面对面的交流,能够较快地学习到新的知识和技术。这种创新的外部效应是产业集群获得竞争优势的两个重要原因。此外,产业集群也刺激了企业家才能的培育和新企业的不断诞生。我国地方经济发展中产业集群的特性比较明显,如广州顺德的电器企业产业集群,江苏昆山的电子信息类产品产业集群等。

对于从事跨国经营的企业来说,还必须考虑的经济因素包括关税种类及水平、国际贸易的支付方式、东道国政府对利润的控制、税收制度以及非关税壁垒等。外国政府有时限制外方企业从该国提走的利润额,有时还要对外方企业所占有的股份比例加以限制。

3. 技术环境

技术环境不仅指那些引起时代革命性变化的发明,还包括与企业生产有关的新技术、新工艺、新材料的出现及应用前景。技术的变革在为企业提供机遇的同时,也对它构成了威胁。一方面技术革新为企业创造了机遇。其表现在:第一,新技术的出现使得社会和新兴行业增加对本行业产品的需求,从而使得企业可以开辟新的市场和新的经营范围;第二,技术进步可能使得企业通过利用新的生产方法、新的生产工艺过程或新材料等各种途径,生产出高质量、高性能的产品,同时也可能会使得产品成本大大降低。另一方面,新技术的出现也使企业面临着挑战。技术进步会使社会对企业产品和服务的需求发生重大变化。技术进步对某一个产业形成机遇,可能会对另一个产业构成威胁。塑料制品业的发展就在一定程度上对钢铁业形成了威胁,许多塑料制品成为钢铁产品的代用品。此外,竞争对手的技术进步可能使得本企业的产品或服务陈旧过时,也可能使得本企业的产品价格过高,从而失去竞争力。因此,要认真分析技术革命对企业带来的影响,认清本企业和竞争对手在技术上的优势和劣势。

4. 社会文化环境

社会文化环境包括社会文化、社会习俗、社会道德观念、社会公众的价值观念、人口统计特征等。变化中的社会因素既能影响社会对企业产品或劳务的需求,也能改变企业的战略选择。

社会文化是人们的价值观、思想、态度、社会行为等的综合体。文化因素强烈地影响着人们的购买决策和企业的经营行为。不同的国家有着不同的主导文化传统,也有着不同的亚文化群和不同的社会习俗和道德观念,从而会影响人们的消费方式和购买偏好,进而影响着企业的经营方式。因此,企业必须了解社会行为准则、社会习俗、社会道德观念等文化因素的变化对企业的影响。

人口统计特征是社会环境中的另一重要因素,它主要包括人口数量、年龄结构、职业构成、宗教信仰构成、家庭寿命周期的构成及发展趋势、收入水平、教育程度等。一般认为,在与当地的宗教信仰和风俗习惯不相冲突的前提下,庞大的总人口数量再加上较高的购买力(有较多的个人可支配收入)就会形成一个巨大的市场。

5. 自然环境

自然环境状况直接影响了环境内部组织的活动方向和活动方式的选择。自然环境主要包括地理位置、气候条件、资源状况等。

地理位置是制约组织活动的一个重要因素。依靠大量原料进行生产运营的企业在设厂时应尽可能地靠近原料供应地,以便更容易获取原料并节约运输成本;最终产品的销售则应尽量靠近产品消费市场,以便节约运输成本,及时了解消费者的需求变化。

气候条件对组织的影响也不容低估。炎热的气候使得防暑降温产品市场广阔,而寒冷的气候则会使保暖类产品大行其道。

资源状况对当地组织的影响则更为直接,会对当地的产品结构产生非常大的影响。

(二) 外部具体环境分析

外部具体环境分析属于外部环境分析中的微观环境分析,其内容主要是分析本行业中的企业竞争格局以及本行业和其他行业的关系。行业的结构及竞争性决定着行业的竞争原则和企业可能采取的战略。

在外部具体环境分析的理论中,迈克尔·波特的理论最具有代表性。按照迈克尔·波特的观点,一个行业中的竞争,远不止在原有竞争对手中进行,而是存在着五种基本的竞争力量,它们是现有竞争者、潜在的行业新进入者、替代品的威胁、购买商讨价还价的能力以及供应商的讨价还价能力,如图2.2所示。

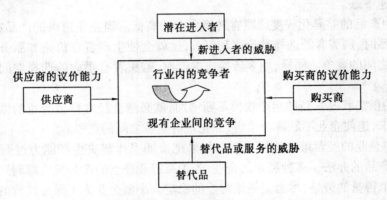

图2.2 影响行业竞争中的五种力量

这五种基本竞争力量的状况及其综合强度,决定着行业的竞争激烈程度,从而决定着行业中获利的最终潜力。在竞争激烈的行业中,不会有一家企业能获得惊人的收益。在竞争相对缓和的行业中,各企业普遍可以获得较高的收益。由于行业中竞争的不断进行,会导致投资收益率下降,直至趋近于竞争的最低收益率。若投资收益率长期处于较低水平,投资者将会把资本投入其他行业,甚至还会引起现有企业停止经营。在相反情况下,就会刺激资本流入和现有竞争者增加投资。现将五种竞争力量分述如下。

1. 现有竞争者间的竞争

现有竞争者之间采用的竞争手段主要有价格战、广告战、引进产品以及增加对消费者的服务和保修等。竞争的产生是由于一个或多个竞争者感受到了竞争的压力,或看到了改善其地位的机会。如果一个企业的竞争行动对其对手有显著影响,就会招致报复或抵制。如果竞争行动和反击行动逐步升级,则会使行业总体环境恶化,行业中所有企业都可能遭受损失,使处境变糟。企业应从以下几方面来考察竞争对手之间的竞争程度。

(1)竞争对手的数量和实力。当行业中的企业为数众多时,必然会有一定数量的企业为了占有更大的市场份额和取得更高的利润,而突破本行业规定的一致行动的限制,采取打击、排斥其他企业的竞争行为。这势必会在现有竞争者之间形成激烈的竞争。即便在企业为数不多的情况下,若各企业的实力相当,由于它们都有支持竞争和进行强烈反击的资源,也会使现有企业间竞争激烈化。

(2)行业增长速度。在行业增长缓慢的情况下,企业为了寻求发展,便将力量放在争夺现有市场的占有率上,从而使现有企业的竞争激烈化。而在行业快速增长的条件下,行业内各企业可以与行业同步增长,而且企业还可以在增长的过程中充分地利用自己的资金和资源,竞争就不会激烈。

(3)行业固定成本或库存成本的高低。当行业固定成本较高时,企业为降低单位产品的固定成本,从而实现规模经济效应,势必采用增加产量的措施,结果往往导致市场供应增加,引起产品价格迅速下跌。

(4)行业中产品的差异化程度或顾客转换成本的高低。当企业提供的产品或劳务是无差异的标准化产品时,购买者的选择是价格和服务,这就会使生产者在价格和服务上展开竞争,激化现有企业之间的竞争。同样,顾客转换成本低时,购买者有很大的选择空间,也会产生相同的作用。

(5)行业的供需状况。新的生产规模不断增加,就必然会经常打破行业的供需平衡,使行业产品供过于求,迫使企业不断降价销售,强化现有企业之间的竞争。

(6)行业中企业的经营策略选择。企业如果把市场当作解决生产能力过剩的出路,就会采取倾销过剩产品的办法。多种经营的企业,若把某行业经营的产品视为厚利产品,它就会采取扩大或巩固销售量的策略,尽力促使该行业的稳定。小型企业为了保持经营的独立性,可能情愿取得低于正常水平的收益来扩大自己的销路,所有这些都会引起竞争的激化。

(7)行业自身特点对企业的影响。如果行业特点使得企业取得成功的可能性大,那么行业内企业之间的竞争就会更加激烈。

(8)退出行业的障碍大小。当退出障碍高时,经营不好的企业只得继续经营下去,这样使现有企业间的竞争激烈化。

对现有竞争对手的分析主要是要找出企业现有多少竞争对手,而在这些对手中哪些又是企业的主要对手,从而使企业有的放矢地展开竞争策略。

2. 潜在进入者分析

潜在进入者对其他企业的威胁主要是由于新进入者加入该行业,会带来生产能力、供应能力的扩大,带来对市场占有率的要求,这必然引起与现有企业进行激烈竞争,使产品价格下跌;另一方面,新加入者要获得资源进行生产,使得资源的需求量增加,从而使资源的价格上升,可能使得行业生产成本升高。这两方面都会导致行业的获利能力下降。

新加入者威胁的状况取决于行业进入障碍及原有企业的反击程度。如果进入障碍高,原有企业激烈反击,潜在的加入者难以进入该行业,加入者的威胁就小。决定进入障碍大小的主要因素有以下几个方面:

(1) 规模经济。规模经济的作用迫使行业新加入者必须以较大的生产规模进入拟加入的行业,并且要冒着现有企业强烈反击的风险;如果新加入者以小的规模进入,便要长期忍受单位成本高的劣势,从而承担长期亏损的风险。这两种情况都会使加入者望而却步。

(2) 在位优势。在位优势是指原有企业所具有的产品商标信誉和用户的忠诚性。这种优势是由于企业过去所做的广告、用户的服务、产品差异或者因为企业在该行业历史悠久等因素形成的。比如,产品差异化形成的障碍,迫使新加入者要用很大代价来树立自己的信誉和克服现有用户对原有产品的忠诚。这种努力通常是以亏损作为代价,而且要花费很长时间才能达到目的。

(3) 资金需求。资金需求所形成的进入障碍,是指在行业中经营需要大量资金,从而使得经营风险加大。加入者要在持有大量资金、冒很大风险的情况下才敢进入。

(4) 转换成本。转换成本是指购买者转换供应商过程中所支付的一次性成本。它包括重新训练业务人员、增加新设备、检测新资源以及产品的再设计等费用。如果这些转换成本高,那么新加入者必须在成本或服务上作出重大的改进,以便购买者可以接受。

(5) 销售渠道。一个行业的正常销售渠道,已经为原有企业服务,新加入者必须通过广告合作、广告津贴以及更大的让利等来说服这些销售渠道接受他的产品,这样就会减少新加入者的利润。产品的销售渠道越有限,它与现有企业的联系就越密切,新加入者要进入该行业就越困难。

(6) 与规模经济无关的成本优势。原有的企业常常具有独立于规模经济以外的成本优势,新加入者无论取得什么样的规模经济,都不可能与之相比。比如,专利产品技术、独占最优惠的资源、占据市场的有利位置、政府补贴、具有学习或经验曲线以及政府的某些限制政策等。

3. 替代品生产厂家分析

替代产品是指那些与本行业的产品有同样功能的其他产品。替代产品的价格如果比较低,它投入市场就会使本行业产品的价格上限只能处在较低的水平,这就限制了本行业的收益。替代产品的价格越是有吸引力,这种限制作用也就越牢固,对本行业构成的压力也就越大。正因为如此,本行业与生产替代产品的其他行业进行的竞争,常常需要本行业所有企业采取共同措施和集体行动。

替代品生产厂家的分析主要包括两方面内容:第一,确定哪些产品可以替代本企业提供的产品,相比较而言,这项工作易于进行;第二,判断哪些类型的替代品可能对本企业(行业)经营造成威胁,这项工作较为复杂。如果两种相互可以替代的产品,其功能实现可以带来大致相当的满足程度,但价格却相差悬殊,则低价格产品可能对高价产品的生产和销售造成很大威胁。相反,如果这两类产品的功能/价格比大致相当,则相互不会造成实际的威胁。

4. 购买商研究

购买商在两方面影响着行业企业的经营：第一，购买商对产品的需求决定着行业的市场潜力；第二，不同购买商的讨价还价能力会诱发企业之间的价格竞争，从而影响企业的获利能力。购买商可能要求降低购买价格，要求高质的产品和更多的优质服务，其结果是使得行业的竞争者们互相竞争，导致行业整体利润下降。

企业应从以下几方面考察购买商的讨价还价能力：

（1）购买商的集中程度及购买量的大小。如果购买商们集中程度高，由几家大公司控制，每家公司的的购买量很大，这就会提高购买商们在企业经营中的重要地位和作用。如果销售者行业急需补充生产能力，那么大宗的购买商就更具有特别有利的竞争地位。如零售巨头沃尔玛采购量很大，议价能力很强，在价格谈判中便占有明显的优势地位。

（2）购买的产品占购买商全部费用或全部购买量的比重。如占有的比重很大。这时，购买商愿意花费必要的资金购买，购买商讨价还价的能力就大。反之，只占购买商全部费用的一小部分，那么购买商通常对价格不很敏感，无需讨价还价。

（3）产品的标准化程度。如该行业的产品属标准化或无差别的产品。购买商在这种情况下确信自己总是可以找到可挑选的销售者，可使销售者之间互相倾轧，购买商便会处于较有利的价格谈判地位。

（4）购买商的行业转换成本。高的转换成本将购买商固定在特定的销售者身上。相反，如果转换成本低，购买商讨价还价能力就大。

（5）购买商的利润状况。如果购买商的经营利润很低，他们便会千方百计地压低购买费用，要求降低购买价格。高盈利的购买商通常对价格不太敏感，同时他们还可能从长计议考虑维护与供应商的关系和利益。

（6）购买商后向一体化的可能性。如购买商有后向一体化的能力和可能，购买商们便会以此对销售者提出低价要求，否则他们宁愿自己生产而不去购买，这样企业便要在低利润还是在失去这一客户并增加一个竞争对手之间作出艰难抉择。

（7）销售者的产品对购买商的产品质量或服务的重要程度。如果产品对购买商产品形成过程中的质量和服务无关紧要，购买商对价格就会比较敏感。如果销售者的产品对购买商的产品质量影响很大时，购买商会更重视产品的质量，一般在价格上不太敏感。

（8）购买商掌握供应商信息的程度。如果购买商掌握供应商较充分的信息。这样，购买商便会在价格谈判中处于相对有利的地位，进而要求供应商在交易中提供较优惠的价格，而且在受到供应商威胁时进行有力地反击。

5. 供应商研究

供应商对企业的影响主要表现在以下两方面：其一，供应商能否根据企业的要求按时、按质、按量地供应企业所需的原材料或半成品等生产要素，影响企业产品的质量及生产规模的维持和扩大；其二，供应商供应的原料或半成品的价格高低影响企业的利润水平。

企业应从以下几方面对供应商对企业的影响进行分析：

(1) 供应商的集中程度。如果供应商集中程度很高，供应行业由几家公司控制，其集中化程度高于购买商行业的集中程度。这样，供应商能够在价格、质量的条件上对购买商施加相当大的影响。如我国近几年铁矿石进口中价格谈判中的弱势地位便是由铁矿石供应的相对集中造成的。

(2) 供应商所供产品的替代品的多少。如供应商所供产品的替代品很少，则供应商面临的替代品的威胁就很小，因此供应商会处于较强势的价格谈判地位。如果存在着较多且有力的替代产品的竞争，即使供应商再强大有力，他们的竞争能力也会受到牵制，也会处于较不利的地位。

(3) 供应商供应产品在其总体销售中所占比例的大小。对供应商们来说，所供应的行业无关紧要。在供应商向一些行业销售产品且每个行业在其销售额中不占很大比例时，供应商更易于应用他们讨价还价的能力。反之，如果某行业是供应商的重要主顾，供应商就会为了自己的发展采用公道的定价、研究与开发、疏通渠道等援助活动来保持购买商与自己的合作关系。

(4) 供应商供应的产品在企业产品形成中的重要程度。对买主们来说，供应商的产品是很重要的生产投入要素。这种投入对于买主的制造过程或产品质量有重要的影响，这样便增强了供应商讨价还价的能力。

(5) 供应商供应产品的差别化程度。如供应商供应的产品差异化程度大，并且使购买者建立起很高的转换成本。这样，供应商就会处于较强的价格谈判地位。

(6) 供应商前向一体化的可能性。如果供应商具备前向一体化的能力和可能，便会对买主行业构成前向一体化的威胁。这样，购买商行业若想在购买条件上讨价还价，就会遇到困难。例如，矿石公司想要自己用铁矿石炼铁，则对炼铁公司来说构成很大的威胁。

二、企业内部环境分析

企业内部环境是指企业能够加以控制的因素。企业战略目标的制定及战略的选择不但要知彼，即客观地分析企业的外部环境，而且要知己，即对企业内部的资源、能力及核心能力加以正确的估计。企业内部环境是企业经营的基础、制定战略的出发点、依据和条件，是竞争取胜的根本。对企业的内部环境进行分析，其目的在于掌握企业目前的资源、能力状况，明确企业的优势和劣势，进而使选定的战略能最大限度地发挥企业的优势，避开或克服企业的劣势，最终使企业战略目标得以实现。

企业的经济活动必须建立在自身的资源禀赋之上。所谓资源是指企业所控制或拥有的有效要素的总和。以波特为代表的产业组织理论的观点认为，企业成功的关键是选择有吸引力的行业，建立进入壁垒，改变行业市场的结构，从而达到获取超额利润的目的。但是企业经营实践证明，尽管一些企业在缺乏吸引力、机会少、威胁大的行业里经营，它们仍然取得了很好的经营效益。20世纪80年代兴起的资源基础理论认为，最重要的超额利润源泉是企业长期积累形成的、独特的资源及其不可模仿和难以替代的竞争力。

企业资源按其是否容易辨识和评估来划分，可以分为有形资源和无形资源。

（一）有形资源

有形资源是指可见的、能够量化的资产。有形资源不仅容易被识别，而且也容易估计它们的价值，如厂房、设备、资金等。许多有形资源的价值可以通过财务报表予以反映。有形资源包括四类：财务资源、组织资源、实体资源和人力资源（表2.2）。其中人力资源是一种特殊的有形资源，它意味着企业的知识结构、技能、决策能力、团队使命感、奉献精神、团队工作能力，以及组织整体的机敏度。因而许多战略学家把企业人力资源称为"人力资本"。

表2.2 企业资源的分类与特征

资源		主要特征	主要的评估内容
有形资源	财务资源	企业的融资能力和内部资金的再生能力决定了企业的投资能力和资金使用的弹性	资产负债率、资金周转率、可支配现金总量、信用等级
	实体资源	企业装置和设备的规模、技术及灵活性；企业土地和建筑的地理位置和用途；获得原材料的能力等决定企业成本、质量、生产能力和水准的因素	固定资产现值、设备寿命、先进程度、企业规模、固定资产的其他用途
	人力资源	员工的专业知识、接受培训程度决定其基本能力；员工的适应能力影响企业本身的灵活性；员工的忠诚度和奉献精神以及学习能力决定企业维持竞争优势的能力	员工的知识结构、受教育水平、平均技术等级、专业资格、培训情况、工资水平
	组织资源	企业的组织结构类型与各种规章制度决定企业的运作方式与方法	企业的组织结构以及正式的计划、控制、协调机制
无形资源	技术资源	企业专利、经营诀窍、专有技术、专有知识和技术储备、创新开发能力、科技人员等技术资源的充足程度决定企业工艺水平、产品品质、决定企业竞争优势的强弱	专利数量和重要性，从独占性知识产权所得收益，全体职工中研究开发人才的比重、创新能力
	商誉	企业商誉的高低反映了企业内部、外部对企业的整体评价水平，决定着企业的生存环境	品牌知名度、美誉度、品牌重购率、企业形象；对产品质量、耐久性、可靠性的认同度；供应商、分销商认同的有效性、支持性的双赢的关系、交货方式
	组织文化	组织文化的超个体的独特性、相对稳定性、融合继承性及发展性反映了组织难以复制的独特气质，体现了企业的核心竞争能力	组织的价值观、组织精神、伦理规范

应从下列三大方面对企业有形资源进行评估：①有没有机会可以更经济地使用企业的有形资源，即用更少的资源去完成相同的事业，或用同等规模的资源去完成更大的事业，如通过有形资源的优化重组实现上述目的；②有没有可能使现有的有形资源在具有更高利润的地方被利用，如通过资源重组和开发或与他人建立战略联盟，甚至将部分有形资源出售以提企业资产利润率；③评估未来战略期内环境变化以及企业核心能力、竞争优势的发展目标，企业有形资源的缺口有多大，如何进行先期投入。

1. 财务资源

财务资源指的是货币资产，通常指企业的债务总量、发行新股的总量以及进行内部运营所能筹集的现金的数量。总体上看，财务资源是有价值的，也是必需的，但由于财务资源不是稀缺的，也不是难以复制的，更不是不可替代的，所以财务资源不足以成为持久竞争优势的来源。但对于财务资源的管理，即使企业更有效利用其资源的组织形式、程序和常规性事务，可以成为组织竞争优势的来源。

2. 实体资源

实体资源是企业在生产和管理过程中使用的有形资产，包括企业的工厂和设备、企业的位置以及在此位置上可利用的设备。有些企业还拥有诸如矿石等天然资源。这种天然资源可能影响到企业物质投入要素和原材料的质量及性能。

由于科学技术的进步，企业产品和服务的附加值对于初级生产资源的依赖程度越来越低，更多依赖产品和服务中的知识和技能。那些高级的专业性资源对于竞争优势的建立有重要作用。它们往往与专有知识和技能有着密切关系，对于形成独特的技能和独特的产品的生产有着较强的影响。这些高级的专业性资源包括先进的设备、吸引人才的不动产、遍布全球的分销设施等。例如，沃尔玛的物流配送系统就是其竞争优势的来源之一。

3. 人力资源

人力资源是那些体现于组织中个体成员身上的，能够为组织提供服务的知识技能，包括组织内员工以及管理团队的知识、培训和经验，涵盖了组织的判断力、洞察力、创造力以及视野和才智。

根据不同的标准，可将人力资源划分为不同类型。例如，根据从事工作的性不同，可将人力资源划分为生产工人、技术工人和管理人员三类。人力资源研就是要分析这些不同类型人员的数量、素质和使用状况。评估人力资源的价值主要集中于员工拥有的知识、培训、员工的适应性和员工的介入程度及忠诚度。员工所拥有的专业知识和企业培训决定了企业人力资源的利用；他们的适应性是决定企业战略灵活性的关键性因素；同时员工的忠诚决定了能否实现和保持企业优势。企业人力资源对于企业竞争优势的贡献不仅仅在于高层管理人员的价值，还在于企业各层次的员工的整体价值。企业员工的社会资本，特别是企业家的社会资本也是企业竞争优势的重要来源。

4. 组织资源

组织资源包括企业的结构、流程和体系。组织资源一般指组织的正式汇报体系、信息加工和决策体系以及正式或非正式的计划体系。组织结构是一种能够使组织区别于竞争对手的无形资源。一个能催发快速行动的组织结构可以成为组织有价值的资源。在企业创建初期时，人力资本和经验比较重要，但随着企业的成长和壮大，组织资源将处于主导地位。

（二）无形资源

无形资源是指那些根植于企业的历史、长期积累下来的、不容易辨识和量化的资产。如企业的创新能力、产品和服务的声誉、专利、版权、商标、专有知识、商业机密等均属无形资源。无形资源可归为三类：技术资源、声誉资源以及企业文化。

与有形资源相比，无形资源更具潜力。目前在全球经济中，相对于有形资源，企业的成功更多地取决于知识产权、品牌、商誉、创新能力等无形资源。由于无形资源更难被竞争对手了解、购买、模仿或替代，企业更愿意将其作为企业能力和核心竞争力的基础，所以无形资源正在扮演更加重要的战略资源角色。

1. 技术资源

技术资源由工艺、系统或实物转化方法组成，主要包括实验室，研究和开发设备，测试和质量控制技术等。由研发而生成的知识随后以专利的形式保护起来，如配方、特许经营权、商标、版权等也是技术资源。技术秘密和专有工艺也是技术资源。技术资源是物质的、无形的，得到法律保护的，所有权归于组织。

2. 商誉资源

商誉资源是企业环境中的群体对企业的感受。商誉可存在于产品层次上，以品牌忠诚度的形式出现，或者以全球形象的形式存在于组织层面。相对于技术资源的优势维持较短时间，商誉资源可以维持相对较长时间。

3. 组织文化

组织文化是组织在长期的发展过程中形成和发展起来的日趋稳定的、独特的价值观，以及由此而形成的行为规范、道德准则、群体意识和风俗习惯。组织文化既是管理活动的背景和条件，也受到管理活动的影响。作为背景和条件，组织文化的作用像是双刃剑：卓越的组织文化可以发挥大的导向、约束、凝聚和激励的作用；劣等的组织文化则会对组织发展形成束缚和障碍。

【资料库2.2】

破窗理论

美国斯坦福大学心理学家詹巴斗曾做过这样一项试验：他找来两辆一模一样的汽车，一辆停在比较杂乱的街区，一辆停在中产阶级社区。他把停在杂乱街区的那一辆的车牌摘掉，顶棚打开，结果一天之内就被人偷走了。而摆在中产阶级社区的那一辆过了一个星期也安然无恙。后来，詹巴斗用锤子把这辆车的玻璃敲了个大洞，结果，仅仅过了几个小时，它就不见了。

后来，政治学家威尔逊和犯罪学家凯琳依托这项试验，提出了一个"破窗理论"。这一理论认为：如果有人打坏了一个建筑物的窗户玻璃，而这扇窗户又未得到及时维修，别人就可能受到暗示性的纵容去打烂更多的窗户玻璃。久而久之，这些破窗户就给人造成一种无序的感觉。那么在这种公众麻木不仁的氛围中，犯罪就会滋生、蔓延。

资料来源：耕夫.经济参考报,2001-01-01.

第三节 环境研究的程序与方法

环境研究包括许多工作，其中最主要的内容是环境调查和环境预测。组织在从事环境研究的过程中要运用大量的定性或定量的分析方法。

一、环境研究的程序

环境研究一般要经过确定研究任务、提出问题假设、收集信息、信息处理和环境预测五个阶段的工作。

1. 确定研究任务

环境研究的目的和任务要围绕着组织活动的目标及存在的问题来确定。由于目标不同，研究任务的确定可能涉及整个组织的活动，也可能只涉及组织活动的某个方面。由于环境研究为组织活动的决策服务，因而研究任务的明确程度及操作的可能性直接决定着决策的科学程度。因此，决策者在下达研究任务时，对任务的描述一定要尽可能的详细、精确，而且在进行环境研究时，首先要明确需要研究的是什么，主题内容是什么。

2. 提出问题假设

在确定研究任务的基础上，环境研究人员还要利用组织现有的资料，根据自己的经验、知识和判断力，进行初步分析，提出关于组织活动中所遇问题的初步假设，即判断组织问题可能是由哪些因素造成的，在众多的可能原因中，哪些是最主要的。

3. 收集信息

提出了关于问题原因的假设后，还要对这些假设进行验证。如果假设可以成立，那么组织就需采取相应的措施去消除原因，解决问题。验证假设需要拥有能够反映组织内外环境的资料信息，这些信息可能来源于组织内外现存的各种资料，比如组织活动的各种记录，组织外部分开出版的报刊文献等，也可能来源于组织为对环境进行研究而进行的专门调查。

4. 信息处理

环境调查收集的信息经过加工整理才有意义，才可能正确地反映客观环境的情况。对信息的分析与整理包括两项工作：

（1）对信息的甄别、审查。对信息的准确性、真实性及对决策的适用性进行审核，以求去伪存真、去粗取精。在对信息进行审核时，一定要有效地区分哪些信息与企业的有效决策相关，而哪些与企业的决策活动关系不大，从而剔除干扰信息，提高决策的准确性。在审核信息时，如果发现信息不清楚、不完整、不协调，就应采取措施予以澄清、补充和纠正。

（2）利用经过整理的信息分析影响组织活动的各种因素之间的关系。验证前面提出的有关问题原因的假设是否正确，如果正确，就可利用信息来进行针对原先采取措施后可能收到的效果的预测。

5. 环境预测

所谓环境预测是指利用一定的科学方法和环境调查取得的信息，对环境的发展趋势和组织未来的发展进行预估。因此，预测的内容主要包括两个方面：首先是利用对有关信息的分析，找出环境变化的趋势，然后根据这个趋势预测环境在未来可能呈现的状况；其次是根据对假设原因的验证，根据对组织活动中各种影响因素之间关系的分析和研究采取相应的措施，分析组织存在的问题可否解决，从而预测组织未来的活动条件能否得到改善。

【资料库 2.3】

什么样的人丢什么样的垃圾

美国雪佛龙公司为使产品开发更接近消费者，邀请亚利桑那大学威廉·雷兹教授为其提供可行的发展信息，教授接受委托后，对亚利桑那地区的垃圾进行了研究。教授及其助手每次在垃圾堆中挑选数袋垃圾，并对其内容进行分析，依照垃圾的内容按名称、重量、包装形式等进行分类，如此反复进行了1年的研究，从中获取了当地食品消费的宝贵信息，并得出以下结论：

（1）消费者饮用各种品牌啤酒的比例不同，其中劳动者阶层所喝进口啤酒比高收入阶层多；

（2）中等阶层人士比其他阶层的人士消费的食物更多，这可能是因为他们主要是双职工，都要上班，没有时间处理剩余食物，因而丢弃的较多；

（3）减肥的清凉饮料和鲜榨的橘子汁是高层人士喜欢的食物。

雪佛龙公司根据教授研究分析所提供的第一手资料进行生产调整，并组织营销，获得了巨大成功。

资料来源：http://www.docin.com.

二、环境研究的方法

（一）环境调查

环境调查是利用科学的方法，有目的、有系统地收集与组织活动有关的环境在时间上的变化和空间上的分布状况,为研究环境变化规律,预测环境未来变化趋势,进行组织活动的决策提供依据。

环境调查的方法主要包括:访问调查法、观察法、市场实验法等。

(1)访问调查法。访问调查法就是调查者直接向被调查对象提出问题以获得所需信息的一种方法。根据调查者与被调查对象接触方式的不同,访问调查法又分为个人面谈、邮寄调查和电话调查。不同的调查效果取决于调查人的调查技巧。运用这种方法调查要注意:调查问卷的设计要科学,提问题不要含糊不清;调查对象的选择要具有代表性;调查方式的选择要使较多的人愿意回答问题而不带有偏见。访问调查法的主要问题是:调查中得到的信息准确性不高,比如被调查对象可能是从个人的角度回答问题,也可能是为了讨调查人员的喜欢而回答问题。因此,这种调查法存在着很大的局限性,应与其他方法结合起来使用以提升决策的效果。

(2)观察法。观察法是调查人员在现场直接观察被调查对象的行为、态度、反应等的一种方法。这种方法的特点是所收集的信息比较客观、真实;局限性是难以了解被观察对象产生以上反映的内在影响因素。

(3)实验法。实验法是从影响调查问题的诸多因素中,选取一两个关键因素,在有代表性的较小范围内将其改变,从而取得信息和数据,进而通过对这些信息和数据的分析进行决策的方法。这种方法的优点是信息和数据能真实反映被调查对象的行为。采用这种方法的关键是选取的小范围环境要具有代表性,时间应尽量延长,因为信息和数据的准确程度与试验时间的长短直接相关。

(二)环境预测

环境预测是在环境调查的基础上,利用收集到的各种信息资料,运用逻辑推理和数学方法,分析环境变化的规律和趋势,从而为组织正确决策提供科学依据的过程。

环境预测的方法有定性预测和定量预测两种方法。

(1)定性预测法。定性预测法是根据个人的经验、知识和综合分析能力对环境的未来发展趋势作出判断。此方法的优点是时间短、费用低、简便易行;局限性是预测的效果很大程度上取决于个人的经验、知识和能力。定性预测的具体方法有对比类推法、经验判断法和德尔菲法。

(2)定量预测法。定量预测法是通过分析环境调查收集的信息和资料,运用统计分析和数学方法建立预测模型从而描述环境变化的多种因素之间的关系,并据此预测环境的发展趋势。此方法的优点是结果客观、结论准确;缺点是未考量非定量因素的影响,同时对资料的准确性、完整性和可靠性要求较高。定性预测方法包括时间序列预测法和线性回归分析法。

第四节 管理道德与社会责任

一、管理道德

(一)管理道德的含义

所谓道德规范,是指人们判断一件事情对与错的道德原则或信条,该信条指导着人们如何与其他个人或团体(利益相关者)交往和相处,并向人们提出了一个判断自己行为是否正确或恰当的基础标准。

管理道德是规定管理行为是非的惯例或原则的总和,简言之,就是人们判断一件事情对与错的原则和信条。这些原则与信条既是管理者判断自己行为是否正确或恰当的基础标准,也是企业处理与他人和社会关系的指导准则。因此,对管理道德可以从狭义和广义两个方面来理解。狭义的管理道德是管理者的行为准则与规范的总和,是管理者在社会一般道德基础上建立起来的职业道德规范体系。狭义的管理道德,通过规范管理者的个人行为,实现组织内部管理关系的和谐、稳定,并进一步实现管理系统的优化,提高组织的管理效益。广义的管理道德,不仅涉及企业管理者内部道德标准,还涉及企业对外部环境和利益相关者关系处理时面临的道德选择。本书中的管理道德是从广义的角度来说的。也就是说,一个企业的管理道德,取决于其组织环境中的社会道德、职业道德和高层管理人员的个人道德三个不同的层次。

(二)管理道德的主要观点

1. 道德的功利观

功利主义的道德观认为决策要完全依据其成果或结果而做出。功利主义的目标是为绝大多数人提供尽可能多的利益。从功利主义的角度出发,一个管理者会认为解雇掉20%的工人是无可非议的,因为这会增加企业的利润,也会使其余80%雇员的工作更加富有保障,并使股东获得更好的收益。一方面,功利主义提倡效率和生产力的提高,认为这符合组织利润最大化目标;另一方面,功利主义也有可能导致组织资源的配置不合理以及利益相关者的权利被忽视,尤其当那些受影响的部门或个人处于弱势地位,如缺少代表或没有发言权的情况下更是如此。

2. 道德的权利观

权利至上的道德观认为决策必须在尊重和保护个人自由与特权(如隐私权、良心自由、言论自由和法律规定的各种权利)的前提下做出。例如,当雇员告发他们的雇主违法时,应当保护雇员言论自由的权利。权利至上的道德观在保护个人自由和隐私方面起到了积极的作用,但它在组织中也有消极的一面,即由于过分强调个人权益的保护,造成一种过分墨守成规的工作风气,从而阻碍组织生产力和效率的提高。

3. 道德的公正观

公正主义的道德观要求管理者按公平的原则行事,公平和公正地制定、实施和贯彻组织规则。持有公正主义道德观的管理者可能会支付给新员工高于最低限度工资的薪金,因为他认为最低工资不足以满足雇员的基本财政负担,同时也不利于平衡新老员工之间的关系。实行公正标准同样会有得有失,它保护了那些其利益可能未被充分体现或被忽略的利益相关者,但它也会助长组织降低风险承诺、创新性和生产率的意识。

4. 综合社会契约的道德观

这种道德观综合了两种"契约":一是经济参与人当中的一般社会契约,这些现实的或"现存的"社会契约构成了企业道德规范的一个重要源泉;二是一个群体中较为特定的人当中的特定的契约,这些契约规定了哪些行为方式是可以接受的,哪些行为方式是不可以接受的。当这些现实的非正式的社会契约达成一致,并且其提出的规范与更广泛的伦理原则相一致时,就成为强制性的社会契约。这种道德观提倡把广泛而传统的社会契约方法同"现存的"社会契约综合起来,故称之为"综合契约论"的道德观。

现实管理活动中,大部分管理者对道德行为持功利主义的态度。由于这一观点与企业提高效率、追求高利润指标等目标是一致的,因此功利主义可以为大多数人的利益牺牲少数人的利益。但强调个人权利和社会公正的新趋势使这种观点的局限性日益突出,客观上要求管理者以非功利主义的标准作为基础重新审视和调整自己的道德准则。这对当今的管理者是一个实实在在的挑战,因为依据个人权利和社会公正等标准来制定政策,要比依据效率和利润等功利主义标准制定政策具有更多的模糊性和不确定性。甚至在某些情况下,管理者还会面临管理道德困境的两难选择。

(三)影响管理道德的因素

一个管理者的行为合乎道德与否,取决于管理者的道德发展阶段、个人特征、组织结构设计、组织文化、道德问题强度等诸多因素。

1. 道德发展阶段

研究表明,由于对个人利益、组织利益、社会责任等的不同观点,个人的道德发展被划分为三个层次,每一个层次又包含两个阶段。随着相继阶段的不断上升,个人道德判断变得越来越依赖于个人的理性认知而不是依赖外界的影响。道德水平的三个层次和六个阶段如表2.3所示。

表 2.3　道德层次阶段

层　　次	阶　　段
前惯例层次：只受个人利益的影响。其决策的依据是本人利益，这种利益是有不同行为方式带来的奖赏和惩罚决定的	（1）遵守规则以避免受到物质惩罚； （2）只有符合直接利益时才遵守规则
惯例层次：受他人期望的影响。它包括对法律的遵守，对重要人物期望的反应以及对他人期望的一种感觉	（3）做周围人所期望的事； （4）通过履行允诺的义务来维持正常秩序
原则层次：受个人用来明辨是非的道德准则影响。这些准则可与社会规则或法律原则一致，也可与社会规则或法律原则不一致	（5）尊重他人的权利，置多数人的意见于不顾，支持不相干的价值观和权利； （6）遵守自己选择的道德准则，即使这些准则违背了法律

第一个层次称为前惯例层次。在这个层次水平上，个人仅当物质惩罚、报酬等个人利益受到影响时，才会做出诸如正确或错误的道德判断；第二个层次是惯例层次，人的道德判断主要依赖于他人，如维护传统秩序、符合他人期望等；道德发展的最高层次是原则层次，这时个人会做出明确的努力，摆脱所依赖的团体或一般社会的道德准则，确定自己道德判断的原则。一般而言，人们以前后衔接的方式通过上述三个层次六个阶段，而不是跳跃式地前进。同时，未必所有人都会经历所有的道德发展层次，而是有可能停止在任何一个阶段上。就大多数成年人而言，其道德层次处于第四阶段的可能性最大，也就是说，更习惯于遵守一般的社会准则和法律。一个管理者达到的层次越高，就越倾向于采取符合相应道德阶段的行为。例如，处于第三阶段上的一位管理者，可能制定得到广泛支持的管理决策；处于第四阶段上的管理者将寻求制定尊重公司规则和程序的决策；处于第五阶段上的管理者，更有可能对他认为错误的组织行为提出挑战和修正。

2. 个人特征

通常来讲，个人在进入组织前就会拥有一套相对稳定的价值准则。这些准则是在个人成长与发展的历程中逐渐培养起来的，其渠道可能来自父母、老师、朋友或其他有影响力的人那里。因此，个人应掌握大量的关于什么是正确、什么是错误的基本准则和信条。由于个人成长经历的不同，组织中每个管理者都有着相异的个人准则。研究者发现，有两种个性变量影响着人们的行为，这些行为的依据是个人的是非观念。

（1）自我强度。自我强度是衡量个人自信心强度的一种个性度量。自我强度高的人更能够克制自我的冲动，并遵循自己的价值判断。也就是说，自我强度高的人更可能坚持己见，做他们认为正确的事。

(2)控制中心。控制中心是衡量人们相信自己掌握自己命运程度的个性特征,可以分为内在控制中心和外在控制中心两种。具有内在控制中心的人相信自己能够控制自己的命运;而具有外在控制中心的人则认为个人际遇全凭运气和社会等外部因素。从道德的观点来看,具有外在控制中心的人不太可能对他们的行为后果负责,更可能诉诸组织外部力量。相反,具有内在控制中心的人,则更可能对其行为后果承担责任,并依据自己的内在是非标准来指导自己的行为。

3. 结构设计

组织结构设计同样会影响管理者的道德行为。事实证明,模糊性小的结构设计有助于促进管理者的道德行为。组织的职务说明书和明文规定的道德准则可以促进行为的一致性;上级的行为对个人道德或不道德行为也具有强有力的影响。下属习惯于注视管理者的做法和习气,并以此作为标榜,形成个人所期望的行为标准;组织的绩效评价系统同样会发生作用,如果组织绩效评估更加关注成果,会促使人们"不择手段"地追求达成成果指标;与评价系统紧密相关的是组织报酬的分配方式。组织奖罚的标准越依赖于具体的目标成果,管理者实现目标时的道德约束就会越小。此外,时间、竞争、成本和工作的压力越大,管理者也越有可能放弃他们的道德标准。

4. 组织文化

组织文化也是影响道德行为的重要力量。具有高风险承受能力、能够实施高度控制以及对冲突高度宽容的组织文化,更有助于形成较高的道德标准。处在这种文化中的管理者,将意识到不道德的行为,并进行公开的挑战和修正。

强文化比弱文化对管理者的影响更大。如果文化的力量很强并且支持高道德标准,它会对管理者的道德行为产生非常强烈和积极的影响。在一种弱文化环境中,管理者更可能以亚文化规范作为行为的指南,工作群体和部门准则将强烈影响弱文化组织中的道德行为。

5. 道德问题强度

道德问题本身的强度同样会影响一个管理者的道德行为。与决定问题强度有关的六个方面是:

(1)某种道德行为的受益者(或受害者)受到多大程度的利益(或伤害)?例如,使1 000人失业的行动比仅使10人失业的行动损害更大。

(2)有多少舆论认为这种行动是错误的(或正确的)?

(3)行为发生将会引起可预见的危害(或利益)的可能性有多大?

(4)该行为和它所期望的结果之间持续的时间是多久?例如,减少即将退休人员的退休利益,比减少现有年龄在30~40岁间的雇员的退休利益具有更为直接的后果。

(5)行为的受害者(或受益者)与行为人在社会、心理或物质上的接近程度?例如,自己工作单位的人被解雇比其他单位的人被解雇伤害更深。

(6)道德行为对有关人员影响的集中程度有多大?例如,拒绝10个要求得到1万元担保金的人的政策改变,比拒绝 1 万个要求得到 10 元担保金的人的改变影响更为集中。

总的来说,这六个方面决定了道德问题的重要性。当一个道德问题对管理者很重要时,管理者无疑会采取更为道德的行为。

(四)改善管理道德的途径

管理道德与普通道德的出发点不同,落脚点也不同,一个属于管理领域,一个属于社会道德问题。为把两者有机地结合在一起,管理者可以尝试通过以下几种途径来改善组织的管理道德。

1. 甄选高道德素质的员工

如前所述,道德发展阶段、个人价值体系和个人特征等因素是影响管理道德的重要影响因素,管理者可以针对上述因素通过科学的甄选程序(包括面试、笔试、背景测试等),淘汰掉管理道德上不符合要求的求职者。虽然通过甄选程序很难保证将低道德素质的员工完全被淘汰掉,但甄选过程仍然不失为了解个人道德发展水平、个人价值准则、自我强度和控制中心的一个重要途径。

2. 建立高标准的道德准则

为了提高和改善组织的管理道德,首先有必要让员工弄清楚管理道德究竟是什么?组织中提倡的管理道德又是什么?建立系统的道德准则有助于澄清这些基本问题。《财富》杂志列出的 1 000 家公司中,90%以上的公司都有一套明文严格的道德准则。道德准则是表明一个组织基本价值观和它希望员工遵守的道德规则的正式文件。一方面,道德准则应该尽量具体地向员工表明其应以什么精神从事工作;另一方面,道德准则应当足够宽松,从而允许员工有足够的判断和思考的空间和自由。

3. 高层管理者的有效领导

促进道德管理要求高层管理以身作则。"正人先正己"、"身教重于言教",这些名言说明,只有强化管理者的道德建设,才能促进道德管理,这是抓好管理道德的关键。如果高层管理者将公司资源据为己有,或者扩大他们的费用开销,或者为朋友大开方便之门,他们等于向全体雇员传递了一些非常不良的道德信号。高层管理者还可以通过具体的奖罚来建立文化基调,选择谁或什么事作为奖赏或者惩罚的对象,将向雇员传递强有力的信息。

4. 设定科学的工作目标

组织必须有明确的和现实的目标。缺乏明确的目标,会使员工感到无所适从,可是,即使目标明确,现实也同样有可能引发道德问题。在不现实的目标压力下,即使有道德的员工也会持有"不择手段"的态度。

5. 对员工进行道德培训

越来越多的组织通过研讨会、专题讨论会和类似的培训项目,尝试改善员工的道德行为。美国一项调查曾表明,约有 44%的美国企业提供了道德方面的有关培训。此外,一些证据也表明这种培训的确有助于个人道德发展水平的提高或者经营道德意识的增强。

6. 综合绩效评价

当绩效评价仅仅以经济成果为焦点时,员工会为了达到目标而不择手段。因此提高管理者的道德标准,就必须在绩效评价过程中包含这方面的相关内容。例如,对员工的绩效评价除了看其是否完成企业下达的经济指标外,还要看其在达到自身目标的同时,对同事或组织目标的实现产生积极的还是消极的影响。

7. 独立的社会审计

按照组织的道德评价决策和管理的独立审计,有助于发现管理中存在的非道德行为,从而间接提高组织的道德准则。这种审计可以是类似财务审计的例行性评价,或者是并不预先通知的抽查性评价。为了保证评价的客观性和公正性,审计员应直接向组织的董事会负责,并直接将审计结果呈交董事会。

8. 建立正式的保护机制

为了保证管理道德工作的有效进行,组织必须建立充分有效的保护机制,以减少处于道德困境中员工的种种疑虑,或者为他们指明应当采取的方法和措施。

二、管理的社会责任

在社会问题日益增多,社会矛盾日趋尖锐的时代,随着企业自身认识的发展和影响力的扩大,以及社会的进步、竞争的压力和公众的日益关注,对企业社会责任的呼声也越来越大。"企业社会责任运动"的倡导者们试图从有机整体思维出发用一种"双赢"的思想来超越传统的输赢二元对立思想,主张兼顾企业、员工、顾客、社会共同体和环境的利益,实现企业经济效益和社会效益的有机统一。

(一)企业社会责任的含义

布鲁曼把企业责任划分为四种:一是企业的经济责任,它是企业传统的固有的责任,是指企业所负有的谋求股东利益最大化的责任;二是企业的法律责任,是指为法律所规定的企业义务;三是企业的道德责任;四是企业的社会责任。

企业的社会责任就是指企业在其运营过程中应该履行的保护和改善社会的义务。社会责任要求企业的决策和行为既有利于本企业,又有利于社会,要照顾到所有可能因组织的决策而受到影响的各方面利益相关者。

(二)社会责任与利益相关者

如果企业的社会责任是为改善利益相关者生活质量的承诺,那么,明确利益相关者的基本范畴将有助于企业了解承担社会责任的范畴。利益相关者理论是20世纪60年代,在美国、英国等长期奉行外部控制型公司治理模式的国家中逐步发展起来的。该理论认为任何一个企业的发展都离不开各种利益相关者的投入或参与,如股东、债权人、雇员、消费者、供应商等。企业不仅要为股东服务,而且还要为众多的利益相关者服务。企业的目标是为其所有利益相关者创造财富和价值,企业是由利益相关者组成的系统,它和给企业活动提供法律和市场基础的社会大系统一起运作。

按照不同的标准,可以将利益相关者划分为不同的类型。

第一,按照相关群体与企业是否存在交易型合同关系,将利益相关者分为契约型利益相关者和公众型利益相关者。

契约型利益相关者主要包括股东、雇员、顾客、分销商、供应商、贷款人等;公众型利益相关者则包括消费者、监管者、政府、压力集团、媒体、社区等。

第二,根据相关群体在企业经营活动中承担的风险种类,可以将利益相关者分为自愿利益相关者和非自愿利益相关者。

自愿利益相关者是指在企业中主动进行物质资本或人力资本投资的个人或群体,他们自愿承担企业经营活动给自己带来的风险;非自愿利益相关者是指由于企业活动而被动地承担风险的个人或群体。

第三,根据相关者群体与企业联系的紧密性,可以将利益相关者分为主要利益相关者和次要利益相关者。主要相关利益者包括股东、投资者、雇员、顾客、供应商以及提供基础设施和市场的政府、社区等,公司与主要相关利益者群体有高度的相互依赖性。次要相关利益者是那些影响企业或被企业影响的个体或团体,它们不参与公司的直接交易,对企业的生存起不到根本的影响。公司的生存虽不依赖于次要相关利益者,但处理不善也会对公司造成一定程度的破坏,比如媒体和众多的特定利益集团。

综上所述,本书将企业利益相关者的范畴界定为由企业投资者、顾客、员工、社会、环境、竞争者等主体共同构成的利益集团。

【资料库 2.4】

SA8000 社会责任国际标准

1997 年,总部设在美国的社会责任国际组织发起并联合欧美跨国公司和其他国际组织,制定了 SA8000 社会责任国际标准。它是全球首个道德规范国际标准。其宗旨是确保供应商所供应的产品都符合社会责任标准的要求。SA8000 标准适用于世界各地、任何行业、不同规模的公司。其依据与 ISO9000 质量管理体系及 ISO14000 环境管理体系一样,是一套可被第三方认证机构审核之国际标准。其主要内容包括:

(1)童工。公司不应使用或者支持使用童工,应与其他人员或利益团体采取必要的措施确保儿童和应受当地义务教育的青少年的教育,不得将其置于不安全或不健康的工作环境或条件下。

(2)强迫性劳动。公司不得使用或支持使用强迫性劳动,也不得要求员工在受雇起始时交纳"押金"或寄存身份证件。

(3)健康与安全。公司应具备避免各种工业与特定危害的知识,为员工提供健康、安全的工作环境,采取足够的措施,最大限度地降低工作中的危害隐患,尽量防止意外或伤害的发生;为所有员工提供安全卫生的生活环境,包括干净的浴室、厕所、可饮用的水;洁净安全的宿舍;卫生的食品存储设备等。

(4) 结社自由和集体谈判权。公司应尊重所有员工自由组建和参加工会以及集体谈判的权利。(5) 歧视。公司不得因种族、社会等级、国籍、宗教、身体、残疾、性别、性取向、工会会员、政治归属或年龄等而对员工在聘用、报酬、培训机会、升迁、解职或退休等方面有歧视行为;公司不干涉员工行使信仰和风俗的权利和满足涉及种族、社会阶层、国籍、宗教、残疾、性别、性取向、工会会员和政治从属需要的权利;公司不能允许强迫性、虐待性或剥削性的性侵扰行为,包括姿势、语言和身体的接触。

(6) 惩戒性措施。公司不得从事或支持体罚、精神或肉体胁迫以及言语侮辱。

(7) 工作时间。不得经常超过48小时,同时,员工每7天至少有一天休息时间。所有加班工作应支付额外津贴,任何情况下每员工每周加班时间不得超过12小时,且所有加班必须是自愿的。

(8) 工资报酬。公司支付给员工的工资不应低于法律或行业的最低标准,并且必须足以满足员工的基本需求,以及提供一些可随意支配的收入并以员工方便的形式如现金或支票支付;对工资的扣除不能是惩罚性的,并应保证定期向员工清楚详细地列明工资、待遇构成;应保证不采取纯劳务性质的合约安排或虚假的学徒工制度以规避有关法律所规定的对员工应尽的义务。

(9) 管理系统。高层管理阶层应根据本标准制定公开透明、各个层面都能了解并实施的符合社会责任与劳工条件的公司政策,要对此进行定期审核;委派专职的资深管理代表具体负责,同时让非管理阶层自选出代表与其沟通;建立并维持适当的程序,证明所选择的供应商与分包商符合本标准的规定。

资料来源:http://baike.baidu.com.

(三)企业承担的社会责任

1. 企业对投资者承担的社会责任

投资者是公司的出资人,也是企业的拥有者,没有投资者就没有企业,企业利益应与股东利益是一致的。现代企业要求所有权与经营权相分离,所有者将企业的经营管理权委托给以总经理为代表的管理层。企业管理者必须考虑股东的利益,寻求更新、更好的管理方式,最大程度上实现公司资产的增值保值。因此,企业首先要为投资者带来具有吸引力的投资回报,其次还要将其财务状况及时、准确地报告给投资者,与投资者之间达成良好的互动。

2. 企业对顾客承担的社会责任

从顾客满意到顾客忠诚,已成为很多企业营销的根本目标,顾客已经成为企业最为重要的利益相关者之一。为了赢得顾客的信任和忠诚,企业必须意识到更多的社会责任,而不是单纯从经济效益出发看待问题。为此,企业必须消除短视行为。企业不仅要看到企业的今天,还要看到企业的明天,因此企业必须要善待顾客。善待顾客就是以优质的产品和服务,以良好的形象和社会美誉度赢得顾客的心。同时,企业要向消费者提供安全的产品。

重视售后服务和提供必要的培训指导也是获得顾客忠诚的良好契机。企业要正确对待来自顾客的抱怨,顾客的抱怨是对企业的信任和支持,通常对企业或其产品提出意见的顾客是企业最有价值的顾客,对此要引起企业高度的关注。

3. 企业对员工承担的社会责任

员工是企业中最重要的资源,也是企业最重要的利益相关者,企业必须对员工承担必要的社会责任。首先,企业必须重视劳动者权益的保障。企业应该重视和实现员工安全、就业机会均等,反对员工歧视。对于有远大理想的企业来说,保护劳动者权益不仅能够减少市场阻力,而且将对企业形成制度化的良性循环。其次,企业要实施开放式的管理和员工民主,赋予员工更大的权利。企业应该与员工共同分享目标,发挥所有人的才干,以此来提高整个组织的驱动力、创造力和生产力。

4. 企业对环境承担的社会责任

保护环境免受企业经营的冲击是企业的核心责任之一。企业对环境承担的社会责任主要包括维护环境质量、使用清洁能源、共同应对气候变化、保护生物多样性等。这要求企业必须努力保证生态效益,以"绿色产品"和"生态技术"为研究和开发的主要对象,并设法达成产品与服务的完整生命周期。

5. 企业对竞争者承担的社会责任

市场竞争是一种有序竞争,市场经济下企业不仅要讲究"竞争",更要树立"合作"的意识。波特的价值系统概念的提出,形象、科学地论证了企业之间进行合作的必要性与可行性。作为整个社会价值系统中的一员,各个企业之间通过"竞合"的形式合作,在自己最具比较优势的价值链环节上经营,从而可以提高各自的生产效率。因此,企业首先要摒弃"同行是冤家"的狭隘思想,建立起与其替代者、互补者,甚至是直接竞争者合作共存的观念,借助其他企业和组织的资源和力量,为自己的经济目标服务,这也是现代市场经济中企业的生存之道。

6. 企业对社会承担的社会责任

企业要意识到自己是社会的一个主要部分,也就是说,企业是国家的"公民"之一,企业必须遵守法律、现存规则以及国际标准、防范腐败贿赂,包括道德行为准则问题以及商业原则问题。同时,企业有权力,也有责任为社会的发展作出自己的贡献,这主要指广义的社会和经济福利的贡献,如传播国际标准,积极参与社会慈善事业、公益事业,向贫困社区提供要素产品和服务等。这些贡献在某些行业可能成为企业核心战略的一部分。一个企业"公民"应懂得公司的成功与社会的健康和福利密切相关。

本章小结

组织环境是对组织绩效起着潜在影响的外部机构或力量,是组织生存发展的物质条件的综合体。组织环境具有唯一性、客观性、系统性、动态性、复杂性、不确定性等特点。

组织环境包括外部环境和内部环境两个方面。组织外部环境包括一般环境和具体环境。一般环境是指对社会中的一切组织都会有影响、都会起作用的共有环境,包括政治法律环境、经济环境、社会文化环境、技术环境以及自然环境。一般环境对组织的影响是间接的、长远的,组织要顺应环境的变化来调整自身的经营。具体环境则是指组织所处的行业环境,包括行业内竞争者、替代品生产者、潜在进入者、供应商以及顾客五种影响力量。具体环境对组织的影响是直接的、迅速的。

组织的内部环境指组织所拥有的资源状况及对这些资源的利用能力,包括有形的财务资源、人力资源、实体资源、组织资源,以及无形的技术资源、商誉和企业文化。这些资源是企业形成自身独特的竞争优势,是形成自身核心竞争力的主要因素。

环境研究是一个过程,要经过确定研究任务、提出问题假设、收集信息、信息处理、环境预测等程序。环境研究可采用环境调查和环境预测等方法。

管理道德或者说管理伦理是规定管理行为是非的惯例或原则的总和,简言之,就是人们判断一件事情对与错的原则和信条。这些原则与信条既是管理者判断自己行为是否正确或恰当的基础标准,也是企业处理与他人和社会关系的指导准则。一个企业的管理道德取决于其组织环境中的社会道德、职业道德和高层管理人员的个人道德三个不同的层次。

对管理道德的认识主要有四种观点:道德的功利观、道德的权利观、道德的公正观及综合社会契约的道德观。一个管理者的行为合乎道德与否,取决于管理者的道德发展阶段、个人特征、组织结构设计、组织文化、道德问题强度等诸多因素。

改善管理道德的途径主要有:甄选高道德素质的员工;建立高标准的道德准则;高层管理者的有效领导;设定科学的工作目标;对员工进行道德培训;综合绩效评价;独立的社会审计;建立正式的保护机制。

企业社会责任就是指企业在其运营过程中应该履行的保护和改善社会的义务,是企业为改善利益相关者的生活质量而采取的一种承诺。对于不同的利益相关者,企业都应当积极地承担社会责任,创造一种和谐共生的发展氛围。

思考与练习题

1. 选择题(可多选)

(1)假如管理者认为解雇工厂中20%的工人是正当的,因为这将增强工厂的盈利能力,使余下的80%的工人的工作更有保障,并且符合股东的利益,那么这位管理者接受的道德标准是( )。

    A. 综合观   B. 公平观   C. 权利观   D. 功利观

(2)如果一个人做周围人所期望的事,他正处于道德发展的( )层次。

    A. 前惯例   B. 惯例   C. 原则   D. 选择

(3)对存在于社会中的各种组织都会产生影响,都会起作用的环境是( )。

    A. 具体环境   B. 产业环境   C. 组织内部环境   D. 一般环境

(4)迈克尔·波特认为,影响组织生存与发展的五种力量为( )。

    A. 行业竞争者   B. 替代品生产者   C. 潜在进入者   D. 供应商

    E. 顾客

(5)影响组织生存与发展的一般环境包括(　　)。
　　A.政治法律环境　　　B.经济环境　　　C.社会文化环境　　　D.技术环境
　　E.自然环境

2.简述题
(1)简述一般环境如何影响企业运营。
(2)简要叙述波特的行业结构分析模型。
(3)简述道德的三个发展层次。
(4)影响管理者道德行为的因素有哪些?

3.案例分析

迪斯尼乐园在法国的失败

1992年4月,欧洲迪斯尼乐园在巴黎郊外开张了。迪斯尼的高层人士对它的前景非常乐观,因为迪斯尼在美国的佛罗里达、加利福尼亚和日本东京都获得了巨大的成功。不过事情的发展却正好相反,到1993年9月,巴黎乐园已亏损9.6亿美元,处于奄奄一息的状态。这是怎么回事呢?

原来,在美国成功并不等于在法国也成功。首先是欧洲正值严重的经济衰退,游客变得十分节俭。迪斯尼的门票是42.25美元,比在美国的价钱还高。迪斯尼宾馆一个房间一晚上是340美元,相当于巴黎最高档的宾馆价钱。这就把相当多的欧洲人挡在门外。很多人即使来到乐园,也自带饭菜,不住迪斯尼宾馆。即使住进迪斯尼宾馆,本来应该住4天的,也只住1天,通常一大早来到乐园,晚上在宾馆住下,第二天早晨先结账,再回到公园。宾馆的住房率只达到50%。

其次,美国人和欧洲人在文化上也存在差异。如在乐园内不准饮酒的规定,就引起了午餐和晚餐都要喝酒的欧洲人不满(这项规定后来被取消了)。迪斯尼公司认为,星期一比较轻松而星期五会比较繁忙,因此也相应地安排了员工。但是情况恰恰相反,星期一的游客很多而员工少,星期五的游客很少而员工多,搞得一团糟。乐园想在高峰时多雇些员工,低峰时再让他们回去,这又违反了法国关于非弹性劳动时间的规定。"我们听说欧洲人不吃早餐,因此缩小了餐馆规模,"一位管理人员说,"你猜发生了什么?每一个人都需要早餐,我们要在只有350个座位的餐馆里提供2 500份早餐,队伍长得吓人。"

迪斯尼公司的决策者们由于忽视了环境对公司的影响,因此造成了巨大的损失。

资料来源:http://www.c2cedu.com.

分析讨论:
(1)法国迪斯尼项目为什么遭遇挫折?
(2)案例中反映了哪些环境问题?

第三章
Chapter 3

信息与信息化管理

【学习目的与要求】

要求学生掌握信息和信息管理的概念；了解信息的特征；理解预测的思想并掌握预测的定量方法和定性方法。

【本章主要概念】

信息　信息管理　预测　头脑风暴法　移动平均法

【案例导读】

一则关于经济衰退的小故事

从前，印度有一个人在路边卖 Wa–da–Pav（一种印度小吃）。他没有文化，所以从不读报纸。他听力很差，所以从不听广播。他视力很弱，所以从不看电视。但是他干劲十足，卖了很多 Wa–da–Pav。

他很聪明地使用了一些吸引人的优惠策略提高销售量，于是他的销售额和利润都增加了。后来，他订购了更多的原材料和小面包，卖了更多的 Wa–da–Pav。他雇了更多的伙计，招呼更多的顾客。他开始提供送货上门的服务。最后他给自己买了个更大更好的炉子。正当他的生意越来越红火的时候，他那刚从大学毕业的儿子加入了父亲的生意。然后奇怪的事情发生了。

儿子问道，"爸，你不知道就要发生经济大萧条了吗？"父亲回答："不知道，你给我说说吧。"儿子说，"现在国际形势很糟糕，国内形势更糟糕，我们应该提前做好准备。"

父亲想，儿子上过大学，读报纸、听广播、看电视，他比较了解情况，他的建议不可小觑。所以到了第二天，父亲减少了原材料和小面包的订购量，摘下了彩色的广告牌，不再向顾客提供特别的优惠服务，也不再热情洋溢。他解雇了一些人，减少了员工人数。很快，来光顾他的 Wa–da–Pav 摊子的人越来越少，销售额和利润也很快下滑。

父亲对儿子说:"孩子,你说的对啊!"儿子说,"我们正在面临经济萧条与危机,我很高兴之前提醒过你。"

从这个故事里,我们能学到什么呢?

资料来源:http://www.gzmyjj.com.

【点评】

信息影响了人们的判断力。在信息爆炸的今天,缺少的不是信息,而是如何有效地使用信息。

第一节 信息的概念与特征

信息对于每个人来说并不陌生。在实际生活中,每个人每时每刻都在不断地接收信息,加工信息和利用信息,都在与信息打交道。现代管理者在管理方式上的一个重要特征就是:他们很少同"具体的事情"打交道,而更多的是同"事情的信息"打交道。管理系统规模越大,结构就越复杂,对信息的渴求就越加强烈。实际上,任何一个组织要形成统一的意志,统一的步调,各要素之间必须能够准确快速地相互传递信息。管理者对组织的有效控制,必须依靠来自组织内外的各种信息。信息,如同人才、原料和能源一样,被视为组织生存发展的重要资源,成为管理活动赖以展开的前提,一切管理活动都离不开信息,一切有效的管理都离不开信息。

一、信息的概念

信息是一个非常古老的词汇,基本含义是指消息音信。

随着现代科学技术的发展,信息的概念也变得多元化。现代科学指出,信息是事物发出的消息、指令、数据、符号等所包含的内容。人通过获得、识别自然界和社会的不同信息来区别不同事物,得以认识和改造世界。在一切通信和控制系统中,信息是一种普遍联系的形式。

社会语言学认为按物理学的观念,信息只不过是按一定方式排列起来的信号序列。在社会交际活动中,这个定义还需补充:信息还必须有一定的意义,或者说信息必须是"意义的载体"。

联合国教科文组织曾经组织人员对信息的定义进行调查,通过研究发现,在收集的37种定义中出现了81个高频实意词汇。由此可以说明,信息的定义在不同学科中是不同的。下面介绍几个比较具有代表性的定义:信息论的创始人申农认为,信息是消除不确定性的东西;控制论的创始人维纳认为,信息是人们在作用外部世界的同时,与外部世界进行交换的内容的名称;电子计算机学家认为,信息就是线路中传输的信号;经济管理学家认为,信息就是管理者进行决策的依据;美国著名的信息管理学家霍顿认为,信息就是按照用户的要求经过加工处理的数据。

信息是客观事物状态和运动特征的一种普遍形式,客观世界中大量地存在、产生和传递着以这些方式表示出来的各种各样的信息。信息不是物质,也不是能量。信息是有价值的,就像不能没有空气和水一样,人类也离不开信息。因此人们常说,物质、能量和信息是构成世界的三大要素。所以说,信息的传播是极其重要与有效的。信息是事物的运动状态和过程以及关于这种状态和过程的知识。它的作用在于消除观察者在相应认识上的不确定性,它的数值以消除不确定性的大小或等效地以新增知识的多少来度量。虽然有着各式各样的传播活动,但所有的社会传播活动的内容从本质上说都是信息。

对于读者来说,如何通俗地了解和接受所谓信息的概念,是十分重要的。

举个例子,别人告诉你一件事,说:

"前面有个人!"——非常含糊!

"前面有个男人!"——更具体!

"前面有个老人,是个男的!"——更具体!

"前面有个老头,是个盲人!"——更具体!

"前面有个老头,是个盲人!迷路了!"——更具体!

"前面有个老头,是个盲人!迷路了!需要帮助!"——更具体!

"前面有个老头,是个盲人!迷路了!有个警察把他送回家了!"——更具体!

在大多数情况下,人们听到的和事情的本质是存在非常大的差异的。人们听到的是消息,而不是信息!

再举个例子,单位通知作息时间:"下周开始,延长白班:上午上班时间为8:00~12:00,下午上班时间为14:00~18:00,即日生效。"

这就是信息应用的一个具体事例。信息能够提供一个精准数据,供传播执行。

二、信息的特征

在信息时代,每个人应对信息的认知、表达有充分的认识,能够正确地辨别、分析、描述信息,做到这一点,必须了解一些信息的特征。

1. 普遍性

信息是事物运动的状态和方式,只要有事物存在,只要有事物的运动,就会有其运动的状态和方式,就存在着信息。无论在自然界、人类社会,还是在人类思维领域,绝对的"真空"是不存在的,绝对不运动的事物也是没有的。因此,信息是普遍存在着的。信息与物质、能量一起,构成了客观世界的三大要素。

2. 表征性

信息不是客观事物本身,而是事物运动状态和存在方式的表征。一切事物都会产生信息,信息就是表征所有事物属性、状态、内在联系与相互作用的一种普遍形式。宇宙时空中的事物是无限的,表征事物的信息现象也是无限的。

3. 动态性

客观事物本身都在不停地运动变化,信息也在不断地发展更新。特别是从语言信息的观点来看,事物运动状态及方式的效用是会随时间的推移而改变的。因此,在获取与利用信息时必须树立时效观念,不能一劳永逸。

4. 相对性

客观上信息是无限的,但相对于认知主体来说,人们实际获得的信息总是有限的。并且由于不同主体有着不同的感受能力、不同的理解能力和不同的目的性,因此,从同一事物中获取的信息肯定各不相同,即实得信息量是因人而异的。

5. 依存性

信息本身是看不见、摸不着的,它必须依附于一定的物质形式(如声波、电磁波、纸张、化学材料、磁性材料等)之上,不可能脱离物质单独存在。人们把这些以承载信息为主要任务的物质形式称为信息的载体。信息没有语言、文字、图像、符号等记录手段便不能表述,没有物质载体便不能存储和传播,但其内容并不因记录手段或物质载体的改变而发生变化。

6. 可传递性

信息可以通过多种渠道、采用多种方式进行传递,人们把信息从时间或空间上的某一点向其他点移动的过程称为信息传递。信息传递要借助于一定的物质载体,实现信息传递功能的载体称为信息媒介。一个完整的信息传递过程必须具备信源(信息的发出方)、信宿(信息的接收方)、信道(媒介)和信息四个基本要素。

7. 可干扰性

信息是通过信道进行传递的。信道既是通信系统不可缺少的组成部分,同时又对信息传递有干扰和阻碍作用。人们把任何不属于信源原意而加之于其信号上的附加物都称为信息干扰。例如,噪声就是一种典型的干扰。产生噪声的因素很多,有传输设备发热引起的热噪声、不同频率的信号相干扰产生的调制间噪声、不同信道相干扰产生的串扰噪声、外部电磁波冲击产生的脉冲噪声等。

8. 可加工性

信息可以被分析或综合,扩充或浓缩,也就是说,人们可以对信息进行加工处理。所谓信息加工,是把信息从一种形式变换成另一种形式,同时在这个过程中保持一定的信息量。如果在信息加工过程中没有任何信息量的增加或损失,并且信息内容保持不变,那么就意味着这个信息加工过程是可逆的,反之则是不可逆的。实际上,信息加工都是不可逆的过程。

9. 可共享性

信息区别于物质的一个重要特征是它可以被共同占有,共同享用,也就是说,信息在传递过程中不但可以被信源和信宿共同拥有,而且还可以被众多的信宿同时接收利用。物质交换遵循易物交换原则,失去一物才能得到一物;信息交换的双方不仅不会失去原有信息,而且还会增加新的信息;信息还可以广泛地传播扩散,供全体接收者共享。

信息看不见也摸不着,它似乎与一切实有的存在都不同。它不同于拿在手上的工具,不同于吃入嘴中的食物。但是人们却越来越意识到信息的重要性,它的价值甚至远远超过了许多看得见摸得着的东西。如果把人类发展的历史看作一条轨迹,按照一定的目的向前延伸,那么就会发现它是沿着信息不断膨胀的方向前进的。信息量小、传播效率低的社会,发展速度缓慢;而信息量大、传播效率高的社会,发展速度就快。信息的爆炸,使人类社会加速度地向前迈进,达到难以估测的程度。人类正在迈入信息化社会的大门。

信息是推动社会进步的巨大推动力,传统的信息传播形式正在发生深刻的变化。人们每天从各种媒体上接收大量的信息,而我们的祖先一生中所获得的信息可能也不如我们在一天当中所获得的多。信息的传播已经越来越少地受到时间、地域的限制。人类的能力因信息的增加而提高。信息的高速传播导致科技的发展,而科技的发展又为信息的传播提供了崭新的手段。计算机的出现,光导纤维的出现,最终导致一个全球网络化时代的到来,从而使信息的传播从自然王国进入了自由王国。今天的中学生利用计算机,只需几分钟就能完成数年前全世界数学家都难以完成的工作。在没有互联网之前,即使利用现代邮政,一封信跨越太平洋,也需要一个月左右的时间,而利用电子邮件只需数秒时间。今天的计算机通信技术,可以使地球上任何一个角落的人们在同一时刻"面对面"地工作。

三、信息管理的概念

整个人类的进化史,同时也是一部人类信息活动的演进史。在人类的整个历史发展中,经历了几次巨大的信息变革。每一次信息变革都对人类社会的发展产生巨大的推动力,带来飞跃式的进步。这些信息革命依次为:语言的诞生、文字的诞生、印刷术的诞生、利用电磁波和计算机技术。它们将人类历史划分成几种不同的信息时代。人类社会在向前演进,不同的时代将面临不同的问题,而与之相关的信息就成为人们特别予以关注的题目。

信息管理是指在整个管理过程中,人们收集、加工和输入、输出信息的总称。信息管理的过程包括信息收集、信息传输、信息加工和信息储存。

信息收集就是对原始信息的获取。信息传输是信息在时间和空间上的转移,因为信息只有及时准确地送到需要者的手中才能发挥作用。信息加工包括信息形式的变换和信息内容的处理。信息的形式变换是指在信息传输过程中,通过变换载体,使信息准确地传输给接收者。信息的内容处理是指对原始信息进行加工整理,深入揭示信息的内容。经过信息内容的处理,输入的信息才能变成所需要的信息,才能被适时有效地利用。信息送到使用者手中,有的并非使用完后就无用了,有的还需留做事后的参考和保留,这就是信息储存。通过信息的储存可以从中揭示出规律性的东西,也可以重复使用。

第二节 信息管理的概念与过程

一、信息管理的概念

整个人类的进化史,同时也是一部人类信息活动的演进史。在人类的整个历史发展中,经历了几次巨大的信息变革。每一次信息变革都对人类社会的发展产生巨大的推动力,带来飞跃式的进步。这次信息革命依次为:语言的诞生、文字的诞生、印刷术的诞生、利用电磁波和计算机技术。它们将人类历史划分成几种不同的信息时代。人类社会在向前演进,不同的时代将面临不同的问题,而与之相关的信息,就成为人们特别予以关注的题目。

随着人类社会信息化的进程不断在前进,人们能够收集到的信息也越来越多,于是信息管理学渐渐的进入了人们的视野。信息管理学是一门研究人类信息管理活动的规律及应用的学科,它以数学、管理科学、信息科学与技术为基础,是一门涉及多学科、多领域的综合性交叉学科。它研究的是人类社会信息管理基本规律、基本原理和通用方法。

信息管理是指在整个管理过程中,人们收集、加工和输入、输出的信息的总称。信息管理的实质在于"管理过程"。信息管理过程没有统一的、固定的模式,本节将通过四对紧密关联的范畴来讨论信息管理的全过程。

二、信息管理的过程

1. 信息需求与服务

信息管理过程是围绕用户信息需求的产生和满足而形成的闭环系统,这样的系统也称为信息管理系统。调查和研究用户及其信息需求是信息机构开展信息服务工作的依据。

在管理实践中,必然会遇到各种各样的问题,解决问题就有信息需求,这种需求是客观存在的,不以人的主观意志为转移的。当管理者意识到了这种信息需求,并将其表达出来——求助他人或自己动手解决,我们称这种已表达的信息需求为现实信息需求;当管理者没有遇到信息需求,或虽然意识到了但没有表达出来,我们称这种信息需求为潜在信息需求。另外还有一种信息需求,虽然它客观存在,但尚未被认识到,我们称之为未知信息需求。潜在信息需求和未知信息需求是经常存在的,如果管理者不能认识到这一问题,就不会产生相应的动机和行为,实际工作中的问题就得不到解决。

由于信息大多是为管理决策服务的。站在企业的角度来看,作为企业的高层领导关心的是企业的发展方向、目标、路线、产品的销路、材料的来源等,处于企业的战略位置,所需要的信息自然是大量的综合信息,即战略级信息。作为企业的设计、制造部门的决策者则要考虑如何在企业长远规划的指导下,采用先进的技术和设备,降低成本,提高经济效益,处于企业的策略地位,所需要的信息则是策略级信息。而企业生产车间的决策者所关心的问题是如何提高生产效率和质量,决策的依据大多是日常生产信息即执行级信息。但是如果问题发生变化,管理层次和信息层次也将发生变化。

总之,用户需求是信息服务的出发点和归宿。没有用户及其信息需求,整个信息服务工作就失去了存在和发展的意义。

信息服务就是信息机构针对用户的信息需求,及时地将信息提供给用户的活动。信息服务的最终目的是向用户提供他们所需要的信息,以使信息发挥效应。由于对信息的需求不断增加,信息服务处于不断的发展和深化之中。

2. 信息收集与加工

如果把信息作为产品来看待,那么信息产品的生产与物质产品的生产相同,都要为之提供源源不断的原料。信息产品的生产原料就是信息(严格地说是原始信息)。所以,信息收集是信息产品生产的第一步和基础。

所谓信息收集是指为了更好地掌握和使用信息,而对其进行的吸收和集中。具体地说,信息收集就是按照一定的原则,根据事先设计的程序,采用科学的方法,通过有关的信息渠道,有计划、有步骤地汇集、提炼信息的工作过程。

尽管信息的收集没有严格的、固定不变的格式,但信息的收集毕竟是一项复杂严肃的、技术较强的工作。为使信息收集工作顺利进行,保质保量地完成收集信息的任务,我们应该遵循科学的工作流程,采用不同的收集途径和策略(具体的执行方案),在确定了收集系统和工具、收集途径和策略后,要进行收集实施和结果评价。要不断地对收集途径、策略以及收集系统和工具进行调整,直至得到比较满意的结果。

信息收集这一环节的工作好坏,对整个信息管理活动的成败将产生决定性的影响。如果收集到的是过时的、不准确的原始信息,其加工处理的信息也不可能是正确的、及时的。把好信息收集这一关,是提高信息管理质量的关键。

应该强调的是,信息收集与信息存储、传输和加工相比,工作量大,费用较高。据统计,在信息处理中,有10%的时间耗费在计算机的处理上,而90%的时间耗费在由数据起始点到数据输入这一漫长的道路上。在用于信息处理的全部费用中,花在数据收集上的费用在很多情况下几乎占50%。其主要原因是数据收集目前还需要大量的人工劳动,即使是用设备辅助收集,其效率也取决于人的工作速度。

信息收集可以是人工采集,也可以通过联机方式形成自动化数据采集系统。人工采集的数据,一般要经过一定的中间环节而获得。联机方式采集数据,主要是指将某种计算装置、测试装置等直接与电子数据处理系统相连接。采用人工方式采集数据及时性差、出错率高;采用自动化装置采集数据快速、准确,但投资较大。联机方式应是信息采集的发展方向,但人工采集在过去、现在和未来都将是一种不可缺少的方式。

信息收集的最后一个问题是信息的表达。信息表达要遵循以下三项原则:准确、简洁、明了、便于存储和传输。信息表达不外三种形式:一种是文字表述,一种是数字表达,再一种是图像表达。

收集信息或采集信息是为了有利于利用,从采集到利用之间还有信息加工这一工作环节。信息加工是信息管理过程中不可缺少的环节,而且是最为关键的环节。没有这一步,采集的信息再多都是无用的。

信息加工重要的是在原始信息的基础上,生产出价值含量高、方便用户利用的新信息,这一过程将使信息增值。只有在对信息进行适当处理的基础上,才能产生一种新的、用以指导决策的策略信息或知识。为经过加工的原始信息对组织决策的贡献是微弱的,信息只有经过加工,才能发掘其使用价值。信息加工就是对收集来的信息进行去伪存真、去粗取精、由表及里、由此及彼的加工过程。

3. 信息存储与检索

信息是个抽象的东西,它必须寄附在某种载体上才能表现出来。信息寄附在载体上的过程,就是信息的存储过程。信息的存储是继信息收集、加工之后,信息管理的又一重要组成部分。

信息存储是将信息保存起来,以备将来应用。信息资料的存储可以有效地延长信息资料的寿命,供人们长时间地使用,提高信息的使用效率。有的信息一时用不上,但日后可能用得上,而且信息的历史性特点也要将信息予以保存,以便从同一事物不同历史阶段的信息中分析、挖掘该事物的发展规律,供管理决策时使用;还有的信息,不仅让自己和少数人知道,而且在适当时候可以传播出去,让更多人知道,以供社会分享。这样重复使用,可提高信息的利用率。无论是收集的原始信息,还是经过加工获得的信息,为了能够长期保存或为更多人共享,都必须借助于一定的介质存储。没有信息的存储,就谈不上信息资源,信息资源的利用也就无从谈起了。

信息存储应包括物理存储和逻辑组织两个方面。也就是说,信息存储不仅强调存储的设备,更强调存储的思路。即我们应该考虑以下问题:为什么要存储这些信息,这些信息存储多长时间,以什么方式存储这些信息,存储在什么介质上,将来有什么用处或对决策可能产生的效果是什么等。

信息是源源不断地产生和连续不断地流通的。随着时间的流逝,有些信息会老化,失去作用,所以存储的信息要不断地进行更新和剔除,才能保持信息的时效性。

存储什么信息、存储多久都与信息的应用目标有关。保留过多的冗余信息或将失去价值的信息存储过久,都会增加信息检索的难度,给信息充分、高效的应用带来负面的影响。也就是说,只有正确地舍弃信息才能正确地使用信息。

在今天信息爆炸性增长的时代,那种存得越多越好的概念是不对的。即使将来存储技术高度发展的时代,存储越多越好也是不对的。过时或无用信息不再是信息资源,而是信息垃圾。保持信息处于合用状态是必要的。

信息的检索也是信息管理的一项重要内容。所谓信息检索是指对信息的查找和调取工作。它和信息的存储是事物的两个方面。如果我们把信息的存储看做是信息库的"输入"和"存放",那么,信息的检索则可视之为信息库的"输出"和"使用"。我们进行信息的存储,建立信息库,其目的就是为了方便检索和提供使用。存储是为了检索,检索则依赖于存储。不存储,检索就无从谈起;不检索,存储也毫无意义。

信息检索是根据用户的特定需求从大量的信息集合中获取所需信息的过程。信息检索是查找信息的方法和手段,它能使人们在浩如烟海的信息海洋中迅速地、准确地、全面地查找所需的信息。可以说,信息检索对于人们的学习、工作和生活等各个方面都是非常有用的。信息检索有利于充分利用信息资源,避免重复劳动;信息检索有利于缩短获取信息的时间,提高工作效率;信息检索有利于决策者进行科学决策,增加决策的正确性。

4. 信息传递与反馈

信息传递是指通过信息的发送、传递、接受,跨越空间和时间把信息从一方传到另一方的过程。信息在空间上的传播就是通常所说的通信,其作用是使不同地域的信息得以交换;信息在时间上的传递就是把信息记录下来,存储一段时间,在需要时再加以利用。信息传递是信息工作的中间环节,即信息的流通环节。信息只有从信息源传递到使用者那里,才能起到应有的作用。因此,它具有十分重要的地位。

没有信息的传递,信息的使用价值将会丧失殆尽;没有信息的传递,甚至整个人类的所有信息活动都将会停滞下来。由于现代科学技术以及各国经济的飞速发展,世界范围的信息数量急剧增长,信息传递已越来越成为信息是否能得到有效利用的重要因素。

信息能否及时传递,取决于信息的传输渠道。只有建立了合理的信息传输渠道,形成信息传输网络,才能保证信息流顺畅流通,发挥信息在组织中的作用。

信息传递要遵循快速、低耗、量大、质高原则。

(1)快读原则要求以最快的速度把信息发生源传递到信息接受地。

(2)低耗原则要求以最低的费用把信息从信息发生源传递到信息接受地。

(3)量大原则要求信息载荷的数量要大。

(4)质高原则要求信息传递的质量要高。

数量多、速度快、质量好、费用省这四个方面是相互联系、相互制约的矛盾统一体。

在实际传递信息的过程中,往往出于多种原因,影响信息的传递效果。为了提高信息传递的有效性,就要解决好以下几个问题:

(1)防止失真;

(2)减少噪音;

(3)克服障碍。

信息反馈是特定的信息传递的最后一道环节,同时也是下次信息传递的起始环节。既是对前次信息传递是否有效及有效程度的检验,也是为下次信息有效传递提供依据和条件。所以,信息反馈是实现信息有效传递的十分重要的一步。

信息是管理的纽带,管理过程实际上就是信息沟通的过程。反馈信息既是上一管理过程的终结,又是下一管理过程的开始。它可以使信息管理者了解信息利用的效果,了解管理过程的长处和缺陷,以便对原来的信息管理方案做出相应的修订,继承和发扬长处,克服和避免缺陷,把管理工作做好。

在企业经营管理活动过程中,管理人员对系统内部各职能部门、各环节进行有计划、有组织、有管理的闭环控制,信息不仅有完整的输出通道(主要表现为自上而下的传递),而且还有完整的反馈回路(主要表现为自下而上的传递),信息总是进行输出、反馈、再输出的往复循环,形成信息流。可见,管理系统只有通过信息反馈实现信息流程的再循环,才能不断提高信息的价值,达到管理的最终目的。

第三节　信息化环境

一、信息社会的概念

1.“后工业社会”论

早在 1959 年,美国哈佛大学社会学家丹尼尔·贝尔就着手探讨信息社会问题,并首次提出了"后工业社会"这一概念。从 1962 年到 1973 年,他对后工业社会的基本特征和发展趋势做了系统的研究,先后发表《后工业社会:推测 1985 年及以后的美国》(1962 年)、《关于后工业社会的札记》(Ⅰ)(Ⅱ)(1967 年)等论文和《后工业社会的来临——对社会预测的一种探索》(1973 年)等著作。他指出:前工业社会依靠原始的劳动力并从自然界提取初级资源,工业社会是围绕生产和机器这个轴心并为了制造商品而组织起来的,后工业社会则是围绕着知识组织起来的,其目的在于进行社会管理和指导革新与变革,这反过来又产生新的社会关系和新的结构。他还将后工业社会的基本特征归纳为五个方面:在经济上,由制造业经济转向服务性经济;在职业上,专业人员与科技人员取代企业主而居于社会的主导地位;在中轴原理上,理论知识居于中心,是社会革新和制定政策的源泉;在未来的方向上,技术发展是有计划、有节制的,重视技术鉴定;在制定决策上,依靠新的"智能技术"。由于"后工业社会"概念含糊,1979年贝尔承认"信息社会"的概念较"后工业社会"更为确切。

2.“知识社会”论

1959 年,著名管理学家彼得·德鲁克(Peter Drucke)就从对社会劳动力结构变化趋势的分析中预言"知识劳动者"将取代"体力劳动者"成为社会劳动力的主体,接着又提出了"知识社会"的概念。1994 年,德鲁克在《大西洋月刊》发表文章《社会变革的时代》指出:历史上任何世纪都没有像即将过去的 20 世纪那样发生如此众多、如此深刻的社会变革。正是这种社会变革孕育着一个新的社会形态——知识社会的出现。他还进一步阐述了知识社会的特征:知识社会是一个依赖知识和知识工人的社会,知识工人可能不是知识社会的统治阶级,但肯定是知识社会的领导阶级;在知识社会中,教育将成为中心,而学校是其关键的机构;在知识社会中,知识只为了应用而存在;在知识社会运行秩序中,知识的不平等成为重要的挑战,经济和社会问题不可能完全依赖政府解决。

罗宾·曼瑟尔(R. Manseu)和乌塔·维恩(U. When)在1998年的《知识社会》一书中给出了判断"知识社会"的指标。这些指标主要包括电子产品消费技能指标(电视机拥有率和识字率)、电子产品消费指标、基础设施指标(人均拥有计算机和电话数)、电子产品生产指标和电子产品生产技能指标(技术专业研究生比率和互联网入网率)等方面。

3. "信息社会"论

1963年,日本社会学家梅棹忠夫的《信息产业论》首次提出了"信息社会"的概念。其主要观点是:信息社会环境下信息产业结构的形成如同动物器官进化一样,是产业进化的结果。农业、水产业和畜牧业构成人类社会产业产业结构进化的第一阶段;交通、运输、建筑、军事产业以及人类的迁徙和各种制造业的发展,构成进化的第二阶段;进化的第三阶段则是以教育、邮电、通信、广播、娱乐等产业为核心的发展。他预言:今后的人类社会将是一个以信息产业为主体的信息化社会。但作者的信息社会观在当时并未获得世界范围的响应。

美国未来学家阿尔温·托夫勒在《第三次浪潮》(1980年)中,把第二次浪潮即工业化社会的特征归纳为规格化、专业化、同步化、集中化、好大狂和集权化这六个相互联系的方面,而正在来临的第三次浪潮即信息化社会具有与之相反的特征,包括多样化、综合化、非同步化、分散化、最优化及分权化。

法国著名记者和作家施赖尔在《世界面临挑战》(1980年)一书中认为,信息是当今世界最重要而又取之不尽的资源,而自然资源与能源在地球上都日渐枯竭,他直接运用"信息社会"概念取代"后工业社会"和其他提法。

1988年,英国学者马丁的《信息社会》一书出版。他将信息社会定义为"一个生活质量、社会变化和经济发展越来越多地依赖于信息资源的开发和利用的社会。在这个社会里,人类生活的标准、工作与休闲的方式、教育系统和市场都明显地受信息和知识进步影响"。进而总结了信息社会的五条标准:①技术标准,信息技术必须是这个社会的关键性能动力量;②社会标准,信息必须保证提高人们地生活质量,整个社会要有广泛而强烈的信息意识;③经济标准,信息必须成为经济活动中的关键性因素,即是一种资源、服务活动和流通的商品;④政治标准,信息能够增进民主和自由,加强人们的各种参与和妥协;⑤文化标准,信息具有文化价值。

4. 信息社会的标志

综合各种观点,我们认为信息社会有以下标志:

(1)信息、知识成为社会最重要的生产力要素,是比物质、能量更为重要的资源。

(2)是以信息经济、知识经济为主导的经济。

(3)劳动者的知识化成为基本要求。

(4)科技与人文在信息、知识的作用下更加紧密地结合起来,农业社会、工业社会的文化被追求科学精神和人文关怀的新的社会规范和文化所取代。

(5) 人类生活质量不断提高,社会可持续发展。

二、信息社会新兴的理论

现代社会正在从后工业化社会向信息化社会过渡。过去的人们难以想象我们今天的社会是什么样子,而我们今天也无法想象明天的社会是什么样子。信息正在从渺茫的人类文明背景中凸现出来,成为一种最真实可感的东西。信息是文明的血液,因为它的涌动,人类才具有无限的活力。

人们到处在谈论信息,我们越来越多地听到信息这个词汇。我们常听到以下提法:我们现在进入了一个信息化社会;我们正在迈向信息高速公路;我们将要迎接一个信息爆炸的新时代。在信息社会里,我们会看到很多和信息相关的新的理论。

(一)"数字地球"

美国的戈尔(曾任美国副总统)于1998年1月在加利福尼亚科学中心开幕典礼上发表的题为"数字地球—新世纪人类星球之认识"演说时,提出的一个与GIS、网络、虚拟现实等高新技术密切相关的概念。在戈尔的文章内,他将数字地球看成是"对地球的三维多分辨率表示、它能够放入大量的地理数据"。在接下来对数字地球的直观实例解释中可以发现,戈尔的数字地球是关于整个地球、全方位的GIS与虚拟现实技术、网络技术相结合的产物。显然,面对如此浩大的工程,任何一个政府组织、企业或学术机构,都是无法独立完成的,它需要成千上万的个人、公司、研究机构和政府组织的共同努力。数字地球要解决的技术问题,包括计算机科学、海量数据存储、卫星遥感技术、互操作性、元数据等。可以预见,随着地球空间信息学的发展而建立起的数字地球,必将促进测绘事业的现代化,为测绘事业与整个国民经济建立更加紧密的联系,做出更大的贡献,在未来和知识经济社会中产生巨大的经济效益和社会效益。

在人类所接触到的信息中有80%与地理位置和空间分布有关,地球空间信息是信息高速公路上的货和车。数字地球不仅包括高分辨率的地球卫星图像,还包括数字地图,以及经济、社会和人口等方面的信息,它的应用正如戈尔在报告中提到的有时会因为我们的想象力而受到限制,换句话说,数字地球的应用在很大程度上超出我们的想象,可以乐观地说21世纪中,数字地球将进入千家万户和各行各业。这里只能就我们的理解提出一些现实的应用。

1. 数字地球对全球变化与社会可持续发展的作用

全球变化与社会可持续发展已成为当今世界人们关注的重要问题,数字化表示的地球为我们研究这一问题提供了非常有利的条件。在计算机中利用数字地球可以对全球变化的过程、规律、影响以及对策进行各种模拟和仿真,从而提高人类应付全球变化的能力。数字地球可以广泛地应用于对全球气候变化、海平面变化、荒漠化生态与环境变化、土地利用变化等的监测。与此同时,利用数字地球,还可以对社会可持续发展的许多问题进行综合分析与预测,如自然资源与经济发展,人口增长与社会发展,灾害预测与防御等。

中国是一个人口多,土地资源有限,自然灾害频繁的发展中国家。经过20年的高速发展,资源与环境的矛盾越来越突出,已经引起了社会各界的广泛关注。必须采取有效措施,从宏观的角度加强土地资源和水资源的监测和保护,加强自然灾害特别是洪涝灾害的预测、监测和防御,数字地球在这方面可以发挥更大的作用。

2. 数字地球对社会经济和生活的影响

数字地球将容纳大量行业部门、企业和私人添加的信息,进行大量数据在空间和时间分布上的研究和分析。例如,国家基础设施建设的规划,全国铁路、交通运输的规划,城市发展的规划,海岸带开发,西部开发等。从贴近人们的生活看,房地产公司可以将房地产信息链接到数字地球上;旅游公司可以将酒店、旅游景点,包括它们的风景照片和录像放入这个公用的数字地球上;世界著名的博物馆和图书馆可以将其收藏以图像、声音、文字形式放入数字地球中;甚至商店也可以将货架上的商品样式制作成多媒体或虚拟产品放入数字地球中,让用户任意挑选。另外,数字地球在相关技术研究和基础设施方面也将会起到推动作用。因此,数字地球进程的推进必将对社会经济发展与人民生活产生巨大的影响。

3. 数字地球与精细农业

农业要走节约化的道路,实现节水农业、优质高产无污染农业。这就要依托数字地球,每隔3~5天给农民送去他们的农作物的高分辨率卫星影像,农民在计算机网络终端上可以从影像图中获得他的农田里庄稼的长势征兆,通过GIS(地理信息系统)作分析,制订出行动计划,然后在车载GPS(全球定位系统)和电子地图指引下,实施农田作业,及时地预防病虫害,把杀虫剂、化肥和水用到必须用的地方,而不致使化学残留物污染土地、粮食和种子,实现真正的绿色农业。这样一来,农民也成了计算机的重要用户,数字地球就这样飞入了农民家。到那时农民也需要有知识,有文化,掌握高科技。

4. 数字地球与智能化交通

智能运输系统是基于数字地球建立国家和省市、自治区的路面管理系统、桥梁管理系统、交通阻塞、交通安全以及高速公路监控系统,并将先进的信息技术、数据通信传输技术、电子传感技术、电子控制技术以及计算机处理技术等有效地集成运用于整个地面运输管理体系,而建立起的一种在大范围内、全方位发挥作用的,实时、准确、高效的综合运输和管理系统,实现运输工具在道路上的运行功能智能化。从而,使公众能够高效地使用公路交通设施和能源。具体地说,该系统将采集到的各种道路交通及服务信息经交通管理中心集中处理后,传输到公路运输系统的各个用户(如驾驶员、居民、警察局、停车场、运输公司、医院、救护排障等部门),出行者可实时选择交通方式和交通路线;交通管理部门可自动进行合理的交通疏导、控制和事故处理;运输部门可随时掌握车辆的运行情况,进行合理调度。从而,使路网上的交通流运行处于最佳状态,改善交通拥挤和阻塞,最大限度地提高路网的通行能力,提高整个公路运输系统的机动性、安全性和生产效率。

对于公路交通而言,ITS(智能交通系统)将产生的效果主要包括以下几个方面:

(1) 提高公路交通的安全性；
(2) 降低能源消耗，减少汽车运输对环境的影响；
(3) 提高公路网络的通行能力；
(4) 提高汽车运输生产率和经济效益，并对社会经济发展的各方面都将产生积极的影响；
(5) 通过系统的研究、开发和普及，创造出新的市场。

（二）智慧地球

奥巴马就任美国总统后，IBM首席执行官彭明盛首次提出"智慧的地球"这一概念，建议新政府投资新一代的智慧型基础设施，阐明其短期和长期效益。奥巴马对此给予了积极的回应："经济刺激资金将会投入到宽带网络等新兴技术中去，毫无疑问，这就是美国在21世纪保持和夺回竞争优势的方式。"

该战略认为，IT产业下一阶段的任务是把新一代IT技术充分运用在各行各业之中，具体地说，就是把感应器嵌入和装备到电网、铁路、桥梁、隧道、公路、建筑、供水系统、大坝、油气管道等各种物体中，并且被普遍连接，形成所谓"物联网"，然后将"物联网"与现有的互联网整合起来，实现人类社会与物理系统的整合，在这个整合的网络当中，存在能力超级强大的中心计算机群，能够对整合网络内的人员、机器、设备和基础设施实施实时的管理和控制，在此基础上，人类可以以更加精细和动态的方式管理生产和生活，达到"智慧"状态，提高资源利用率和生产力水平，改善人与自然间的关系。

IBM正在竭力协助公用事业，以便将数字智能工具应用到电网管理中。通过使用传感器、计量表、数字控件和分析工具，可以更好地自动监控每次操作中的双向能源流动（从发电厂到插头）。这样，电力公司便能优化电网性能、防止断电、更快地恢复供电，消费者对电力使用的管理也可细化到每个联网的装置。"智能"电网还可使用新的再生能源（如风能或太阳能），并与各地分散的电力能源相互支持，或可嵌入到电动车辆中。

该战略预言，"智慧的地球"战略能够带来长短兼顾的良好效益，尤其是在当前的局势下，对于美国经济甚至世界经济走出困境具有重大意义。

在短期经济刺激方面，该战略要求政府投资于诸如智能铁路、智能高速公路、智能电网等基础设施，能够刺激短期经济增长，创造大量的就业岗位；其次，新一代的智能基础设施将为未来的科技创新开拓巨大的空间，有利于增强国家的长期竞争力；第三，能够提高对于有限的资源与环境的利用率，有助于资源和环境保护；第四，计划的实施将能建立必要的信息基础设施。

简而言之，美国打算将智能电网作为整个新能源产业链包括风电、核电、太阳能发电的配套设施来进行整体性开发与配置，并最终应用到终端包括电动汽车等新型交通工具上。

对于我国而言，智能电网的架设也已经逐步展开。媒体报道，江苏、广东等能源消耗大省，均准备大力建设"虚拟电厂"，以作为风电场、太阳能发电场的配套设施使用，并提供额外的节能效用。

（三）信息社会的五大定律

1. 摩尔定律

摩尔定律是由英特尔创始人之一戈登·摩尔（Gordon Moore）提出来的。其内容为：集成电路上可容纳的晶体管数目，约每隔18个月便会增加一倍，性能也将提升一倍；或者说，当价格不变时，每一美元所能买到的计算机性能，将每隔18个月翻两倍以上。这一定律揭示了信息技术进步的速度。

2. 吉尔德定律

它预测在未来25年，主干网的带宽将每6个月增加一倍。其增长速度超过摩尔定律预测的CPU增长速度的3倍！今天，几乎所有知名的电讯公司都在乐此不疲地铺设缆线。当带宽变得足够充裕时，上网的成本也会下降。在美国，今天已经有很多的ISP向用户提供免费上网的服务。

3. 麦特卡夫定律

它是以太网的发明人鲍勃·麦特卡夫提出的。它告诉我们：网络价值同网络用户数量的平方成正比，即N个联结能创造N的平方的效益。该定律所反映出来的规律正好和传统经济学中的"边际报酬递减定律"所反映的规律相反。而这正是信息社会的魅力所在。

4. 扰乱定律

它指的是科技以突破性的跳跃进步，而商业体制、社会结构、政治体制的演化却是渐进的，这就产生了失衡的现象；社会体制以渐进式成长，但是科技却以几何级数发展，其速度远远落后于科技变化速度，因此在这期间产生了鸿沟；当这两者之间的鸿沟越来越大，就越可能产生革命性的改变。

5. 雅虎法则

继摩尔法则、麦特卡夫法则之后，1998年7月10日，新经济中又提出了雅虎法则。这是upside杂志主编Richardl·Brandt在网上专栏inside upside中提出来的。雅虎法则是指："只要雅虎继续控制着史无前例的价格、收入比，互联网将继续是投放金钱的巨大场所。"雅虎法则在当时新闻事实中表现十分明显，众多互联网公司的上市股票价格远远高于它们的财务收入业绩。雅虎法则是否成立，首先关系到一个关键的商业判断：华尔街的互联网概念股究竟应该走高还是走低？

摩尔法则是计算的法则；麦特卡夫法则是网络的法则。雅虎法则可以算作网络计算的法则。它实质是揭示了这样一个趋势：信息经济正树立一种价值标准，这种价值标准正推翻工业社会的"历史先例"和工业文明的"逻辑"，结果是使财富不可思议地发生转移。

三、中国在信息化进程中的努力

《中共中央关于制定国民经济和社会发展第十个五年计划的建议》提出"大力推进国民经济和社会信息化，是覆盖现代化建设全局的战略举措。以信息化带动工业化，发挥后发优势，实现社会生产力的跨越式发展。""十五"期间,我国实施5大信息工程:信息资源开发工程、信息基础设施工程、信息化应用工程、电子商务工程、信息产品工程。

这一阶段,我国信息化体系结构已经形成,有4个层次、15年发展战略、3个五年计划、5个专项工作(电子政务、电子商务、信息资源、信息安全、信息产业)。在"十五"期间信息化和信息产业是分离的,"十一五"期间信息产业是信息化的子规划。

1."金"字工程

1993年,我国正式启动国民经济信息化起步工程——"三金"工程。在"三金"工程中,"金桥"工程(国家公用经济信息网络工程)系国家信息化的基础设施建设,占有重要的地位。"金关"工程(国家对外经济贸易信息网工程)和"金卡"工程(国家电子货币工程)属于国家信息化的应用系统建设,因而在总体方案中,把"金关"工程作为"金桥"工程建设的一期工程,"金关"工程和"金桥"工程公用一个网络中心和增值业务交换服务中心。

"三金"工程作为我国信息化的主体工程实施后,掀起了各行各业实施信息化的浪潮。国家各有关部委迅速行动起来,大力开展应用系统建设,产生了一批"金"字头的信息化工程,加快了我国全面信息化的进程。

"金税"工程——全国增值税专用发票计算机稽核系统工程。

"金农"工程——全国农业综合管理和信息服务系统工程。

"金企"工程——全国企业生产与流通信息服务系统工程。

"金智"工程——国家科研教育计算机网络与人才工程。

"金宏"工程——国家宏观经济决策支持系统工程。

"金信"工程——国家统计信息网络工程。

"金卫"工程——国家医疗信息网络工程。

"金贸"工程——国家电子商务应用试点工程。

国家信息化重大工程逐步实施,取得了可喜的进展。这几项工程对国家加强金融、财税、外贸的宏观调控发挥了重要作用。

2. 我国Internet发展

1994年4月,连接世界70多个国家和地区的Internet正式登录我国。中国科学院计算机网络中心在世界银行的贷款和中国政府投资支持下,以64kbps专线连接位于日本的Internet亚太网络信息中心(APNIC),正式在Internet注册,获准建立代表中国(CN)的域名服务器,并能对Internet进行全功能的访问,从而使中国成为Internet的正式成员。中国Internet用户每年翻番,目前居美、日、德、英之后,在世界上排名第五。国际宽带从1999年底的351M猛增到2000年底的近3G。

1994年以来,我国相继建设了4大Internet:

CSTNET——中国科学院与国家科委的中国科技网。

CERNET——中国教育科研网。

CHINAGBN——原电子部的中国金桥信息网。

CHINANET——原邮电部的中国公用计算机Internet。

国家信息主干网的建设大大加快了我国信息化的步伐。在Internet方面,我国的发展速度越来越快。

我国是世界最大的互联网国家之一。据中国互联网信息中心的统计,截至2010年12月,中国网民规模达到4.57亿,较2009年底增加7 330万人;互联网普及率攀升至34.3%,较2009年提高5.4个百分点。宽带网民规模为4.5亿,有线(固网)用户中的宽带普及率达到98.3%。我国手机网民规模达3.03亿,较2009年底增加了6 930万人。手机网民在总体网民中的比例进一步提高,从2009年末的60.8%提升至66.2%。农村网民规模达到1.25亿,占整体网民的27.3%,同比增长16.9%。30岁以上各年龄段网民占比继续上升,从2009年底的38.6%攀升至41.8%。初中学历网民增加明显,占比从26.8%提升到32.8%;高中学历的网民占比首次下降,从40.2%下降到35.7%,降低了4.5个百分点。搜索引擎使用率达到81.9%,用户规模3.75亿,成为网民第一大应用。在互联网信息迅速膨胀的今天,传统门户网站地位有所下降,而搜索作为互联网发展的引擎,越来越显现出其"新门户"的特点。

商务类应用用户规模继续领涨。网络购物用户规模年增幅48.6%,是增幅最快的应用。网上支付、网上银行的使用率迅速提升,更多的经济活动已步入了互联网时代。娱乐类应用使用率普遍下降。网络音乐、网络游戏和网络视频的用户渗透率分别下降4.2,2.4,0.5个百分点,网络娱乐在实现用户量的扩张之后进入相对平稳的发展期。网民手机网络应用继续发展,手机即时通信使用率仍位居首位,达到67.7%;手机新闻和手机搜索分别以59.9%和56.6%的使用率分别排名二、三。截至2010年12月,有94.8%的中小企业配备了计算机,无计算机的中小企业仅占5.2%。92.7%的中国中小企业接入互联网。中小企业曾有建站行为(含网上商铺和独立网站)的比例达到了43%。然而,中小企业网站的运营水平偏低,58.8%的中小企业网站更新频率超过一个月;有分工明确的专职团队负责运营的中小企业网站仅22.5%。42.1%的中小企业曾经利用互联网进行过营销和推广工作;中小企业利用电子邮件进行营销的比例达到了21.3%,利用电子商务平台推广的比例达到了19.3%,利用搜索关键字广告进行营销的比例达到了15.4%。互联网已经成为了中小企业与客户沟通和为客户服务的主要渠道之一,57.2%的中小企业正在利用互联网与客户沟通及为客户提供咨询服务。接入互联网的中小企业对于互联网安全防护的总体水平比较高。其中,安装了杀毒软件的中小企业达到91.7%;加装防火墙的中小企业达到76.5%;仅5.4%中小企业未采取任何安全防范措施。

接入互联网的中小企业中,互联网知识培训的比例偏低。仅22.3%的接入互联网的中小企业过去一年中进行过互联网相关知识培训。

第四节 企业信息化

企业信息化最主要体现在管理信息系统的使用。管理信息系统从产生到现在经历了电子数据处理系统、管理信息系统、决策支持系统三个阶段。目前,管理信息系统可以很好地支持管理的四个职能:计划、组织、控制、领导。在这四个职能中,支持最成熟的就是计划职能。计划职能在管理信息系统中是依靠预测系统实现的,其主要是进行定量预测,而采用的技术主要为回归模型、拟合模型、最小二乘法模型等。而定性预测由于管理信息系统的局限性,目前应用的还不是很好。

随着技术的发展,管理信息系统有了很多种不同的名称,目前比较流行的管理信息系统被人们称作 ERP。ERP 从 20 世纪 40 年代产生至今,已经经历了几十年的发展历程。本节将从 ERP 的产生开始,逐步说明时段式 MRP 结构原理、闭环 MRP 结构原理、MRP-Ⅱ结构原理和 ERP 结构原理,使读者对 ERP 发展的各个阶段有一个清晰的认识。

一、ERP 理论的形成历程

从 20 世纪 40 年代提出订货点方法(Order Point Method)至今,ERP 理论的形成与发展实际上经历了五个阶段:第Ⅰ阶段——订货点方法(Order Point Method);第Ⅱ阶段——时段式物料需求计划(Material Requirements Planning,MRP),或简称时段式 MRP;第Ⅲ阶段——闭环式物料需求计划,或简称闭环式 MRP;第Ⅳ阶段——制造资源计划(Manufacturing Resources Planning,MRP),由于制造资源规划与物料需求计划均可简称为 MRP,因此为了区别于传统的物料需求计划,将制造资源规划简称为 MRP-Ⅱ;第Ⅴ阶段——企业资源规划(Enterprise Resource Planning,ERP),或简称 ERP。

在 ERP 的发展历程中,所经历的各阶段具有"向上兼容性",即第Ⅱ阶段与第Ⅰ阶段的关系是:时段式 MRP 包含了订货点方法的所有功能,时段式 MRP 是订货点方法的提升和扩展。同样,第Ⅲ阶段与第Ⅱ阶段的关系、第Ⅳ阶段与第Ⅲ阶段的关系、第Ⅴ阶段与第Ⅳ阶段的关系也是如此。以下对 ERP 的第Ⅰ~Ⅴ阶段的理论和结构原理予以介绍。

1. 订货点方法

订货点方法是一种使库存量满足安全库存的一种库存补充方法。其基本思想是:当库存量伴随着物料的消耗减少到一定量时,就得下达加工订单或采购订单,以确保库存量保持在安全库存水平。

订货点方法中的"订货点"是指某时刻的"库存量",即当库存中可供消耗的时间刚好等于订货提前期时的"库存量"。

2. 时段式 MRP 结构原理

时段式 MRP,又称基本 MRP 或简称 MRP。它是根据物料清单数据、库存数据和主生产计划来模拟未来库存状况和预计未来缺件的一组技术。它按时间段下达补充材料订单,对于交货期和需求日期不在同一时间段的情况,则在进行重排后再下达订单。它是一种按零件提前期组织生产或者采购的基本的计划技术,也是一种保证订单按期交货的有效方法。

MRP 中的物料(Matrial)是企业一切有形的采购、制造、销售对象的总称,如原材料、外购件、外协件、毛坯、零件、组合件、装配件、部件、产品等。物料通过它的基本属性、成本属性、计划属性、库存属性等来描述,通常用物料编码来唯一标识某种物料。

MRP 是在订货点法的基础上提出来的,它与订货点法的区别有三点:一是通过产品结构将所有物料的需求联系起来;二是将物料需求区别为独立需求和相关需求;三是对物料的库存状态数据引入了时间分段概念。

MRP 的理论思想是:根据当时主生产计划(Master Schedule Planning,MPS)表上需要的物料种类、需要量以及库存量来决定订货和生产。由此可见,MRP 是一种根据需求和预测来测定未来物料供应、生产计划和控制的方法,MRP 提供了物料需求的准确时间和数量。

3. 闭环 MRP 结构原理

时段式 MRP 计划的编制与实施主要基于下述两个前提:

(1)假定已有了主生产计划,并且主生产计划是可行的。这也就意味着在已经考虑了生产能力是可能实现的情况下,有足够的生产设备和人力来保证生产计划的实现。

(2)MRP 是假设物料采购计划是可行的,即认为有足够的供货能力和运输能力来保证完成物料的采购计划。

而这两个前提在实际中是不可能具备或不可能完全具备的。对于前提(1),已制定的主生产计划应该生产什么,属于 MRP 系统功能的管辖范围。而工厂生产能力有多大,能生产些什么,则属于制订主生产计划的范围,对此,MRP 显得是无能为力的;对于前提(2),某些物料由于实际市场紧俏,供货不足或者运输工作紧张而无法按时,按量满足物料采购计划,因而致使 MRP 的输出将只是设想而无法付诸实现。由此可见,用 MRP 方法所计算出来的物料需求的日期有可能因设备和工时的不足而没有能力生产,或者因原料的不足而无法生产。

为了解决上述问题,20 世纪 70 年代末便提出了闭环 MRP,其理论思想是以整体生产计划为系统流程的基础(MRP 以订单为基础),考虑了能力需求计划 CPR(Capacity Requirements Planning),使物料需求计划成为可行的计划,同时将车间现场管理和采购也全部纳入 MRP,把财务子系统和生产管理子系统结合成一体,采用"计划 - 执行 - 反馈"的管理模式,成为一个完整的生产资源计划及执行控制系统。

闭环 MRP 具有下述特点:

(1)闭环 MRP 是以整体生产计划为系统流程的基础,主生产计划及生产执行计划产生过程中均包括能力需求计划,这样使物料需求计划成为可行的计划。

(2)闭环 MRP 具有车间作业管理、采购管理等功能,各部分的相关执行结果,均可控制能力的投入和产出。

(3) 能力的执行情况最终反馈到计划制订层,整个过程是能力的不断执行和调整的过程。

4. MRP-Ⅱ结构原理

尽管闭环 MRP 的管理思想较为先进和实用,对生产计划的控制也比较完善,但是其运行过程主要是物流的过程。而生产的运作过程,产品从原材料的投入到产品的产出过程都伴随着企业资金的流通过程,对这一点,闭环 MRP 却无法反映出来。况且资金的运作会影响到生产的运作,如采购计划制订后,由于企业的资金短缺而无法按时完成,这样就影响到整个生产计划的执行。

为了解决上述问题,1977 年美国著名生产管理专家奥列弗·怀特(Oliver Wight)便提出了一个新概念——制造资源计划(Manufacturing Resources Planning),其简称也是 MRP,但内涵更加丰富。为了与传统的 MRP 予以区别,将之称为 MRP-Ⅱ。

MRP-Ⅱ的理论思想是:以闭环 MRP 为核心,将 MRP 的信息共享程度扩大,使生产、销售、财务、采购、工程紧密结合在一起,共享有关数据,组成了一个全面生产管理的集成优化模式。它是对一个企业的所有资源编制计划并进行监控与管理的一种科学方法。其中,制造资源计划包括生产资源(如物料、人力、设备等)、市场资源(如销售市场、供应市场等)、财政资源(如资金来源、资金支出等)以及工程设计资源(如产品结构、工艺路线设计等)。

MRP-Ⅱ的特点可以从以下几个方面来表述,其每一项特点都含有管理模式的变革和人员素质或行为变革两个方面,这些特点是相辅相成的。

(1) 计划的一贯性与可行性。MRP-Ⅱ是一种计划主导型管理模式,计划层次从宏观到微观、从战略到技术、由粗到细逐层优化,但始终保证与企业经营战略目标一致。它把通常的三级计划管理统一起来,计划编制工作集中在厂级职能部门,车间班组只能执行计划、调度和反馈信息。计划下达前反复验证和平衡生产能力,并根据反馈信息及时调整,处理好供需矛盾,保证计划的一贯性、有效性和可执行性。

(2) 管理的系统性。MRP-Ⅱ是一项系统工程,它把企业所有与生产经营直接相关部门的工作连接成一个整体。各部门都从系统整体出发做好本职工作,每个员工都知道自己的工作质量同其他职能的关系。这只有在"一个计划"下才能成为系统,条块分割、各行其是的局面被团队精神所取代。

(3) 数据共享性。MRP-Ⅱ是一种企业管理信息系统,企业各部分都依据同一数据信息进行管理,任何一种数据变动都能及时地反映给所有部门,做到数据共享。在统一的数据库支持下,按照规范化的处理程序进行管理和决策,改变了过去那种信息不通、情况不明、盲目决策、自相矛盾的现象。

(4) 动态应变性。MRP-Ⅱ是一个闭环系统,它要求跟踪、控制和反馈信息万变的实际情况,管理人员可随时根据企业内外环境条件的变化迅速做出响应,及时调整决策,保证生产正常进行。由于它可以及时掌握各种动态信息,保持较短的生产周期,因而有较强的应变能力。

(5) 模拟预见性。MRP-Ⅱ具有模拟功能。它可以解决"如果怎样……将会怎样"的问题,可以预见在相当长的计划期内可能发生的问题,事先采取措施消除隐患,而不是等问题已经发生了再花几倍的精力去处理。这将使管理人员从忙碌的事物堆里解脱出来,致力于实质性的分析研究,提供多个可行方法供领导决策。

(6)物流、资金流的统一。MRP-Ⅱ包含了成本会计和财务功能,可以由生产活动直接产生财务数据,把实物形态的物料流动直接转换为价值形态的资金流动,保证生产和财务数据一致,财务部门及时得到资金信息用于控制成本,通过资金流动状况反映物料和经营情况,随时分析企业的经济效益,参与决策,指导和控制经营和生产活动。MRP-Ⅱ的以上特点表明,它是对企业的生产资源进行有效计划的一整套生产经营管理计划体系,是一种计划主导型的、实现企业整体效益的有效管理模式。它把企业作为一个有机整体,从整体最优的角度出发,通过运用科学方法对企业各种制造资源和产、供、销、财各个环节进行有效地计划、组织和控制,使它们得以协调发展,并充分地发挥作用。

5. ERP 结构原理

尽管 MRP、闭环 MRP 和 MRP-Ⅱ理论在相应的阶段都发挥了重要的作用,但随着市场竞争日趋激烈、企业管理模式的不断创新以及科学技术的不断进步,MRP-Ⅱ也逐渐表现出其局限性,这些局限性主要体现在下述方面。

(1)企业的竞争范围的扩大,对企业的管理信息化水平提出了更高的要求。其包括:要求企业的管理信息化集成度更高,要求企业的管理信息化的范围更广——不仅要对制造资源进行集成管理,而且对企业的所有资源进行集成管理。现代企业的竞争是综合实力的竞争,要求企业有更强的资金实力、更快的市场响应速度、更好的产品质量和更佳的售后服务。可见,企业的信息管理系统仅停留在对企业内部的制造部分信息集成与理论研究上是远远不够的,必须将其扩展到对企业的所有资源(包括企业外部的市场资源、客户资源、供应商资源、分销商资源等)进行信息集成管理。对这些要求,MRP-Ⅱ是无法满足的。

(2)企业经营国际化、全球化的发展趋势,要求跨国界、跨社会制度、跨文化的各国企业间(尤其是构成供应链的企业间)加强信息交流和信息共享,实现供应链管理,这也已超过了 MRP-Ⅱ的管理范围,是 MRP-Ⅱ不能实现的。

(3)企业本身的规模扩大,要求多集团统一部署、协同作战,这也是 MRP-Ⅱ不具备的功能。当前,企业的规模越来越大,全国乃至全球范围内的企业兼并和联合潮流方兴未艾,大型企业集团和跨国集团不断涌现。这就要求集团与集团之间联合决策、统一规划、统一资源调配、协同作业调度。这些既独立又统一的资源共享管理也是 MRP-Ⅱ不能实现的。

ERP 中的企业资源(Enterprise Resource)包括企业的"三流"资源,即物流资源、资金流资源和信息流资源,ERP 实质上就是对这"三流"资源进行全面集成管理的管理信息系统。

ERP 的理论与系统是从 MRP-Ⅱ发展而来的,它除包括 MRP-Ⅱ的基本模块(制造、分销及财务)外,还大大地扩展了管理的范围。ERP 将企业供应链上所有环节(如订单、采购、库存、计划、生产、发货和财务等)所需要的所有资源进行统一计划和管理,从而使企业能更加灵活、更加"柔性"地开展各项业务活动,在激烈的市场竞争中取得竞争优势。

ERP 与 MRP－Ⅱ 的区别主要表现在以下七个方面。

(1)在资源管理范围方面的差别。MRP－Ⅱ 主要侧重对企业内部人、财、物等资源的管理,ERP 系统在 MRPⅡ 的基础上扩展了管理范围,它把客户需求和企业内部的制造活动,以及供应商的制造资源整合在一起,形成企业一个完整的供应链,并对供应链上所有环节,如订单、采购、库存、计划、生产制造、质量控制、运输、分销、服务与维护、财务管理、人事管理、实验室管理、项目管理、配方管理等进行有效的管理。

(2)在生产方式管理方面的差别。MRP－Ⅱ 系统把企业归类为几种典型的生产方式进行管理,如重复制造、批量生产、按订单生产、按订单装配、按库存生产等,对每一种类型都有一套管理标准。而在 20 世纪 80 年代末 90 年代初期,为了紧跟市场的变化,多品种、小批量生产,以及看板式生产等则是企业主要采用的生产方式,由单一的生产方式向混合型生产发展,ERP 则能很好地支持和管理混合型制造环境,满足了企业的这种多角化经营需求。

(3)在管理功能方面的差别。ERP 除了具有 MRP－Ⅱ 系统的制造、分销、财务管理功能外,还增加了支持整个供应链上物料流通体系中供、产、需各个环节之间的运输管理和仓库管理;支持生产保障体系的质量管理、实验室管理、设备维修和备品备件管理;支持对工作流(业务处理流程)的管理。

(4)在事物处理控制方面的差别。MRP－Ⅱ 是通过计划的及时滚动来控制整个生产过程的,它的实时性较差,一般只能实现事中控制。而 ERP 系统支持在线分析处理(Online Analytical Processing,OLAP)、售后服务即质量反馈,强调企业的事前控制能力,它可以将设计、制造、销售、运输等通过集成来并行地进行各种相关的作业,为企业提供对质量、适应变化、客户满意、绩效等关键 的实时分析能力。

(5)在财务系统方面。在 MRP－Ⅱ 中,财务系统主要是一个信息的归结者,它的功能是将供、产、销中的业务信息转变为价值信息,是物流的价值反映。而 ERP 系统则将财务计划和价值控制功能集成到整个供应链上。

(6)在跨国(或地区)经营事务处理方面的差别。现在企业的发展,使得企业内部各个组织单元之间、企业与外部的业务单元之间的协调变得越来越多 越来越重要,ERP 系统应用完整的组织构架,从而可以支持跨国经营的多国家地区、多工厂、多语种、多币制应用需求。

(7)在计算机信息处理技术方面的差别。随着 IT 技术的飞速发展,网络通信技术的应用,使得 ERP 系统得以实现对整个供应链信息进行集成管理。ERP 系统采用 B/C/S 体系结构和分布式数据处理技术,支持 Internet/Intranet/Extranet、电子商务(E－business \ E-commerce)、电子数据(EDI)。此外,还能实现在不同平台上的互动操作。

时至今日,随着新兴技术的不断涌现和应用环境的变迁,传统的 ERP 系统的不足已经表现了出来,这些不足主要有:

(1)应用领域狭窄,主要局限于制造业;

(2)系统功能少、业务处理面窄,系统功能主要是传统的制造、分销和财务管理,且主要偏重于企业内部流程管理;

(3)在系统结构上,采用的是面向对象设计技术,而不是面向 Web 和面向集成设计,难以实现"用户定制";

(4)在设计思想上,采用的是"以产品为中心"的设计理念,迫使用户按照固化在产品中的管理理念和思想来调整企业组织结构以适应产品,没有充分考虑用户的"个性化"。

因此,Gartner Group 公司又提出了一个新的概念——ERP-Ⅱ。Gartner Group 公司给 ERP-Ⅱ下的定义为:ERP-Ⅱ是通过支持和优化公司内部和公司之间的协作运作和财务过程,以创造客户和股东价值的一种商务战略和一套面向具体行业领域的应用系统。

本章小结

管理学家认为信息是为管理者提供决策的依据。对于管理者来说,信息最重要的特征是等级性和价值性。信息管理是指在整个管理过程中,人们收集、加工和输入、输出的信息的总称。

有效的预测方法可以帮助管理者进行高效的决策。预测方法可以分为定性预测和定量预测。其中定性预测方法包括个人判断法、专家会议法、头脑风暴法、德尔菲法等,适用于预测的对象的历史背景资料、数据掌握不多或根本无数据资料时;定量预测方法包括时间序列预测法和回归分析法等,适用于历史数据和资料比较完整时,通过建立数学模型来进行预测。

思考与练习题

一、单项选择题

1. 信息是( )。
   A. 形成知识的基础 B. 数据的基础
   C. 经过加工的数据 D. 有完全性
2. 管理信息是( )。
   A. 加工后反映和控制管理活动的数据
   B. 客观世界的实际记录
   C. 数据处理的基础
   D. 管理者的指令
3. 信息化( )。
   A. 是推动工业化的动力 B. 是工业化的基础
   C. 代替工业化 D. 向工业化发展
4. 关于客观事实的信息( )。
   A. 必须全部得到才能作决策 B. 有可能全部得到
   C. 不可能全部得到 D. 是不分主次的

5. 从信息处理的工作量来看,信息处理所需资源的数量随管理任务的层次而变化,层次越高,所需信息量(   )。
   A. 越大　　　　　　　　　　　　B. 越小
   C. 不大不小　　　　　　　　　　D. 不一定

二、简答题
1. 我国在信息化的进程中做出了哪些努力?
2. 信息社会有哪些新的理论?
3. ERP 的各个发展阶段是什么?都有什么局限性?

第四章
Chapter 4

决 策

【学习目的与要求】

通过学习,学生应掌握决策的含义、类型、特点;了解决策的主要模式;概述决策的基本过程;说明影响决策的主要因素;掌握较为常用的决策方法;领会决策的技巧。

【本章主要概念】

决策　战略决策　程序化决策　非程序化决策　群体决策　定性决策　定量决策

【案例导读】

苏格拉底弟子的选择

古希腊哲学大师苏格拉底的三个弟子求教老师:怎样才能成功呢?苏格拉底没有直接回答,却让他们去走麦田埂,只许前进,且仅给一次机会,要求是:选摘一个最大最好的麦穗。第一个弟子没走几步就看见一个又大又漂亮的麦穗,高兴地摘下来。但他继续前进时,发现前面又有许多麦穗比他摘的那个大,但他没有机会了,只得遗憾地走完了全程。第二个弟子正好相反,每当要摘时,总是自我提醒:后面可能还有更好的。他一直走到终点才发现自己失去了很多机会。第三个弟子的做法是,当他走过全程的 1/3 时,即把麦穗分为大、中、小三类;再走过 1/3 时,验证分类是否正确;在剩下的 1/3 里,他较早地选择了属于大类中的一个美丽的麦穗。虽然这个麦穗不一定是麦田里最大的,但肯定是比较令人满意的。

资料来源:刘以焕,王凤贤. 巨人百传丛书——苏格拉底. 辽海出版社. 1998.

【点评】

决策是最重要的管理活动之一。决策的质量常常决定着事业的成败、组织的兴衰。对于管理者而言,决策也是最具魅力、最具挑战性的活动,它是管理者经验、知识、能力等各方面综合素质的体现。

第一节 决策概述

决策是管理的重要职能。诺贝尔经济学奖得主赫伯特·西蒙认为,管理就是决策,整个管理过程都是围绕着决策的制定和组织实施而展开的。

一、决策的概念与类型

(一)决策的概念

所谓决策,是指组织或个人为了实现某种目标而对未来一定时期内有关活动的方向、内容及方式的选择或调整过程。这个概念表明,决策的主体既可以是组织或个人活动的选择,也可以是对这种活动的调整;决策选择或调整的对象,既可以是活动的方式,也可以是活动的内容;决策涉及的时限,既可以是未来较长的时期,也可以仅仅是某个较短的时段。

(1)决策要有明确的目标,实现目标是决策的前提条件。

(2)决策的范围既包括明确组织未来一段时期要"干什么"的活动内容、方向等战略性问题,也包括组织在未来"怎么干"的有关活动方向的战术性问题。

(3)决策是对方案的选择与调整。即决策是在多种方案间的选择过程,同时在实施过程中要根据外界环境的变化作适当的调整。

(4)决策是一个过程。

(二)决策的类型

管理者在某种情境下所面对的决策问题的类型,往往决定了他们如何对待此问题。因此有必要根据决策问题的性质、特点,以及从不同的角度将决策分为各种不同的类型。下面介绍几种重要的分类。

1. 根据决策的重要程度,可以分为战略决策、战术决策和业务决策

战略决策是涉及组织大政方针、战略目标等重大事项的决策活动,是有关组织的全局性、长期性,关系到组织生存和发展的根本性决策。它包括组织资本的变化,国内外市场的开拓与巩固,组织机构的调整,高级经理层的人事变动等。战略决策一般需要经过较长时间才能看出决策后果,所需解决的问题复杂,主要是协调组织与组织环境之间的关系。决策过程所需考虑的环境变化性较大,往往并不过分依赖复杂的数学模式及技术,而是定量分析和定性分析并重,对决策者的洞察力、判断力有很高的要求。战略决策主要由企业内的最高管理层负责进行。

战术决策又称为管理决策,属于执行战略决策过程中的具体决策,旨在实现组织内部各环节活动的高度协调和资源的合理使用,以提高经济效益和管理效能,如企业的生产计划、销售计划、更新设备的选择、新产品定价、流动资金筹措等。战术决策不直接决定企业组织的命运,但决策行为的质量将在很大程度上影响组织目标的实现程度和组织效率的高低。管理决策是每个主管人员的日常工作内容，它依赖于主管人员的经验和综合研究方法，也可使用计算机和数学模型辅助决策。战术决策主要集中在企业中间管理层。

业务决策又称为执行决策，是日常业务活动中为提高工作效率和生产效率，合理组织业务活动进程而进行的决策。其主要有工作任务的日常分配与检查，生产进度的监督与管理，企业原材料采购，库存控制等，涉及范围较小，但技术性和操作性强、时间紧，一般由基层管理者负责进行。通常业务决策的有效与否，在很大程度上依赖于决策者的经验和常识，包括使用少量的模型和计算机作为辅助工具。决策的重要程度分类如表4.1所示。

表4.1 决策的重要程度分类

决策类型	问题性质	对决策者的要求	决策主体
战略决策	有关组织全局性、长期性问题	对决策者的洞察力、判断力有很高的要求	企业内的最高管理层
战术决策	旨在实现组织内部各环节的高度协调和资源的合理利用	依赖于主管人员的经验和综合研究方法	企业中间管理层
业务决策	日常业务中合理组织业务活动进程而进行的决策	依赖于决策者的经验与常识	基层管理者

2. 根据决策的规范化程度，可以分为程序化决策和非程序化决策

程序化决策是按原来规定的程序、处理方法和标准去解决管理中经常重复出现的问题，又称为例行性决策或常规性决策。管理工作中大约有80%的决策属于程序化决策，如对产品质量、设备故障及其他日常的生产技术管理等问题的决策。这类决策一般有先例可循，决策者可依据长期处理此类问题的经验或惯例来完成决策，或按照所建立的制度、规则或政策处理问题，更可以采用计算机决策支持系统，只要输入相关数据，即可得到所需的决策方案。有证据表明，不同的管理层所面对的程序化决策数量不同，高层管理者所作出的重复性决策至少在40%以上，中层管理者可达60%~70%，基层管理者或操作者则高达80%~90%。不少管理者在处理这类重复出现的问题时得心应手，凭经验感觉就能找出问题的症结并提出解决问题的办法。如果把这些经验和解决问题的过程用程序、规章、标准、制度等文件规定下来，将这些包含了管理实践的真知灼见和有效成果的文件作为指导以后处理类似问题的依据和准则，将使组织受益无穷。

非程序化决策是解决以往无先例可循的新问题，具有极大的偶然性和随机性，且极少重复，故又称为一次性决策或非常规决策。非程序化决策通常是有关组织未来发展的问题，如新产品开发、组织结构调整、市场开拓、人员培训、企业发展等。这类决策往往缺乏准确可靠的信息资料，不确定性程度高，无固定模式可供借鉴。解决这类决策问题除采用定量分析外，更多的是取决于决策者个人的经验、知识、洞察力乃至直觉。

程序化与非程序化决策如图4.1所示。

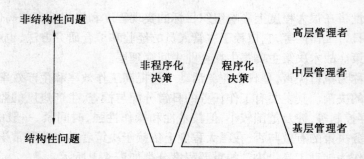

图 4.1 程序化与非程序化决策

3. 从决策的主体看,可分为群体决策与个人决策

个人决策是指在选定决策方案时,由个人作出最后决定的决策方式。个人决策的特点是决策迅速,责任明确。个人决策主要用于处理常规的管理问题,以及经济信息较为清晰、简单的决策问题。只要信息无误,决策效果就会较好,决策效率就会较高,而且能发挥决策人的个人主观能动性。但这类决策往往受决策人本身的性格、学识、能力、经验、魄力等制约,所以局限性较明显。

群体决策是指多个人一起作出的决策。相对于个人决策,群体决策有如下优点:①提供更完整的信息。群体相比个体更能给决策过程带来多样化的经验和想法。②产生更多的备选方案。因为群体拥有更多数量和种类的信息,他们能比个人制订出更多的方案。当群体成员来自于不同专业领域时,这一点就更为明显。③增加对某个解决方案的接受性。群体决策过程也就是群体成员沟通意见、交流看法的过程。正因为经过此决策过程,使得受到决策的影响或实施决策的人们参与了决策的制定,他们将更可能接受决策,并更可能鼓励他人也接受它。群体成员通常不愿违背他们自己参与制定的决策。④提高合法性。群体决策制定的过程是与民主思想相一致的,因此人们觉得群体制定的决策比个人制定的决策更合法。

群体决策虽有以上诸多优点,但并非完美无缺。其主要缺点如下:①耗费时间。组成一个群体显然要花时间。此外,一旦群体形成,其成员之间的相互影响常导致低效,结果造成群体决策总要比个人决策花更多的时间。②少数人统治。一个群体的成员永远不会是完全平等的。他们可能会因组织职位、经验、有关问题的知识、易受他人影响的程度、语言技巧、自信心等因素而不同。这就为单个或少数成员创造了发挥其优势、驾驭群体中其他人的机会。支配群体的少数人,经常对最终的决策有过分的影响。③屈从压力。在群体中要屈从社会压力,从而导致所谓的群体思维。这是一种屈从的形式,它抑制不同观点、少数派和标新立异以取得表面的一致。群体思维削弱了群体中的批判精神,损害了最后决策的质量。④责任不清。群体成员分担责任,但实际上谁对最后的结果负责却不清楚。在个人决策中,谁负责任是明确具体的。而在群体决策中,任何一个成员的责任都被冲淡了。

4. 按决策问题所处的环境条件,可分为确定型决策、风险型决策和不确定型决策

确定型决策是在稳定(可控)条件下进行的决策,是指决策者明知自然状态的发生,每个方案只有一个确定的结果,方案的选择结果取决于对各方案结果的直接比较。

风险型决策是指决策者不能预先知道环境条件,各种决策方案的未来的若干种状态是随机的,但面临明确的问题,解决问题的方法是可行的,可供选择的若干个可行方案已知,各种状态的发生可以从统计中得到一个客观概率。在不同状态下,每个备选方案会有不同的执行后果,所以,不管哪个备选方案都有一定的风险。

不确定型决策,即不稳定条件下的决策,是指决策者不能预先确知环境条件,可能有哪几种状态并且各种状态的概率无从估计,决策者对各个备选方案的执行后果难以确切估计。这种方案的不肯定性来自于环境条件的不稳定性。

决策的环境分类如图 4.2 所示。

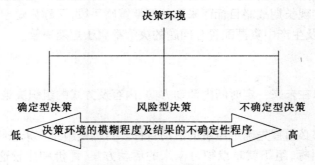

图 4.2 决策的环境分类

5. 从决策需要解决的问题来看,可分为初始决策和追踪决策

初始决策是指组织对从事某种活动或从事该活动的方案所进行的初次选择,是零起点决策。它是在有关活动尚未进行,环境未受到影响的情况下进行的。

追踪决策则是在初始决策的基础上对组织活动方向、内容或方式的重新调整。如果说初始决策是在对内外环境的某种认识的基础上作出的,追踪决策则是由于这种环境发生了变化,或者是由于组织对环境特点的认识发生了变化而引起的,是非零起点决策。显然,组织中的大部分决策属于追踪决策。与初始决策相比,追踪决策具有如下特征:

(1)回溯分析。初始决策是在分析当时条件与预测未来基础上制定的,而追踪决策则是在原来方案已经实施,并发现环境发生了重大变化或与原先认识的环境有重大区别的情况下进行的。因此,追踪决策须从回溯分析开始。回溯分析,就是对初始决策的形成机制与环境进行客观分析,列出错误的原因,以便有针对性地采取调整措施。当然,追踪决策是一个扬弃的过程,对初始决策的"合理内核"还应保留。因此,回溯分析应挖掘初始决策中的合理因素作为调整或改变的基础。

(2) 非零起点。初始决策是在有关活动尚未进行，因此是对环境尚未产生任何影响的前提下进行的，而追踪决策则不然。它所面临的条件与对象，已经不是处于初始状态，而是初始决策已实施，但是受到了某种程度的改造、干扰与影响。也就是说，随着初始决策的实施，组织已经消耗了一定的人、财、物资源，环境状况因此而发生了变化。

(3) 双重优化。初始决策是在已知的备选方案中择优，而追踪决策则需双重优化。也就是说，追踪决策所选的方案，不仅要优于初始决策方案，因为只有在原来的基础上有所改善，追踪决策才有意义，而且要能够改善初始决策实施过程中的各种可行方案，选择最优化或最满意者。第一重优化是追踪决策的最低要求，后一重优化是追踪决策应力求实现的根本目标。

6. 从决策的时间跨度看，可分为长期决策和短期决策

长期决策是指有关组织未来发展方向的长远性、全局性的重大决策，又称为长期战略决策，如投资方向的选择、人力资源的开发和组织规模的确定等。

短期决策是为实现长期战略目标而采取的短期策略手段，又称为短期战术决策，如企业日常营销、物资储备以及生产中资源配置等问题的决策都属于短期决策。

二、决策的特点

选择或调整组织在未来一定时间内活动方向、内容及方式的组织决策具有下述主要特点：

1. 目标性

任何组织决策都必须首先确定组织的活动目标。目标是组织在未来特定时限内完成任务程度的标志。没有目标，组织就难以拟订未来的活动方案，评价和比较这些方案就没有了标准，对未来活动效果的检查也就失去了依据。

2. 可行性

决策的目的是为了指导组织未来的活动。组织的任何活动都需要利用一定资源。缺乏必要的人力、物力和技术条件，理论上非常完善的方案也只能是空中楼阁。因此，决策方案的拟和选择，不仅要考察采取某种行动的必要性，而且要注意实施条件的限制。

3. 选择性

决策的实质是选择。没有选择就没有决策。而要能有所选择，就必须提供可以替代的多种方案。事实上，为了实现相同的目标，组织总是可以从事多种不同的活动。这些活动在资源要求、可能结果以及风险程度等方面均有所不同。因此，不仅有选择的可能，而且有选择的必要。

4. 满意性

选择活动方案的原则是满意原则，而非最优原则。最优决策往往只是理论上的幻想，因为它要求：决策者了解与组织活动有关的全部信息；决策者能正确地辨识全部信息的有用性，了解其价值，并能据此制订出没有疏漏的行动方案；决策者能够准确地计算每个方案在未来的执行结果。然而，这些条件是难以具备的。因此，根据目前的认识确定未来的行动总是有一定风险的,也就是说,各行动方案在未来的实施结果通常是不确定的。在方案数量有限、执行结果不确定的条件下,决策者难以作出最优选择,只能根据已知的全部条件,加上主观判断,作出相对满意的选择。

5. 过程性

决策是一个过程。首先,组织决策不是一项决策,而是一系列决策的综合。通过决策,组织不仅要选择业务活动的内容和方向,还要决定如何组织业务活动的具体展开,同时还要决定资源如何筹措,结构如何调整,人事如何安排。只有当这一系列的具体决策已经制定,相互协调,并与组织目标相一致时,才能认为组织的决策已经形成。其次,这一系列的决策本身就是一个过程,从活动目标的确定,到活动方案的拟订、评价和选择,这本身就是一个包含了许多工作、由众多人员参与的过程。为了研究的方便,虽然在理论上把这些工作划分成不同阶段,然而在实践中,这些工作往往相互联系、交错重叠,难以截然分开。

6. 动态性

决策不仅是一个过程,而且是一个不断循环的过程。作为过程,决策是动态的,没有真正的起点,也没有真正的终点。决策的主要目的之一是使组织活动的内容适应外部环境的要求。外部环境是在不断发生变化的,决策者必须监视并研究这些变化,从中找到可以利用的机会,据此调整组织的活动,实现组织与环境的动态平衡。

三、决策制定模式

不同的决策者在面对不同的问题、不同的环境条件时会采取不同的决策模式和方法。即使面对同样的决策问题时,也会由于决策者对影响决策过程的各种因素的假设不同,而会采取不同的决策模式。总体来看,主要有以下三种决策模式:

(一)古典决策模式

古典决策模式又称为规范决策模式或完全理性模式等。该理论认为,管理者在作决策时能够列出一个关于所有备选方案和结果的完整清单,并据此作出最优的选择。

古典决策模式是建立在完全理性假设基础之上的,完全理性假设的要点可以概括为:

1. 问题清楚

在理性决策中,问题是清楚的、无歧义的。决策者被假定为拥有与决策情境相关的完整信息。

2. 目标导向

在理性决策中,没有目标的冲突。无论决策是关于哪一方面,决策者都有唯一的、明确的、试图实现的目标。

3. 已知的选择

理性决策假设决策者是富于创造性的,能够确定所有相关的标准,并能列出所有可行的方案。而且,决策者还能意识到每一方案的所有可能结果。

4. 明确的偏好

理性决策假设标准和方案能按其重要性进行排序。

5. 一贯的偏好

除了有一个明确的目标和偏好外,还假设具体的决策标准是一贯的,这些标准的权重是不随时间而变化的。

6. 没有时间和成本的约束

理性决策者能获得有关标准和方案的全部信息,因为它假设没有时间和成本的限制。

7. 最大报偿

理性决策者总是选择那些能产生最大经济报偿的方案。这种理性假设可用于任何决策。理性决策假设的制定是为了取得最佳的组织经济利益,即决策者被认为是取得组织利益最大化,而不是个人利益的最大化。

在管理过程中,人们很少能够做到完全的合理性,因此古典决策模式只是一种理想的决策模式。

(二)行政决策模式

行政决策模式又称为西蒙模式或有限理性模式。该理论是建立在詹姆斯·马奇(James March)和赫伯特·西蒙关于"有限理性"研究基础之上的,他们认为实践中的管理者不可能获得进行决策所需全部信息,因而不能作出最优的决策,只能作出"令人满意"的决策。

人们在决策时之所以能做到有限理性,主要是由于:首先,决策必定是为了未来而进行的,而未来则是不可避免地包含着不确定性;其次,决策者个人偏好、背景、利益、过去经验等都可以影响他对问题本质的认识和鉴别,同时,决策者获取和处理信息的能力有限,所获信息可能没有代表性或不够充分;再者,人们很难识别所有可能实现目标的备选方案,尤其是决策涉及做某种事情的机会,而以前从未做过这种事情;最后,在多数情形下,即使可以借助最新的分析方法和电子计算机,也不能对所有的备选方案都能够进行分析。当意外情况发生时,几乎不可能找到全部应对的措施。

行政决策模式说明管理者如何在复杂情形下进行决策,该模式考虑到了人力和环境对决策的约束,因此这些约束决定了管理者追求理性决策过程的程度。

(三)政治决策模式

政治决策模式是指根据强有力的外部和内部利益相关者的利益和目标进行的决策制定过程。大多数的组织决策会涉及组织内外不同的利益相关者,由于所处的地位不同、追求的目标不同,他们需要通过讨论实现信息共享并形成统一意见。按照政治决策模式,在进行复杂的组织决策时,参与决策的人员会参加到不同的联盟中去。也就是说,如果某个经理支持一个特定的方案,他会私下与其他管理人员沟通,努力说服他们来支持这项决策。当结果不可预测时,管理人员会在讨论、协商和讨价还价的过程中争取支持。当这种联盟不存在时,一个强有力的人物或群体将主导最终的决策。

政治决策模式说明了当决策面对的情形不确定、信息有限而且决策者对达成什么目标和如何达成目标有不同意见时,决策者实际如何决策。另外,政治模式能够解决利益相关者之间由于目标分歧和行动分歧引起的冲突,在企业的管理道德和社会责任越来越受重视的情况下,这种模型有可能会产生建设性的决策和结果。

古典决策模式、行政决策模式和政治决策模式对决策过程的假设要点如表4.2所示。

表4.2 决策模式对比

考察因素	古典决策模式	行政决策模式	政治决策模式
问题和目标	明确的问题和目标	模糊的问题和目标	多重的、冲突的目标
所处环境	确定性环境	不确定性决策	不确定性/模糊性决策
信息基础	可选方案及其结果的信息充分	可选方案及其结果的信息有限	不一致的观点、模糊的信息
决策特点	为获取最优而由个体做出理性选择	运用有限理性和直觉寻找满意方案	通过成员间的讨论和讨价还价达成协议

虽然大多数的管理者都有一种占主导地位的决策风格,但是在实际决策中面对具体的情景时,可能会采用不同的决策风格或综合运用这些决策风格。

第二节 决策过程与影响因素

作为过程的决策包括许多阶段的工作:决策的核心是在分析、评价、比较的基础上,对活动方案进行选择;选择的前提是拟订多种可行方案;要拟订备选方案,首先要判断调整组织活动、改变原先决策的必要性,制订调整后应达到的目标。所以,决策过程包括发现或定义问题,明确决策目标,拟定可行方案,方案的比较和选择,执行方案以及检查与评价等阶段的工作内容。在从事这些工作的过程中,决策者要受到组织文化、时间、环境、过去决策以及决策者的个性特点等多重因素的影响。

一、决策过程

决策是一个提出问题、分析问题和解决问题的系统分析过程,要达到有效决策的目的,必须遵循科学的决策程序。决策的过程如图4.3所示。为了保证决策的民主化、科学化,在决策过程中通常采用以下步骤。

(一)发现或定义问题

决策制定的过程从问题开始,更具体说,是从事件现实状况与理想状况之间的矛盾开始。决策是为了解决管理过程中产生的问题,首先应诊断和确定问题之所在,即问题是什么。只有确切地找出问题及问题产生的原因,才能确定决策目标。因此,决策者在决策之前必须根据调

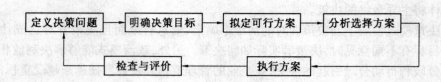

图 4.3 决策的过程

查研究,提出需要解决的问题,没有需要解决的问题,也就不需要进行决策了。

找出决策者期望解决的问题,是决策程序中最重要的环节。包括:希望解决的问题是什么?它的关键因素是什么?必须在什么时间解决它?为什么要解决这一问题?为解决这一问题愿付出多大代价?在找出问题的过程中,很容易犯的错误是将问题的表现视为问题的本身,或针对某些问题的细枝末节寻找解决方法。在这种情况下,即使是科学的决策技术也无助于问题的有效解决。例如,在某工厂的生产进度安排中,问题表现为生产无法满足需求,大量订货被延期,大量额外成本增加。就问题的外在表现来看,扩大生产能力似乎是唯一的解决方法。但是,通过分析发现,不能及时送货的原因出在营销部门。由于营销部门承诺,无论订单大小,都将准时把货物送达客户,生产部门常常被迫为小客户或特殊产品的生产打断正常进度。把营销方式改变后,生产部门的问题也就解决了。故在大多数管理问题中正确地发现问题会大大缩短解决问题所需的时间。

在发现问题的过程中,可以使用"关键因素"分析技术。关键因素是指在做出任何行动之前,必须改变、转移和消除的因素。通过发现这一关键因素,决策者就可以透过问题的表象把握真正的问题所在。另外,确定决策的时机也是十分重要的。应在适当的时机进行决策,无论是先于或滞后于决策能产生实效的时机,最终都无法实现有效的决策。

(二)明确决策目标

合理的目标是合理决策的前提。决策目标的形成、目标的大小与决策者对目标的认识都会影响到决策的顺利进行。精确的目标作为一个重要的决策依据,往往会使决策过程更经济、更有效。在确定目标的过程中,首先必须把需要解决的问题的性质、机构、症结及其原因分析清楚,这样才能有针对性地确定出合理的决策目标。同时,决策目标也必须十分明确,目标过分抽象或模棱两可、含糊不清,决策将无从遵循,决策目标的实现程度也难以衡量。因此,在管理实践中,决策目标的确定过程通常表现为:通过决策希望产生哪些成果?完成哪些工作?要纠正哪些问题?要得到哪些利益?要避免哪些事情?要减少哪些坏的结果?

一个合理的决策目标应该是可以衡量其成果、规定其时间和确定其责任的。另外,决策的目标往往不止一个,可是多个目标之间有时会有矛盾,这给决策带来一定的困难。解决这个问题一般可以采用三种办法:一是把要解决的问题尽可能地集中起来,以减少目标的数量;二是把目标依重要程度进行排序,把重要程度高的目标先行安排决策,以减少目标间的矛盾;三是进行目标间的协调,即以总目标为基准进行协调。在协调中往往采用服从大局的原则,因为在不能兼顾的情况下,降低甚至放弃某些目标,对全局来说是必要的,也是明智的。

(三) 拟订可行方案

拟订方案,就是在对大量情报资料的整理、分析和科学计算的基础上,探索、制订解决问题和实现目标的各种可能的行为方案。可行方案应满足以下条件:①整体详尽性,即尽可能多地列出所有可能达到目标的备选方案;②相互排他性,即各方案必须有区别,各自独立;③可比性,即每一方案都应根据已确定的约束条件和评价标准及指标体系,用确切的定量数据反映方案的效果,以便比较和选择;④实现的可能性,即从实现的条件和实施的结果看能否保证决策目标的实现。可行方案应有两个以上,只有这样才有选择的必要和余地。

管理者常常借助其个人经验、经历和对有关情况的把握来提出方案。为了提出更多、更好的方案,需要从多个角度审视问题,这意味着管理者要善于征询他人的意见。

(四) 方案的分析与选择

备选方案拟订以后,决策者应对每一个方案的可行性和有效性进行检验。决策者必须分析如果这些方案得到实施,结果将会怎样。决策者必须对每一个备选方案所希望的结果和不希望的结果出现的可能性进行检验。比较方案时,可运用一些标准对方案进行比较,这些标准包括每个备选方案涉及的风险,可以利用的时间,需要的时间,可利用的设施和资源,费用和效益等。另外,经常用的具体标准还包括预期收益最大化或损失最小化、后悔值最小化、目标市场占有率扩大化、经营风险或投资风险最小化、成本费用最小化等。如果所有的备选方案都不能令人满意,决策者还必须进一步寻找新的备选方案。

选择最佳方案时应遵循的规则是:使执行该方案过程中可能出现的问题的数量减少到最少,而执行该方案对实现组织目标的贡献达到最大。在选择方案时可以考虑以下因素:

(1) 经验。在选择最佳方案时,可将过去的经验作为一个指南,这是因为在许多情况下,各种备选方案利弊兼具,各有长短,很难简单地区分优劣。

(2) 直觉。直觉与经验有关,它包括唤起决策者过去的记忆,并将其应用于对未来的预测。

(3) 他人的建议。决策者应该从同事、上级和下级那里寻求帮助和指导。

(4) 实验。如果可能,可采用实验的方法来检验备选方案,但实验不应花费过多的费用和时间。

在选择最佳方案时,考虑上面的一个或多个因素将会提高决策的效果。这些因素的相对重要程度取决于所要解决的问题的性质、受问题影响的人员、为解决问题需要的时间等。此外,在方案的选择过程中,决策者要注意:①统筹兼顾,尽可能保持组织与外部结合方式的连续性,充分利用组织现有的结构和人员条件;②注意反对意见,因为反对意见不仅可以帮助决策者从多种角度去考虑问题,促进方案的进一步完善,而且可以提醒决策者防范一些可能会出现的弊病;③要有决断的魄力,在众说纷纭的情况下,决策者要在充分听取各种意见的基础上,根据自己对组织任务的理解和对形势的判断,权衡各方利弊,作出决断。这是因为剧烈的、无休止的争论会错过行动的最好时机,并且完全的思想统一也是不现实的。

(五)执行方案

选择出最佳方案后,方案的实施是决策过程中至关重要的一步。决策者必须设计所选方案的实施方法。一些决策者善于发现、确定备选方案和选择最佳方案,但却不善于将他们的想法付诸实施。一个优秀的决策者必须具备这两种能力:既要能作出决策,又要有能力化决策为有效的行动。

在方案的实施过程中应做好以下工作:①制定相应的具体措施,保证方案的正确执行;②确保所有人都能充分接受和彻底了解有关决策方案的各项指令;③运用目标管理方法把决策目标层层分解,落实到每一个执行单位和个人;④建立重要的工作报告制度,以便决策者能随时了解方案的进展,及时调整行动。

(六)检查与评价

决策者最后的职责是对决策执行过程进行必要的、适时的检查、监督和促进。决策者应按照决策目标以及实施计划的要求和标准,对决策方案的执行进展情况进行检查,以便及时发现新问题、新情况,发现执行情况与预计情况之间是否存在偏差,并找出原因,保证和促进决策方案的顺利实施。

通过检查可对决策进行评价与总结,肯定决策的正确与成功方面,发现决策中存在的问题甚至失误或失败之处,作为解决新问题的经验与教训。

决策是一种技术,与其他的技术一样,也是可以提高的。决策者可以通过反复的决策实践来提高决策水平。为了保证决策质量,决策信息的反馈是必要的,对以前决策的效果进行检查,就能提供一些所需要的反馈信息。通过检查,决策者可以从中知道决策的错误是什么、出在什么地方以及如何改善。

二、决策的影响因素

在上述过程中,组织的决策受到以下因素的影响:

1. 问题的类型

决策的目的是为解决问题,因此决策所面对的问题类型直接决定了问题的难易程度。

(1)对于那些直观、熟悉且易确定的"结构良好"的问题,可根据历史经验采用程序化的决策方法;对于那些以前未遇到过或相关信息含糊不清及不完整的"结构不良"问题,则应采用非程序化的决策方法。

(2)对于发生频率较高的"经常性"问题,决策者可以把决策过程标准化、程序化,通过惯例、标准工序及业务常规予以解决;对于以前未曾遇到过或处理过的"例外"问题,则需要管理者进行专门的处理。

2. 环境

环境对组织决策的影响是不言而喻的。其一,环境的特点影响着组织的活动选择。比如,就企业而言,市场稳定,今天的决策主要是昨天决策的延续,而市场急剧变化,则需对经营方向和内容经常进行调整;位于垄断市场上的企业,通常将经营重点致力于内部生产条件的改善、生产规模的扩大以及生产成本的降低,而处在竞争市场上的企业,则需密切注视竞争对手的动向,不断推出新产品,努力改善营销宣传,建立健全销售网络;其二,对环境的习惯反应模式影响着组织的活动选择。即使在相同的环境背景下,不同的组织也可能作出不同的反应。而这种调整组织与环境之间关系的模式一旦形成,就会趋向固定,限制着人们对行动方案的选择。

3. 过去决策

在大多数情况下,组织决策不是进行初始决策,而是对初始决策的完善、调整或改革。组织过去的决策是目前决策过程的起点;过去选择的方案的实施,不仅伴随着人力、物力、财力等资源的消耗,而且伴随着内部状况的改变,带来了对外部环境的影响。"非零起点"的目前决策不能不受到过去决策的影响。

过去的决策对目前决策的制约程度受它们与现任决策者的关系的影响。如果过去的决策是由现在的决策者制定的,而决策者通常要对自己的选择及其后果负管理上的责任,因此他们会不愿对组织活动进行重大调整,而倾向于仍把大部分资源投入到过去方案的执行中,以证明自己的一贯正确。相反,如果现在的主要决策者与组织过去的重要决策没有很深的渊源关系,则容易接受重大改变。

4. 决策者的个性特点

在决策过程中,决策人员的价值准则、经验、在组织中的角色、决策能力等会影响他们对问题的感知和界定、决策目标的确定、备选方案的提出、方案优劣的判断以及方案的选择。因此,决策者的个性特点也是影响决策的主要因素之一。

(1)决策者的风险倾向。决策者的风险倾向会影响决策过程和决策方案的选择,尤其是在不确定的环境中。一般来说,根据对待风险的态度和看法,决策者可以分为三种类型:

①保守型的决策者。这类决策者不求大利,唯求无险,不求有功,但求无过。在作决策时,一切以谨慎为上,确保在最坏的情况下也能取得相对较好的结果。

②进取型的决策者。这种类型的决策者往往谋求大利,不怕风险,大胆进取,力求获取最大的效益,在面对不确定的环境时往往要冒较大的风险。

③稳妥型的决策者。这种类型的决策者既不愿冒大风险,也不会太保守,在面对不确定的问题时往往采取折中的态度。

以上三种类型的决策者由于对待风险的态度不同,对同一个问题,在决策时也会依据不同的原则选择不同的方案。

(2)决策者的个人决策风格。决策者在处理问题和进行决策时,其个人决策风格也具有很大的影响。所谓个人决策风格是指决策者在对问题的认知和解决问题的方式等方面所呈现出的个体特点。

罗威(Alan J. Rowe)将管理者的决策风格分为四种类型,分别是命令式、分析式、概念式和行为式。具有命令式决策风格的管理者往往采取简单、清晰的解决方案来处理问题;具有分析式决策风格的管理者倾向于收集尽可能多的信息,并在此基础上作出复杂的决策方案;偏好概念式决策风格的管理者同样会考虑大量的信息,但是他们比分析式决策风格的人更具社会性,他们会将所要决策的问题和可能的解决方案与他人讨论;具有行为式决策风格的管理者非常关心他人的想法,会与每个人讨论所要决策的问题,了解这些人对这个问题的看法以及作出这种决策会对这些人产生什么样的影响。

(3)决策者对待风险的态度。风险是指失败的可能性。由于决策是人们确定未来活动的方向、内容和目标的行动,而人们对未来的认识能力有限,目前预测的未来状况与未来的实际状况不可能完全相符,因此在决策指导下进行活动,既有成功的可能,也有失败的危险。任何决策都必须冒一定程度的风险。

组织及其决策者对待风险的不同态度会影响决策方案的选择。愿意承担风险的组织,通常会在被迫对环境作出反应以前就已采取进攻性的行动;而不愿承担风险的组织,通常只对环境作出被动的反应。愿冒风险的组织经常进行新的探索,而不愿承担风险的组织,其活动则要受到过去决策的严重限制。

5. 组织文化

组织文化制约其成员的行为以及行为方式。在决策层次上,组织文化通过影响人们对改变的态度而发生作用。

任何决策的制定,都是对过去在某种程度上的否定;任何决策的实施,都会给组织带来某种程度的变化。组织成员对这种可能产生的变化会怀有抵御或欢迎两种截然不同的态度。在偏向保守、怀旧、维持的组织中,人们总是根据过去的标准来判断现在的决策,总是担心变化中会失去什么,从而对将要发生的变化产生怀疑、害怕和抗御的心理与行为;相反,在具有开拓、创新气氛的组织中,人们总是以发展的眼光来分析决策的合理性,总是希望在可能产生的变化中得到什么,因此渴望变化、欢迎变化、支持变化。显然,欢迎变化的组织有利于新决策的实施,而抵御变化的组织文化,则可能给任何新决策的实施带来灾难性的影响。在后一种情况下,为了有效实施新的决策,必须首先通过大量工作改变组织成员的态度,建立一种有利于变化的组织文化。因此,决策方案的选择不能不考虑到为改变现有组织文化而必须付出的时间和费用的代价。

6. 时间

美国学者威廉·金和戴维·克里兰把决策类型划分为时间敏感决策和知识敏感决策。时间敏感决策是指那些必须迅速并且尽量准确的决策。战争中军事指挥官的决策多属于此类。这种决策对速度的要求远甚于质量。例如,当一个人站在马路当中,一辆疾驶的汽车向他冲来时,关键是要迅速跑开,至于跑向马路的左边近些、还是右边近些,相对于及时行动来说则显得比较次要。相反,知识敏感决策,对时间的要求不是非常严格。这类决策的执行效果取决于其质量,而非速度。制定这类决策时,要求人们充分利用知识,作出尽可能正确的选择。

【阅读资料 4.1】
如何让石头在水上漂起来

从 2000 年 10 月起,每周六上午,海尔中高层经理人员都要进行互动式培训。海尔集团董事局主席张瑞敏与海尔集团总裁杨绵绵都是"老师",而"教材"则是各产品事业部在近一周内所发生的市场案例。

在 2002 年 7 月举行的一次互动培训课程中,面对 70 多位中高层经理,张瑞敏提出互动培训的主题是"推进流程再造",并首先提出了一个类似于"脑筋急转弯"的问题:"你们说,如何让石头在水上漂起来?"

"把石头掏空!"有人喊,张瑞敏摇头。

"把石头放在木板上!"张瑞敏说:"没有木板!"

"做一块假石头!"大家哄堂大笑。张瑞敏说:"石头是真的。"

此时,海尔集团副总裁喻子达顿悟:"是速度!"

张瑞敏斩钉截铁地说"正确!"他接着说:"《孙子兵法》上有这样一句话:'激水之疾,至于漂石者,势也。'速度能使沉甸甸的石头漂起来。同样,在信息化时代,速度决定着企业的成败。海尔的流程再造就要以更快的响应市场速度来满足全球用户的需求。"

资料来源:http://www.enet.com.cn.

组织关于活动方向与内容的决策,即第一节中的所谓战略决策,基本属于知识敏感决策,这类决策着重于运用机会,而不是避开威胁;着重于未来,而不是现在,所以选择方案时,在时间上相对宽裕,并不一定要求必须在某一日期以前完成。但是,也可能出现了这样的情况,外部环境突然发生了难以预料和控制的重大变化,对组织造成了重大威胁。这时,组织如不迅速作出反应,进行重要改变,则可能引起生存危机。这种时间压力可能限制人们能够考虑的方案数量,也可能使人们得不到足够的评价方案所需的信息,同时,还会诱使人们偏重消极因素,忽视积极因素,导致仓促决策。

第三节 决策方法

为了保证影响组织未来生存和发展的管理决策尽可能正确,必须利用科学的方法进行决策。决策方法可以分为两类:一类是有关组织活动方向和内容的决策方法;另一类是在既定方向下从事一定活动的不同方案选择的方法。由于管理决策方法主要是在研究企业经营决策的过程中不断发展起来的,因此下面主要介绍企业决策中常见的几种方法。

一、定性决策方法

(一)群体决策方法

群体决策方法包括头脑风暴法、名义小组法、德尔菲法、电子会议等,由于前面章节对这些内容已有阐述,这里不再赘述。

(二)确定活动方向的分析方法

这类方法可以帮助企业根据自己和市场的特点,选择企业或某个部门的活动方向,主要有经营单位组合分析法、政策指导矩阵等。

1. 经营单位组合分析法

这种方法是由美国波士顿咨询公司提出的。它认为,大部分公司都有两个以上的经营单位,每个经营单位都有相互区别的产品——市场单元。公司应该为每个经营单位分别确定经营方向(图4.4)。

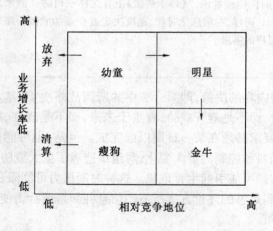

图4.4 经营单位组合分析图

这种分析方法主张,在确定各个经营单位的活动方向时,应考虑企业(或该经营单位)在市场上的相对竞争地位和业务增长情况。相对竞争地位往往反映为企业的市场占有率,它决定了企业获取现金的能力和速度,因为较高的市场占有率可以带来较高的销售额和销售利润,从而使企业得到较多的现金流量。业务增长率对经营方向选择的影响是双重的。首先,它有利于市场占有率的扩大,因为在稳定的行业中,企业产品销售量的增加往往来自竞争对手市场份额的缩小;其次,它决定着投资机会的大小,因为业务增长迅速可以使企业迅速收回投资,并为取得投资报酬提供了有利机会。

根据这两种标准,可以把企业的经营单位分成四种不同类型。企业应根据各种类型的不同特征,选择相应的经营方向和活动方案。在利用经营单位组合分析法确定经营方向时,应采取以下步骤：
①把公司分成不同的经营单位；
②计算每一单位的市场占有率和业务增长率；
③根据在企业中占有资产的多少来衡量经营单位的相对规模；
④绘制公司的整体经营的组合图；
⑤根据每一单位在图中的位置，确定应选择的经营方向。

根据图4.4分析得出经营单位的特点：

(1)"金牛"经营单位的特点是市场占有率较高，而业务增长率较低。较高的市场占有率能够带来利润和高额现金。而较低的业务增长率只需少量投资。这样，"金牛"单位就可以提供大量现金去满足整个公司的经营基础。

(2)"明星"经营单位的市场占有率和业务增长率都较高，因而所需要和所产生的现金数量都很大。这种经营单位代表着最高利润增长率和最佳投资机会，因此就应该增加必要的投资，扩大生产规模，以维持其有利的市场地位。

(3)"幼童"经营单位的业务增长率较高，而市场占有率很低。这可能是企业刚刚开发的很有前途的经营领域。由于高增长速度需要大量投资，而较低的市场占有率只能提供少量的现金。因此，企业应作出的选择是投入必要的资金，以提高市场份额，增大销售量，从而转成"明星"。如果决策者认为某些刚开发的领域不可能转变成"明星"，则应及时采取放弃策略。

(4)"瘦狗"经营单位的特点是市场份额和业务增长率都比较低。由于市场份额和销售量都比较小，甚至出现负增长，因此这种经营单位只能带来较少的现金收入和利润，而维持生产能力和竞争地位所需的资金甚至可能超过它们提供的现金收入，从而可能成为资金的陷阱。这种不景气的经营单位应缩小规模或被放弃。

利用经营单位组合分析法进行决策是以"企业的目标是追求增长和利润"这一基本假设为前提的。拥有多个经营单位的企业具有这样的优势：它可以将获利较高而潜在增长率不高的经营单位所创造的利润投向那些增长率和潜在利润都很高的经营单位，从而使资金在企业内部得到最有效的利用。

2.政策指导矩阵

政策指导矩阵是由荷兰皇家壳牌公司创立的。这种方法用矩阵形式，根据市场前景和相对地位来确定企业不同经营单位的现状和特征。市场前景由盈利能力、市场增长率、市场质量和法规限制等因素决定，分为强吸引力、中等吸引力和无吸引力三种；相对竞争能力受到企业在市场上的地位、生产能力、产品研究和开发等因素的影响，分为强、中、弱三类。这两种标准、三个等级的组合，可把企业的经营单位分成九种不同类型（图4.5），根据经营单位所处的不同位置，应选择不同的活动方向。

如图4.5所示，矩阵中各区域对应的经营单位的特点如下：

处于区域1和4的经营单位竞争力强，市场前景也不错，应该确保足够的资源，优先发展。

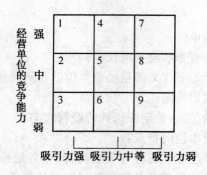

图 4.5 政策指导矩阵

其中,处于区域 1 的业务机会最好。

处于区域 2 的经营单位,虽然市场前景很好,但企业未能充分利用;竞争实力已有一定基础,但还不够充分。因此应不断强化,努力通过分配更多的资源以加强其竞争能力。

处于区域 3 的经营单位市场前景好,但竞争力弱,可根据企业的资源状况区别对待。企业在一定时期内的资金能力有限,只能选择少数最有前途的产品加速发展,而对其余产品则逐步放弃。

位于区域 5 的经营单位一般在市场上有 2～4 个强有力的竞争对手,因此没有一个公司处于领先地位,可行决策是分配足够的资源,使之能随着市场的发展而发展。

区域 6 和 8 的经营单位,由于市场吸引力不大,且竞争能力较弱,或虽有一定的竞争实力,但市场吸引很小,因此应缓慢地从这些经营领域退出,以收回尽可能多的资金,投入到盈利更大的经营部门。

区域 7 的经营单位可利用自己较强的竞争能力,去充分开发有限的市场,为其他快速发展的部门提供资金来源,但该部门本身不能继续发展。

区域 9 的经营单位因市场的前景暗淡,企业本身实力又很小,所以应尽快放弃,抽出资金转移到更有利的经营部门。

二、定量决策方法

定量决策方法是建立在数学模型基础上的决策方法。其核心是把与决策相关的变量与变量之间、变量与目标之间的关系用数学关系表示出来,通过数学模型的求解选择决策方案。定量决策方法使决策过程数学化、模型化,大大提高了科学决策的水平。

(一) 确定型决策

确定型决策是指决策条件(或称自然状态)非常明确,通过对各种方案的分析,都会知道其明确的结果。因此,确定型决策的主要任务是借助一定计算分析方法把每个可行方案的结果计算出来,然后通过比较,把结果最好的方案选择出来,作为决策和行动方案。确定型决策使用的计算分析方法很多,如代数法、线性规划、微分法、盈亏分析法等。

1. 线性规划法

线性规划是一种为寻求单位资源最佳效用的数学方法,常用于组织内部有限资源的调配问题。

线性规划法的具体步骤如下:

(1) 确定影响目标的变量;
(2) 列出目标函数方程;
(3) 明确实现目标的约束条件;
(4) 求解在约束条件下目标方程的最优解。

【例 4.1】 某公司制造甲、乙、丙三种产品,它们都要经过 A、B、C 三道工序,其有关资料如表 4.3 所示:

表 4.3 企业经营有关资料

工时消耗\工序	甲	乙	丙	可利用工序时间(小时)
A	10	20	30	300
B	20	10	15	270
C	15	20	10	260
单位产品利润	40	30	35	

假定市场状况良好,企业生产的全部产品都能售出,则产品组合决策是确定型决策,即只要确定为资源条件和市场所决定的产品组合,就可获取最大利润。

首先建立线性规划模型。设 X_1、X_2、X_3 分别为甲、乙两种产品的生产件数,则此问题的目标函数为

$$\max Z = 40X_1 + 30X_2 + 35X_3$$

制造三种产品所花的时间不能超过各道工序可利用的工时,则约束函数为

$$ST: 10X_1 + 20X_2 + 30X_3 \leq 300$$
$$20X_1 + 10X_2 + 15X_3 \leq 270$$
$$15X_1 + 20X_2 + 10X_3 \leq 260$$

式中,$X_1 \geq 0; X_2 \geq 0; X_3 \geq 0$。

此类问题可通过图解法求解,也可通过计算机求解。后一方法比较简单,较为常用。

计算机求解使用较为常见的 Excel 工具中的"规划求解"即可。上题通过规划求解法求解得生产甲产品 8 件,乙产品 5 件,丙产品 4 件,此时利润最大,最大利润为 610。

2. 盈亏平衡分析法

盈亏平衡分析法也称量本利分析法,是企业经营决策常用的一种有效方法,其基本思想是根据产品的销售量、成本和利润三者的关系,分析各种方案对盈亏及利润的影响,从中选出最佳方案。盈亏平衡分析的关键在于找出盈亏平衡点,即直角平面坐标系中企业利润为零的点,

也就是销售收入总额与成本总额相等的点,如图 4.6 所示。

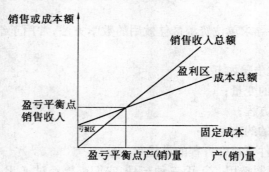

图 4.6 盈亏平衡分析图

盈亏平衡分析法主要有以下功能:①研究产量变化、成本变化和利润变化;②确定盈亏分界点产量;③确定企业取得一定目标利润时的产量;④确定企业的安全边际及安全边际率。

求盈亏分界点的公式为

$$Q = TFC/(P - AVC)$$

式中,Q 为盈亏平衡点产量;TFC 为固定成本总额;P 为单位产品价格;AVC 单位产品可变成本。

即

$$盈亏平衡点产(销)量 = \frac{固定成本}{单位售价 - 单位变动成本}$$

在企业有目标利润情况下的产量公式为

$$Q = \frac{TFC + \pi}{P - AVC}$$

式中,π 为目标利润。

安全边际,即预期的(或实际的)产量与盈亏分界点产量的差额。其公式为

$$安全边际 = 实际(或预期)销售量 - 盈亏分界点销售量$$

$$安全边际率 = \frac{安全边际}{实际或预期销售量}$$

安全边际及安全边际率的经济意义为安全边际及安全边际率值越大,企业经营越安全。

【例 4.2】 某旅游公司办理风景点 A 地的旅游业务,往返 5 天。往返一车次的全部固定成本(如交通工具折旧、职工工资等)为 6 000 元,每位游客的变动成本为 500 元(其中住宿、伙食费为 470 元/人,其他费用为 30 元/人)。

问:(1)如果向每位游客收费 800 元,至少有多少游客才能保本?

(2)如公司的目标利润为 3 000 元,则应有多少游客?此时的安全边际和安全边际率分别为多少?

解 (1)根据盈亏分界点公式,可以得到保本游客数量,即

$$盈亏平衡点游客数量 = \frac{每车次固定成本}{单位游客收入 - 单位游客变动成本} = \frac{6\,000}{800 - 500} = 20(位)$$

即往返一车次至少要有20位游客才能保本。

(2) 在目标利润为3 000元时的游客数量为

$$Q = \frac{TFC + \pi}{P - AVC} = \frac{6000 + 3000}{800 - 500} = 30$$

$$安全边际 = 30 - 20 = 10(人)$$

$$安全边际率 = 10/30 = 33.3\%$$

这种盈亏平衡分析法虽被广泛应用,但也有缺点,就是只注意盈亏平衡点的分析而没有考虑时间代价问题。也就是说,用于支付固定成本和变动成本的资金是可以用来进行投资的,如果一个组织只注意达到盈亏平衡点,就有可能失去在其他方面取得更大的利润。因此,在很多情况下,采用盈亏平衡分析之后,应采用诸如资金回报率、现值折算的分析等,以帮助决策者考虑是否有必要继续原来的生产,还是投资转向其他更有利可图的方面。

(二) 风险型决策

风险型决策是指决策问题的每个可行方案有两个以上的自然状态,哪种自然状态发生预先无法肯定,但每种自然状态的发生,可以根据以往的统计资料得到一个客观概率,决策时只能根据各种自然状态发生的概率进行决策。

1. 风险型决策的依据

风险型决策的依据是各方案的期望值。决策时只要把各个方案的期望值计算出来,进行比较,就可以从中选择一个满意的方案。期望值是各方案在不同自然状态下的损益按客观概率的大小计算的加权平均数。其计算公式为

$$E_i = \sum_{i=1}^{n} X_{ij} P_j$$

式中,E_i为第i种方案的期望值;X_{ij}为第i种方案在第j种状态下的损益值;P_j为第j种自然状态的客观概率。

风险型决策既涉及单阶段的决策问题,也涉及多阶段的决策问题,故采用的方法存在差异。

2. 风险型决策的方法

(1) 单阶段决策问题的解决方法——决策收益表法。决策收益表又称为决策损益矩阵,是指利用各可行方案的自然状态及概率计算各方案的期望值并进行比较和取舍的方法。

决策步骤:

①确定决策目标;

②分析企业所处的环境,预测自然状态,并预测每种自然状态发生的概率;
③根据自然状态和企业的资源状况,拟定可行方案;
④列出决策收益表;
⑤计算表中各自然状态下的损益值;
⑥计算各可行方案的期望值;
⑦比较各方案的期望值,选择最优可行方案。

【例4.3】 某水果批发商销售时令水果,每箱成本60元,销售单价每箱90元,由于是时令水果产品,如果当天销售不出去,就会腐烂失去其价值。当前市场需求难以估测,只能以去年资料作为参考(表4.4)。试帮助其确定获利最大的日进货量的决策方案。

表4.4 去年同期类似产品的日销售资料

每日销售量(箱)	概率
30	0.1
31	0.2
32	0.4
33	0.2
34	0.1

解 此题决策目标是确定获利最大的日进货量方案。根据去年资料分析,可估测今年此水果市场的自然状态,并估计各状态下的概率,据此绘制决策收益表4.5,计算各方案在各自然状态下的损益值,进而得出各方案的期望值,从而选出最优方案。

表4.5 方案在各自然状态下的损益值及期望值

收益值＼日销货量概率＼日进货量	30	31	32	33	34	收益期望值
	0.1	0.2	0.4	0.2	0.1	
30	900	900	900	900	900	900
31	840	930	930	930	930	921
32	780	870	960	960	960	924
33	720	810	900	900	990	891
34	660	750	840	930	1020	840

计算各方案的期望值(EMV):

$$EMV_{30} = 900 \times 0.1 + 900 \times 0.2 + 900 \times 0.4 + 900 \times 0.2 + 900 \times 0.1 = 900$$

$$EMV_{31} = 840 \times 0.1 + 930 \times 0.2 + 930 \times 0.4 + 930 \times 0.2 + 930 \times 0.1 = 921$$

$$EMV_{32} = 780 \times 0.1 + 870 \times 0.2 + 960 \times 0.4 + 960 \times 0.2 + 960 \times 0.1 = 924$$

$EMV_{33} = 720 \times 0.1 + 810 \times 0.2 + 900 \times 0.4 + 990 \times 0.2 + 990 \times 0.1 = 891$

$EMV_{34} = 660 \times 0.1 + 750 \times 0.2 + 840 \times 0.4 + 930 \times 0.2 + 1020 \times 0.1 = 840$

在各方案中选期望值最大的所对应的决策方案,此即为最优决策方案。本题即每天进货32箱为最优。

(2) 多阶段决策问题的解决方法——决策树法。决策树是辅助决策用的一种树形结构图,其决策的依据仍是期望损益值。决策树是一种图解法,既可以解决单阶段的决策问题,也可解决决策收益表无法解决的多阶段决策问题。决策树由五个要素构成,即决策点、方案枝、自然状态结点、概率枝和结果点。

以决策点(用□表示)为出发点,由决策点引出方案分枝(用直线表示),方案分枝的末端为状态结点(用○表示),再由状态结点引出概率分枝,每个概率分枝表示一种自然状态,概率分枝的末端为对应概率下的损益值示,概率枝上标明各状态发生的概率,各概率分枝的损益值写在结点的后面,并根据有关数据计算各状态点的期望值。

① 决策树结构如图4.7所示。

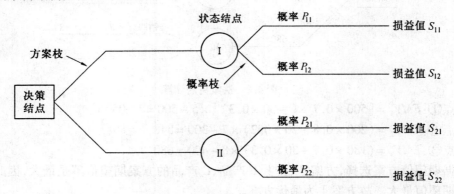

图 4.7 决策树的一般结构

② 决策步骤如下所述:

第一,绘制决策树。绘制决策树的过程是对决策事件未来可能会发生的各种情况周密思考,步步深入分析研究的过程。绘制的方法一般是从左向右,即从树干向树梢方向展开。

第二,计算期望值。结点 1 的期望值 $= P_{11}S_{11} + P_{12}S_{12} + \cdots + P_{1i}S_{1i}$;结点 2 的期望值 $= P_{21}S_{21} + P_{22}S_{22} + \cdots + P_{2i}S_{2i}$;结点 n 的期望值 $= P_{n1}S_{n1} + P_{n2}S_{n2} + \cdots + P_{ni}S_{ni}$,期望值的计算应从决策树的右侧开始,即从树梢到树干逆向进行。要注意的是,如果告诉经营年限,就要乘上经营年限,如果告诉追加投资,再减去投资。

第三,修枝决策。对比个方案的期望值大小,进行修枝选优。在方案枝上将期望值较小的方案画"//"符号予以舍弃,仅保留期望值最大的一个方案,作为最优决策方案。

【例 4.4】 某企业对产品更新换代作出决策。现拟定三个可行方案:

第一,上新产品 A,须追加投资 500 万元,经营期 5 年。若产品销路好,每年可获利 500 万元;若销路不好,每年将亏损 30 万元。据预测,销路好的概率为 0.7;销路不好的概率为 0.3。

第二,上新产品 B,须追加投资 300 万元,经营期 7 年。若产品销路好,每年可获利 200 万元;若销路不好,每年可获利 20 万元。据预测,销路好的概率为 0.8;销路不好的概率为 0.2。

第三,上新产品 C,需追加投资 400 万元,经营期 8 年。若产品销路好,每年可获利 180 万元;若销路不好,每年可获利 30 万元。据预测,销路好的概率为 0.7;销路不好的概率为 0.3。

试用决策树方法选出最优方案。

解 此问题决策树如图

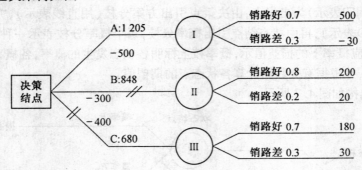

图 4.8 决策树的计算

结点①:$EMV_1 = [500 \times 0.7 + (-30 \times 0.3)] \times 5 - 500 = 1\,205$

结点②:$EMV_2 = (200 \times 0.8 + 20 \times 0.2) \times 7 - 300 = 848$

结点③:$EMV_3 = (180 \times 0.7 + 30 \times 0.3) \times 8 - 400 = 680$

根据期望值方案选择,方案Ⅱ、Ⅲ上 B 产品、C 产品的方案期望值不是最大,因此被剪枝,方案Ⅰ期望值最大。故方案Ⅰ为最优方案。

(三)不确定型决策

不确定型决策是指决策者所要解决的问题有若干个方案可供选择,但对事件发生的各种自然状态缺乏概率资料。它只能依赖于决策者的主观经验,选择决策标准,择优确定决策方案。

【例 4.5】 某企业准备生产一种新产品,未来的销售情况只能预测出现畅销、销路一般、销路差三种自然状态,企业拟定了三种方案供选择:扩建生产线、新建生产线和技术改造。三个方案在不同自然状态下的损益值如表 4.6 所示。

表4.6　不同方案的损益表

收益　　状态 方案	销路好	销路一般	销路差
Ⅰ 扩建生产线	230	190	−30
Ⅱ 新建生产线	300	180	−60
Ⅲ 技术改造	170	120	30

在此情况下,决策者可以不同的决策标准和原则,选择他认为满意的方案。根据实践经验,不确定决策的标准有以下几种:

1. 乐观原则

乐观原则又称为大中取大法或最大收益值最大化法。此种方法是从最好处着想,决策者富于冒险精神。

通过表4.7可见,三种方案的最大收益值为{230,300,170},取其中最大者,得MAX{230,300,170}=300,即新建生产线方案获利最大。因此,选择新建生产线方案为最佳方案。

表4.7　不同方案的最大收益值

收益　　状态 方案	销路好	销路一般	销路差	最大收益值
扩建生产线	230	190	−30	230
新建生产线	300	180	−60	300
技术改造	170	120	30	170

2. 悲观原则

悲观原则又称为小中取大法或最小收益最大化法。此种方法是从最不利处着想,以不造成大的损失或风险性最小为原则,决策者不愿冒太大的风险而比较保守,它是力求从不利的情况下,寻求较好的方案,即从坏处着想,向好处努力。

通过表4.8可见,最小收益值为{−30,−60,30},在此取最大值,即MAX{−30,−60,30}=30,技术改造在最小收益中收益最大。因此,选择技术改造为最佳方案。

表4.8　不同方案的最小收益值

收益　　状态 方案	销路好	销路一般	销路差	最小收益值
扩建生产线	230	190	−30	−30
新建生产线	300	180	−60	−60
技术改造	170	120	30	30

3. 折中原则

折中原则又称为乐观系数法。决策者认为采用最好(乐观)或最坏(悲观)态度者是不现实的,既应对未来情况有比较乐观的态度,又要注意不利因素的影响,寻求一个较稳妥的方案。其做法是,首先考虑每一方案的最大收益和最小收益值,然后应用一个系数对最大收益值和最小收益值进行折中调整,算出它们得调整收益值,从调整收益值 EMV 中选择最大的方案作为决策方案。

$$EMV = a \times 最大收益值 + (1-a) \times 最小收益值$$

式中,a 为乐观系数,其取值范围在 $0 \sim 1$ 之间。其取值通常由决策者根据对获得最大收益的可能性的估计,自行主观选定。

若决策者估计 $a = 0.8$,则 $1 - a = 0.2$。

解上例得:

$$EMV_I = 230 \times 0.8 + (-30) \times 0.2 = 178$$
$$EMV_{II} = 300 \times 0.8 + (-60) \times 0.2 = 228$$
$$EMV_{III} = 170 \times 0.8 + 30 \times 0.2 = 142$$

比较计算结果,第二方案即新建生产线的收益最大,为最佳方案。

分析可见,由于 a 的取值不同,决策结果会存在差异。当 $a = 1$ 时,此方法就变为乐观原则决策法,当 $a = 0$ 时,则变成悲观原则决策法。故乐观原则决策法和悲观原则决策法为折中原则的特例。

4. 最小后悔值原则

最小后悔值原则又称为大中取小法或最大后悔值最小化法。在决策过程中,当某种自然状态出现时,决策者由于未选择到最佳方案而常常感到后悔。此种方法就是为了避免出现太大后悔而采用的一种决策方法。它是先计算出每种自然状态下,由于未采纳相对最佳方案而造成的"后悔"损失值,然后求出每个方案中的最大后悔值,最后再从几个方案的后悔值中选出最小的后悔值,与其对应的方案即为最佳方案。

首先,求出各自然状态下的后悔值。在销路好、销路一般和销路差三种自然状态下的最大收益为 300,190,30。据此各方案在各自然状态下的后悔值如表 4.9 所示。

表 4.9 各方案的后悔值

方案 \ 收益状态	销路好	销路一般	销路差	最大后悔值
扩建生产线	70	0	60	70
新建生产线	0	10	90	90
技术改造	130	70	0	130

由表 4.9 计算可知,扩建方案的后悔值最小,故扩建方案为最佳。

由以上可见,对同一问题,采用不同的决策标准会得出不同的甚至相反的结果。究竟采用哪种方法,取决于决策者的态度和经验。所以进行不确定型决策时,决策者的素质和能力起着重要的作用。

三、决策技巧

决策既是一门科学,又是一门艺术。为了提高决策的有效性,除了遵循科学的决策过程和方法外,还要不断提高决策技巧,在进行实际决策时,需要特别注意以下几点:

(一)有效地收集和利用信息

信息是决策的基础,决策的正确性在很大程度上取决于决策时所依据的信息的数量和质量。为了准确地理解问题、找出真正的问题症结和可能的解决方案,需要准确地收集和分析与问题相关的大量信息。这里不但要注意搜集信息的数量,而且要注意信息的质量,以避免无关信息的干扰,影响决策质量。

(二)正确利用直觉

直觉是人们下意识地根据自己以往的经历和经验对所面临的问题作出判断的过程。直觉可以帮助人们更好地处理不确定问题。直觉不是随意的猜测过程,而是建立在大量的实践和经验基础之上。直觉决策不是对严密的理性分析的替代,而是对理性分析的补充,二者相辅相成。一般而言,在理性分析的基础上再依据直觉作出的决策,其正确的概率比单纯地依赖理性分析或直接依靠直觉作出的决策更高。

一个优秀的管理者通常会正确地运用自己的直觉,在普通管理者尚未发觉之前就感知到问题的存在,在面临复杂的环境和决策时能够运用知觉对理性分析的结果进行检查,从而最终作出正确的抉择。

(三)克服决策过程中的心理障碍

在面临决策问题尤其是复杂的决策问题时,管理者的心理素质非常关键,因此,管理者要不断提高自身的心理素质,尽量避免以下三种倾向:

第一种倾向是优柔寡断。有些管理者在作决策时考虑最多的是如何避免风险,明哲保身,如何尽可能降低个人承担的风险,而不是考虑如何解决问题,因此作决策时总是犹犹豫豫,唯恐出错。

第二种倾向是急于求成。有些管理者在作决策时不考虑问题的根源,只是穷于应付,常常采用应急管理和直观管理方法,在考虑不周的情况下就贸然采取行动,结果是"欲速则不达"。

第三种倾向是过于追求完美。有些管理者在作决策时,总希望找到一个完美的解决方案,结果导致问题迟迟不能得到解决。在有限理性的情况下,只要决策方案可行,能解决问题,易于管理并满足目标要求就可以了。

(四)合理把握决策时机

为了提高决策的有效性,管理者应把握时机、审时度势。在时机尚未成熟的情况下,过早作出决策很可能得不到应有的效果;而拖延决策,可能会进一步扩大矛盾,带来不可收拾的后果。

(五)妥善处理错误的决策

管理者在作决策时由于各方面的原因,可能导致决策出现差错。有些管理者在决策出现失误时往往会进一步增加对先期行动的资源投入,以试图证明起初的决策是正确的,但结果常常是继续投入越多,最后的损失越大,因此,在出现决策失误时要防止失误升级。正确的做法是承认、检查、调整、改正,以避免不必要的更大损失。

本章小结

决策是指组织或个人为了实现某种目标而对未来一定时期内有关活动的方向、内容及方式的选择或调整过程。

从不同的角度,将决策问题分为各种不同的类型。决策具有目标性、可行性、选择性、满意性、过程性、动态性等特点。典型的决策模式有三种,分别为古典决策模式、行政决策模式和政治决策模式。

决策过程是一个对众多可行方案进行选择的分析判断过程。它包括发现或定义问题,明确决策目标,拟定可行方案,方案的比较和选择,执行方案以及检查与评价等阶段的工作内容。在从事这些工作的过程中,决策者要受到组织文化、时间、环境、过去决策以及决策者的个性特点等多种因素的影响。

决策方法分为定性和定量两种方法。定性决策法又分为群体决策法和确定活动方向的决策方法。其中群体决策法包括头脑风暴法、德尔菲法、名义群体法、电子会议等;确定活动方向的决策方法包括经营单位组合分析法和政策指导矩阵。定量决策方法针对确定型、风险型、不确定型等决策环境采用不同的方法。

思考与练习题

1. 选择题(可多选)

(1)下列不属于企业短期决策的是(   )。

  A. 投资方向选择   B. 人力资源开发

  C. 组织规模确定   D. 企业日常开销

(2)集体决策的优点是(   )。

  A. 能最大范围地汇总信息 B. 拟定更多的备选方案

  C. 能得到更多的认同   D. 更充分的沟通

E. 作出更好的决策
（3）经营单位组合分析法中所用的两个维度是（　　）。
　　A. 销售额　　　　　　　　　B. 相对竞争地位
　　C. 业务增长率　　　　　　　D. 投资回收期
（4）日常工作中为提高生产效率、工作效率而作出的、牵涉范围较窄的决策属于（　　）。
　　A. 战略决策　　　　　　　　B. 战术决策
　　C. 业务决策　　　　　　　　D. 管理决策
（5）针对要解决的问题，相关专家或人员聚在一起，在宽松的氛围中，敞开思路，畅所欲言，寻求多种决策思路，这种方法是（　　）。
　　A. 名义小组技术　　　　　　B. 头脑风暴法
　　C. 德尔菲技术　　　　　　　D. 电子会议法

2. 简述题
（1）什么是决策？如何理解其含义？
（2）集体决策有哪些优缺点？
（3）决策的影响因素有哪些？
（4）简述决策的应用技巧。

3. 案例分析

新民钟表公司

　　新民钟表公司位于W市城乡结合部，约有固定资产5 000万元，是一个拥有1 000人的国有中型企业。公司自1950年代成立以来，有过辉煌的历史。进入1990年代后，全国手表行业中除飞亚达、罗西尼等少数几个企业经营情况尚好外，大多数企业经营状况都不好，新民钟表公司也出现了经济效益恶化的局面。市轻工局撤换了企业原有领导班子，经过竞选，李茂盛担任了公司总经理。李茂盛一上任就大刀阔斧地精简机构，把公司科室人员由80人精简到40人，加强了现场管理和质量管理。

　　新民钟表公司主要产品是机械表和机芯。经市场调查，机械表在国内市场已不受欢迎，全行业销售额呈逐年下降趋势。公司年产机芯100万只，主要卖给中国香港地区的中间商，每个机芯的售价在12.6～12.7元之间。由于没有达到约1 000万只的生产规模，每个机芯的成本为12.5元左右，比同行厂家高出许多。公司生产的低档机械表在省外根本卖不出去，在本省的市场占有率已由前几年的10%下降到了5%，并且其主要购买对象在农村。

　　目前，企业实际上已处于亏损状态。李经理担心，一旦中国香港地区中间商停止订货，企业将陷入更大的困境。公司经过多次研究，认为必须搞多角化经营。为此，公司在厂区外租了几间房和一块空地，开设了餐厅与卡拉OK厅，建造了钓鱼池和游泳池，并办起了一个"新民度假村"。公司还进入了第一产业，办了养猪、养鸡、养兔场。

　　公司了解到在距公司100多公里的山区，许多农民开采铁矿砂非常赚钱。李经理通过亲自考察，并经全体员工讨论，决定开办新民铁矿砂厂。在征得有关金融部门同意后，公司召开了全体职工大会，李经理在会上说："当前公司严重亏损，机芯和机械表的销售情况不好，资金极为短缺。我们每个职工一定要认清形势，团结一心，黄土也能变成金。今天我动员大家集资自救，自力更生。我本人愿出1万元。希望同志们在保证生活不受影响的情况下，自愿集资，不要勉强。我们保证集资款的利率高于银行利息率。将来铁矿砂厂盈利后，再按资分红。尽快把铁矿砂厂办起来，就可以帮助公司解决当前发展的难题。"

在李经理的号召和带动下，仅两周时间，公司就集资100余万元。再从各车间抽调了得力人员，经过紧张的筹备，半年后新民铁矿砂厂就采用土法上马了。开工第一个月盈利40万元。李经理非常兴奋地说："我们现在是一、二、三产业并举，农工商齐上，照这样的势头发展下去，我们的公司是大有希望的。"

但是好景不长，过了不久，土法上马的铁矿砂厂出了事故，山坡上的废泥浆由于堆放过多，流进了农民的庭院，冲毁了几间民房。环保部门勒令新民铁矿砂厂停产并处以罚款。由于地理位置不好，游客不多，再加上经营不善，"新民度假村"也出现了亏损。公司的养殖业原来是由一个农大毕业生管理，但他认为公司没有发展前途，不久前离职而去。这些使李经理及公司陷入了极度困境之中。

资料来源：http://jxpt.cuit.edu.cn.

分析讨论：

（1）根据案例中给出的背景资料，你认为新民钟表公司还要不要继续生产机械表？并为其作出决策，说出你的决策的根据。

（2）新民钟表公司上马铁矿砂厂属于什么类型的决策？这个决策是否正确，为什么？

（3）你认为新民钟表公司对度假村、养殖业和铁矿砂厂的决策在哪些方面存在着共同性？为什么三个决策都不成功？

第五章
Chapter 5

计 划

【学习目的与要求】

通过本章的学习,要求学生掌握编制计划的程序;理解计划工作的含义;了解计划工作的种类和特征以及编制计划的方法;了解目标管理在组织管理中的重要作用,掌握目标管理的特性和过程;理解企业战略计划与战略管理的重要性。

【本章主要概念】

计划　规划　预算　滚动计划法　目标管理　战略计划　基本战略　战略管理

【案例导读】

华日证券上海营业部年度目标的确定与调整

华日证券有限公司分别在 1996 年与 1999 年进行了两次增资扩股。通过增资扩股,公司的实力与规模明显上了一个台阶,大大加快了公司发展的步伐。同时,华日证券有限公司的管理层也非常清醒地认识到,公司规模的壮大并不意味着公司管理水平也能够同步跟上,一个公司的成败在于管理,只要把管理抓好,其他工作就能步入正轨。为了提高公司的管理水平,公司决定从 1999 年起在公司全面推行目标管理。

根据公司目标管理的具体要求,总公司 1999 年的利润总目标定为 1.3 亿元,并具体分解为:经纪业务总部 6 000 万元,投资银行部 3 000 万元,投资部 4 000 万元。经纪业务总部拿到这一目标之后,又进一步向全国 16 个营业部进行分解。其中,上海营业部 1999 年的利润目标为 600 万元。上海营业部曾在 1998 年实现了 600 万的利润指标。根据总公司研究发展中心的专家分析的结果,1999 年出现大行情和特大行情的可能性小于 10%,因此,建议公司经纪业务总部在给下属营业部分解 1999 年目标时可以与 1998 年的实现利润持平或略有提高。

1999年5月19日至6月30日，中国证券市场著名的"5·19"行情爆发。在6月30日大盘收市之后，上海营业部的利润已达到800万元。与此同时，公司新的利润指标也下来了，要求上海营业部1999年全年完成1 100万的利润指标。

这样，原来已经超额完成全年利润指标的上海营业部的员工们想不通了。小张是营业部大户室的客户专管员。他认为，总部调整目标说明公司对目标管理的推行出尔反尔，工作作风太不严肃。小王是营业部的财务部经理，是名牌大学毕业的管理学硕士。他认为，如果目标经常改动，就说明它不是经过深思熟虑和周密计划的结果，那么这样的目标是没有意义的。因此，他对总公司的具体做法也抱有疑义。

营业部张经理则是将这一做法同以前实施的目标管理作比较。他认为，"以前指标下达主要是以历史数据为主要依据，并根据一定的增长百分比进行指标调整。如果上一年完成500万利润，则下一年的指标可能定在550万元左右。营业部为了使下一年下达的指标不是'水涨船高'，往往会在当年完成利润指标之后，要么就想方设法隐藏以后几个月产生的利润，要么就无所事事，一点没有增加全年利润的动力。对于好的营业部来说，最糟糕的就是'鞭打快牛'情况的发生。有些前期利润指标定得较高的营业部往往会被更高的利润指标压得喘不过气来。公司总部实施目标管理之后，本以为这种情况将一去不复返了，没想到目标管理下的利润指标也是可以随意调整的。"

资料来源：http://course.hzu.edu.cn.

【点评】

本案例的最大问题在于目标管理的方法。目标管理是指高层首先制订总目标，然后通知下属，下属根据总目标制订自己的目标，然后层层下达，直到每个员工根据上级的目标来制订自己的目标。也就是把总目标分解落实在每个部门，各个活动环节乃至于每个人，充分发挥员工的自主性。

本案例的症结在于：所有的目标都是由高层来制订的，然后下达给中层、基层管理者。

目标管理的核心在于：如果目标是员工自己指定的，他们会考虑到自己的目标必须实现，不能搬起石头砸自己的脚。所以员工在制订目标后会非常努力，希望目标实现。

第一节　计划概述

计划是所有管理职能中最基本的一项职能。计划的主要任务是确定任务和目标，拟订完成任务和达到目标的行动计划。计划工作是决策的逻辑延续，计划通过将组织在一定时期内的活动任务分解给组织的每个部门、环节和个人，从而不仅为这些部门、环节和个人在该时期的工作提供了具体的依据，而且为决策目标的实现提供了保证。

一、计划的内涵

(一)计划的含义

从名词意义上讲,计划是指用文字和指标等形式表述的组织以及组织内不同部门和不同成员在未来一定时期内关于行动方向、内容和方式安排的管理文件。

所谓计划工作是从动词意义上表示计划的内涵,就是根据社会的需求以及组织的自身能力,确定出组织在一定时期的奋斗目标,通过计划的编制、执行和检查,协调和合理安排组织各方面的活动,有效地利用组织的人力、物力和财力资源,取得最佳的经济效益和社会效益。

计划工作有广义和狭义之分。广义的计划工作是指制订计划、执行计划和检查计划三个阶段的工作过程;狭义的计划工作是指制订计划,即根据组织内、外部的实际情况,权衡客观的需要和主观的可能,通过科学的预测,提出在未来一定时期内组织所需达到的具体目标及实现目标的方法。因此,计划工作是对决策所确定任务和目标提供一种合理的实现方法。

计划的内容常用五个"W"和一个"H"来表示:

Why——为什么做?明确计划工作的原因和目的。

What——做什么?明确活动的内容和要求。

Who——由谁做?规定哪些部门和人员负责实施计划。

Where——在什么地方做?规定计划的实施地点。

When——在什么时间做?规定计划中各项工作的开始时间和完成时间。

How——怎样做?制订实现计划的手段和措施。

(二)计划的特性

计划是管理的基本职能,有其十分独特的特性。只有准确把握这些特性,才能够做好计划管理工作。计划的具体特性如下。

1. 计划的首要性

计划是整个管理工作的第一步,任何组织活动及其管理都始于计划工作,有了计划之后才能开展业务和管理活动。组织的一切管理活动都是为支持和保障实现计划而展开的,因为计划是对于组织业务活动和组织管理活动的全面安排。例如,一个企业必须先有计划,然后才能开展各种业务和管理活动。所以,对于组织而言,计划是首要的管理工作。

2. 计划的普遍性

计划工作是渗透到人类各种组织和各种活动中的一项普遍性管理工作。任何组织的各级管理人员都需要担负计划的职责和工作,同时这也是管理人员参与最多和最普遍的一项管理工作,甚至在某些情况下计划是工作量最大的管理工作,因此,计划具有普遍性。例如,许多投资项目需要大量的计划工作,从立项到可行性分析都属于计划工作的范畴,即使是项目变更的提出和审批,也都属于计划变更管理的内容。

3. 计划的预测性

计划的预测性是不言而喻的,计划是在尚未开展行动之前的一种预先安排。计划中所使用的很多依据和条件都是预测的或假设的,预测不当或失误将会导致错误的计划,这样不仅无法实现组织的既定目标,而且会浪费组织的大量资源。实际上,计划工作中最主要的内容就是开展预测和预计,以及对于这些预测和预计的评估。由于在开展计划工作的时候各种计划的条件和情况还尚未发生,这些预测和预计必然都带有一定的不确定性。计划安排和行动方案的设计与选定,以及组织资源的配置等都是假定的。因此,计划具有预测性,并且由此导致计划具有一定的不确定性和风险性。

(三)计划的作用

计划最主要的作用是保证组织目标的实现。《孙子兵法》中有关"胜兵先胜而后求战,败兵先战而后求胜"的至理名言,意思是说,胜利者都是先做好计划再去作战,所以胜利者胜在计划安排上;失败者总是先开战然后再去安排计划,所以永远是失败者。可见,计划具有决定成败的至关重要性。经过科学周密的分析研究制定的计划具有以下几方面的作用。

1. 计划是管理者开展领导职能的依据

管理者在计划制订之后才可以依据计划去布置工作,所以计划是管理者开展领导职能的依据。管理者要依据计划向组织中的部门或人员分配任务,进行授权和分配职责并领导员工按计划开展行动。在这一过程中,管理者必须按照计划去指挥和协调。

2. 计划是管理者制定控制标准的出发点

组织在计划实施的过程中,要求管理者必须进行控制工作。管理的控制职能就是按照计划规定的时间、任务和要求的指标,不断对照检查活动的结果与计划是否存在偏差,必要时采取纠偏措施去消除偏差,从而保证能够按时、按质、按量地完成计划。在这一过程中,控制标准是根据计划来制订的,所以没有计划做依据就无法开展控制。

3. 计划是降低未来不确定性的手段

计划是面向未来的,因此,在编制计划过程中必须对未来的各种变化进行合理的估计和预期,预测各种发展变化对组织和计划带来的影响。计划的编制者在编制计划时,依据历史和现状信息对未来发展变化作出分析、预测与推断,从而制订出更加符合未来发展变化的计划。计划工作中的预测和分析可以使管理者更好地、充分地认识未来的发展变化,从而降低未来的不确定性。

4. 计划是提高效率与效益的工具

在编制计划的过程中,有一项很重要的工作是进行综合平衡。其目的是使未来组织活动中的各个部门或个人的工作任务与资源占用能够达到均衡或基本均衡。通过计划综合平衡工作可以消除未来活动中的许多重复、等待、冲突等各种无效活动,进而消除或减少无效活动所带来的浪费。综合平衡工作还会增进资源有效配置和活动的合理安排,提高组织的工作效率。

5. 计划是激励员工士气的方法

计划中包括目标、任务、时间安排、行动方案和资源配置等,其中目标具有激励作用。心理学有关研究发现,在接近完成某项任务的计划时,会产生一种"终末激发"效应,即在工作已经出现疲劳的情况下,当看到计划将要完成时会受到一种激励,使工作效率又重新上升,从而一直坚持到完成计划和实现组织目标。

二、计划的类型

计划的种类很多,为便于研究和指导实际工作,可按不同的标准对计划分类。

(一)按计划内容的表现形式分类

按照不同的表现形式,可将计划分为宗旨、目标、策略、政策、程序、规则、规划、预算等。

1. 宗旨

任何一个组织都应该具有自己的宗旨或目的,这种宗旨或目的是社会对该组织的基本要求。明确的宗旨或目的是制订有意义的目标所必需的,它回答了组织是干什么的和应该如何干的问题。

2. 目标

目标是在一定时期内要达到的具体成果,是为实现组织宗旨或目的而提出的。目标不仅是计划工作的终点,而且是组织工作、人员配备、指导与领导以及控制等活动所要达到的结果。

3. 策略

策略是指确立组织的基本长期目标,合理分配必需的资源以实现组织目标。例如,福特汽车公司早期决定向市场投入廉价的标准化汽车,它的经营策略是尽量降低生产成本,采用大批量生产装配线;产品标准化、规格化,实现零件可互换;组织庞大的销售网。

4. 政策

政策是指在决策或处理问题时,指导及沟通思想活动的方针和一般规定。政策指明了组织活动的方向和范围,鼓励组织做什么和限制做什么,以保证行动同目标一致,并有助于目标的实现。

在正常情况下,各级组织都有政策,从公司的重大政策、部门的主要政策,到适用于最小部门组织的小政策。制定政策有助于事先解决问题,不需要每次重复分析相同情况,从而使主管人员能够控制全局。政策必须保持一贯性和完整性。

5. 程序

程序规定了如何处理那些重复发生的问题的方法、步骤。通俗地讲,程序就是办理手续,是对所要进行的行动规定时间顺序。程序是行动的指南,而不是思想的指南。因此,程序是详细列出必须完成某些类活动的准确方式。例如,公司政策规定工作人员享有假期,为实施这项政策所建立的程序编制了度假时间表,制订了假期工资率、支付办法以及申请度假的详细说明。

6. 规则

规则是对具体场合和具体情况而言,允许或不允许采取某种特定行动的规定。规则也是一种计划,只不过是一种最简单的计划。规则常常与政策和程序相混淆,应特别注意区分。规则不是程序,因为规则指导行动,而不说明时间顺序。可以把程序看做是一系列规则的总和。政策的目的是要指导决策,并给管理人员留有酌情处理的余地。虽然规则有时也起指导作用,但是在运用中没有自行处理的权力。

7. 规划

规划是综合性的计划,是为实现既定目标、政策、程序、规则、任务分配、执行步骤、使用资源以及其他要素的复合体。因此,规划工作的各个部分的彼此协调需要严格的技能,以及系统的思考和行动的方法。通常情况下,规划需要预算的支持。

8. 预算

预算作为一种计划,是一份用数字表示预期结果的报表。预算又被称为"数字化"的规划。例如,财务收支预算可称之为"利润计划"或"财务收支计划"。一个预算计划可以促使上级主管对预算的现金流动、开支、收入等内容进行数字上的整理。预算也是一种控制手段,它迫使人们制订详细的计划,所以它使计划工作更细致、更精确。

(二)按企业管理职能分类

根据企业部门管理职能的不同分类,可以将计划分为生产计划,财务成本计划,供应计划,劳资计划,安全计划,人员培训计划,研究与开发计划,销售计划等。这些计划通常是与组织中按职能划分的管理部门的组织结构体系相对应的。

(三)按计划的内容分类

按计划的内容分类可以分为专项计划和综合计划。专项计划又称为专题计划,是指为完成某一特定任务而拟定的计划,如基本建设计划、新产品试制计划等。综合计划是指对组织活动所作的整体安排。综合计划与专项计划之间是整体与局部的关系。专项计划是综合计划中某项重要项目的特殊安排,它必须以综合计划为指导,避免同综合计划相脱节。

(四)按计划完成的时间分类

按计划完成的时间分类,可以将计划分为长期计划、中期计划和短期计划。

(1)长期计划。长期计划大多是战略计划(通常在五年以上)。它规定组织在较长时期内的目标以及为实现目标所应采取的措施和步骤,规定组织的各个部门在较长时期内从事某种活动应达到的目标和要求,绘制组织长期发展的蓝图。

(2)短期计划。短期计划通常是指年度计划(大多是一年)。它是根据中长期计划规定的目标和当前的实际情况,对计划年度的各项活动所作出的总体安排,特别是最近的时段中,应该从事何种活动,从事该种活动应达到何种要求,因此为各组织成员在近期内的行动提供了依据。

(3)中期计划。中期计划则介于长期计划和短期计划之间。

以上三种计划相互衔接,反映了事物发展在时间上的连续性。

(五)按计划内容的明确性分类

根据计划内容的明确性标准,可以将计划分为具体性计划与指导性计划。

(1)具体性计划。具体性计划具有明确规定的目标,不能模棱两可。比如,企业销售部经理打算使企业销售额在未来6个月中增加20%,便会制订明确的程序、预算方案以及日程进度表,这便是具体性计划。

(2)指导性计划。指导性计划只规定某些一般的方针和行动原则,给予行动者较大自由处置权。它指出重点,但不把行动者限定在具体的目标上或特定的行动方案上。比如,一个增加销售额的具体计划可能规定未来6个月内销售额要增加20%,而指导性计划则可能只规定未来6个月内销售额要增加15%~20%。相对于指导性计划而言,具体性计划虽然更易于执行、考核及控制,但是缺少灵活性。

三、计划的程序

计划职能是管理的最基本职能。由于管理的环境是动态的,所以管理活动是个发展变化的过程。计划作为行动之前的安排,必须是一种连续不断的循环。灵活的计划必须有充分的弹性,计划,再计划,不断循环,不断提高。任何计划工作的步骤都是相近的,包括以下内容:机会分析、确定目标、确定前提条件、确定可供选择的方案、比较各种方案、确定方案、制订派生计划、通过预算使计划数字化等。

(一)估量机会

估量机会是在实际的计划工作之前就着手进行的,是对将来可能出现的机会的估计,并全面清楚地了解、估量这些机会。估量机会不仅涉及对环境的把握,而且涉及对组织自身条件的把握。对于机会和条件,应从尽可能充分利用资源的角度出发,最大限度地发挥组织在认识和行为上的独立性、能动性和创造性。能否把既有现实可能性又能最大限度地推动组织发展的未来目标确定下来,就取决于这一估量。对机会的估量包括机会的客观性、影响因素和组织把握机会的风险、能力、结果等。计划工作需要对各种机会的各个方面的情况作出现实的判断。总之,编制计划之前首先需要实事求是地对机会的各种情况进行判断。严格地讲,估量机会是计划工作的真正起点,必须在估量机会的基础上确定可行性目标。

(二)确定目标

制订计划的第二步骤是确定整个组织的目标,然后确定每个下属工作单位的目标以及长期的和短期的目标。计划工作的目标是指组织在一定时期内所要达到的效果。它指明所要做的工作有哪些,重点在哪里,以及通过策略、政策、程序、预算、规划等所要完成的任务。一个组织往往有许多目标,组织一定时期的目标应当为其所有的主要计划指明方向,而这些主要计划又以反映这些目标的方式规定一些主要部门的目标。主要部门的目标又控制着它所属下级单位的目标,逐级依此类推。作为一个组织,应在哪些主要方面制订出自己的目标呢?管理学家们在这方面进行了许多研究,并提出了很多建议。其中,彼得·德鲁克提出的建议最具有代表性。德鲁克认为,凡是经营管理成功的企业都在市场、生产力、发明创造、物质和金融资源、人力资源、利润、管理人员的行为表现及培养发展、工人的表现及社会责任等方面有自己的目标。具体说来,包括以下内容:

①市场方面,应表明本公司希望达到的市场占有率或在竞争中占据的地位;
②技术改进与发展方面,对改进和发展新产品,提供新型服务内容的认识及措施;
③提高生产率方面,有效地利用各种资源,最大限度地提高产品的数量和质量;
④物质和金融资源方面,获得物质和金融资源的渠道及其有效利用;
⑤利润方面,用一个或几个经济指标表明希望达到的利润率;
⑥人力资源方面,人力资源的获得、培训和发展,管理人员的培养及其才能的发挥;
⑦职工积极性发挥方面,发挥工人在工作中的积极作用,激励和报酬的支付等措施;
⑧社会责任方面,注意本公司对社会产生的影响。

德鲁克提出的一些基本目标只适用于企业公司。对非赢利性事业组织,如医院、学校、政府部门等,则很不适用。为此,沃伦·本尼斯在1969年发表的《组织发展》一文中提出了自己的观点。本尼斯认为所有的组织都希望能实现下列六个基本目标:

①阐明组织的目标和战略目标;
②组织的总目标与各有关方面的具体目标有机地结合;
③社会影响方面应作出公平而积极的贡献;
④合作应能有效地掌握和处理各种矛盾;
⑤适应性方面要能适应社会环境的变化;
⑥振兴组织的活力方面能够做到在动荡、萧条中求生存、求发展。

(三)确定前提条件

计划工作就是要确定一些关键的前提条件。计划工作的前提条件就是计划工作的假设条件,即计划执行时的预期环境。比如,对一个公司来说,将有什么样的市场?销售量有多大?什么价格?提供什么产品?将有哪些技术开发?成本多少?什么样的工资率?政治和社会环境如何?通过什么途径筹集资金扩大业务?长期趋势将怎样?诸如此类问题很多。总之,计划前提的预测内容要比通常的基本预测内容复杂一些。由于计划的未来情况比较复杂,要想对每个细节都作出预测是不可能的。因此,应选择那些对计划工作具有关键性的、有战略意义的、对执行计划最有影响的因素进行预测。

(四)确定可供选择的方案

确定前提后,接下来计划工作就是探索和考查可供选择的行动方针,对于那些不是一眼就能看清的行动方针要给予特别注意。制订一个计划往往要有几个可供选择的方案,选择方案不是找可供选择的方案,而是减少可供选择的方案的数量,以便对最有希望的方案进行分析。另外,虽然当今可以借助数学方法和计算机寻找可供选择的方案,但通常还是要对备选方案的数量进行限制。计划工作者常常有必要通过初步考查把备选方案的数目减少为最有成功希望的几个,或者通过近似的计算过程,用数学方法排除那些希望较小的方案。因此,在管理实践中,管理者发掘方案与正确选择方案,具有同等的重要性。

（五）比较各种方案

找出各种备选方案并考查了它们各自的优缺点以后,接下来计划工作就是按前提条件和目标来权衡各种因素,对各个方案进行比较。计划工作的特点是充满不确定性,在大多数情况下,可供选择的方案很多,而且又有大量可变因素和限定条件,所以对备选方案的评价工作可能是非常复杂的。通常备选方案可能有几种情况:有的方案最有利可图,但需要投入的资金多且回收慢;有的方案看起来可能获利较少,但风险也小;还有的方案对长远规划有益等。因此,在计划工作的这一步骤中有必要运用现代计算机科学和计算技术等手段,再结合计划人员在工作中积累的经验和直观判断能力,根据组织的目标来选择一个最合适的方案。

（六）确定方案

确定方案是作出决策的实质性的一步。在选择最佳方案时应考虑两个方面:一是应选出可行性、满意性和可能带来的结果三者结合得最好的方案;二是应选出投入产出比率尽可能大的方案。有时可能会发现两个可选的方案,在这种情况下,必须确定出首先采用哪个方案,将另一个方案也进行细化和完善,并作为备选方案。

（七）制订派生计划

作出决策之后就要制订派生计划。派生计划是总计划下的分计划或者叫辅助计划。基本计划靠各辅助计划来扶持。例如,在工业生产中,除了制订产销计划,还必须制订工艺装备计划、设备维修计划等。

（八）通过预算使计划数字化

计划工作的最后一步就是预算,即把计划转为预算,使整个计划在大体上数字化。预算实质上是资源的分配。组织的综合预算表明其收入、支出和盈余的预算总额。其所拥有的每一个部门或所制订的每一个方面的方案都有各自的预算,这些预算又汇总为综合预算。如果预算工作做好了,它可以成为汇总各类计划的一种工具,也可以成为衡量计划工作的重要标准。

四、编制计划的方法

计划工作的效率高低和质量好坏,在很大程度上取决于计划编制的方法。传统的计划方法是综合平衡法,现在已难以适应组织所面对的复杂而多变的外部环境。现代计划方法大量采用数学、计算机科学的成果,如线性规划、非线性规划、网络计划法、概率论和数理统计等,不仅大大提高了计划工作的质量,而且大大加快了计划工作的进度。下面论述几种主要的方法。

(一)滚动计划法

滚动计划法是一种定期修订未来计划的方法。这种方法根据计划的执行情况和环境变化情况定期修订计划,并逐期向前推移,使短期计划、中期计划和长期计划有机地结合起来。由于这种方法在每次编制和修订时,都要根据前期计划执行情况和客观条件的变化,将计划向前延伸一段时间,使计划不断滚动、延伸,所以称为滚动计划。例如,五年计划规定每年编制一次,每次向前滚动一年;年度计划规定每季度(或半年)编一次,每次向前滚动一季。五年计划滚动编制的程序如图 5.1 所示。可以看出,近期详细计划执行完毕后,根据执行情况和内外部因素的变动情况对原计划进行修正细化,此后便根据同样的原则逐期滚动,每次修正都向前滚动一个时段,这就是滚动计划法。

图 5.1　计划滚动编制程序

这种方法的优点是很明显的:这种计划方法推迟了对远期计划的决策,增加了计划的准确性,提高了计划工作的质量;同时这种计划方法使长、中、短期计划能够相互衔接,既保证了长期计划的指导作用,使得各期计划能够基本保持一致,也保证了计划应具有的基本弹性,特别是在环境剧烈变化的今天,有助于提高组织的应变能力。

滚动计划法的缺点是加大了计划的工作量,如果是制订五年计划,按照滚动计划法每年向前滚动一年,则每年都需既要部分地对原计划进行修正细化,又要重新制订一个新的五年计划。对此,一般的组织可能承受不了或者认为没有必要。因此,对于滚动计划法可以做适当的变通,可以在整个计划期内进行逐期的修正细化。例如,可以对五年计划进行每年的修正细化,但在每次修正的同时不一定要向前延伸一期。这样就可以大大减少工作量,并使长期计划保持相对稳定。

(二)网络计划技术法

网络计划技术的原理就是把一项工作或项目分成各种作业,然后根据作业顺序进行排列,通过网络图对整个工作或项目进行统筹规划和控制,以便用最少的人力、物力、财力资源和最快的速度完成工作,保证取得最佳的经济效益。网络计划技术法也称为关键路线法,在我国也叫做统筹法,是利用网络理论制订计划并对计划进行评价、审定的技术方法。尤其当一项计划需要协调很多活动,而且活动之间又存在着紧密的时间序列关系时,网络计划技术法就十分有效。管理者可以借助网络图找出完成计划的关键路径,以便比较各种不同行动方案在进度和成本方面的效果。下面以建筑的施工过程为例,简单介绍网络计划技术法的工作步骤:

(1)确定完成目标所需进行的各项活动。

(2)确定以上活动的先后顺序以及各自所需的时间。

表 5.1 某房屋建筑工程描述

工序	工序时间(周)	紧前工序
A 审计设计和批准动工	10	—
B 开挖地基	6	A
C 立屋架和砌墙	14	B
D 搭楼板	6	C
E 安装窗户	3	C
F 搭建屋顶	3	C
G 室内布线	5	D、E、F
H 安装电梯	5	G
I 铺地板和嵌墙板	4	D
J 安装门和室内装饰	3	H、I
K 工程验收	1	J

(3)用箭头代表一次活动的完成过程,其上的数字是完成该项活动所耗费的时间,用圆圈代表某项活动的完成,从开始到结束绘制网络图,如图 5.2 所示。

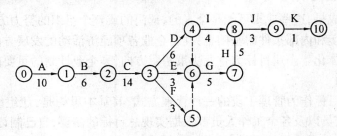

图 5.2 房屋建筑工程网络图

(4)找出其关键路径,即完成该项活动所需时间最长的那条路径。显然,图 5.2 中的关键路径是 A→B→C→D→G→H→J→K,所需的时间是 10 +6 +14 +6 +5 +5 +3 +1 = 50(周),这是完成目标的最长路径,其中任何活动的延迟都将导致项目总工期的延迟。标志出项目的关键路径的最大好处就是明确了项目活动的重点,便于优化对项目活动的资源分配。当管理者计划缩短项目完成时间,节省成本时,就要把考虑的重点放在关键路径上。在资源分配发生矛盾时,可适当调动非关键路径上活动的资源去支持关键路径上的活动,以最有效地保证项目的完成进度。

(三)线性规划法

线性规划法就是通过建立线性规划模型来求解最优方案。使用线性规划法编制经营计划时,必须解决两个问题:一是当计划任务已经确定,如何统筹安排,才能做到以最少的资源去完成任务;二是在资源量确定后,如何合理地使用与分配,使得完成的计划任务最多,完成的质量最好。

第二节 目标管理

在计划过程中有一种十分特殊的计划管理的方法,即目标管理的计划方法。目标管理(Management by Objectives,MBO)是一种全面的、综合的管理活动,是美国管理学家彼得·德鲁克1954年提出的。他认为企业经理的任务就是创造一个整体。企业经理既是"作曲家"又是"指挥家",要在每一个决定和行动中协调近期与远期的目标。通过目标的制订和分解,在企业内部建立起纵横交错的完整目标连锁体系。企业管理工作主要是协调总目标之间,总目标和分目标之间以及分目标之间的关系,并考核监督目标的完成情况。目标管理方法的重点是让组织中的各级管理人员都能够围绕既定目标开展计划和计划管理并最终完成计划。

一、目标管理的含义

(一)目标管理的实质

目标是期望的成果,这些成果可能是个人的、部门的或整个组织的努力方向。企业目标是在分析企业外部环境和内部条件的基础上,确定企业各项经济活动的发展方向和奋斗目标,是企业经营思想的具体化。企业目标为企业决策指明方向,是企业计划的重要内容,也是衡量企业实际绩效的标准。

目标管理是以目标作为管理手段的一种管理方式,其基本思想是:让组织内各层次、各部门、各单位的管理人员以及各个工作人员都根据实现总目标的需要,自己制订或者主动承担各自的工作目标,并在实现目标的过程中实行"自我控制"。

在目标管理方式下,由于每一个目标都规定了下级为实现组织的总目标所要作出的贡献,使得组织中所有的努力都自觉地朝向一个共同的方向。将外部控制变为更严格的、要求更高的、更有效的内部控制,所以能充分发挥下级的长处和责任心。下级的行动不再是因为别人要他做什么或者命令他去做什么,而是基于客观的、主动承担的任务自己去做。

目标管理的实质就是:以目标作为各项管理活动的指南;以目标来形成组织的向心力和综合力;以目标来激励和调动广大组织成员的积极性;以目标的实现程度来评价每个单位和个人的工作好坏和贡献大小。

(二) 目标的性质

目标是组织经营思想的集中体现。企业经营思想是企业开展经营活动的指导思想和理念。经营思想是看不见、摸不着的,企业管理者必须将其具体化为企业目标,才可能使其成为企业的共同追求。企业是由人组成的群体,企业活动就是人的群体活动。只有当企业群体建立了共同的理念,每个人都为企业的共同目标而工作,企业目标的实现才有了人员保障。在目标管理方式下,组织不再是只有一个总的目标,因此要求目标具有如下性质:

1. 目标的多重性

目标具有多重性。企业寻求生存和发展,既要为资产所有者谋求利润,又要向消费者提供满意的产品和服务,并对社会承担一定的责任。如果企业只寻求某一个具体单一目标,或一味追求自身利润和眼前利益,就会损害企业的长远发展。企业目标作为衡量企业履行其使命的标志,单一指标无法胜任。相互联系、相互支持的目标群才能构成企业总目标。企业组织对各级主管下达的任务必须化为目标,组织通过这些目标对下级进行领导。如果没有方向一致的分目标来指导各级主管人员的工作,则组织规模越大,人员越多时,发生冲突和浪费的可能性就越大。

2. 目标的系统性

以专业化协作为原则进行细分后的目标必须建立起有机的联系,形成目标网络。组织的总目标通常是通过相互制约的各项工作来实现的。因此,细分以后的目标应具有系统性,根据系统化的要求确定与每一项分目标相对应的权力和责任,形成组织各级之间和诸多方面之间的有机联系。

3. 目标的多元性

组织的总目标通常具有多元性。组织要通过分目标来领导下级,就必须使分目标也同样具有多元性。目标的多元性可以表现为各种形式,如数量和质量,生产和销售,经营和战略,效果和效率,投入和产出,简单再生产和扩大再生产,积累和消费等。

拉·柯·戴维斯等学者指出,企业目标可分为主要目标、并行目标及次要目标。为全面完成这些目标,必须依据目标的重要程度,在完成最重要目标的同时,兼顾其他目标。主要目标由企业性质决定,是贡献给企业顾客的目标;并行目标可分为个人目标、社会目标,是为企业的关系人服务的目标;次要目标是贡献给企业本身的目标。次要目标是企业实现高效生产的前提和保障。只不过与主要目标、并行目标相比,它是相对次要的。

彼得·德鲁克指出,企业的性质本身需要多重目标。在每一个领域中,只要企业绩效和成果对企业的生存和兴盛有直接的利害关系,就需要订出目标来。这些领域受到管理部门每一项决定的影响,因此管理部门在做任何一项决定时都要考虑到它们。他认为,有八个领域必须订出绩效和成果的目标来。这八个领域是:市场地位,创新,生产率,物质和财务资源,可盈利性,经理人员的业绩和培养,工人的工作和态度,社会责任心。后三个领域虽然比较抽象,但如果忽视了经理人员的业绩和培养、工人的工作和态度、社会责任心,企业就会在市场地位、技术水平、生产率和利润上造成损失，最终导致企业丧失生命力。

4. 目标的层次性

企业目标要通过各个部门和各环节的生产经营活动去实现。因此，需要各部门围绕总目标制订出本部门目标，作为子目标应支持总目标的实现。企业管理层次的差异决定目标体系的垂直高度。企业目标就成了一个有层次的体系和网络。这种层次性体现为企业目标从综合的企业总目标到具体化为各管理层的中层目标，直至特定的个人目标。在目标体系中，除了纵向目标的指导与保障关系外，各相同层次目标之间也必须具有协调的协作关系。纵横交错的目标体系保证各部门的经营活动实现紧密衔接。

不仅各分目标之间要建立起有机联系，而且每一个多元化目标的各个方面也要分清主次。区分主次目标既是为了明确各个方面的协调基准，也是为了明确资源分配的优先次序。为了便于管理，应尽量减少目标多元化的数量并突出重点。

5. 目标的时间性

目标的时间性既要求长期目标短期化，又要求短期目标长期化。忽视长期目标短期化就无法确定长期目标实现的先后次序，甚至使制订的目标成为一纸空文。忽视短期目标长期化，很可能使短期目标无法实现或阻碍长期目标的实现，甚至以放弃长期目标为代价。

6. 目标的可考核性

按目标的可考核性可以将目标分为定性目标和定量目标。使目标具有可考核性的最方便的办法就是使之定量化（精确化）。但许多不可缺少的目标是不宜用数量来表示的，称为定性目标或者模糊目标。定性目标可以通过对目标加以详细说明、用一组相关目标的特征、规定目标的完成日期、采用评分法等办法来提高它的可考核性。

7. 目标的变动性

企业目标的内容和重点是随着外界环境、企业经营思想、自身优势的变化而变化的。从企业发展史的角度看，企业目标的内容日趋丰富。从泰勒时代单纯的利润目标，到强调人际关系，注重工作丰富化，企业目标的制订一直是眼睛向内，强调企业内部资源的挖掘；第二次世界大战以后，顾客至上的企业目标日益普及；当今，企业目标中融入了社会责任，提倡绿色管理的内容；政府对企业的干预，又决定了企业目标必须与政府的政策相一致。另外，企业作为市场竞争主体，竞争环境的变化，以及对自身核心能力的思考，也在一定程度上决定了在不同时间上企业目标是不同的。

（三）目标的作用

若通过目标对下级进行领导则取决于目标能否起到以下作用：

1. 说明要得到的最终结果

如果要使下级能够根据最终结果的要求来安排好各项活动，完成整个工作过程，那么在这一最终结果实现以前应保持相对稳定。能否保持相对稳定，关键在于能否保证这一结果在取得时与当时的环境相适应。

2. 激励组织成员

要使目标能起到激励组织成员的作用,应尽可能使他们认识到这样的目标既是客观的需要,也是他们自己的追求。同时有可能使他们在目标的实现过程中充分发挥自己的聪明才智,并且使他们认识到目标的实现是与切身利益紧密相关的。

3. 凝聚组织成员

当目标能够充分体现组织成员的共同利益,每一个分目标都明确地指向总目标时,就能发挥出巨大的凝聚力作用。大家既有明确分工,又紧紧围绕共同目标密切合作,相互支持、主动配合、甘苦与共、和谐一致。

4. 提出考核工作的客观标准

明确具体并尽可能量化的可考核目标使得上级对下级工作的考核可以依据客观标准来进行。如果对下级的考核仅凭上级的主观印象,则会鼓励下级尽量按上级的意图行事,放弃按照客观情况独立发挥能动作用的努力。

(四)确定目标的原则

1. 现实性原则

目标的确定要建立在对企业内外环境进行充分分析的基础上,并通过一定的程序加以确定,既要保证目标的科学性,又要保证其可行性。

2. 关键性原则

企业作为社会经济组织,要以合理的成本为社会提供商品和服务。实现这一宗旨的企业发展目标很多。企业必须保证以有关大局的、决定经营成果的内容作为企业目标的主体,面面俱到的目标会使企业无所适从。

3. 定量化原则

目标要实现由上至下的逐级量化,使其具有可测度性。一方面,通过对量化目标完成情况的监控,保证企业总目标的实现。另一方面,通过职工具体目标与企业总目标的衔接,使职工更容易感受到自身工作对企业目标实现的贡献,有利于激发职工的积极性。

4. 协调性原则

各层次目标之间、同一层次目标之间要协调,保证分目标实现的同时,企业总体目标稳定实现。

5. 权变原则

目标并不是一成不变的,应根据外部环境的变化及时调整与修正,使其更好的实现企业的宗旨。比较而言,企业长期目标应保持一定的稳定性,短期目标要保持一定的灵活性。

二、目标管理过程

(一)确定总目标

总目标的建立是目标管理实施的第一阶段,主要是指企业的目标制订和分解过程。由于企业目标体系是目标管理的依据,因而这一阶段是保证目标管理有效实施的前提和保证。

从内容上看,企业目标首先应明确企业的使命和宗旨,并结合企业内外环境决定一定期限内的工作具体目标。传统的目标设定过程是由企业的最高管理者完成的,然后分解成各级分目标,最后落实到个人目标。

开展目标管理,首先要确立为组织全体成员所接受和认可的总目标。为此还应向职工详细说明组织所处的环境和面临的问题、总目标的内容、实现的可能性、实现后对组织的意义等,并充分听取广大职工的意见,逐步形成共识。

在目标设立过程中应注意以下几点:

①目标要略高于企业当前的生产经营能力,保证企业经过一定努力能够实现。目标过高,会因无法完成任务而使职工丧失信心;目标太低,则失去了激发工作热情的意义。先进性与可行性要实现统一,在对职工的能力进行充分的认定基础上确定目标的水平。

②目标要保证质与量的有机结合,尽可能量化企业目标,确保目标考核的准确性。

③目标期限要适中。在大多数情况下,目标设置可以与年度预算或主要项目的完成期限相一致。将长期目标分解为一定的短期目标,有利于目标的监督考核,也有利于保证企业长期稳定发展。

④目标数量要适中。目标少而精,有利于在行动中保证重点目标的实现。

(二)目标的分解与落实

目标分解是把企业的总目标分解成各部门的分目标、个人目标,使企业所有员工都乐于接受企业的目标,并且在完成这一目标中承担自己应承担的责任。企业总目标按组织管理的层次进行分解,形成目标连锁体系。企业有数个部门目标支持总目标,由数个基层单位目标支持部门目标。目标与目标之间,相互关联,彼此呼应,融为一体。下级自己制订或者主动承担的目标,应直接地成为上级目标的一部分或者实现上级目标的手段。分解展开以后的目标体系必须与组织结构相吻合,使每一项目标都落到实处。在吻合过程中,原有的组织结构与新的目标体系时常会存在差异,其表现为有一些重要的目标找不到对此负全面责任的部门,而有些部门又很难为其确定目标,这种情况的出现很可能导致对组织结构的调整。

目标分解应注意以下几点:

①目标要突出重点,与企业总目标无关的其他工作不必列入各级分目标;

②目标体系的逻辑要严密,纵横形成网络,体现出由上到下越来越具体的特点;

③鼓励职工积极参与目标分解,尽可能把目标分解工作由"要我做"变为"我要做";

④目标分解完毕,要进行严格的审批。明确责任并承诺提供完成目标的条件,保证目标的严肃性。在进行目标审批时,要详细分析目标的科学性与可操作性。

(三)平衡与协调

组织各层次、各部门、各单位以及每个人的目标定位以后,还必须从系统总体的角度进行综合平衡,以免遗漏、重复或冲突。这种协调和平衡工作有三个方面,即上下级之间、同级的各单位之间以及总体上的平衡协调。

（四）确定目标并授予相应的权力

综合平衡以后的目标要用责任书或者其他形式将目标的内容、完成的时限、质量要求、所需权限、奖惩办法等规定下来,它对目标承担者及其上级都具有约束力。尽量实行自主管理,对于上级来说放手让下级自主管理并不等于放任不管。在行政关系下,上级授予下级权力以后仍然要承担其所授职权行使后果的最终责任。因此,放权以后上级仍有责任对下级的工作进行指导、检查和提供帮助,但不能随意进行行政干预。

（五）评价工作成果

目标管理注重结果,因此必须对部门、个人的目标进行自我评定、群众评议、领导评审。通过评议,肯定成绩,发现问题,奖优罚劣,及时总结目标执行过程中的成绩与不足,以此完善下一个目标管理过程。成果评价的具体方法是多种多样的,但有一点是共同的,那就是通过评价活动,总结经验教训,使职工不仅获得自我实现的满足感,更能认识到自己的不足,从而更加积极地参与下一目标的制订与实施。上级应按规定对下级的工作成果进行考核、评价。对下级的工作成果进行考核评价不完全等同于对下级个人或部门的考核评价。评价的结果应反馈给责任者并允许其申诉,评价以后应按规定对责任者进行奖惩。

目标评定要注意以下几方面:首先,进行自我评定。评定的内容包括目标执行方案、手段是否合适,条件变化情况,主观努力程度等。其次,上级评定要全面、公正。对发现的问题要分析产生的原因,找出解决问题的方法,以便鼓励下级今后继续努力。并且目标评定应与人事管理相结合,人事考核要以目标考核为基础,通过报酬、升迁等体现奖优罚劣。处罚是辅助措施,其目的是鼓舞士气,总结经验教训,为企业发展服务。最后,及时反馈信息是提高目标管理水平的重要保证。目标成果的评价意味着一个管理循环的结束,而循环中的信息反映出企业的综合发展能力,是制订下一个企业目标的重要依据。

三、目标设置的原则

（一）确定好总目标

总目标的确定既要充分考虑组织现有的各种条件,又不能受现有的各种条件的限制,关键是要把握好社会的需要与环境的制约。总目标的确定是建立在对企业内外环境进行充分分析的基础上,通过一定的程序加以确定的,既要保证目标的科学性,又要保证其可行性。

（二）上下充分协商

各层次目标之间、同一层次目标之间要协调,保证分目标实现的同时,企业总体目标必然实现。通过充分协商,上下级相互都了解了对方的处境和合作的诚意,使双方有了在彼此理解的基础上达成共识的可能。当然,协商应允许双向选择,双方都不能硬要对方接受自己的要求。

（三）定量化原则

目标要实现由上至下的逐级量化，使其具有可测度性。一方面，通过对量化目标完成情况的监控，保证企业总目标的实现；另一方面，通过职工具体目标与企业总目标的衔接，使职工更容易感受到自身工作对企业目标实现的贡献，有利于激发职工的积极性。同时具体目标应先进合理，先进是指目标应高于一般人所能达到的平均水平，合理是指目标应是大多数人通过努力能够达到的、少数人有可能超过的。

（四）注重集体成果

目标管理应始终把重点放在集体配合和集体成果上，这是管理的本质所在。虽然目标管理强调下级自主管理，但管理的本质不可因此而有丝毫的动摇。

四、目标管理的优缺点

目标管理开展以后，组织成员都有自己的明确的工作目标，而且曾参与过目标的制订过程，这就使目标成为激励人们努力工作的要素。同时，也在一定程度上解决了以工作为中心的管理与以人为中心的管理之间的矛盾。目标管理在实践过程中表现出了其他管理方法所替代不了的优点，但也暴露出了一些局限性。

（一）目标管理的优点

1. 有利于提高组织的协同效应

如果没有明确的、方向一致的、系统化的目标体系来整合各个单位乃至各个员工的工作，则极易形成结构刚性、组织僵化和工作混乱的局面。目标管理对目标的强调，保证了企业的所有管理活动围绕着企业的经营宗旨展开。这种有的放矢的管理，一方面保证各层次管理人员权责明确各司其职，增加管理工作的规范性。另一方面通过职工的广泛参与，保证了管理的科学性与有效性。开展目标管理有利于动态地把组织中的各种力量集中在总目标的实现上。

2. 有利于提高组织的应变能力

在目标管理下，各级管理人员有了实现其目标所必需的自主权限，就能够对他所面对的环境中各种意料不到的变化，灵活地采取各种措施，从而增强了组织基层在更加自主、灵活这一意义上的应变能力。

3. 有利于发挥组织成员的主动性和创造性

目标管理的最大优点可以说是它使得组织成员能控制自己的成就。通过参与制订目标、承诺目标，会激发起组织成员想方设法地克服各种困难以实现目标的热情，增强他们的成就感、价值感和责任感。目标设立期间职工广泛参与，明确了职工在集体中的地位与作用。职工参与提出的目标，通过授权由职工自主完成。职工不再是只听从命令的被动的生产者，而是有相当自主权，在一定范围内主要依靠自我控制进行工作的，勇于承担责任的积极的生产者。目标管理的"能力至上"的人事考核与评价体系，使职工的努力能够得到公正客观的评价，从而保证权、责、利的有效统一,产生强大的激励作用。

(二)目标管理的缺点

1. 短期性

由于长期的、准确的并且可以量化的目标很难确定,因此,几乎所有实行目标管理的组织所确定的目标都是短期的,很少超过一年。短期目标容易导致组织采取以牺牲长期所得为代价的、得不偿失的短期行为。

2. 组织整体上缺乏灵活性

目标管理要取得成效,就必须保持目标的明确性和稳定性。但是计划是面向未来的,而未来存在着许多可变因素和不确定因素,需要组织保持整体上的灵活性。这是与目标管理过程中下级自主管理的要求相矛盾的。

3. 强调上下协商可能会影响工作效率

由于存在着可考核的目标难以确定、整体与个体的利益难以一致、同级主管的目标难以平衡等诸多原因,使得上下协调需要漫长的过程,从而影响工作效率。

第三节 战略计划与战略管理

战略计划是指应用于整体组织的,为组织未来较长时期(通常为5年以上)设立总体目标和寻求组织在环境中的地位的计划。在动态的和不确定的环境下,战略计划是非常重要的。因为它能使管理者以系统的和综合的方式分析环境,评价组织的优势和劣势,发现组织可能具有竞争优势的机会。战略管理是企业高层管理人员为了企业长期的生存、继续和发展,在充分分析企业外部环境和内部条件的基础上,确定和选择达到目标的有效战略,并将战略付诸实施和对战略实施过程进行控制和评价的一个动态管理过程。

一、战略计划

1. 战略计划的内涵

战略计划一般是由组织或企业高层管理者制订用于组织或企业整体的一种长远计划,它为组织或企业规定了在一定时期内生存或发展的总体目标和实现这些目标的计划安排。随着全社会的市场、顾客、竞争和技术等方面环境的变化日益加快,组织或企业的战略计划变得日益重要,甚至成了组织或企业生存与发展的关键因素。

彼得·德鲁克曾言:"一个企业不是由它的名字、章程和公司条例来定义,而是由它的任务来定义的。企业只有具备了明确的任务和目的,才可能制订明确和现实的企业目标。"因此,战略计划的首要内容是远景陈述和使命陈述。

远景陈述和使命陈述回答的是:"我们想成为什么和我们的使命是什么?"远景陈述和使命陈述应该生动活泼、言简意赅、易于记诵且富有意义和鼓舞性。员工和管理者共同为公司制订和修改远景目标反映了他们对自己未来的憧憬。共同的远景和使命可以使人们的精神从单调的日常工作中得以升华,使人们不停地受到激励。远景和使命陈述包括两个主要部分:核心意识形态;远景展望。核心意识形态由核心价值观和核心目标两部分构成,它为组织提供了长久存在的基础,是组织的精神。远景展望由10~30年的宏伟、大胆、有难度的目标和生动逼真的描述两部分构成。

2. 战略计划的特性

战略计划的任务不在于看清企业目前是什么样子,而在于看清企业将来会成为什么样子。战略计划具有以下特性:

(1)首要性。战略计划在组织或企业的生存与发展中具有十分重要的作用和地位,是指导组织或企业各项工作的政策方针和战略安排。德鲁克曾经指出,高层管理的首要任务就是制订与实施战略计划。

(2)综合性。战略计划具有综合性的特性,是组织或企业在一定时期内的一种总体性的计划,组织或企业的日常运营计划和项目计划都是依据战略计划制订的。组织的战术计划、作业计划和各种专业计划也都是根据战略计划分解得到的。

(3)长远性。战略计划的计划时间跨度相对较长,多则十几年,少则三五年,所以战略计划具有长远性。但是战略计划不等于长期计划,不能把两者混为一谈。实质上,战略计划有时并无一定期限,它更注重组织或企业的竞争与发展。

(4)预见性。在战略计划中组织首先要预测未来环境与条件的发展变化和竞争态势,然后才能确定战略目标和计划。同时,在战略计划方案的制订中也要根据预测数据作出战略分析和战略决策。因此,战略计划必须具有很强的预见性。

(5)粗略性。战略计划有别于具体的行动计划,它是一种大略性的计划安排。战略计划并不注重组织活动计划安排的细节,而是注重组织活动计划安排的大政方针与整体安排的制定。所以,战略计划具有的粗略性。

二、战略选择

战略选择的实质是企业选择恰当的战略,从而扬长避短、趋利避害和满足顾客。企业的战略类型有以下几种:

1. 基本战略

企业基本战略揭示企业如何为顾客创造价值。波特认为:"竞争优势归根结底产生于企业为顾客所能创造的价值;在提供同等效益时采取相对低价格,或者其不同寻常的效益用于补偿溢价而有余。"一种基本战略姿态可以有多种实现形式,比如多元化和一体化战略都可以以成本领先或特色优势为战略姿态。同样,一种战略形式可以为多种基本姿态服务。比如,多元化战略既可以实现成本领先的战略姿态,也可以实现特色优势的战略姿态。

从实现顾客价值形式角度而言,企业可以采取三种基本战略姿态中的任一种,但由于每种战略姿态需要企业在组织、管理、文化等方面特殊支持。因此,既追求成本领先又追求特色优势——"夹在中间"的战略姿态是注定要失败的。表5.2列出了基本战略选择的原则。

表5.2 基本战略选择的原则

基本战略	原 则
成本领先战略	先发制人的战略 持续的资本投资和良好的融资能力 能够大规模化的生产技能 对工人严格监督 低成本的分销系统 结构和责任分明的组织 严格以定量目标为基础的激励制度 严格的成本控制和经常、详细的控制报告
特色优势战略	既可以是先发制人,也可以是后发制人的战略 强大的生产营销能力 敏锐的创造性鉴别能力 很强的基础研究能力 具有质量或技术领先的公司声誉 悠久的传统或独特的业务组合 在研究、产品开发和市场营销部门之间的密切协作 重视主观评价、创新精神,而不仅仅以定量指标为基础的激励制度 轻松愉快的工作环境和企业文化,吸引高技能人才
目标集聚战略	具有自我约束能力的战略 公司的实力不足以在产业内更广范围内竞争 公司能够以更高的效率、更好的效果为某一狭窄的战略对象服务,能在该范围内超过竞争对手 针对不同的成本或特色目标,相应地对上述原则组合

2. 核心能力在企业内、外扩张的成长战略

美国学者哈梅尔(Hamel. G.)和普拉哈拉德(Prahalad. C. K.)研究认为,核心能力是组织内的集体知识和集体学习,尤其是协调不同生产技术和整合多种多样技术流的能力。如果公司有意在未来的市场上获取巨大的利润份额,就必须建立起能对未来顾客所重视的价值起巨大作用的专长,即企业的竞争是核心专长的竞争。一项能力能否成为企业的核心能力须通过以下三项检验:

(1)用户价值。核心能力必须能够使企业创造顾客可以识别的和看重的,而且在顾客价值创造中处于关键地位的价值。

(2)独特性。与竞争对手相比,核心能力必须是企业所独有的。如果是独有的,其必须是比任何竞争对手胜出一筹的能力。

（3）延展性。核心能力必须是企业向新市场延展的基础，企业可以通过对核心的延展而创造出丰富多彩的产品。

虽然企业所有能力都对企业竞争优势产生贡献，但只有核心能力才能创造持续的动态的竞争优势。在企业能力构成中，各种能力的相对重要程度不是一成不变的，或因为顾客需求变化，或因为竞争对手在此项能力上发展出更好的能力等。"今天"的某种能力是自己的核心能力，"明天"可能不再如此，必须认识到这种变化在加速的趋势。

企业能力并不表现为企业的实物资产，甚至并不表现为士气、技术或知识。企业能力是企业获取并运用资产的能力，使企业资产呈现良好的结构；是企业通过文化建设和制度安排创造高昂士气的能力，使参与者同心同德并步调一致；是企业获取并充分运用设备、技术和知识的能力，使企业人、财、物同先进适用的技术和知识良好地结合。能力不像有形资产那样逐渐"耗损"，能力用得越多就越精进、越有价值。

如何增强企业的竞争力呢？答案是：充分利用符合外部环境与行业环境的规律，且是企业独特的，并有助于实现消费者看重的价值的核心能力。"充分利用"的内涵是，将自己有限的人力、物力、财力配置于核心能力之上，让核心能力长出丰硕的果实。不重视核心能力，企业很可能分散配置资源，这可能短期内获取一些可观的利润，但它在未来必然失败。"充分利用"的实质是集中精力干最重要的事情。集中精力干好最重要的事情是企业家的重要才能。充分利用核心能力的另一层含义：充分利用企业外部的人力、物力、财力配置于自己非核心能力之上。因为只有如此，企业才可能将自己有限的人力、物力、财力配置于核心能力之上。但核心能力一般不能与别人共享，因为核心能力必须专有才能成为真正的核心能力。从这种意义上说，企业的功能是专心致志于企业核心能力工作；而其他非核心能力部分的工作则可以通过市场交易、虚拟化、联盟形式从企业外部获得。

企业成长的基础是核心能力。核心能力可以通过一体化、多角化和加强型战略等战略形式在企业内扩张，也可以通过出售核心产品、非核心能力的虚拟运作和战略联盟等战略形式在企业间扩张。

3. 防御性战略

在企业成长的道路上，经常采取一些防御性战略，以退为进，以迂为直，以使企业更加健康地成长。常采用的防御性战略有收缩、剥离和清算等方式，各种战略形式选择的原则如表5.3所示。

表 5.3 防御性战略选择的原则

防御性战略	选择原则
收缩战略	企业具有明显而独特的竞争优势,但在一定时期内并未充分发挥其优势 企业在特定行业的竞争中属于弱者 企业业绩持续一段时间较差 企业管理出现失误 企业已迅速地成为大型企业,从而需要大规模地改组
剥离战略	企业已采取了收缩战略但未收到成效 分公司为保持竞争优势而需投入的资源大大超出公司的供给能力 分公司失利使公司整体业绩不佳 分公司与公司其他组织不相适宜 政府反垄断法已对公司构成威胁
清算战略	公司已经采取收缩和剥离战略,但均未成功 公司除清算外的唯一选择是破产 企业股东可通过出售企业资产而将损失降至最小

三、战略管理

(一)战略管理的概念与特点

战略管理就是企业根据组织外部环境和内部条件设定企业的战略目标,为保证目标的正确落实和实现进行谋划,并依靠企业内部能力将这种谋划和决策付诸实施,以及在实施过程中进行控制的一个动态管理过程。

战略管理是一种崭新的管理思想和管理方式,其实质是动态的管理。其管理方式的特点是指导企业全部活动的是企业战略,全部管理活动的重点是制定战略和实施战略。而制定战略和实施战略的关键都在于对企业外部环境的变化进行分析,对企业的内部条件和素质进行审核,并以此为前提确定企业的战略目标。战略管理的任务就在于通过战略的制定、战略的实施和日常管理,在保持动态平衡的条件下实现企业的战略目标。战略管理是管理理论中的最高层次和整合性的管理理论。对于企业高层管理者来说,最重要的活动就是制定战略和推进战略管理,以保证企业整体的有效性。战略管理的目的是提高企业对外部环境的适应性,使企业做到可持续发展。与传统的职能管理相比战略管理具有以下特点:

1. 战略管理具有全局性

企业的战略管理是以企业的全局为对象,根据企业总体发展的需要而制定的。它所管理的是企业的总体活动,所追求的是企业的总体效果。具体地说,战略管理不是强调企业某一事业部或某一职能部门的重要性,而是通过制定企业的使命、目标和战略来协调各部门的活动。在评价和控制过程中,战略管理重视的不是各个事业部或职能部门自身的表现,而是它们对实现企业使命、目标、战略的贡献大小。因此,战略管理具有综合性和系统性的特点。

2. 战略管理的主体是高层管理者

由于战略决策涉及一个企业活动的各个方面,虽然它也需要企业中、下层管理者和全体员工的参与和支持,但企业的最高层管理人员介入战略决策是必须的,而且是非常重要的。这不仅是由于他们能够统观全局,了解企业的全面情况,而且更重要的是他们具有对战略实施所需资源进行分配的权力。

3. 战略管理涉及大量资源的配置

企业的资源包括人力资源、实体财产和资金,这些资源或者在企业内部进行调整,或者从企业外部筹集。战略决策需要在相当长的一段时间内致力于一系列的活动,而实施这些活动需要足够的资源作为保证。因此,这就需要为保证战略目标的实现,对企业的资源进行统筹规划、合理配置。

4. 战略管理具有长远性

战略管理中的战略决策是对企业未来较长时间内(5年以上),就企业如何生存和发展等问题进行统筹规划。在迅速变化和竞争性的环境中,战略决策应以组织者所期望或预测将要发生的情况为基础,企业要取得成功还必须对未来的变化采取预先的准备,这也要求企业做出长期性的战略计划。

5. 战略管理需考虑企业的外部环境因素

当今的企业处于开放的系统中,企业影响着外部环境因素,同时也更多地被那些不能由企业自身控制的因素所影响。所以在未来竞争的环境中,企业若要使自己占据有利地位并取得竞争优势,就必须考虑与其相关的因素,包括竞争对手、客户、资金来源、政府等外部因素,以使得企业能不断地适应不断变化的外部环境。

(二)战略结构

一般说来,一个企业的战略可划分为三个层次,即公司战略、经营战略和职能战略。

1. 公司战略

公司战略是总体的、最高的战略。公司战略的侧重点在两个方面:一是从公司全局出发,根据外部环境的变化及公司的内部条件,选择公司所从事的经营范围和领域,即要回答这样的问题:公司的业务是什么?应在什么业务上经营?二是在确定所从事的业务后,要在各事业部门之间进行资源分配,以实现公司整体的战略意图,这也是公司战略实施的关键内容。

2. 经营战略

经营战略(或称事业部战略)有时也称为竞争战略,它处于战略结构中的第二层次。这种战略所涉及的决策问题是在选定的业务范围内或在选定的市场——产品区域内,事业部门应在什么样的基础上来进行竞争,以取得超过竞争对手的竞争优势。为此,事业部门的管理者需要努力鉴别最有盈利性和最有发展前途的市场,以发挥其竞争优势。

3. 职能战略

这是在职能部门中,如生产、市场营销、财会、人力资源、研究与开发等,由职能管理人员制订的短期目标和规划,其目的是实现公司和事业部门的战略计划。职能战略通常包括市场策略,生产策略,研究与开发策略,财务策略,人力资源策略等。

在以上战略层次中,公司战略倾向于价值取向,以抽象概念为基础,与事业部战略和职能战略的制定和实施相比不是很具体。此外,公司战略还具有风险性、成本高、预期收益较大、所需时间长,同时要求有较大的灵活性和大量外部资源的输入等特点。这些特点也是由于公司战略的决策具有意义深远性、未来性及革新性的本质特征所决定的。职能战略主要涉及具有作业性取向和可操作性的问题。其所涉及的决策时间跨度比较短。由于依靠已有资源,职能战略决策风险小,所需代价不高,所涉及的活动在公司范围内不需要很大的协调性。而事业部战略的特点介于公司战略和职能战略特点之间。

公司战略、经营战略、职能战略三者构成了一个公司企业的战略层次,它们之间相互作用,紧密联系。如果公司企业要想获得成功,必须将三者有机地结合起来。高级层次的战略构成低级层次的战略环境;低级战略为高层次战略目标的实现提供保障和支持。

(三)战略管理过程

战略管理是对一个企业的未来发展方向制定决策和实施这些决策的动态管理过程。一个规范性的、全面的战略管理过程可大体分解为三个阶段。它们分别是战略分析阶段、战略选择及评价阶段,战略实施及控制阶段。这个过程为:确定企业战略目标→战略分析→战略选择及评价→战略实施及控制(之后反馈各环节并修订)。

1. 战略分析

战略分析是指对企业的战略环境进行分析、评价,并预测这些环境未来发展的趋势,以及这些趋势可能对企业造成的影响。一般说来,战略分析包括企业外部环境分析和企业内部环境或条件分析两部分。企业外部环境一般包括下列因素或力量:政府(法律因素)、经济因素、技术因素、社会因素以及企业所处行业中的竞争状况。企业外部环境分析的目的是为了适时地寻找和发现有利于企业发展的机会,以及对企业来说所存在的威胁,做到"知彼",以便在制订和选择战略中能够利用外部条件所提供的机会而避开对企业的威胁因素。

企业的内部环境是指企业本身所具备的条件,也就是企业所具备的素质,它包括企业的有形资源和无形资源,企业的财务能力、营销能力、生产管理能力、组织效能、企业文化及企业的核心竞争能力等。企业内部条件分析的目的是为了发现企业所具备的优势或弱点,做到"知己",以便在制定和实施战略时能扬长避短、发挥优势,有效地利用企业自身的各种资源,发挥出企业的核心竞争力。

2. 战略选择及评价

战略选择及评价过程实质就是战略决策过程,即对战略进行探索、制定以及选择的过程。通常对于一个跨行业经营的企业来说,它的战略选择应当解决以下两个基本的战略问题:一是企业的经营范围或战略经营领域,即规定企业从事生产经营活动的行业,明确企业的性质和所从事的事业,确定企业以什么样的产品或服务来满足哪一类顾客的需求;二是企业在某一特定经营领域的竞争优势,即要确定企业提供的产品或服务,要在什么基础上取得超越竞争对手的优势。

一个企业可能会制订出达成战略目标的多种战略方案,这就需要对每种方案进行鉴别和评价,以选出适合企业自身的方案。目前,对战略的评价已有多种战略评价方法或战略管理工具,如波士顿咨询集团的市场增长率-相对市场占有率矩阵法、行业寿命周期法等。这些方法已在跨行业经营的企业中得到广泛应用。

3. 战略实施及控制

一个企业的战略方案确定后,必须通过具体化的实际行动,才能实现战略及战略目标。一般来说可在三个方面来推进一个战略的实施:首先是确定企业资源的规划和配置方式,包括公司级和战略经营单位级的资源规划和配置;其次是对企业的组织机构进行构建,以使构造出的机构能够适应所采取的战略,为战略实施提供一个有利的环境;最后是要使领导者的素质及领导能力与所执行的战略相匹配,即挑选合适的企业高层管理者来贯彻既定的战略方案。

在战略的具体化和实施过程中,为了使实施中的战略达到预期目的,实现既定的战略目标,必须对战略的实施进行控制。这就是说将经过信息反馈回来的实际成效与预定的战略目标进行比较,如两者有显著的偏差,就应当采取有效的措施进行纠正。当由于原来分析不周全、判断有误,或是环境发生了预想不到的变化而引起的偏差时,甚至可能会重新审视环境,制定新的战略方案,进行新一轮的战略管理过程。因此说战略管理是一个动态的和循环往复的不间断过程。

本章小结

计划是管理工作的一项基本职能。组织中的任何一项管理活动都需要按计划执行。广义的计划工作包括制订计划、执行计划和检查计划三个阶段的工作。狭义的计划工作的主要内容是确定企业、部门乃至个人的具体工作目标和任务。计划工作具有目的性、主导性、普遍性和效率性的特征。根据计划表现形式的不同、计划内容的不同、计划期限长短的不同等,可分为多种类型。

制订一项切实可行的计划,第一步是机会分析,即根据组织外部环境状况,分析内部各种因素,做到知己知彼,找准自己的位置;第二步是确定目标,包括企业的总目标和部门的分目标以及长期目标和短期目标等;第三步是确定计划的前提,即预测执行计划的环境;第四步是制订几个可供选择的计划方案;第五、第六步是对各种方案进行评价并选择一个最优方案;然后制订分计划;最后将计划转化为预算形式,使之数字化。

编制计划的方法有很多种,如滚动计划法、网络计划技术法、线性规划法等。

目标管理的实施过程分为四个阶段:目标建立、目标分解、目标控制、目标评定与考核。目标管理是一个全面的管理系统。它用系统的方法,将许多关键管理活动结合起来,高效率地实现个人目标和企业目标。

战略管理就是企业根据组织外部环境和内部条件设定企业的战略目标,为保证目标的正确落实和实现进行谋划,并依靠企业内部能力将这种谋划和决策付诸实施,以及在实施过程中进行控制的一个动态管理过程。

战略管理过程步骤包括:明确组织当前的宗旨、目标和战略;分析环境并发现环境中的机会和威胁;分析组织的资源,认清组织的优势和劣势;根据组织的优势和劣势、机会和威胁重新评价组织的宗旨、目标和战略;制定战略;实施战略;评价结果并及时地反馈给相应环节以及进行适当修正。

思考与练习题

1. 选择题

(1) 计划工作的第一步骤是( )。
  A. 估量机会分析　　　　　　B. 确定前提条件
  C. 确定目标　　　　　　　　D. 拟定可供选择的方案

(2) 首先提出目标管理的是( )。
  A. 孔茨　　B. 德鲁克　　C. 巴纳德　　D. 西蒙

(3) 人们把"确保事情按计划进行"的工作称为( )。
  A. 领导工作　　B. 组织工作　　C. 协调工作　　D. 控制工作

(4) 下列计划工作的前提条件中,组织可以控制的是( )。
  A. 价格水平　　　　　　　　B. 政治环境
  C. 职工情绪　　　　　　　　D. 组织内部政策

(5) 企业经营环境变化速度的加快,使得企业中长期计划制订的难度不断加大,并且不断需要调整。因此,有人提出以下几种建议,以应付不确定且经常出现重大突发事件的经营环境。请问:你最赞同其中( )。
  A. 计划一旦制订就应保持其严肃性,可采取以不变应万变的做法
  B. 一旦环境发生变化,就应该主动放弃原计划而制订新计划
  C. 通过动态调整计划来适应环境变化,以保持中长期计划的灵活性
  D. 在保持原计划不变的同时,根据突变情况另外制订应急计划

2. 简述题

(1) 计划有哪些类型?
(2) 计划的程序是什么?
(3) 目标管理的含义和特点是什么?
(4) 说明目标管理的程序?
(5) 战略性计划显著的特点是什么?

3. 案例分析

拟订可考核的目标

中兴集团公司是一家拥有 20 家子公司和分公司的大型企业集团,涉足多个行业的经营。集团公司对分公司的管理方式是独立经营、集中核算。一位分公司的总经理近来听了关于目标管理的讲座,很受启发和鼓舞,坚定了他实施目标管理的想法。最后,他决定在下一次职能部门会议上介绍这个概念并且看看能做些什么。在会议上,他详细叙述了这种方法的理论发展情况,列举了在这个分公司使用这种方法的好处,并且要求下属人员考虑他的建议。

可是事情并不像想象的那样简单。在一次会议上,中层经理们就总经理的提议提出了好几个问题。财务主任要求知道,"你是否有集团公司总裁分配给你的明年分公司的目标?"

分公司总经理回答说:"我没有。但我一直在等待总裁办公室告诉我,他们期望我们做什么。可他们好像与此事无关一样。"

"那么分公司要做什么呢?"生产经理其实什么都不想做。

"我打算列出我对分公司的期望",这位分公司的总经理说,"关于目标没有什么神秘的,我打算明年的销售额达到 5 000 万,税后利润率达到 8%,投资收益率为 15%,一项正在进行的项目 6 月 30 日能投产。我以后还会列出一些明确的指标,如选拔我们分公司未来的主管人员,今年年底前完成我们的新产品开发工作,以及保持员工流动率在 15% 以下等。"总经理越说越兴奋。

中层经理们对自己的领导人经过考虑提出的这些可考核的目标,以及如此明确和自信的陈述感到惊讶,一时不知怎么说好。

"下个月,我要求你们每个人把这些目标转换成你们自己部门可考核的目标。不用说,这些目标对财务、营销、生产、工程和人事将是不同的。但是我希望你们都能用数字来表达,我希望把你们的数字加起来就实现了公司的目标。"

资料来源:http://www.100guanli.com.

分析讨论:

(1) 在没有得到集团公司总裁下达目标的条件下,分公司总经理能够拟订可考核的目标吗?怎样制订?这些目标会得到下属的认可吗?

(2) 对于分公司来说,要制订可行的目标,需要集团公司提供什么信息和帮助?

(3) 这位分公司总经理设置目标的方法是否是最佳方法?如果是你,你会怎么做?

第六章
Chapter 6

组　　织

【学习目的与要求】

通过本章的学习,学生应掌握组织及组织结构定义;了解常见的组织形式及其特点;掌握组织结构设计的概念、内容、原则和基本理论;能解释组织变革的作用与目标;描述未来组织的特征;阐述组织变革的动力来源及其对组织变革的影响;掌握组织文化的概念、分类、作用以及如何建立合适的企业文化。

【本章主要概念】

组织结构　组织结构设计　组织变革　组织发展　组织文化

【案例导读】

光华的组织结构之重

光华厂是一家生产照相机、测量仪器等光学仪器的工厂,老厂长因年老体衰辞职以后,厂里民主选举原来的秦副厂长为厂长,秦厂长是某名牌大学精密仪器制造专业的本科毕业生,长期在该厂工作,担任过技术员、车间主任、分厂副厂长等职,又学过企业管理,上任之后,他看到组织机构存在不少问题:全厂职工2 400人,行政科室就有56个,每个科室有科长、副科长,还有好几名科员,全厂科室干部800多人,占全厂职工人数的1/3。科室人多,推诿扯皮现象非常严重,造成厂里管理效率低下。为此,秦厂长决定进行组织机构调整,把相关科室合并,精减出来的人充实到生产第一线去。这一方案在各层次决策会上顺利通过,各级干部也拥护,但到具体实施方案时,却难以进行。

资料来源:http://www.tjgezhi.com.

【点评】

企业组织机构臃肿是大多数企业的难题,为此需要对机构进行撤销合并,适当精简,可以向同类企业学习机构设置、治理制度、协调原则等各方面的先进经验。在机构消肿过程中,要划分各级职务,明确权责,互不重复,再据此配备人员,挑选胜任的员工,以提高组织机构效率。

第一节 组织概述

一、组织的定义

组织是人类社会最普遍的社会现象之一,社会中的每个人都毫无例外地生活在一定的组织之中。随着人类文明的发展与进步,人类社会的组织化程度也越来越高。从某种意义上说,组织化程度的高低,已经成为当今社会文明发达程度的标志。

国内外的学者在进行组织理论研究时,对组织做出了许多不同的定义:

"组织活动是使各种生产要素相结合的职能,其目的在于促进有效地达到组织体的目标。"(T·帕森斯)

"组织就是规定其成员的职务和职务间的相互关系,为的是更有效地管理经营。"(布朗)

"组织是把具体任务和职能相互联系起来的整体。"(唐代望)

"组织不是人的简单的集合体,而是相互协作的关系,是人相互作用的系统。所谓组织,是有意识协调两个人或更多人的行为或各种力量的系统。"(巴纳德)

美国管理学家L·西斯克教授认为,组织一词应该具有两层含义:其一,是作为一个实体而存在的组织,可理解为由相关联的各要素有序化所形成的一个结构;其二,组织应当是为了同一目标,人与人协调行动而产生的相互关系的集合。这个定义强调了组织的实质,即组织中的人与人之间必须要有协调一致的相互关系,而组织结构的存在恰是对这种协调活动的客观规定和制度保障。

从以上叙述可以看出,由于研究、观察问题的角度不同,对组织的定义表述也有所区别。依据以上分析,可以把组织定义为:在一定的社会环境中,为了某个特定的目标,由相互间有协作愿望的个人在分工合作、协调行动的过程中所形成的、有一定结构和秩序的关系实体。

任何一个组织都应满足以下条件:

(1)有特定的行为目标,如夺取或保持政权,维护共同的利益等。

(2)成员之间要有协作愿望和协调行动。这是一个组织产生出强大整体合力的必要条件。

(3)要有人与人之间的信息沟通,以保证分工合作和协调行动。

(4)要有一定的结构和秩序。在一个组织中,总要有一个对最高组织目标负全责的个人,他也因此对全部组织资源拥有最大的支配权力,包括对组织其他成员的命令指挥和奖惩权。

二、常见的组织形式

从组织的结构形态来看,常见的组织形式有直线式、职能式、直线职能式、矩阵式、事业部、控股公司(产权关系)、网络型组织结构(契约关系)等几类。

(一)直线式

直线式组织结构如图6.1所示。

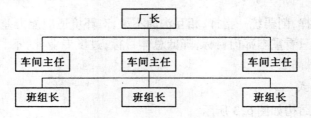

图6.1　直线式组织结构图

1. 特点

一切管理工作,均由管理者直接指挥和管理,不设专门的职能机构。

2. 优点

管理机构简单;管理费用低;命令统一、决策迅速;指挥灵活;上下级关系清楚;维护纪律和秩序比较容易。

3. 缺点

管理者精力有限,难以深入细致考虑问题;管理工作简单粗放;成员之间和组织之间横向联系差;管理者的经验、能力无法立即传给继任者,接任者无法立即开展工作。

(二)职能式

职能式组织结构如图6.2所示。

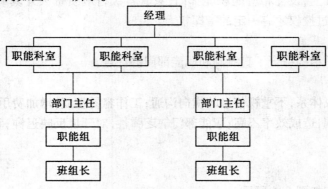

图6.2　职能式组织结构图

1. 特点

专业分工的管理者代替直线制的全能管理者;设立职能部门,直接指挥组织的各项活动;下级服从上级行政部门和职能部门的指挥。

2. 优点

具有专业分工优势,能发挥专家的作用;专业管理工作做得较细,对下级工作指导具体;可以弥补各级行政领导人管理能力的不足;主管易于控制和规划;简化培训。

3. 缺点

容易形成多头指挥,削弱统一指挥;相互沟通不灵,对环境适应能力差对;员工长期呆在一个部门,易眼光狭窄,只看重本部门目标,降低总体目标;过度专业化,不利于培养全面的管理人才;利润的责任在最高层。

(三)直线职能式

直线职能式组织结构如图6.3所示。

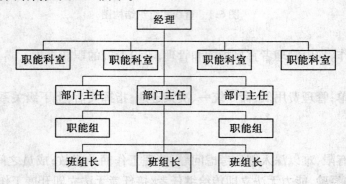

图6.3 直线职能式组织结构图

1. 特点

在直线制的基础上,设置相应的职能部门;只有各级行政负责人才具有指挥和命令的权力;职能部门只有经过授权才有一定的指挥权力。

2. 优点

直线职能式组织结构综合了直线制和职能部门的优点。

3. 缺点

各职能部门自成体系,不重视信息的横向沟通;工作容易重复,增加费用;职能单位之间可能出现矛盾和不协调,造成效率不高;职能部门缺乏弹性,对环境反映迟钝;利润的责任在最高层。

(四)矩阵式

矩阵式组织结构如图6.4所示。

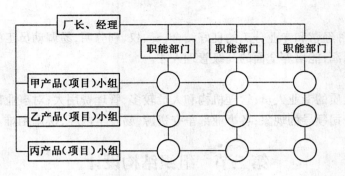

图 6.4 矩阵式组织结构图

1. 特点

在直线职能式垂直形态基础上,在增加横向的领导系统;临时性,非长期固定性组织。

2. 优点

加强了横向联系,克服职能部门相互脱节、各自为政的现象;专业人员和专用设备得到充分的利用;具有较大的机动性,资源利用率高;各专业人员互相帮助,相得益彰。

3. 缺点

成员有临时观念,责任性不够强;双重领导,有问题难分清责任;需要有善于调解人事关系的管理人员。

(五)事业部

事业部组织结构如图 6.5 所示。

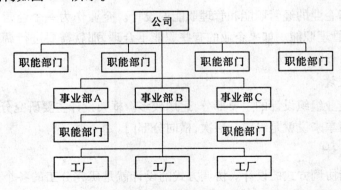

图 6.5 事业部组织结构图

1. 特点

总公司下面按产品或地区划分事业部或分公司;事业部是独立核算,自负盈亏的利润中心;总公司只保留部分决策权,部分权力下放;事业部充分发挥主观能动性,自行处理日常经营活动。

2. 优点

统一管理、多种经营和专业分工的良好结合；责、权、利分明，易调动员工的积极性；能保证公司获得稳定的利润；能培养全面的高级管理人才。

3. 缺点

需要许多高素质的专业人员；管理机构和人员较多，管理费用大；对事业部经理要求高；分权容易产生架空公司领导的现象；各事业部争夺资源，易发生内耗，协调困难。

第二节 组织结构设计

一、组织结构设计的含义

组织结构设计是通过对组织资源（如人力资源等）的整合和优化，确立企业某一阶段最合理的管控模式，实现组织资源价值最大化和组织绩效最大化。狭义地讲，就是在人员有限的状况下通过组织结构设计，提高组织的执行力。

二、组织结构设计的内容

组织结构设计包括六项主要内容，分别是职能设计、框架设计、协调设计、规范设计、人员设计和激励设计。

（一）职能设计

职能设计是指企业的经营职能和管理职能的设计。企业作为一个经营单位，要根据其战略任务设计经营、管理职能。如果企业的有些职能不合理，那就需要进行调整，对其弱化或取消。

（二）框架设计

框架设计是企业组织设计的主要部分，运用较多。框架设计主要研究分工，有分工就必须有协作。其内容简单来说就是纵向分层次，横向分部门。

（三）协调设计

协调设计是指协调方式的设计。协调方式的设计就是研究分工的各个层次、各个部门之间如何进行合理的协调、联系、配合，以保证其高效率的配合，发挥管理系统的整体效应。

（四）规范设计

规范设计就是管理规范的设计。管理规范就是企业的规章制度，它是管理的规范和准则。结构本身设计最后要落实、体现为规章制度。管理规范保证了各个层次、部门和岗位，按照统一的要求和标准进行配合和行动。

（五）人员设计

人员设计就是管理人员的设计。企业结构本身设计和规范设计,都要以管理者为依托,并由管理者来执行。因此,按照组织设计的要求,必须进行人员设计,配备相应数量的人员。

（六）激励设计

激励设计就是设计激励制度,对管理人员进行激励,其中包括正激励和负激励。正激励包括工资、福利等,负激励包括各种约束机制。激励制度既有利于调动管理人员的积极性,也有利于防止一些不正当和不规范的行为。

三、组织结构设计的基本原则

在长期的企业组织变革的实践活动中,西方管理学家曾提出过一些组织设计基本原则。

管理学家厄威克曾比较系统地归纳了古典管理学派泰罗、法约尔、马克斯·韦伯等人的观点,提出了 8 条指导原则:目标原则、相符原则、职责原则、组织阶层原则、管理幅度原则、专业化原则、协调原则和明确性原则。

美国管理学家孔茨等人,在继承古典管理学派的基础上,提出了健全组织工作的 15 条基本原则:目标一致原则、效率原则、管理幅度原则、分级原则、授权原则、职责的绝对性原则、职权和职责对等原则、统一指挥原则、职权等级原则、分工原则、职能明确性原则、检查职务与业务部门分设原则、平衡原则、灵活性原则、便于领导原则。

中国企业管理者在管理实践中,也相应地提出了一些组织结构设计原则,可归纳如下:

（一）任务与目标原则

企业组织设计的根本目的是为实现企业的战略任务和经营目标服务的,这是最基本的原则。组织结构的全部设计工作必须以此作为出发点和归宿点,即企业任务、目标与组织结构之间是目的和手段的关系;衡量组织结构设计的优劣,要以是否有利于实现企业任务、目标作为最终的标准。从这一原则出发,当企业的任务、目标发生重大变化时,组织结构必须作相应的调整和变革,以适应任务、目标变化的需要。比如,进行企业机构改革,必须明确要从任务和目标的要求出发,该增则增,该减则减,避免单纯地把精简机构作为改革的目的。

（二）专业分工和协作的原则

现代企业的管理工作量大、专业性强,分别设置不同的专业部门,有利于提高管理工作的质量与效率。在合理分工的基础上,各专业部门只有加强协作与配合,才能保证各项专业管理的顺利开展,达到组织的整体目标。为贯彻这一原则,在组织设计中要十分重视横向协调。其主要的措施有:

(1)实行系统管理,把职能性质相近或工作关系密切的部门归类,成立各个管理子系统,分别由各副总经理(如副厂长、部长等)负责管辖。

(2)设立一些必要的委员会来协调。

(3)创造协调的环境,提高管理人员的全局观念。

(三)有效管理幅度原则

由于受个人精力、知识、经验条件的限制,一名领导者能够有效领导的直属下级人数是有一定限度的。有效管理幅度不是一个固定值,它受职务的性质、人员的素质、职能机构健全与否等条件的影响。这一原则要求在进行组织设计时,领导人的管理幅度应控制在一定水平,以保证管理工作的有效性。由于管理幅度的大小同管理层次的多少呈反比例关系,这一原则要求在确定企业的管理层次时,必须考虑到有效管理幅度的制约。因此,有效管理幅度也是决定企业管理层次的一个基本因素。

(四)集权与分权相结合的原则

企业组织设计时,既要有必要的权力集中,又要有必要的权力分散,两者不可偏废。集权是大生产的客观要求,它有利于保证企业的统一领导和指挥,有利于人力、物力、财力的合理分配和使用。而分权是调动下级积极性、主动性的必要组织条件。合理分权有利于基层根据实际情况迅速而正确地作出决策,也有利于上层领导摆脱日常事务,集中精力抓重大问题。因此,集权与分权是相辅相成的,是辩证的统一。没有绝对的集权,也没有绝对的分权。企业在确定内部上下级管理权力分工时,主要应考虑的因素有:企业规模的大小,企业生产技术特点,各项专业工作的性质,各单位的管理水平和人员素质的要求等。

(五)稳定性和适应性相结合的原则

稳定性和适应性相结合原则要求组织设计时,既要保证组织在外部环境和企业任务发生变化时,能够继续有序地正常运转;同时又要保证组织在运转过程中,能够根据情况的变化作出相应的变更,组织应具有一定的弹性和适应性。为此,需要在组织中建立明确的指挥系统、责权关系及规章制度;同时又要求选用一些具有较好适应性的组织形式和措施,使组织在变动的环境中,具有一种内在的自动调节机制。

四、组织结构设计的程序

企业组织结构的设计只有按照正确的程序进行,才能达到组织设计的高效化。组织结构设计的程序如下:

1. 业务流程的总体设计

业务流程设计是组织结构设计的开始,只有总体业务流程达到最优化,才能实现企业组织高效化。

业务流程是指企业生产经营活动在正常情况下,不断循环流动的程序或过程。企业的活动主要有物流、资金流和信息流,它们都是按照一定流程流动的。企业实现同一目标,可以有不同的流程。这就存在一个采用哪种流程的优选问题。因此,在企业组织结构设计时,首先要对流程进行分析对比、择优确定,即优化业务流程。优化的标准是:流程时间短,岗位少,人员少,流程费用少。

业务流程包括主导业务流程和保证业务流程。主导业务流程是产品和服务的形成过程,如生产流程;保证业务流程是保证主导业务流程顺利进行的各种专业流程,如物资供应流程、人力资源流程、设备工具流程等。首先,要优化设计的是主导业务流程,使产品形成的全过程周期最短、效益最高;其次,围绕主导业务流程,设计保证业务流程;最后,进行各种业务流程的整体优化。

2. 按照优化原则设计岗位

岗位是业务流程的节点,又是组织结构的基本单位。由岗位组成车间、科室,再由车间、科室组成各子系统,进而由子系统组成整个企业的总体结构。岗位的划分要适度,不能太大也不能太小,既要考虑流程的需要,也要考虑管理的方便。

3. 规定岗位的输入、输出和转换

岗位是工作的转换器,就是把输入的业务,经过加工转换为新的业务输出。通过输入和输出就能从时间、空间和数量上把各岗位纵横联系起来,形成一个整体。

4. 岗位人员的定质与定量

定质就是确定本岗位需要使用的人员的素质。由于人员的素质不同,工作效率就不同,因而定员人数也就不同。人员素质的要求主要根据岗位业务内容的要求来确定。要求太高,会造成人员的浪费;要求太低,保证不了正常的业务活动和一定的工作效率。

定量就是确定本岗位需要使用人员的数量。人员数量的确定要以岗位的工作业务量为依据,同时也要以人员素质为依据。人员素质与人员数量在一定条件下成反比。定量是在工作业务量和人员素质平衡的基础上确定的。

5. 设计控制业务流程的组织结构

这是指按照流程的连续程度和工作量的大小,来确定岗位形成的各级组织结构。整个业务流程是个复杂的系统,结构是实现这个流程的组织保证,每个部门的职责是负责某一段流程并保证其畅通无阻。岗位是保证整个流程实施的基本环节,应该先有优化流程,后有岗位,再组织车间、科室。

以上五个步骤,既有区别又有联系,必须经过反复的综合平衡、不断地修正,才能获得最佳效果。

五、影响企业组织结构设计的因素

企业组织结构及其运行,总是发生在一定的环境中,受制于一定的技术条件,并在组织总体战略的指导下进行。组织设计必须考虑这些因素的影响。

(一)企业战略

在组织结构与战略的相互关系上,一方面,战略的制订必须考虑企业组织结构的现实;另一方面,一旦战略形成,组织结构必须作出相应的调整,以适应战略实施的要求。适应战略要求的组织结构,为组织目标的实现提供了必要的前提。

战略选择的不同,在两个层次上影响组织的结构:不同的战略要求开展不同的业务活动,这会影响管理职务的设计;战略重点的改变,会引起组织的工作重点转变以及各部门与职务在组织中重要程度的改变,因此要求对各管理职务以及部门之间的关系作相应的调整。

(二)外部环境

外部环境对组织结构的影响可以反映在三个不同的层次上,这就是职务与部门设计层次、各部门关系层次、组织总体特征层次。这主要是由于组织作为整个社会经济大系统的一个组成部分,它与外部的其他社会经济子系统之间存在着各种各样的联系,所以,外部环境的发展变化必然会对企业组织结构的设计产生重要的影响。

(三)技术

组织的活动需要利用一定的技术和反映一定技术水平的特殊手段来进行。技术以及技术设备的水平,不仅影响组织活动的效率,而且会作用于组织活动的内容划分、职务设置,会对工作人员的素质提出要求。例如,信息处理的计算机化,必将改变组织中的会计、文书、档案等部门的工作形式和性质。

(四)企业规模与企业所处的发展阶段

企业的规模往往与企业的发展阶段相互联系,伴随着企业活动的内容会日趋复杂,人数会逐渐增多,活动的规模会越来越大,企业组织结构也须随之调整,以适应变化了的情况。

第三节 组织变革与发展

一、组织变革与组织发展概述

(一)组织变革的概念、作用和目标

1. 组织变革的概念

组织变革是指组织管理人员主动对组织的原有状态进行改变,以适应外部环境变化,更好地实现组织目标的活动。这种变革的范围包括组织的各个方面,如组织行为、组织结构、组织制度、组织成员、组织文化等。

2. 组织变革的作用

组织变革对组织生存和发展具有重大的影响和作用。通过组织变革,组织的目标更加明确,组织成员的认可程度和满意程度都会得到提高,组织更加符合社会发展的要求,组织的任务更加明确,组织完成任务的方法更加明确,组织机构的管理效率提高,组织作出的决策更加合理、准确,组织具有更好的稳定性和适应性,组织的信息沟通渠道畅通无阻,信息传递更加准确;组织的自我更新能力增加。

3. 组织变革的目标

组织变革的目的是促进组织的发展,因此,组织变革的目标应与组织发展的目标协调一致。组织变革应努力实现以下目标:

(1)提高组织适应环境的能力。适应环境是组织生存的前提。当组织的外部环境或内部环境发生变化时,组织也必须随之而变。但是这种变化不是盲目地跟随,不是急功近利的变革,而是在对环境变化作出正确认识的前提下,审时度势,认真思考后进行的。组织变革要通过建立健全组织运行机制,改造组织结构和流程来增加组织对环境的适应性。

(2)提高组织的工作绩效。通过组织变革提高组织的适应能力,仅仅是组织变革的基础目标。在提高适应能力的基础上,促进组织的自我创新能力,提高组织运作效率和效益,使组织不断发展壮大,这是组织的最终目标。

(3)承担更多的社会责任。在现代社会中,单个组织的生存和发展从根本上来说取决于它同社会的关系。任何组织都不能只追求自身利益,而不顾社会责任。因此,每个组织所承担的社会责任,它所树立的社会形象,都成为组织运作的必要前提。组织的社会责任要求组织要不断地进行调整与变革,这也是组织变革的最高目标。

(二)组织发展的概念与未来组织的特征

1. 组织发展的概念

组织发展是指以变革的方式改进组织行为、提高组织效率的过程。组织变革与组织发展是相互区别、紧密联系的两个概念。组织发展要通过组织变革来实现,变革是手段、发展是目的。组织的效率一般取决于组织的管理体系和组织结构,组织的技术水平和工作安排体系、组织成员的态度、行为、价值观等文化系统。组织发展就是对这些因素进行的一系列变革,其中改变人的因素、发展人的潜能和特性是组织发展的本质。

组织发展是一个连续不断的动态过程,组织的领导者不能期望运用某种方法在短期内解决所有的问题,而是需要经历一个由低级到高级的较长的动态过程。组织发展从组织系统出发,需要综合运用多学科知识。组织发展主要是调整领导与员工之间、员工与员工之间、部门与部门之间的关系,力图创造信任、协作的工作氛围。组织发展一般采用有计划的再教育手段实现自己的目的,通过有目的地改变人的态度,影响人的行为,不断创新规范,推动组织的发展。

2. 未来组织的特征

从组织发展的趋势看,未来组织将具有如下特征:

(1)高速度。随着信息化和网络经济的发展,规模经济时代正在向"速度经济"时代转变,正如美国思科公司总裁钱伯斯所言:"新经济规则不是大鱼吃小鱼,而是快的吃慢的。"因此,未来的竞争在很大程度上依赖于速度,未来的社会是"快者生存"的时代。

(2)组织扁平化。由于计算机互联网在组织中的应用,组织的信息收集、整理、传递和控制手段的现代化,"金字塔"式的传统层级结构正在向层次少、扁平式的组织结构演进。在当今组织结构的变革中,减少中间层次,加快信息传递速度,直接控制是一个基本趋势。

(3)组织运行柔性化。柔性是指组织结构的可调整性,对环境变化、战略调整的适应能力。在知识经济时代,外部环境变化以大大高于工业经济时代的变化速度在发生着变化,因此,组织的战略调整和组织结构调整必须及时,应运而生的柔性组织结构使得组织结构运作带有柔性的特征。

(4)组织协作团队化。团队是指在组织内部形成的具有自觉的团结协作精神,能够独立完成任务的集体。团队组织与传统的部门不一样,它是自觉形成的,是为完成共同的任务,建立在自觉的信息共享、横向协调基础上的。在团队中,没有拥有制度化权力的管理者,只有组织者相互协作。

(5)组织管理人本化。知识经济时代,组织中最重要的资源是人,特别是具有特殊才能的人才。组织的高效率和高效益,依赖于组织成员的积极性和创造性。因此,组织要尊重每个成员的合理需要,建立科学有效的激励制度和各项规章制度,为员工创造充分发展的机会和环境,使员工得到全面、自由的发展。

(6)学习型组织。知识经济时代的组织必须不断地学习,组织要运用能在所有层次上促进学习和实验的知识基础来支持。阿里·德·格斯在领导皇家荷兰壳牌公司策划时曾说过:"比你的竞争对手更快学习的能力可能是唯一的持久性竞争优势。"因此,组织保持领先的唯一办法就是比对手更快、更好地学习。

二、组织变革的动力与阻力

(一)组织变革的动力

从组织变革的实践看,促使组织变革的动力主要来自组织内部和外部两个方面。

1. 组织内部力量

影响组织变革的内部因素主要有以下几点。

(1)管理技术条件的改变。

(2)管理人员的调整与管理水平的提高。

(3)组织运行政策与目标的改变。

(4)组织规模的扩张与业务的迅速发展。

(5)组织内部运行机制的优化。

(6)组织成员对工作的期望与个人价值观念的变化。

以上这些因素都会影响到组织目标、组织结构、组织权力系统等的调整和修整,从而引起组织的变革,这种变革往往是全面而深刻的。

2. 组织外部力量

组织是从属于社会大环境系统的一个子系统,它必须适应外部环境。适者生存是市场竞争的自然法则。当外部环境发生变化时,组织也要进行相应的改变。只有以变应变,组织才能生存下去，才能获得新的发展机遇。

引发组织变革的外部力量，主要有以下因素：

(1) 科学技术的进步。

(2) 国家有关法律、法规的颁布与修订。

(3) 国家宏观经济调控手段的改变。

(4) 国家产业政策的调整与产业结构的优化。

(5) 国内外经济形势的变化。

(6) 国内政治形势及政治制度的变化。

(7) 国际外交形势及本国外交政策的变化。

(8) 国内外市场需求的变化与市场竞争激烈程度的加剧。

(二) 组织变革的阻力

组织变革意味着打破原有状态，建立新的组织状态。组织变革不可能一帆风顺，势必遇到来自各个方面的阻力。充分认识这些阻力，并设法排除阻力是保证组织变革取得成功的基本条件。

组织变革的阻力一般来自于以下几个方面。

1. 组织的惯性

随着组织年龄的增长，组织往往有保持其稳定性的倾向，这将促使其反对变革，使组织产生一种惯性。组织中的绝大多数人都是在"昨天"的组织中成长起来的，他们的期望和价值观都是在早期形成的。他们一般倾向于把"昨天"的经验强加于现在，把组织以前所发生的事看作是常规，对任何一种不合"常规"的事都会持强烈的拒绝态度。这种变革阻力严重制约着组织变革。

2. 组织的保守倾向

国外学者对组织寿命周期研究表明：所有组织除非它处于快速增长或内部动荡的时期，否则其年龄越长或者越成熟，它就变得越保守。其原因是：

(1) 随着组织年龄的增长，组织内部建立起来的制度化的规则就越多。这些规则约束了组织对环境的反应，限制了组织变革。

(2) 随着组织年龄的增长，组织中具有创新精神的管理者将会被具有保守倾向的管理人员所取代，使组织失去创新型人才。

3. 既得利益者的反对

组织变革会威胁到一些成员为取得现状所作的投资。这些人对现有体制所作的投资越多，他们反对变革的阻力就越大。因为，他们担心失去现有的地位、收入、权力、个人便利等。

4. 变革风险

组织变革将使已知的东西变成模糊不清并具有不确定性，导致变革风险。组织中的人都有理性避险的倾向，从而与组织变革发生抵触。

5. 对组织变革缺乏有效的保护

组织变革本身是一种社会发明,尤其是那些解决组织管理中的一般性问题的组织变革更是如此。但是,组织变革从来没有像技术创新那样得到严格的保护,是一种没有专利权的社会发明。一项组织创新成果可以被其他组织无偿使用,这使组织失去了创新的动力。

(三)减小组织变革阻力的方法

美国管理学家威尔顿(Goodwin Walton)认为,一个组织如果能采取下列12种方法,则可以减少变革的阻力。

(1)让有关人员参与变革的计划,使其认为此变革的方案是他们自己提出来的。
(2)设法使变革方案得到高层管理者的全力支持。
(3)使参与变革者认为此变革将减少而不是增加他们的负担。
(4)使变革计划所依据的价值观念和理性准则为参与变革者所熟悉和理解。
(5)使变革计划所提供的新经验为变革的参与者感兴趣。
(6)变革计划能使参与变革者感觉到他们的自主权与安全没有受到威胁。
(7)让参与变革者能参与共同的组织诊断,以使他们同意变革的基本问题,并感受其重要性。
(8)让参与变革者一对一地决定变革的计划。
(9)让变革的赞成者与反对者增进交流,了解反对的正当理由,并设法减轻其不必要的恐惧。
(10)认识到创新可能被误解,同时做好变革计划的信息反馈与宣传解释工作。
(11)使参与变革者之间彼此相互接受、相互信任和相互支持。
(12)公开地讨论变革计划,让经验显示此种变革有望成功进行。

三、组织变革的内容和程序

(一)组织变革的内容

组织变革的内容包括组织结构变革、技术变革和人事变革三类。

1. 结构变革

结构变革是对组织的构成要素、整体布局和运作方式所作的较大调整。结构所涉及的内容主要有:权力重新分配,结构再设计,工作再设计,绩效评估和奖励制度的改变,控制系统的改变等。

对于这些变革内容进行具体分析,便于更好地理解结构变革的内涵。

(1)权力重新分配。结构变革首先要考虑的问题就是组织的集权与分权问题。组织所处的环境不同,组织发展的阶段不同,组织正规化程度,这些都会影响到组织的集权和分权的程度。因此,组织的管理者要根据形势的变化对组织权力进行重新分配。

(2)结构再设计。它包括对结构要素的调整(如合并或增设部门、增减管理层次等)和整个结构的重新设计(如从直线制结构到直线职能制结构)以及组织整体的结构扩张(如通过兼并、收买、控股等方式扩张)或缩减(如通过卖出或取消分支机构等形式收缩)。

(3)工作再设计。管理者可以通过重新设计职位体系、工作程序、修订职务说明书、丰富职务内容、实行弹性工作日制等方式来变革组织结构。

(4)绩效评估和奖励制度的改变。组织发展的不同阶段对员工的要求会有很大差别,同时,员工的需要也会发生较大的变化,因此,管理者必须及时改变对员工的评价和奖励制度,以适应变化的要求。

(5)控制系统的改变。组织的控制系统包括对财务、人力资源、生产过程、产品质量、投资计划等方面的控制。组织控制系统要随技术、市场、内部资源情况作出相应的调整。

2. 技术变革

组织的技术变革是指管理人员通过改变从原料的投入到转变成为产品的整个过程所使用的技术,促使人们的工作内容、工作顺序、工艺程序的改变,以达到影响人的行为、提高工作绩效的目的。改变技术意味着运用各种新技术去提高工作效率,具体形式有设备更新和工艺流程的变革。

3. 人事变革

人事变革是管理者着重于改变员工的态度、价值观和需要的种类与层次,通过转变员工的工作态度促使其修正自己的行为,从而达到改进工作绩效的目的。

人事变革是围绕人力资源进行的变革,具体包括组织变动和组织发展两部分内容,组织变动涉及人员流动、人员选择和人员培训,组织发展涉及人员的态度、观念、行为和关系的改变。一般来说,人事变革更加强调组织发展。人事变革的目的是努力创造一种良好的组织气氛,促进组织成员之间相互关系的改变,使组织中个人和群体更加有效地工作。

(二)组织变革的程序

关于组织变革程序,不同的组织行为学家有不同的看法,一般认为组织须经过以下八个步骤。

1. 确定变革的问题

组织必须结合自身的实际情况来确定是否需要变革以及所要变革的内容。当一个组织出现以下几种情况时,表明需要进行变革。

(1)组织决策效率低或经常作出错误的决策。

(2)组织内部沟通渠道阻塞,信息传递不灵或失真。

(3)组织机能失效,如生产任务不能按时完成、产品质量下降、成本过高等。

(4)组织缺乏创新,没有活力。

这些现象表明,组织的现状已不尽如人意,如不进行及时地变革,组织的发展将受到严重的影响。因此,组织有必要对出现的问题进行认真的分析,找出引发问题的主要原因,以确定变革的方向。

2. 组织诊断

为了准确地掌握组织需要变革的方向,要对组织进行诊断。组织诊断首先要采取行之有效的方式将组织现状调查清楚,然后对所掌握的材料进行科学分析,找出期望与现状的差距,以便进一步确定需要解决的问题和所要达到的目标。

3. 提出方案

一般来说,变革方案要有几个,以便进行选择。在各备选方案中必须明确问题的性质和特点,解决问题需要的条件,变革的途径,方案实施后可能造成的后果等内容。

4. 选择方案

这项工作就是在提出的方案中,通过对比分析选出一个较优的方案。对于选出的方案,既要考虑到它的针对性、可行性,又要考虑到方案实施后能带来的综合效益。

5. 制订计划

在选定方案的基础上,必须制订出一个较为具体、全面的计划,包括时间安排、人员的培训、人员的调动、物力和财力的筹备等内容。

6. 实施计划

在实施变革计划时,既要注意选择发起变革的适当时机,又要恰当地选择变革的范围,以便取得较好的效果。

7. 评价效果

评价效果就是检查计划实施后是否达到了变革的目的,是否解决了组织中存在的问题,是否提高了组织的效能。

8. 反馈

反馈是组织变革过程中关键的一环,也是一项经常性的工作。反馈的信息所揭示的问题较为严重时,需要根据上述步骤再循环一次,直到取得满意的结果为止。

第四节　组织文化

一、组织文化概述

(一)组织文化的含义

组织文化是组织为解决生存和发展的问题而形成的,被组织成员认为有效而共享,并共同遵循的基本信念和认知。组织文化集中体现了一个组织经营管理的核心主张,以及由此产生的组织行为。

组织文化是组织成员共同的价值观念和行为规范。通俗地讲,就是每一位员工都明白怎样做是对组织有利的,而且都自觉自愿地这样做,久而久之便形成了一种习惯。再经过一定时间的积淀,习惯成为自然,成为人们头脑里一种牢固的"观念",而这种"观念"一旦形成,又会反作用于(约束)大家的行为,逐渐以规章制度、道德公允的形式成为众人的"行为规范"。

组织文化是一个由核心层、中间层和外围层构成的多层次的生态系统,根据内容大致可以分为理念层、制度层、行为层、物质层,组织文化的各个层面是和谐统一、相互渗透的。

在现代管理学里,组织文化是一种通过一系列活动主动塑造的文化形态,当这种文化被建立起来后,会成为塑造内部员工行为和关系的规范,是组织内部所有人共同遵循的价值观,对维系组织成员的统一性和凝聚力起很大的作用。

(二)组织文化的特征

1. 组织文化的意识性

大多数情况下,组织文化是一种抽象的意识范畴,它作为组织内部的一种资源,应属于组织的无形资产。它是组织内一种群体的意识现象,是一种意念性的行为取向和精神观念,但这种文化的意识性特征并不否认它总是可以被概括性地表述出来。

2. 组织文化的系统性

组织文化是由共享价值观、团队精神、行为规范等一系列内容构成的一个系统,各要素之间相互依存、相互联系。因此,组织文化具有系统性。同时,组织文化总是以一定的社会环境为基础的,是社会文化影响渗透的结果,并随社会文化的进步和发展而不断地调整。

3. 组织文化的凝聚性

组织文化总可以向人们展示某种信仰与态度,它影响着组织成员的处世哲学和世界观,而且也影响着人们的思维方式。因此,在某一特定的组织内,人们总是为自己所信奉的哲学所驱使,它起到了"黏合剂"的作用。良好的组织文化同时意味着良好的组织气氛,它能够激发组织成员的士气,有助于增强群体凝聚力。

4. 组织文化的导向性

组织文化的深层含义是,它规定了人们行为的准则与价值取向。它对人们行为的产生有着最持久最深刻的影响力。因此,组织文化具有导向性。英雄人物往往是组织价值观的人格化和组织力量的集中表现,它可以昭示组织内提倡什么样的行为,反对什么样的行为,使自己的行为与组织目标的要求相互匹配。

5. 组织文化的可塑性

某一组织的文化并不是生来具有的,而是通过组织生存和发展过程中逐渐总结、培育和积累而形成的。组织文化是可以通过人为的后天努力加以培育和塑造的,已形成的组织文化也并非一成不变,是会随组织内外环境的变化而加以调整的。

6. 组织文化的长期性

长期性指组织文化的塑造和重塑的过程不但需要相当长的时间,而且是一个极其复杂的过程,组织的共享价值观、共同精神取向和群体意识的形成不可能在短期内完成,在这一创造过程中,涉及调节组织与其外界环境相适应的问题,也需要在组织内部的各个成员之间达成共识。

(三)组织文化的结构

组织文化的结构划分有多种观点,常见的组织文化划分为:物质层、行为层、制度层和精神层四个层次。

1. 物质层

物质层是组织文化的表层部分,它是组织创造的物质文化,是一种以物质形态为主要研究对象的表层组织文化,是形成组织文化精神层和制度层的条件。优秀的组织文化是通过重视产品的开发、服务的质量、产品的信誉和组织生产环境、生活环境、文化设施等物质现象来体现的。

2. 行为层

行为层,即组织行为文化,它是组织员工在生产经营、学习娱乐中产生的活动文化。它包括组织经营活动、公共关系活动、人际关系活动、文娱体育活动中产生的文化现象。组织行为文化是组织经营作风、精神风貌、人际关系的动态体现,也是组织精神、核心价值观的反映。

3. 制度层

制度层是组织文化的中间层次,把组织物质文化和组织精神文化有机地结合成一个整体。主要是指对组织和成员的行为产生规范性、约束性影响的部分,是具有组织特色的各种规章制度、道德规范和员工行为准则的总和。它集中体现了组织文化的物质层和精神层对成员和组织行为的要求。制度层规定了组织成员在共同的生产经营活动中应当遵守的行为准则,主要包括组织领导体制、组织机构和组织管理制度三个方面。

4. 精神层

精神层,即组织精神文化,它是组织在长期实践中所形成的员工群体心理定势和价值取向,是组织的道德观、价值观,即组织哲学的综合体现和高度概括,反映全体员工的共同追求和共同认识。组织精神文化是组织价值观的核心,是组织优良传统的结晶,是维系组织生存发展的精神支柱。其主要有,组织的领导和成员共同信守的基本信念、价值标准、职业道德和精神风貌。精神层是组织文化的核心和灵魂。

(四)组织文化的分类

根据不同的标准和不同的用途,理论界目前对组织文化有着不同的划分方法,其中,最常见的划分方法有以下几种。

1. 按照组织文化的内在特征划分

艾莫瑞大学的杰弗里·桑南菲尔德提出了一套标签理论,它有助于人们认识组织文化之间的差异,认识个体与文化的合理匹配的重要性。通过对组织文化的研究,他确认了四种组织文化类型:

(1)学院型组织文化。学院型组织是为那些想全面掌握每一种新工作的人而准备的地方。在这里他们能不断地成长、进步。这种组织喜欢雇用年轻的大学毕业生,并为他们提供大量的专门培训,然后指导他们在特定的职能领域内从事各种专业化工作。桑南菲尔德认为,学院型组织的例子有 IBM 公司、可口可乐公司、宝洁公司等。

(2)俱乐部型组织文化。俱乐部型公司非常重视适应、忠诚感和承诺。在俱乐部型组织中,资历是关键因素,年龄和经验都至关重要。与学院型组织相反,它们把管理人员培养成通才。俱乐部型组织的例子有联合包裹服务公司、德尔塔航空公司、贝尔公司、政府机构、军队等。

(3)棒球队型组织文化。棒球队型组织鼓励冒险和革新。招聘时,从各种年龄和经验层次的人中寻求有才能的人。薪酬制度以员工绩效水平为标准。由于这种组织对工作出色的员工给予巨额奖酬和较大的自由度,员工一般都拼命工作。在会计、法律、投资银行、咨询公司、广告机构、软件开发、生物研究领域,这种组织比较普遍。

(4)堡垒型组织文化。棒球队型公司重视创造发明,而堡垒型公司则着眼于公司的生存。这类公司以前多数是学院型、俱乐部型或棒球队型的,但在困难时期衰落了,现在尽力来保证组织的生存。这类公司工作安全保障不足,但对于喜欢流动性、挑战的人来说,具有一定的吸引力。堡垒型组织包括大型零售店、林业产品公司、天然气探测公司等。

2. 按照组织文化对其成员影响力的大小划分

哈佛商学院的两位著名教授约翰·科特(John P. Kotter)和詹姆斯·赫斯科特(James L. Heskett)于 1987 年 8 月至 1991 年 1 月,先后进行了四个项目的研究,依据组织文化与组织长期经营之间的关系,将组织文化分为三类:

(1)强力型组织文化。在具有强力型组织文化的公司中,员工们方向明确,步调一致,组织成员有共同的价值观念和行为方式,所以他们愿意为组织自愿工作或献身,而这种心态又使得员工们更加努力。强力型组织文化提供了必要的组织机构和管理机制,从而避免了组织对那些常见的、窒息组织活力和改革思想的官僚们的依赖,因此,它促进了组织业绩的提升。

(2)策略合理型组织文化。具有这种组织文化的组织,不存在抽象的、好的组织文化内涵,也不存在任何放之四海而皆准、适合所有组织的"克敌制胜"的组织文化。只有当组织文化"适应"组织环境时,这种文化才是好的、有效的文化。不同的组织,需要不同的组织文化,只有文化适应于组织,才能发挥其最大的功能,改善组织经营状况。

(3)灵活适应型组织文化。市场适应度高的组织文化必须具有同时在员工个人生活中和组织生活中都提倡信心和信赖感、不畏风险、注重行为方式等特点,员工之间相互支持,勇于发现问题、解决问题。员工有高度的工作热情,愿意为组织牺牲一切。

3. 按照组织文化所涵盖的范围划分

组织作为一个系统,是由各种子系统构成的,各个子系统又是由单独的具有文化创造力的个体组成。在一个组织中,除了整个组织作为一个整体外,各种正式的、严格划分的子系统或非正式群体,相对于组织来说也都能够作为一个小整体。从这个角度来说,组织文化又可以分为两类:

(1)主文化。主文化体现的是一种核心价值观,为组织大多数成员所认可。组织文化一般就是指组织的主文化。

（2）亚文化。亚文化是某一社会主流文化中一个较小的组成部分。在组织中，主文化虽然为大多数成员所接受，但是，它不能包含组织中所有的文化。组织中有各种小整体，在认同组织主文化的前提下，也有自己的独特的亚文化。亚文化或者是对组织主文化更好的补充，或者是与主文化相悖的，或者虽然与主文化有区别，但对组织来说是无害的，在一定条件下又有可能替代组织的主文化。

二、组织文化的功能

组织文化的功能是指组织在组织文化导向下进行生产、经营、管理的过程中所发挥的作用。组织文化对于组织的功能可以分为正功能和负功能。组织文化的正功能在于提高组织承诺，提高组织效能；组织文化的负功能对组织是有害无益的。

（一）组织文化的正功能

组织文化具体来说有以下六种正功能。

1. 组织文化的导向功能

组织文化的导向功能是指组织文化能对组织整体和组织每个成员的价值取向及行为取向起引导作用，使之符合组织所确定的目标。组织文化只是一种软性的理智约束，通过组织的共同价值观不断地向个人价值观渗透和内化，使组织自动生成一套自我调控机制，以一种适应性文化引导着组织的行为和活动。

2. 组织文化的约束功能

组织文化的约束功能是指组织文化对每个组织员工的思想、心理和行为具有约束和规范的作用。组织文化的约束不是制度式的硬约束，而是一种软约束，这种软约束是组织中弥漫的组织文化氛围、群体行为准则和道德规范。

3. 组织文化的凝聚功能

组织文化的凝聚功能是指当一种价值观被该组织员工共同认可之后，它就会成为一种"黏合剂"，从各个方面把其成员团结起来，从而产生一种巨大的向心力和凝聚力。而这正是组织获得成功的主要原因，"人心齐，泰山移"，凝聚在一起的员工有共同的目标和愿景，推动组织不断前进和发展。

4. 组织文化的激励功能

组织文化的激励功能是指组织文化具有使组织成员从内心产生一种高昂情绪和发奋进取精神的效应，它能够最大限度地激发员工的积极性和首创精神。组织文化强调以人为中心的管理方法。它对人的激励不是一种外在的推动而是一种内在引导，它不是被动消极地满足人们对实现自身价值的心理需求，而是通过组织文化的塑造，使每个组织员工从内心深处愿意为组织贡献力量。

5. 组织文化的辐射功能

组织文化的辐射功能是指组织文化一旦形成较为固定的模式,则它不仅会在组织内发挥作用,对本组织员工产生影响,而且也会通过各种渠道对社会产生影响。组织文化向社会辐射的渠道很多,但主要可分为利用各种宣传手段和个人交往两大类。一方面,组织文化的传播对树立组织在公众中的形象有帮助;另一方面,组织文化对社会文化的发展有很大的影响。

6. 组织文化的调适功能

组织文化的调适功能是指组织文化可以帮助新进入的成员尽快适应组织,使自己的价值观和组织相匹配。在组织变革的时候,组织文化也可以帮助组织成员尽快适应变革后的局面,减少因为变革带来的压力和不适应。

(二)组织文化的负功能

组织文化对组织也存在着负面作用。

1. 变革的障碍

如果组织的共同价值观与进一步提高组织效率的要求不相符时,它就成了组织的束缚。这是在组织环境处于动态变化的情况下,最有可能出现的情况。当组织环境正在经历迅速的变革时,根深蒂固的组织文化可能就不合时宜了。当组织面对稳定的环境时,行为的一致性对组织而言很有价值。但组织文化作为一种与制度相对的软约束。更加深入人心,极易形成思维定式,这样,组织有可能难以应付变化莫测的环境。

2. 多样化的障碍

由于种族、性别、道德观等差异的存在,新聘员工与组织中大多数成员不一样,这就产生了矛盾。管理人员希望新成员能够接受组织的核心价值观,否则,这些新成员就会难以适应而不被组织接受。可是组织决策需要成员思维和方案的多样化,一个强势文化的组织要求成员和组织的价值观一致,这就必然导致决策的单调性,从而抹杀了多样化带来的优势。

3. 兼并和收购的障碍

以前,管理人员在进行兼并或收购决策时,所考虑的关键因素是融资优势或产品协同性。近几年,除了考虑产品线的协同性和融资方面的因素外,更多的则是考虑文化方面的兼容性。如果两个组织无法成功的整合,那么组织将出现大量的冲突、矛盾乃至对抗。所以,在决定兼并和收购时,很多经理人往往会分析双方文化的相容性,如果差异极大,则为了降低风险宁可放弃兼并和收购行动。

三、组织文化的建设

(一)组织文化建设的一般原则

1. 强化以人为中心

文化应以人为载体,人是文化生成与承载的第一要素。组织文化中的人不仅仅是指企业家、管理者，也体现于企业的全体员工。企业文化建设中要强调关心人、尊重人、理解人和信任人。企业团体意识的形成，首先是企业的全体成员有共同的价值观念，有一致的奋斗目标，才能形成向心力，才能成为一个具有战斗力的整体。

2. 表里一致，切忌形式主义

企业文化属意识形态的范畴，但它又要通过企业或员工的行为和外部形态表现出来，这就容易形成表里不一致的现象。建设企业文化必须首先从员工的思想观念入手，树立正确的价值观念和哲学思想，在此基础上形成企业精神和企业形象，防止搞形式主义，言行不一。形式主义不仅不能建设好企业文化，而且是对企业文化概念的歪曲。

3. 注重个异性

个异性是企业文化的一个重要特征。文化本来就是在本身组织发展的历史过程中形成的。每个企业都有自己的历史传统和经营特点，企业文化建设要充分利用这一点，建设具有自己特色的文化。企业有了自己的特色，才能在企业之林中独树一帜，才有竞争的优势。

4. 不能忽视经济性

企业是一个经济组织，企业文化是一个微观经济组织文化，应具有经济性。所谓经济性，是指企业文化必须为企业的经济活动服务，要有利于提高企业生产力和经济效益，有利于企业的生存和发展。企业文化建设实际是一个企业战略问题，也称文化战略。

5. 继承传统文化的精华

马克思主义认为："人们自己创造自己的历史，但他们并不是随心所欲地创造，而是在直接碰到的从过去继承下来的条件下创造。"企业文化建设也是这样，应该是在传统文化的基础上进行增值开发，否则企业文化就会失去存在的基础，也就没有生命力。增值开发就是对传统文化进行借鉴，弃其糟粕，取其精华。

（二）培育共同价值的观念

作为企业文化核心的价值观念的培养，是企业文化建设的一项基础工作。企业组织中的每个成员都有自己的价值观念，但由于他们的资历不同、生活环境不一样、受教育的程度也不相同等原因，使得他们的价值观念千差万别。企业价值观念的培育是通过教育、倡导和模范人物的宣传感召等方式，使企业员工扬弃传统落后的价值观念，树立正确的、有利于企业生存发展的价值观念，并达成共识，成为全体员工思想和行为的准则。企业价值观念的培育是一个由服从，经过认同，最后达到内化的过程。

企业价值观念的培育是一个长期的过程。在这个过程中，企业组织中个体成员价值观念的转变还可能由于环境因素的影响而出现反复，这更增加了价值观念培育的复杂性。价值观念的培育，需要企业领导深入细致的思想工作，善于把高度抽象的思维逻辑变成员工可以接受的基本观点。

由于企业价值观念是由多个要素构成的价值体系，因此在培育中要注意多元要素的组合，既要考虑国家、企业价值目标的实现，又要照顾员工需求的满足。但首先考虑的还应是国家和民族的利益。比如,日本松下公司的七条价值观念中,第一条就是"工业报国"。

（三）确立正确的经营哲学

作为企业经营管理方法论原则的企业经营哲学,是企业一切行为的逻辑起点。因此,确立正确的经营哲学,是企业文化建设的一项重要任务。确立企业哲学,需要经营者对本企业的经营状况和特点进行全面的调查,运用某些哲学观念分析研究企业的发展目标和实现途径,在此基础上形成自己的经营理念,并将其渗透到员工的思想深处,变成员工处理经营问题的共同思维方式。企业经营哲学通常应在代表企业精神的文字中体现,这不仅有利于内部渗透,而且也便于顾客识别。

经营哲学的确立,关键是要有创新意识,创建有个异性的经营思想和方法。英国盈利能力最强的零售集团——马狮百货公司的经营哲学,就是创立了"没有工厂的制造商",按自己的要求让别人生产产品,并打上自己的"圣米高"牌商标,取得了成功。

（四）企业形象设计

企业形象设计一般经过形象调查、形象定位和形象传播三个阶段。形象调查是了解公众对本企业的认识、态度与印象等方面的情况,为企业形象设计提供信息。形象定位是在形象调查的基础上,根据企业的实际状况,用知名度和美誉度的高低程度对企业形象进行定位。形象传播是以广告或公关方式,将企业形象的有关信息向社会传播,让更多的顾客认识和接受,从而提高企业形象。

【阅读资料】

王安实验室与惠普公司

王安实验室（Wang Laboratories）以年销售额超过 30 亿美元名列 1989 年《幸福》500 家大公司的第 146 名。这一文字处理计算机的先驱者,在全世界范围雇有 2.7 万名员工。可就在 3 年之后,王安公司申请了《破产法》保护。这时,王安公司的销售额已下降到 19 亿美元,员工人数为 8 000 人左右。公司遭受巨大的损失,其亏损额 1990 年达到 7.16 亿美元;1991 年为 3.86 亿美元;1992 年为 3.57 亿美元。公司的股票市场价值曾经一度达到 56 亿美元,而现在跌落到 0.7 亿美元。

惠普公司这家计算机与电器企业,在 1989 年出现了销售额锐减并多年来第一次经历了盈利下降局面。但是,惠普公司没有像王安公司那样步入大规模衰退时期,而是迅速走向引人注目的复苏。在员工队伍从 9.2 万人减到 8.9 万人（并没有实行强制性的解雇裁员）的情况下,公司实现了销售额的大幅回升。1992 年第一、二季度的盈利分别增长了 49% 和 40%。公司的市场价值剧增到 190 亿美元以上。

惠普公司到底采取了什么措施,使其取得与王安公司截然相反的结果呢？

20 世纪 80 年代后期以来,计算机行业成了面临环境急剧变化的典型例子。它对像国际商用机器公司、数据设备公司和优利系统公司这样的大企业都造成了不利的影响。顾客需要已经从大型计算机转为小型计算机乃至更小的多用途的个人计算机。许多硬件成了日用品一样的商品,无论是低价的供货者,还是提供优质服务或持续创新的厂家,都可以加入争夺市场份额的行列。在这一时刻,王安公司管理当局的行动仍像他们是在一个稳定的环境中运营似的。公司的创建者王安博士本人也没有意识到变革的需要。他自以为使办公室职员们从打字机时代中解放出来,就已经完成了办公室的革命。他和他的整个管理队伍没能看到:飞速发展的个人计算机已远远超过了王安的单功能文字处理机和价格昂贵的微型机。

惠普公司则走了另一条路子。其管理当局看到了环境的变化并全力推进公司的变革。他们给员工授予了充分的权力,简化了决策制定的过程,并大幅度削减了成本。虽然惠普公司仍然是一家大公司,但它的管理当局已经决定,绝不能使惠普公司成为行动缓慢者。高层经理们视察了全国的生产基地,收集了生产和销售第一线员工的意见和建议。他们所到之处听到的是对于公司官僚行政机构的普遍抱怨,以及新项目得到批准的重重困难。于是,管理当局对组织进行了重组。他们撤销了两个高层管理委员会,取而代之的是一种跨职能领域和组织界限的团队结构。工作团队被给予前所未有的从新产品设计到分销全过程的充分自主权。高层管理当局投入了大量的时间向员工们宣传,他们需要一种高度的紧迫意识,勇于采取冒风险的行动。同时需要认识到,在竞争者不断削价的新形势下,仅靠提供优质的产品是不够的。管理当局鼓励员工们寻找全新的方法,使公司从研究开发到行政管理和销售各领域都到达到低成本。这些措施的结果,使惠普公司在其大部分产品的毛利都下降的情况下,取得了较高的盈利性。

资料来源:http://www.wendang365.cn.

本章小结

组织是人类社会最普遍的社会现象之一。从组织的结构形态来看,常见的组织形式有直线式、职能式、直线职能式、矩阵式、事业部等。

组织结构设计是通过对组织资源(如人力资源)的整合和优化,确立企业某一阶段最合理的管控模式,实现组织资源价值最大化和组织绩效最大化。组织结构设计包括六项主要内容,分别是职能设计、框架设计、协调设计、规范设计、人员设计和激励设计。影响企业组织结构设计的因素有:企业战略、外部环境、技术、企业规模与企业所处的发展阶段。

组织变革是指组织管理人员主动对组织的原有状态进行改变,以适应外部环境变化,更好地实现组织目标的活动。组织变革的目的是促进组织的发展,组织变革的目标应与组织发展的目标协调一致。从组织变革的实践看,促使组织变革的动力主要来自组织内部和外部两个方面。

组织文化是组织成员共同的价值观念和行为规范。组织文化的要点包括:创新、协作、严谨、忠诚、诚信、温情。组织文化的功能是指组织文化发生作用的能力,也就是组织这一系统在组织文化导向下进行生产、经营、管理中的作用。组织文化的建设强化应以人为中心。

思考与练习题

1. 单项选择题

(1)常见的组织形式不包括( )。

    A. 直线式   B. 金字塔式   C. 职能式   D. 事业部

(2)影响组织组织结构设计的因素不包括( )。

    A. 组织战略及规模   B. 外部环境

C. 内部环境   D. 技术

(3) 以下是未来组织的特征的是(　　)。
     A. 发展速度平稳   B. 组织运行刚性化
     C. 突出个人英雄主义   D. 学习型组织

(4) 认为"企业的本质,即决定企业性质的最重要的原则,是经济绩效"的是(　　)。
     A. 约翰·科特(John P. Kotter)
     B. 詹姆斯·赫斯科特(James L. Heskett)
     C. 彼得·德鲁克(Peter F. Drucker)
     D. 科特(Kotter)和赫斯科特(Heskett)

(5) 企业文化建设的一般原则不包括(　　)。
     A. 强化以组织为中心   B. 表里一致,切忌形式主义
     C. 不能忽视经济性   D. 继承传统文化的精华

2. 简答题

(1) 请举例说明什么是组织变革。它对组织有什么作用?组织变革的目标是什么?

(2) 试结合实例论述组织结构设计的程序。

(3) 组织变革的阻力有哪些?你认为应如何减少这些阻力?这些阻力能完全排除吗?

(4) 试论述低层员工是否能成为变革推动者。说明理由。

(5) 针对你所了解的一个需要变革的组织,假设你是该组织的管理者,谈谈你的变革思路。

3. 案例分析

联想集团的组织成长

回顾联想的发展历程,其间充满艰辛坎坷。然而,让联想人最难以忘怀的,是由两次组织结构的调整所带来的飞速成长。

1. 借船出海

1988年,由于联想汉卡在市场推广方面获得初步的成功,联想继续发展的条件有了很大的改善。这主要表现在这样几个方面:一是企业实力增强,由20万元的投入发展到拥有上千万元的自有资本;二是由于西文汉化问题的解决,扫除了计算机在中国推广的一大障碍,联想在中国也有了一定的知名度;三是当时有许多外国知名计算机厂商为占领中国市场寻求与联想合作,从而为联想通过合作发展自己提供了条件;四是联想已经有了一个可以向汉卡以外其他计算机产品进军的队伍。再从市场形势看,由于中国对外开放不断扩大,人们对计算机的认识日渐提高,这将导致中国计算机市场迅速增长。而世界知名计算机厂商向中国进行简单商品输出已有四五年的历史,但这时中国市场上尚缺乏先进的主导型计算机。这使得联想与外国公司合作推广某种合适计算机会比较有利。从计算机技术方面看,美国和日本在当时具有垄断性优势,而一般性辅助技术则集中于亚洲"四小龙"等发展中国家和地区。对于初获成功

的联想来说,如果马上在核心技术和关键领先技术方面与发达国家的实力雄厚的计算机厂商展开竞争,则无异于以卵击石。联想经营者经过大量的调研和分析,决定将市场定位于计算机板卡的开发和制造方面,同时争取作某些世界著名计算机厂家的中国总代理,创造中国市场的主导型计算机,以积累资金和销售经验,并学习计算机整机开发技术。

在着手板卡开发和制造项目时遇到了很大的政策性困难。当时,联想拿不到批文,就决定到海外去拓展生存和发展空间。但由于联想对国际市场知之不多,而且自身经济实力也不强,因此,就采取优势互补经营策略。1988年投入30万元港币与一家香港计算机经销商合资成立香港联想计算机公司(联想占54%的股份)。将自身科技开发优势与港商对世界电脑市场熟悉的优势结合起来。

香港联想以贸易积累一定资金后马上投入计算机板卡的开发。他们依托一批来自中国内地的一流科技专家,在1989年就拿出了深受客户欢迎的286板卡产品,然后,香港联想又把板卡的生产基地建在深圳,利用当地劳动力低廉且素质较高的优势,使生产成本迅速下降。这样联想的板卡产品就以良好的性能价格比赢得了较好的市场地位。

在国内市场,联想继续大力开发联想汉卡的市场,占领了全国汉卡50%以上的市场。同时,联想选定美国AST公司作为合作伙伴,成为AST公司在中国内地的唯一代理商,经过双方共同努力,使得AST计算机成为中国微机市场上的主导机型,以后连续数年都成为在中国销量最大的微机。

由于在这一阶段成功的组织拓展策略,使得联想集团有了进一步的发展:一是企业实力进一步提高,联想集团成功地挤入了国际市场,同时在国内市场的实力也稳步增长。二是建立了良好的市场资源,培育了企业发展新的生长点。在这一阶段,联想把自身的经营触角向发达国家和国内各城市延伸,奠定了向产业化发展的基础。三是培育了一支可参与国际市场竞争的队伍,同时也树立了良好的企业形象。

2. 组织转型

随着联想集团规模的扩大,管理变得越来越复杂,企业有了一些规范的规章制度,确定了建立具有国际影响的高技术产业跨国集团的长远目标。公司强调和规范各部门、员工的专业化分工以及职责、权力、义务,强调部门、员工的全局意识和公司的统一管理,联想人把这种组织结构称之为"大船结构型"。它在经营方面的突出表现是统一指挥,集中作战,资源向重点项目集中,形成突破。

到了1994年下半年,联想集团步入了一个新的发展阶段,开始逐步成为一个成熟的企业。企业的自有资本已逾10亿元,海内外互补性经营格局基本形成。联想集团已经成为具有一定规模和实力的跨国企业。1994年初,香港联想公司成为香港上市公司,为企业发展带来了新的发展机会,企业资本在短期内迅速增加到数十亿港元。由于联想集团的现实规模和强劲发展势头,联想板卡产品在世界市场的重要地位和联想计算机在中国市场的重要地位,许多国际大公司已把联想当作重要竞争对手。这样一来,联想实力增加即使自己获得加强的抵抗风险、持续发展的能力,同时也因为自身更引人注目而面临着更加激烈的竞争。

在这种形势下,联想集团的决策者们开始认真研究继续发展的问题。根据联想的现有实力,出于规避风险,寻找新的增长机会,提高企业经营效率的考虑和对企业经营管理国际化经验的借鉴,联想决定要在坚持公司计算机产业主导地位,向国际化发展的同时,要开拓新的经营领域,向多样化发展。为了适应新的多样化、国际化经营的要求,也为了解决联想由于规模和业务范围扩大、人员增多、经营区域广阔、市场变化迅速的问题,原来的"大船结构型"或职能式结构管理已难以适应新的情况,公司的统一管理也难以对世界各地广大地区的各种业务领域出现的新情况作出迅速正确的反应。因此,公司提出改革组织体制,调整集权与分权的关系,形成"多中心"公司,把"大船结构型"组织模式变为"舰队结构型"组织模式,实行事业部制。公司把地区业务和产品领域适当结合起来,把现有业务与今后的发展结合起来划分事业部的经营领域,成立了14个事业部。集团总部主要对公司的发展方向、发展战略、投资收益、重大投资项目、主要经理人员和财务负责人、科技开发负责人等进行直接控制,其他的经营管理权都下放给事业部。形成由集团总部这艘旗舰统帅下的由各个事业部即各种战舰组成的联合舰队,在世界市场的汪洋大海里搏击风浪,各事业部在总部指挥下独立完成经营任务。

成立事业部后,各个事业部的经营机制灵活,能够更有效、更灵活地对市场作出反应,均取得了很好的经营业绩。

分析讨论:
(1)在联想集团的成长过程中采用了哪几种组织结构?
(2)联想集团进行了哪几次组织变革?为什么要进行这样的组织变革?

Chapter 7

人力资源管理

【学习目的与要求】

通过本章的学习,学生应全面掌握员工招聘、员工培训和绩效评估等方面的基本概念、特点和主要内容,以及人力资源管理的研究范围和研究方法等。

【本章主要概念】

人力资源计划　员工招聘　员工培训　绩效评估

【案例导读】

北京某电子企业在 20 世纪 80 年代,产品一度行销全国,是同行业里的一家知名企业,年销售金属膜电阻近 2 000 万元。该厂产品完全按照国标生产,质量可靠,被电子工业部评为部级优质产品,商标被评为著名商标。进入 20 世纪 90 年代,市场情况发生了变化。该企业生产的碳膜电阻、金属膜电阻产品,因受到南方生产厂商的强烈冲击,销售收入一路下滑,到了 1993 年,全年收入只保持在 200 万元左右,企业已到了生存困难的境地。1994 年,该企业主管部门与北京某交通企业谈妥进行产权置换。该交通企业向这家电子企业注入一笔现金作为投资,置换该电子企业的产权。电子企业在将这笔资金用于清偿银行贷款后,略有结余。企业利用原有的人员和设备继续搞电阻生产。这时,企业已没有任何债务负担。留下的人员中,60%为科室管理人员和中层干部;20%为销售人员;10%为技术人员;10%为后勤人员。该电子企业为了摆脱困境,决定从国外引进设备生产实芯电阻。实芯电阻的技术含量要高于碳膜电阻和金属膜电阻,工艺要求也高。当时,国内具备类似生产条件的企业只有两家,产品明显供不应求。然而,企业引进设备投产后,由于技术人员对工艺掌握不过关,产品出现严重质量问题,无法投放市场。到外面聘请技术人员每月至少 2 000 元,工人的工资仅 500 元左右,如果聘请了,收入差距太大,职工难以接受,多数人的积极性将受到影响。结果,企业没有外聘技术人员,从而实芯电阻项目被迫下马。而在国内市场上,实芯电阻至今仍然相当紧俏。

【点评】
　　案例中的这家电子企业，在困境中终于发现了有市场前景的实芯电阻项目，却因为没有能解决技术人员缺乏问题，与这次有望扭转企业生存困境的机会失之交臂。无疑，企业领导者在人才管理上的决策失误、措施不力，是导致这家企业经营战略落实困难的主要原因。
　　现代社会中，企业的竞争就是产品的竞争，产品的竞争就是技术的竞争，技术的竞争就是人才的竞争。在竞争日趋激烈的时代，具有杰出才干和献身精神的员工，已经成为企业竞争力的主要源泉。而如何吸引和选拔能干的员工并激发他们的献身精神，就是人力资源管理的使命。

第一节　人力资源管理概述

　　人力资源的管理就是对人的管理，是指将管理中人的因素视为最积极、最活跃的因素，并在此基础上，有效地激励组织成员的行为，合理配置人力资源，使之为实现组织目标而协同工作的过程。人力资源管理是管理组织职能的主要问题。人力资源管理的内容具体包括：人力资源计划，员工选聘与培训，人才选拔和培养，工作绩效的评价，团队合作参与管理以及组织文化的建设等。总之，人力资源管理的目的是使组织成员不遗余力和更加满意地工作。在西方管理学著作和许多教科书中，人力资源管理已成为管理学的一个重要组成部分，而且逐渐发展为管理学的一个新的分支学科。

一、人力资源管理的概念与意义

　　人力资源管理是组织（包括企业和各种机构）管理的一部分，也是最重要的组成部分之一。可是，为其确定一个定义可能要比知道它的重要意义困难得多。因为人力资源管理是近几十年来发展速度极快的一个领域，也是专业术语仍不确定的领域。例如，无论是学者还是管理者就企业相关部门的名称就没有达成一致意见，有的称其为"人事部"，有的称其为"人力资源部"。在对"人力资源"本身的含义的理解上也存在着差异。在西方，有人认为"人力资源"中的"资源"应该是单数的；有人认为应该是复数的。过去当人们提及"人事部"时，对该部门的认识是：管职工调入调出的，管晋升的，管人事档案的，如此而已。而现今人们则把它视为是管理组织的一种最为重要的资源——人的部门，是涉及诸如选才、育才、留才，以及制定恰当的相关政策以保证企业的生存和发展的战略部门。这显然是人们主观认识的一个重大转变，将人视为企业生产力，企业活力改善与提高的最为核心的动力来源，可以说这是正确处理企业和人的关系的一个真正意义上的革命。
　　所谓人力资源管理就是"通过对人和事的管理，处理人与人之间的关系，人与事的配合，以充分发挥人的潜能，并对人的各种活动予以计划、组织、指挥和控制，以实现组织的目标。"作为一个管理人力资源的部门，其主要工作涉及对工作人员的招聘、录用、选拔、任用、考核、奖惩、晋升、使用、培训、工资、福利、社会保险等方面的工作。应该注意的是，人力资源管理不仅着重人与事的适当配合，事得其人，人尽其才，更着重人与人之间关系的和谐，人性潜能的释放和发展，以促成组织革新，提高组织的效率。

根据人力资源管理这一定义，可以进一步从以下几个方面去理解：

首先，人力资源管理并不直接管理社会劳动过程，也不是简单地对人或事进行管理，而是对社会劳动过程中人与事之间的相互关系进行管理，是谋求社会劳动过程中人与事、人与人、人与组织的相互适应，做到事得其人，人尽其才。

其次，人力资源管理是通过组织、协调、控制、监督等手段进行的。组织就是在知人、识事的基础上，根据因事择人的原则，使人与事结合起来。协调就是根据人与事各自的变化发展，及时地调整他们之间的关系，保持人事相宜的良好状态。控制就是采用行政的、组织的，思想的种种办法，来防止人与事、人与人、人与组织关系的对抗。监督就是对组织、协调、控制人力资源活动的监察。要监督就要对人力资源管理过程公开化，增大透明度，做到人力资源管理法制化，依法管理。依法管理和公开管理是互为前提，相辅相成的。

再次，人力资源管理也并不是使人消极地被动地适应事的需要，要根据每个人的能力特点和水平，把人安置在一定的工作岗位上并给他提供充分施展才华的条件，而不是限制他的发展。因此，人力资源管理要根据人的聪明才智的提高和能力的增强，及时调整其工作岗位，给他提供充分施展才华的条件，这是人力资源管理的职能之一。可见，人力资源管理不是消极的静态的管理，而是积极的动态的管理。

总之，人力资源管理，就是运用现代化的科学方法，对与一定物力相结合的人力进行合理组织、协调、培训、调配等的工作，使人力、物力经常保持最佳的比例，同时对人的思想、心理和行为进行恰当的诱导、控制和监督，以充分发挥人的主观能动性，做到事得其人，人尽其才，人事相宜，事竟功成，以实现组织的目标。

二、人力资源管理的发展趋势

自工厂制度的建立到第二次世界大战结束期间，企业管理的重点是生产现场的管理，其目的是提高生产能力，改善产品质量，降低生产成本，以满足供不应求的市场需要。因此，这一期间各种新式机器设备的发明与改良，科学方法的应用研究，进展很快。对于人的管理则只着重人的体能如何配合机器的运转规律等人的物理属性方面，很少涉及人性方面的研究。

人力资源管理提法首先出现在美国，大体上经历了以下三个发展阶段：

（一）档案管理阶段

这一阶段是指20世纪60年代中期。那时人力资源管理的内容只局限于一些最基本最一般的人事档案工作，如新职员的招聘、录用、职前教育、工资管理及建立人事档案制度等。在这一阶段的人力资源管理，事实上只是"人事管理"，因为当时在指导思想上并没有将组织内人的因素视为一种重要的管理资源。当时人事部门的工作主要体现为硬性的管理工作，如组织机构的设计、规章制度的建立、考核标准的确定等。

（二）政府重视阶段

这一阶段人力资源管理主要特征是：政府部门开始注重组织中人力资源的管理问题，而且日益将此问题提到政府的议事日程上来。美国相继颁布了一系列涉及人事管理的法律、法规，如《种族歧视法》、《退休法》和《保健与安全法》。这些法律法规的出台，对当时的人事管理产生了重要的影响，引起了美国工商界企业中的管理人员对人事管理工作的注意。同时，在这一阶段从事人事管理工作的管理人员中也吸收了大批社会学、心理学、工业行为研究方面的专家，如培训发展专家、酬劳福利专家等。总之，在这一阶段，人事管理工作开始被政府部门及组织内直线管理人员所重视，人们逐渐认识到了人事管理在整个管理活动的重要作用。

（三）组织职责阶段

20世纪80年代以来，为了有效地进行物力、财力的管理，组织内的直线管理人员开始通过有效地对人进行管理来协调对物、财的管理，从而达到更有效地利用组织资源的目的。在这一阶段，人事管理已不仅仅是组织内劳动人事部门的职责，而是一种直线管理人员与人事管理部门管理人员的联合职责。此时，实施对人力资源管理的各种具体职责时，需要组织内直线管理人员与人事部门管理人员的相互协调和配合。美国组织行为学专家韦恩·卡肖在他的专著《人力资源管理——劳动生产率、职业生活质量、经济效益》一书中，就人力资源管理的主要职能，阐述了在执行该项职能时，组织直线管理人员与人事部门管理人员的工作内容。

现代企业的人力资源管理还面临着多方面的挑战，根据舒勒的概括，主要包括以下几个方面：

(1) 人力资源部门如何在众多的企业职能部门中发挥其作用或显示其特质和绩效；
(2) 如何从不同文化、不同制度、不同历史环境的其他国家的企业吸取、借鉴人力资源管理的经验；
(3) 人力资源管理应担当哪些角色，以保证人力资源的有效利用；
(4) 较成熟企业组织的中上层职位在呈现饱和的情况下，如何处理员工的晋升问题；
(5) 在人力资源管理中，如何较恰当地平衡组织与员工个人的利益。

在我国，除上述企业共同面临的问题以外，一些大中型企业人力资源管理还面对如何妥善处理存在的大量冗员问题，如何有效地解决员工职业生活与非职业生活高度相关的问题，如何正确处理企业改革过程中由于激励结构的失衡所导致的一系列问题等。因此，对于我国企业人力资源管理来讲，面临的任务更为艰巨、复杂，更富于挑战性。

三、人力资源管理的任务

人力资源管理的核心任务是激发员工的奉献精神，培养和发展员工的能力。在竞争日趋激烈的时代，对员工工作积极性和工作能力双重的要求比以往任何时候都更高，一方面解决员工愿不愿意去做事的问题,另一方面解决员工能不能做事的问题。因而人力资源管理的任务就更为突出。一般来说,人力资源管理有以下三项主要任务:

(一)吸引及选聘组织真正需要的人才

吸引选聘人才是一件很重要的事情。人力资源管理部门必须与组织内的高层管理人员一起制定明确的政策与策略。当职位出现空缺时,在什么情况下优先考虑内部现有的员工,在何种情况下才向外招聘;提供的待遇与外界一般水平差距多少,是偏低还是偏高;选聘的条件中,知识、经验以及性格等因素的比重如何等。类似的问题需经过深思熟虑:一方面要考虑到组织对各方面人员素质上的需要;另一方面也要考虑到财政上的限制,只有明确地制定合理政策,才能较有把握地选聘到适当的人才。

(二)保证所聘人才能在组织内充分发挥所长

影响员工发挥其所长的因素是多方面的。例如,安置是否适当,分工是否合理,是否有客观的工作评估制度,赏罚是否分明等,都会极大地影响员工的士气及人尽其才。这些工作,必须由人力资源管理部门与有关的管理人员一起进行有效地处理。否则,将使选聘到的人才产生"怀才不遇"、"英雄无用武之地"的感觉。因此,也就难以真正发挥其所长。

(三)为人才提供训练和发展机会

应以战略眼光来看待人力资源,特别是着重培训工作,把培训员工作为一种智力投资,为组织的未来发展做好准备。

目前,在西方的管理观念上,越来越强调人力资源的开发,不少公司成立人力资源部来代替人事部门,以突出上述三项任务的重要性。

第二节 人力资源计划

人力资源管理首要的工作是根据本组织的实际情况制订人力资源计划。人力资源计划是预测未来的组织任务和环境对组织的要求,以及为了完成这些任务和满足这些要求而设计的提供人力资源的过程。人力资源计划的实质就是确定组织的发展方向,并在此基础上确定企业需要什么样的人力资源来实现组织的最高管理层确定的经营目标。人力资源计划的质量和精确性既取决于企业决策者对企业战略目标明确的程度、组织结构、财务预算、生产计划等因素,又取决于人力部门提供的工作分析资料和人力资源信息系统提供的有效数据。本节主要介绍企业工作分析、人力资源计划的编制、人力资源供给和需求技术分析等内容。

一、工作分析

(一)工作分析的含义

工作分析又称为职务分析,是指对某特定的工作作出明确规定,并确定完成这一工作需要有什么样的行为的过程。工作分析是通过一系列系统化程序,找出某个职位的工作性质、任务、责任及执行这些工作所需要具备的技能和知识。根据工作分析所获得的资料,可以编制成工作说明书(职务说明书)和工作规范(职务规范)。原则上,企业内每一个职位,都应有一份工作说明书和工作规范。

（二）工作分析的内容

工作分析的内容主要包括以下几个方面:

(1) 职务名称的分析,用简洁准确的文字对各职位工作进行概括,主要包括工种、职称、等级等项目。

(2) 工作任务的分析,主要调查研究和分析企业中各个职位的任务性质、内容、形式、完成任务的步骤和方法,以及所使用的机器设备、器具等。

(3) 工作职责的分析,主要调查研究和分析各职位任务范围、职位责任大小以及重要程度。

(4) 职位关系的分析,本职位与相关的上下左右各职位之间的关系。

(5) 分析各职位的劳动强度及工作环境。

(6) 调查研究和分析各职位所需员工的知识、技能、经验、体力、心理素质等资格条件。

建立组织的目的是让组织内的人员分担不同的工作,相互协作以达到组织的目标。组织本身并不是目的,组织只是达到组织目标的手段。

（三）工作分析的方法

工作分析的方法很多,但往往要将多种分析方法综合使用才能最有效地达到工作分析的目的。选择工作分析方法关键是要考虑目的与方法的适用性,以及用最低的成本达到分析目的。完整充分的工作分析需要投入大量的时间、精力与资金,所以必须对分析方法进行选择,并依据所需要的具体情况,决定分析深入的程度。

实施工作分析,首先要确定工作分析计划的目的。例如,工作分析的目的是改善工作方法,工作分析内容就应包括时间与动作研究,若着重点是整个企业的职务分配,其计划应由最高管理层或其授权的部门制订并具体实施；其次要认真挑选工作分析人员,工作分析人员应具有生产流程、企业组织结构、一般设备技术、人事心理学等方面的经验与知识,并且具有与员工融洽合作的能力；再次就是根据工作分析的目的选择合适的分析方法或方法组合。下面介绍几种常用的分析和收集资料的方法:

1. 工作实践法

工作实践法指的是工作分析人员亲自从事所需要研究的工作,由此掌握工作要求的第一手材料的方法。这种方法的优点是可以准确地了解工作的实际任务和在体力、环境、社会方面的要求,适用于那些短期内可以掌握的工作。它的缺点是不适用于需要进行大量训练和危险的工作。

2. 直接观察法

直接观察法指的是工作分析人员观察所需要分析的工作的过程,以标准格式记录各个环节的内容、原因和方法,这可以系统地收集一种工作的任务、责任和工作环境方面的信息。其具体做法是由工作分析人员仔细观察在职人员在正常情况下工作的情况,通过记录并与有关数据相核对,以获得真实的情况,提出具体的报告。在动作研究中,可用摄像机记录,以校正直接的观察。在工作环境的研究中,可利用有关仪器测量噪声、光线、湿度、温度等条件。此外,为避免观察结果受个人主观判断的影响,被观察的在职人员应具备一定的数量。

直接观察法经常和面谈法结合使用,工作分析人员可以在员工的工作期间观察并记录员工的工作活动,然后和员工进行面谈,请员工进行补充。工作分析人员也可以一边观察员工的工作,一边和员工交谈。

3. 面谈法

面谈法是获取工作资料的常用方法,许多观察法的困难可由面谈法解决。例如,若完成一件工作所需时间较长,不可能运用观察法时,利用面谈方式就可以弥补这一缺陷。员工能够自我体会,感受自己的心智活动,并且用简短的语言说明长期的工作体会和感想,这是工作分析人员无法观察到的事实。如果员工能够以合作的态度参加收集资料的工作,是最理想的。面谈法需要注意的问题是,工作分析人员需掌握面谈的技术,面谈的内容要事先拟好,并且必须具有"什么信息是最有价值或必须得到"的概念。因此,工作分析人员要特别注意其所衡量、评价、分析的是工作,而不是某一员工。在面谈中,要尽力避免把话题转到员工希望做什么的问题上去,因此,工作分析人员必须牢记其职责及所承担的角色,以达到公平合理的要求。

4. 问卷法

收集工作分析信息的问卷可以由承担工作的员工来填写,也可以由工作分析人员来填写。开放式的问卷很容易产生面谈法中产生的问题,因此可以采用结构化程度比较高的问卷。在结构化问卷中,列举出一系列的任务或行为,请工作者根据实际工作要求对任务是否执行或行为是否发生作出回答。如果回答是肯定的,还要进一步了解这项任务或行为出现的频率、重要性、难易程度以及其与整个工作的关系,对各个项目给出一个分数。此分数是工作分析人员进一步汇总和评价的基础。

使用问卷法时,关键在于决定问卷的结构化程度。有的问卷结构化程度很高,包括数以百计的工作职责细节,也有的问卷非常开放,如"请叙述工作的主要职责"。最好的问卷应该介于两者之间,既有结构化问题,又有开放式问题。

5. 典型事例法

典型事例法指的是对实际工作中工作者特别有效或者无效的行为进行简短的描述,通过积累、汇总和分类,得到实际工作对员工的要求。典型事例法的优点是直接描述工作者在工作中的具体活动,因此可以揭示工作的动态性质。其缺点是收集归纳典型事例并进行分类需要耗费大量时间。另外,还由于描述的是典型事例,因此很难对通常的工作行为形成总体概念,而后者才是工作分析的主要目的。

此外,工作分析还有工作日志法,它要求任职者在每天的工作结束之后记下工作的各种细节,由此来了解工作的性质。工作日志法也可以同面谈法结合使用。

二、人力资源计划的编制

企业要提高经济效益,维护其生存与发展,都要有一支合格而具有竞争性的员工队伍。而队伍的建设和培养,尤其是专业人才的培训又不是一朝一夕就能做好的事情。技术的发展带来了工作的变化并对人才提出了新的要求,环境的变化扩大了企业等组织对人才的需求。国内外企业对人才的争夺变得日趋剧烈。因此,要保证企业组织战略目标的实现,就必须对组织当前和未来对各种人力资源的需求进行科学的预测和规划,以保证组织在需要的时候和需要的岗位上能及时得到各种所需的人才。否则,组织的发展目标就难以实现,有时可能会影响着企业的生存。

1. 人力资源计划的定义

有关人力资源计划的定义和概念,国内外的概括总起来有下面几种:

(1)人力资源计划就是要在组织和员工的目标达到最大一致的情况下,使人力资源的供给和需求达到最佳的平衡。

(2)人力资源计划就是要分析组织在环境变化中的人力资源需求状况并制定必要的政策和措施以满足这些需求。

(3)人力资源计划就是要确保组织在需要的时间和需要的岗位上获得各种所需的人才(包括数量和质量),使组织和个人得到长期的益处。

上面三种说法从人力资源计划的不同侧面进行了的定义,但都不够全面。综合各种定义的论述,可以把人力资源计划定义为:人力资源计划就是一个国家或组织科学地预测、分析自己在环境变化中人力资源的供给和需求状况,制定必要的政策和措施以确保自身在需要的时间和需要的岗位上,获得各种所需数量和质量上的人才,并使组织和个体得到长期的利益。

2. 人力资源计划的目的

组织制订本组织的人力资源计划的主要目的在于:

(1)有利于组织制定长远的战略目标和发展规划。一个企业组织的高层管理者在制定其战略目标和发展规划以及在选择决策方案时,总要考虑到本身的资源,特别是人力资源的情况。例如,国泰君安证券公司的高层领导在考虑今后三年内要在全国各主要省市设立证券营业部时,就必须考虑到设立这些营业部所需的各种人力资源情况。再如,海尔集团公司决定推行国际化战略发展时,其高层决策人员必须要考虑到其人才储备情况以及所需人才的供给情况。如果有了人力资源计划,就有助于高层领导了解本组织内目前各种人才的余缺情况,以及在一定时期内由内部抽调、培训或外部招聘的可能性。这有助于高层领导者进行目标决策和战略规划。

俗话说,情况明才能决心大,而决心又受制于资源,特别是受制于人力资源。人力资源计划以组织(企业)战略目标、发展规划、整体布局为依据。反过来,人力资源计划又有利于高层领导进行战略目标和发展规划的制定,是促进企业战略目标和发展规划得以实现的重要保证。

(2)有助于检验人力资源方案与政策的效果。组织效益就是有效地配备和使用组织的各种资源,以最小的成本投入达到最大的产出。人力资源计划有助于检查和测算出人力资源计划方案的实施成本及其带来的效益。例如,国内有些单位并不重视对本单位已有人才的使用,为了达到一定的宣传目的或者增加在岗人员的压力,不惜重金从外面招聘"人才",而招进后又被冷冻起来不充分使用,使得新旧人才感到有力无处使,甚至怨声载道,造成了人才的巨大浪费。一个好的人力资源计划应有助于高层管理者检查有关人力资源政策和方案的效果,有助于总结人力资源计划和人力资源管理中的经验教训,有助于改进工作、提高人力资源管理的效益。

3. 人力资源计划的编制程序

一个企业组织必须根据企业的整体发展战略目标和任务制订其本身的人力资源计划。一般来说,人力资源计划的编制要经过五个步骤:预测和规划本组织未来人力资源的供给状况;对人力资源的需求进行预测;进行人力资源供需方面的分析比较;制定有关人力资源供需方面的政策和措施;对人力资源计划的审核与评估等。

(1)预测和规划本组织未来人力资源的供给状况。在工作分析的基础上,通过对本组织内部现有各种人力资源的认真测算,并参考本组织某一时期内人员流动的情况,就可以预测出本组织在未来某一时期里本身可能提供的各种人力资源状况。

测算本组织内现在的各种人力资源。本组织内人力资源数据库或资料中可以查到有关组织内部各种人员的情况,诸如各种工作人员的年龄、性别、工作简历和教育、技能等方面的资料,员工未来可能的培训计划以及现有职工可能会发生的工作中断等情况,依此就可以计算出本组织内现有的人员供给情况。一般来说,在西方国家企业组织的人力资源部或人事部的人力资源信息库中都含有这样几方面的信息资料:各种人员的数据;各个部门或各种人员的配备;每个员工的性别、年龄、工作经历、培训、教育与开发以及个人的发展计划;目前本组织内各个工作岗位所需要的知识和技能以及各个时期中的人员变动情况等。由于每个工作岗位上技术的变化会带来对人员要求的变化,因此,人才信息库中还收集了有关员工的潜力、个人发展目标以及工作兴趣爱好等方面的情况。这些对测算未来需求人员的各种技能时都会有帮助。

在人力资源信息库中,特别要注意收集有关职工技能包括其技术、知识、受教育、经验、发明、创造以及发表的学术论文或获专利等方面的信息资料,从而进行组织内人力资源的流动分析。组织人力资源的流动是指企业内人员的升、降、工作岗位之间的人员变动、退休、工伤离职或病故以及人员流入流出本组织的情况等。一般的,一个组织内部较简单的工作岗位上的绝大多数员工都是从组织外面招进来的。而大部分管理人员和专业科技人员等,则可能是由培训本组织内较低的员工后而提升的,也可能是从外面招聘的即外部流入。因此,一个组织中现有职工的流动就可能有这样几种情况:滞留在原来的工作岗位上;平行岗位的流动,即平行性流动;在组织内提升或降职;辞职或被开除出本组织(流出);退休、工伤或病故。

(2)预测组织的人力资源需求。经过前一步对本组织员工在未来某一时期人力资源供给方面的预测规划,下面的工作就可以根据组织的战略目标来预测本组织在未来某一时期对各种人力资源的需求。人力资源需求的预测和规划可以根据时间的跨度而相应地采用各种预测方法。

(3)进行人力资源供需方面的分析比较。人力资源计划编制的下一步工作,就是将本组织人力资源需求的预测数与在同期内组织本身仍可供给的人力资源数进行对比分析,从比较分析中则可测算出对各类人员的需求数。在进行对比分析时,不但可测算出某一时期内人员的短缺或过剩,还可以具体地了解到某一具体岗位上员工余缺的情况,从而可以测出组织需要具有哪一种知识、技术档次方面的人,这样就可有针对性地物色、招聘或培训,这就为组织制定有关人力资源相应的政策和措施提供了依据。

(4)制定有关人力资源供需方面的政策和措施。在经过人力资源供给测算和需求预测比较的基础上,组织内部人力资源管理部门就应制定相应的政策和措施,并将有关政策和措施呈交最高管理层审批。

(5)进行人力资源计划的审核与评估。对一个企业组织人力资源计划的审核与评估,就是对该组织人力资源计划所涉及的各方面及其所带来的效益进行综合的审查和评价,也是对人力资源计划所涉及的有关政策、措施以及招聘、培训发展和报酬福利等方面进行审核与控制。人力资源方面的成本是一个企业组织中成本最大的方面之一,管理者必须加以严格的审核和控制。人力资源管理人员可以通过审核和评估,调整有关人力资源方面的项目及其预算。通过审核,可以采用管理人员和员工对人力资源管理与开发工作的意见,动员广大管理人员和员工参与人力资源的管理,以利于调整人力资源计划和改进人力资源管理工作。

人力资源计划审核和评估工作,应在明确审核必要性的基础上,制定相应的标准。同时在对人力资源计划进行审核与评估的过程中还要注意组织的保证和选用正确的方法。

第三节 员工招聘及培训

一、员工招聘

招聘是指通过各种信息,把具有一定技巧、能力和其他特性的申请人吸引到企业和组织其他空缺岗位的过程。企业最重要的资源是人力资源,而招聘是企业与潜在的员工接触的第一步,申请人可以通过招聘环节了解企业,并最终决定是否为它服务。而对于企业,只有在对招聘环节进行有效的设计和良好的管理,才能避免得到平庸之辈,获得高质量的员工。

招聘的申请人来源可以是企业内部人员,也可以是企业外部的人员。企业可以通过发布一定的招聘信息,例如内部招聘时通过企业内部媒体公开空缺职位,外部招聘时通过报纸广告等发布招聘信息,来寻找有资格的申请人。在一般情况下,那些申请人肯定对工作岗位具有一定兴趣并拥有所要求的资格。申请者和组织的招聘人员一旦达到如何开始下一步工作的口头协议或者书面协议,那么招聘过程结束,而选择过程开始。如果招聘过程中,高素质的人员不知道企业的人力需求信息或者虽然知道,但是对这一信息不感兴趣,或者虽然有兴趣但是还没达到愿意来申请的程度,则企业就没有机会选择这些有价值的人员。这种情况是企业在招聘过程中必须要竭力避免的。

二、招聘的意义

(一)招聘工作在企业的人力资源管理中占有重要地位

通过从劳动力市场上开展招聘活动,组织得到一些工作申请人,而通过对工作申请人进行选择得到企业最终被录用的员工。在一定程度上,招聘工作实际上决定了组织今后的成长与发展。人才是企业发展的第一要素,而招聘的结果决定了企业是否获得所需要的优秀人才。人才竞争是现代社会竞争的制高点,企业只有拥有高素质的人才,才能繁荣昌盛,在竞争中立于不败之地。

(二)招聘工作对"推销"企业具有重要的作用

企业的招聘工作涉及面广,招聘方式多种多样。例如,利用电视、报纸、广播等媒体开展招聘活动,一方面使企业获得所需要的人才,同时可以起到宣传企业形象,扩大企业知名度的作用。

(三)招聘工作直接影响到企业的人事管理费用

组织在招募新员工时,会面临如何在众多的工作申请人中挑选出合格的、有工作热情的应征者。如何以节俭的方式从这众多的申请人中选择出符合企业需要的最优秀人才,是招聘工作的任务。有效的招聘工作,一方面能使企业招聘活动的费用尽量节省,另一方面又能招收到符合企业需要的优秀人才,而且因为招收的人员适应企业工作,会减少企业在培训和能力开发方面的支出。

(四)招聘工作质量直接影响到企业的人员流动率

有效的招聘工作不仅使企业吸收到符合企业需要的高素质人才,还应该使这些人员了解企业组织的真实状况。因此,公司在吸引工作申请人时不应该只展现公司好的一面,还应该让申请人了解公司不好的一面,从而使组织的申请人对组织有一个全面的了解。例如,在招聘过程中,企业可以通过真实工作预览的方式使申请人对于企业的真实状况有一个了解。这样,申请人可以进行自我筛选,判断自己是否与公司的要求匹配,同时申请人又可以知道在这个企业中什么是可以得到的,什么是不可以得到的,使他们对于未来的工作有一个思想准备。这样就能使企业获得胜任工作并对所从事的工作感到满意的人才,减少企业人员的流动。相反,如果在招聘过程中只向申请人展露企业好的方面,而不让他们了解企业组织的真实状况,则会使企业中存在大量的不称职的员工或者大量员工不满企业的工作状况而产生很高的员工流动率,从而使企业蒙受损失。

三、员工招聘的途径

(一)内部招聘渠道

在企业中,一旦出现工作岗位的空缺,一般首先是看一下企业内部是否具有合适的人员来填补空缺,通过内部招聘渠道来寻找合适的候选人。而在实际上,企业组织中绝大多数的工作岗位的空缺是由企业内部员工填充的,企业内部也成为最大的招聘来源。在吸引和确定将担任更高职务或更高技能水平的现有人员时,企业经常采用布告招标、利用档案记录的信息和组织成员引荐三种渠道。

人员选聘并没有统一的程序,这要参照具体的选聘标准和选聘方法,根据具体情况而定。一般来说,人员选聘的程序是:确定选聘人员的岗位、要求及数量→审查申请表→筛选候选人→初次面试→素质和能力测试→录用面试→岗前培训→培训考核→正式上岗。

素质和能力测试是为了进一步了解候选人的各方面素质和能力而进行的测试,包括智力测试、业务测试、个性测试和熟练程度与才能测试。岗前培训首先要向新员工介绍组织的基本情况,包括组织的职能、任务和人员等情况,工作中所需要的知识、能力和应该采取的合适的态度,还包括适应本单位的准则和价值观念。一般来说,新员工的常规教育由人事部门来执行,岗位任务和职责教育则由他们的直接领导者来执行。

1. 布告招标

布告招标是在组织内部招聘人员的普通方法,以前的做法是在公司或企业的布告栏发布工作岗位空缺的信息,而现在已开始采用多种方法发布招聘信息。例如,企业可以利用自己的宣传媒体,如广播电台、厂报或杂志、宣传栏或墙报等,将企业已经确定的空缺职位的性质、职责及其所要求的条件公开,吸引人员来应聘。通过这种途径既为有才能的员工提供成长、发展的机会,同时又体现公平竞争的原则。

使用布告招标时,应满足以下要求:一是至少应在内部招聘前一周发布企业职位空缺,需要招聘人员的信息;二是应该清楚地列出工作描述和工作规范;三是应使所有申请人收到有关申请书的反馈信息。

2. 利用档案记录的信息

人事部门或人力资源管理部门大多都备有员工的个人档案。内部招聘可以利用这些档案的信息来确定是否有合适的人选。这些档案通常记录员工的教育、经历、技能、培训、绩效等有关情况,通过员工档案,可以帮助企业了解并确定某空缺位置的人员。利用档案信息的优点是可以在整个组织内发掘合适的候选人,对内部人员晋升来说非常重要。但是这种方法对档案信息要求比较高,档案信息必须准确、可靠,同时档案信息必须全面。同时由于档案记录这一渠道对员工的透明度小,影响力小,员工参与较少。因此,这一渠道常与其他渠道结合使用,以起到相互补充的作用。

3. 组织成员引荐

对企业组织来说,公司员工可以引荐其亲友师长或者上级引荐下级。由于引荐人对于企业组织的情况比较熟悉,对于空缺位置的性质和职责有比较深刻的了解,同时引荐人对于被引荐人的情况熟悉,因而这种方法有很大的优点,具有广泛的适用性。但是"有利必有弊",引荐人可能因为种种原因,如裙带关系,内部小团体等,而引荐并不适合企业组织需要的人选。因而在通过此渠道进行招聘时,应注意克服这些缺点,以求任人唯贤。

(二)外部招聘渠道

所谓外部招聘渠道,指的是在企业外部吸引申请人。它往往是在内部招聘不能满足企业需要,尤其是在企业处于初创期、快速成长期,或者企业因产业结构调整而需要大批中高层技术或管理人才时,把视线转向企业外部的人力资源市场,通过外部招聘渠道来吸引申请人。下面介绍几种常用的方法。

1. 广告法

广告法是补充各种工作岗位都可以使用的吸引方法,是一种常用的外部招聘方式。它以报纸、杂志、广播、电视等为媒介,广泛告示,吸引申请人。阅读这些广告的,不仅有工作申请人,而且还有潜在的工作申请人以及客户和一般大众,所以公司的招聘广告代表着公司的形象,需要认真实施。通过广告,企业一方面可将有关工作的性质、要求、雇员应具备的资格等信息提供给潜在的申请人;另一方面可以向申请人"兜售"或推销企业。不仅如此,与其他吸引方式相比,广告渠道的成本低,又为企业保留许多操作上的优势,这体现在企业可以要求申请人在特定时间内亲自来企业,打电话或者向企业的人力资源部门邮寄自己的简历和工资要求等方面信息。由于现代社会对人才的竞争越来越激烈,因此为了吸引更多高素质的应聘人员,招聘广告设计显得非常重要。一则好的广告能够吸引更多的求职者来应聘,同时又能树立企业的良好形象。一份优秀的广告应使用鼓励性、刺激性的言语,应说明应聘的岗位、人数,所需要的资格条件,并说明待遇,最好有一句使人过目不忘的词语。

2. 校园招聘

大学中的专科生、本科生和研究生是企业组织的专业人员和技术人员的重要来源。通过校园招聘这一渠道,企业可以招聘到各类专业人员。不少企业都看好学校这一人才来源的重要基地,而与学校建立各种联系,如设立奖学金,捐赠图书、仪器,提供助学金或者为学生提供毕业实习场所等,通过这些来提高企业在学校的知名度和威望,增强对人才的吸引力。

校园招聘可以采用两种方法:一种是管理人员或者其他代表访问学校并发表演讲;另一种是与学生签约,同时与签约或者对企业有兴趣的学生进行面谈。在设计校园招聘活动时,企业需要考虑学校的选择和对工作申请人的吸引两个问题。在选择学校时,企业需要考虑几个因素:第一,要明确补充人员的工作岗位的类型。例如,一个企业需要控制水污染的人才,那么这个企业的招聘人员就应去那些设有环境研究专业的学校。第二,应考虑学校学生的质量。企业应尽量招聘那些高素质的人才,这就必须考虑到学校学生的质量。如果一个学校的学生质量很差,企业不能在此学校招聘到满意的人员,那么就应该停止继续在此学校招聘。第三,应考虑该校以前的毕业生在本公司的业绩和服务年限。如果某学校的以前毕业的学生在本公司的业绩很差或服务年限很短,那么企业最好不要再到此校招聘。第四,应考虑到企业组织的规模。一般来说,企业组织的规模越大,就越可能在全国各地的大学中进行招聘,在众多的毕业生中挑选人才;而组织规模较小的企业一般就近在当地的学校中进行招聘。在学校进行招聘时,有一点很值得注意,那就是最著名的学校并不总是最理想的招聘来源。这主要是因为这些学校的毕业生一般自视很高,不愿意承担具体而繁琐的工作,这样在很大程度上妨碍了他们对经营的理解和本身管理能力的提高。

3. 职业介绍机构

职业介绍机构主要包括劳动市场、人才交流中心或人才市场、人才咨询公司、高级人才咨询公司等。在美国,职业介绍所有公立的,也有私立的。公立的职业所主要为蓝领阶层服务,而私立的职业介绍机构主要面对最高级专业人才,要收取一定数额的服务费。目前,中国的职业介绍机构共有31 300余家,并且仍在不断上升,每年能为1 950万人次的求职者服务。

规模较大的职业介绍机构通常会举办定期或不定期的人才交流会,同时使用现代工具计算机建立人才信息库,备有人才档案,来满足企业招聘人员的需要。

职业介绍机构的作用是帮助企业组织选拔人才,节省企业的时间,尤其是在企业没有设立人事部门或者需要立即补充空缺时,可以借助于职业介绍机构。

4. 猎头公司

猎头公司是一种专门为雇主"搜捕"和推荐高级管理人员和高级技术人员的公司。猎头公司与职业介绍机构有些类似,但仍有区别。与一般职业介绍机构相比,猎头公司具有独特的运作方式和特殊的服务对象。在我国,那些高级人才咨询公司或高级人才顾问公司类似于猎头公司。

四、员工培训

(一)员工培训的含义

员工培训是企业人力资源管理与开发的重要组成部分和关键职能。它是指通过教学或实验等方法促使员工在知识、技能、品德、动机、态度、行为等方面有所改进和提高,保证员工能够按照预期的标准或水平完成所承担或将要承担的工作与任务。从某种意义上说,它是企业人力资本增值的重要途径。

(二)员工培训的目的

员工培训的目的主要有以下几个方面:

1. 延续学校教育，满足工作需要

学校教育主要是完成基础教育和基本专业技术教育，毕业生所拥有的主要是一般性的理论知识与方法。而进入企业后所从事的工作大多数专业性较强并需要一定的技能与经验，所以他们不能完全适应和满足企业的工作需求。也就是说，从企业用人的角度看，学校毕业生还只是"半成品"，在他们进入企业时或进入企业后都必须得到相应的培训以满足工作的需要。

2. 适应社会、经济、科技和教育的发展与变化

当今，世界经济高速发展，社会进步极快，伴随着知识经济时代的到来，科学技术和教育领域的发展变化可谓日新月异。这些变化也对人才提出了更高的要求，要适应变化，跟上时代发展的步伐，就必须不断接受培训，以转变观念、更新知识、提高技能、发展能力。

3. 提高员工整体素质

通过培训提高员工的知识与技能仅仅是目的之一，员工培训的另一个重要目的是促使具有不同价值观、信念以及不同的工作作风与习惯的人们，按照社会、时代及企业经营要求，进行精神上的养成培训，以便形成统一、团结、和谐的工作集体和精神文明，促使企业的劳动生产率和工作效率得到有效的提高，人们的工作质量和生活质量得到改善，使员工不仅得到物质上的满足感，而且得到精神上的成就感。

（三）员工培训的方法

1. 授课法

授课法是学校教育常用的方法，主要由培训师讲授知识，受训者通过听与记忆接受知识，授课的效果完全取决于培训师的水平，有时即使培训师的授课水平很高，培训效果也不很理想，主要原因是这种方法不太符合成人学习的特点，受训者完全处于被动的地位。另外，这只是一种单向沟通方式，而且只运用了视觉和听觉两种感知渠道。因而在企业培训中授课只能作为辅助方法。

2. 研讨会

研讨会是以讨论的形式达到传授知识与技能的目的。研讨会可分为两种：一种是以受训者感兴趣的题目为主，做一些有特色的演讲，并分发一些材料，引导受训者讨论；另一种除了上述内容外还加上一些其他方法，如案例研究、电影、游戏、角色扮演等。研讨会一般在宾馆或会议中心举行，对人数有一定的控制。组织较好的研讨会有利于参与者互相启发，加深对问题的理解或矫正不正确的认识。研讨会的效果好坏与培训师的水平关系非常密切。一般来讲，较成功的研讨会由于结合了其他方法的长处，因此效果都比较理想。

3. 案例法

案例法越来越受到人们的重视。其基本步骤为：首先让受训者阅读描述经营问题或组织管理问题的案例资料；然后要求受训者找出解决问题的方法。由于案例本身一般都隐去了一些条件和背景资料，分析者可以自己给出假设条件并找出解决的办法，办法的多样性及非程序化等特点都会激发受训者积极参与，这样就可以达到培训受训者如何分析信息、如何寻找解决问题的方法以及如何评价这些方法的目的。案例法可以通过口头讨论或书面作业来进行反馈和强化。通过案例分析,受训者学习如何把一些管理原理、原则、现实等管理问题结合起来,从而提高实际工作能力。由于案例法的实用性与经济性使其在员工培训中得到广泛运用。

4. 角色扮演法

角色扮演法是指呈现一定的情景,让受训者扮演某一特定角色,使其在扮演他人的过程中,深刻体会他人的感受,增加个人的敏感度,加强对事情全面的了解。这种方法比较适用于培训人际关系技能和自我发展培训项目。受训者要扮演的角色常常是工作情景中经常碰到的人,如上司、下属、客户、其他职能部门经理、同事等。角色扮演的效果主要取决于培训师的水平,如果培训师能做出及时、适当的反馈和强化,则效果相当理想,而且学习效果转移到工作情景中去的程度也较高。但是角色扮演的培训费用较高,主要原因是这种培训只能以小组进行,人均费用会提高。

5. 游戏

游戏指由受训者按照一定的规则参与做游戏以达到学习的目的。游戏可以分为两种:普通游戏和商业游戏。普通游戏是指一些经过精心设计,表面上与其他游戏相差无几的活动,其实内含许多与管理或员工工作有密切关系的一类活动。普通游戏一般很受受训者的欢迎,对其结果的分析涉及的培训内容与技能很容易被受训者掌握,是一种较好的培训方法,但设计与组织要求较高。

商业游戏需要受训者根据给定的条件作出一系列决策,每次作出的决策不同,下一个情景也将发生相应的变化,这可以看作是案例研究的动态化,商业游戏可以按一个市场设计,也可以按一家企业设计,还可以按一个职能部门设计。商业游戏运用较多的是用计算机来记录信息,计算出结果,时间跨度可以是半年,也可以是三年,实际操作时间只是在半小时至两小时之间。商业游戏效果良好,受训者参与性高,实用性也强,但是由于设计费用昂贵,企业租用费用也相对较高,因此商业游戏的推广受到一定的限制。

第四节 绩效管理与薪酬管理

一、绩效的概念

员工的工作绩效,是指员工经过考评的工作行为、表现及其结果。对组织而言,绩效就是任务在数量、质量及效率等方面完成的情况;对员工个人而言,则是上级和同事对自己工作状况的评价。它具有多因性、多维性和动态性的特点。

1. 多因性

绩效的多因性指一个员工绩效的高低是受多种因素影响的,既包括员工自身的因素,也包括外部的环境因素。

从员工自身的因素来说，员工的身体状况、知识、技能水平、工作动机强度等都直接影响着其工作绩效的高低。首先，员工在体弱多病或疲劳状态下工作，与在身体健康、精力充沛状态下工作相比，其工作绩效不可避免地要大打折扣。其次，生产过程不仅是员工运用体力的过程，而且是运用智力的过程。特别是在现代科学技术条件下，员工的脑力劳动在生产过程中所起的作用越来越大。据统计，在生产机械化程度较低的条件下，生产过程中所消耗的体力和脑力劳动的比例为9:1；在中等机械化程度下是6:4；在全盘自动化条件下是1:9。因此，通过培训提高员工的知识技能水平，对于提高其工作绩效，具有十分重要的意义。第三，如果说员工的身体状况和知识技能水平决定了一个员工能否做出一定的工作绩效，那么，员工的工作动机水平则决定了其是否愿意达到这一绩效。员工的工作动机指员工积极从事本职工作的内部动力，这一动力的大小是员工工作积极性高低的标志。员工的工作动机源于其内部需要，这种需要促使员工积极追求能满足需要的目标物，成为活动的内部动力。根据马斯洛的需要层级理论，人的需要是分层次的，从低到高依次为生理需要、安全需要、爱和归属的需要、自尊的需要以及自我实现的需要。各种需要在不同组织的员工或同一组织的不同部门的员工身上可能有不同的强度组合。因此，组织应在充分调查研究的基础上，弄清员工的优势需要，然后对症下药，有针对性地加以激励，从而提高员工的绩效水平。

2. 多维性

绩效的多维性指员工的绩效可分为不同的维度或方面，绩效既表现为工作行为，又表现为工作的结果。虽然在行为和结果之间有某种程度的交叉，但两者并不是完全一致的。员工所能直接控制的是自己的工作行为，而不是工作的结果。由绩效的多因性可知，同样的工作行为在不同的环境条件下可导致不同的工作效果。因此，在进行绩效考评时，既要考评工作效果，又要考评工作行为，才能做到客观与公正。例如，在考评一名工人的绩效时，除了生产的数量、质量、原材料消耗、能耗等方面比较硬性的指标外，其出勤率、团结、服从、纪律等都要综合考虑。

3. 动态性

绩效的动态性是指员工的绩效并不是不可改变的，绩效受众多因素的制约，随着时间的推移，这些因素会不断发生变化，员工的工作绩效也会因此发生相应的变化，原来绩效差的可能会变好，绩效好的也可能会退步变差。因此，管理者应以发展的、权变的观点看待员工的绩效。

二、绩效考评的程序

绩效考评的程序主要有以下几个步骤：

1. 绩效考评的准备

绩效考评是涉及每一个员工切身利益的复杂、细致的工作，因此，考前必须做好充分的准备，以保证考评过程及结果的科学、准确和公正。具体来说，要做好以下几个方面的工作：

（1）制订绩效考评的计划，公布绩效考评的信息，向员工宣传绩效考评的目的和意义，使他们端正对绩效考评的认识,克服抵触情绪,做好绩效考评的思想准备和工作准备,积极参与考绩活动。

(2)制订绩效考评的标准。为保证考绩结果的客观与公正,使被考评员工心服口服,绩效考评工作正式开始以前,必须首先制订绩效考评标准和程序,使绩效考评工作严格按照既定的标准和程序进行,以避免主观随意性。考绩标准的制订必须以职务分析中所确定的工作内容和工作规范为依据,并征求各方面特别是被考评员工的意见,以便使有关方面在考评标准上达成共识,保证考评活动的顺利进行。

(3)培训考评者。如果考评者没有得到适当的培训,考评标准和考评程序制订得再科学,也难以发挥应有的作用。通过培训,可以提前发现考评人员在考评过程中可能发生的错误,并采取有针对性的措施加以预防和克服。

2. 绩效考评的实施

根据既定的考评程序,由经过培训的考评人员对员工的工作绩效进行考核、测定和记录,并与既定的绩效标准相对照,对被考评员工的工作绩效进行评估。在绩效考评过程中,一般先对基层员工的工作绩效进行考评,然后考评中层管理者,最后对高层管理者进行考评,形成由下而上的过程。

对一线职工和基层管理者的绩效考评的主要内容包括:员工个人及基层单位的工作效果,如产量、废品率、能源、原材料消耗率、出勤率等;员工在工作过程中表现出来的具体行为,如是否遵守劳动纪律,是否按照规定的操作规程进行工作,以及影响其工作行为的个性品质,如工作态度、团结合作精神等。

在对基层部门考评的基础上,进一步对中层管理人员的绩效进行考评,考评内容主要包括中层管理人员的工作行为与特性以及本部门的总体工作效果,如任务完成率、劳动生产率、产品合格率、生产事故发生情况等。

最后,由公司主管部门或董事会对公司上层主管人员的工作绩效进行考评,考评内容主要是高层主管的工作行为与特性,以及公司经营效果方面的硬指标,如利润率、市场占有率等。

3. 绩效考评结果的反馈

绩效考评结束后,如果不及时把考评结果反馈给被考评员工,绩效考评就不能发挥其重要的激励、奖惩及培训的功能。绩效考评结果反馈的主要方法是评价会见即考绩面谈。考绩面谈是考评者(通常是被考评者的上级主管)通过与被考评者之间的谈话,将考绩结果反馈给被考评者,并征求被考评者的看法、建议和要求的过程。通过考绩面谈,考评者可以向员工说明组织的要求、希望和未来的目标,员工也可以向组织提出建议、要求和期望。

三、绩效考评的方法

在绩效考评实践中,常用的绩效考评的具体方法有以下几种:

1. 排队法

在被考评员工人数不多,且所从事的工作又是相同的情况下,排队法是一种简便易行的方法。这种方法把被考评的员工按每个人绩效的相对优劣排出顺序或名次。排队时,可以按某种考评标准,首先选出绩效最优者,排在第一位,然后再选出次优者,排在第二位,以此类推,直到最后把绩效最差的一个排在末尾。也可采取交叉排队的方法,首先选出最优的,排在第一位,然后选出最差的,排在最后,下一步在分别选出次优与次差的,分别排在第二位与倒数第二位,直到全部排完为止。

2. 成对比较法

在使用排队法对员工进行绩效考评时,需按照某种绩效标准把全部员工从好到坏进行排列,随着员工数量的增加,排队的难度越来越大。为了降低排队的难度,可以采用成对比较的方法。这种方法要求按照某种绩效标准,把员工进行两两比较,绩效优者计分,然后把每个人的分数加起来,分数越高绩效越好。

3. 强制分配法

这种考评方法是先确定几个绩效等级,如优、良、中、差、劣,然后按照事物"中间大两头小"的正态分布规律,人为地确定每个等级中的员工数在总人数中所占的比例。例如,把最好的10%的员工放在最高等级的小组中,次之的20%员工放在次一级的小组中,把再次之的20%的员工放在中间等级的小组中,再次之的20%的员工放在倒数第二级的小组中,最后的的员工属于最差的小组。使用强制分配法时,是将员工按不同的组进行排队,而不是按人排队,有时不能解决具体比较两个个体绩效差别的问题,此外,员工的绩效有时并不遵循"中间大、两头小"的正态分布规律,例如,当员工进行了有效的选择后,其绩效分布应该是偏态的而不是正态的,如果一个部门全是优秀员工,按正态分布规律强制进行分配显然是不合理的,因此,使用这一方法时应根据本部门的具体情况灵活规定评定的等级及每一等级所占的比例。

4. 关键事件法

对部门的效益产生积极的或消极的重大影响的事件被称为关键事件。在考核期内,主管人员为每个员工准备一个记录册,随时记录员工的关键行为(包括好的和差的行为),考核期结束后,主管人员运用这些记录资料对员工进行绩效评价。这一方法的优点是:对员工的评价以具体的事实为根据,避免了评价者个人的主观片面性,因此,较为客观、公正,容易为被考评者所接受,使被考评者清楚地看到自己的长处与不足,有利于日后的工作改进。这一方法的不足之处是:如果考评人员对员工的关键行为记录不全,如漏记了员工的积极行为,容易引起员工的抵触情绪,而准确不漏的记录,势必大量增加管理者的工作负担,特别是如果一名基层主管要对许多员工进行评价,则记录这些行为所需的时间可能会过多。使用这一考评方法时要注意,关键行为的记录要贯穿于整个考评阶段,而不能仅仅集中在最后的几周或几个月里;其次,所记录的必须是较突出的、与工作绩效直接相关的事件,而不是一般的、琐碎的、生活细节方面的事件;再次,所记录的应当是具体的事件与行为,记录当中不能加进考评者个人的主观评价,如"该员工工作责任心强"、"工作热情高"、"服务态度好"等。

5. 评语法

这是主管人员用书面鉴定的形式对员工进行考评的方法,由主管人员对下属工作表现分为优点与缺点、成绩优秀与不足两个方面进行评定,并提出以后的改进意见。评语的内容、篇幅没有标准规范,完全由考评者自己决定,评语大多是对员工的概括性评价,几乎全部使用定性描述,没有具体数据,评定的维度及重点也可能因人而异,评定中个人判断误差的影响很大,因而难以在不同的员工之间进行比较;此外,评语中一般优点谈的较多,缺点和不足往往轻描淡写,因此,以此为基础往往难以做出科学的人事决策。但由于这种方法简单易行,方便灵活,反馈简洁,在我国的人事管理中仍被大量应用。

6. 目标考核法

目标考核法,是在"目标管理"的管理制度下对员工进行考核的方法。在考核之前,主管人员和员工共同制订考核期内要达到的工作目标,所制订的目标必须明确具体,可以计量。目标确定以后,还要制订达到目标的具体计划,以及执行计划中的绩效评估标准。绩效考评时,对照既定的目标和绩效评估标准,对员工完成目标的情况作具体的评估。通过绩效考评,可以发现员工的实际工作绩效与既定目标之间的差距,主管人员与被考评员工一起找出造成这些差距的原因,并采取相应的改进措施,提高员工的工作绩效。

四、薪酬管理

(一)薪酬的构成

薪酬可理解为薪金报酬,是一个组织对成员支付的为组织目标努力的一种经济性回报,包括工资、奖金、津贴等直接经济报酬和不以现金形式支付的员工的福利和各种保险与公积金等间接经济报酬。薪酬是员工进行正常工作和生活的保障,也是对员工的一种激励手段,做好薪酬制度设计,保证薪酬及时、公正地发放是保证企业健康稳定发展和实现经济效益的重要措施。企业的薪酬一般由以下几方面构成:

1. 基本工资

基本工资是职工只要在企业工作就能定期拿到的固定数额的劳动报酬。职工的基本工资可以以月薪、年薪的形式支付,如企业中的白领职工一般采取这种形式;也可以采取小时工资的形式,这一般是用于蓝领职工。

2. 激励工资

激励工资是工资中随着职工工作努力程度和劳动成果变化而变化的部分。激励工资之所以能调动职工的劳动积极性,主要是运用了分成的思想。当职工领取固定工资时,职工增加努力程度和劳动投入而增加的产出全部归企业所有。而运用分成的思想,实行激励工资时,职工从通过自己努力而新增加的每一个单位产品中,都可以拿到相应的好处,因而劳动积极性比较高。

3. 福利

《中华人民共和国劳动法》明确规定："国家发展社会福利事业。兴建公共福利设施，为劳动者休息、休养和疗养提供条件。""用人单位应当创造条件，改善集体福利，提高劳动者的福利待遇。"福利的构成有不同的分类，一般情况下可以分为：非工作时间报酬（包括工作日内的休息时间、每周休假、节假日、探亲假、年休假、事假等），津贴（包括交通津贴、节日津贴、住房津贴和其他津贴）、服务（包括交通班车、餐饮、文化设施、娱乐设施、幼儿园等）。

（二）薪酬管理功能

1. 补偿职能

职工在劳动过程中体力与脑力的消耗必须得到补偿，保证劳动力的再生产，劳动才能得以继续，社会才能不断进步、发展。同时，职工为了提高劳动力素质，要进行教育投资，这笔费用也需要得到补偿，否则就没有人愿意对教育投资，劳动力素质就难以不断提高，进而影响社会发展。在市场经济体制下，对以上两方面的补偿不可能完全由社会来承担，有相当一部分要由个人承担解决。

2. 激励职能

在社会主义社会，物质文化生活资料是作为商品来生产和流通的，价值规律仍起着调节作用，货币仍旧是价值尺度和流通手段。职工为了取得所需要的物质文化生活资料，只能用货币去购买。货币薪酬多，购买的生活资料就多，生活水平就高；薪酬少，则生活水平低。显然，为了提高生活水平，就要通过多劳动来多得薪酬。但是，薪酬的多少不仅取决于提供的劳动量，还在于劳动的质量。劳动质量高，薪酬就多；反之，薪酬就少。

3. 调节职能

薪酬的调节职能主要表现在引导劳动者合理流动。在劳动力市场中劳动供求的短期决定因素是薪酬。薪酬高，劳动供给数量就大；薪酬低，劳动供给数量就少。因此，科学地合理地运用薪酬这个经济参数，就可以引导劳动者向合理的方向流动，使其从不急需的产业（部门航向急需的产业（部门），从发挥作用小的产业（部门）流向发挥作用大的产业（部门），达到劳动力的合理配置。

4. 效益职能

薪酬对企业等经济组织来说是劳动的价格，是所投入的可变成本。所以，不能将企业的薪酬投入仅看成是货币投入。它是资本金投入的特定形式，是投入活劳动（通过劳动力）这一生产要素的货币表现。因此，薪酬投入也就是劳动投入，而劳动是经济效益的源泉。此外，薪酬对劳动者来说是收入，是生活资料的来源。

（三）基本薪酬制度的设计程序和方法

1. 薪酬调查

（1）选择调查对象。一般而言，薪酬调查应由企业组织的人力主管负责。

(2)争取与其他公司的合作。公司总经理一般应亲函其他公司总经理,说明调查目的、资料保密方法、研究成果分享等,以求得对方的合作。或者由人力主管出面,直接与其他公司人力主管接洽,提出调查计划,以获得对方支持,方可进行调查。

(3)选择代表性的工作以便比较。代表性工作是指其职责可明确区分、稳定而少变化的工作。

(4)决定资料内容。

(5)收集资料。或是派代表到某组织去访问,在该问中去搜集。

(6)资料的整理与统计。调查完毕后,应写出调查报告,一般包括资料概述和个别职位资料分析内容。

2. 薪酬总额的计算方法

薪酬总额的计算,通常考虑三方面的因素:组织的支付能力;员工的基本生活费用;一般的市场行情。其中员工基本生活费用的衡量应把握两点:

①用于员工基本生活的费用是组织必须支付的薪酬。

②用于员工基本生活的费用应随物价和生活水平的变动而变动。变动时应注意:及时了解政策发布的物价指数情况;注意地区限的差异;生活水平的确定要有客观的基准,不能无限制的上升。

3. 选择合适的薪酬结构

所谓薪酬结构就是指薪酬由哪些项目构成,以及它们的构成比率如何。目前,薪酬的主要项目有本薪、津贴、奖金和各种福利费用。组织应根据自身的特点和实际状况决定这几部分的比例。

4. 成果汇总

通过上面几个程序,确定组织薪酬的基本管理方法,将这些方法规范化、制度化、最后形成的一个文件,就是薪酬制度。

本章小结

人力资源管理,就是运用现代化的科学方法,对人力资源进行合理组织、协调、培训、调配等工作,使人力、物力经常保持最佳的比例,同时对人的思想、心理和行为进行恰当的诱导、控制和监督,以充分发挥人的主观能动性,以实现组织的目标。

人力资源计划是预测未来的组织任务和环境对组织的要求,以及为了完成这些任务和满足这些要求而设计的提供人力资源的过程。有效的人力资源计划是企业人力资源管理工作的重要指导。

工作分析是预测人力资源需求的基础,也是对培训、调任或晋升等活动进行计划的基础。工作分析主要的方法有:工作实践法、直接观察法、面谈法、问卷法、典型事例法等。

招聘是人员配备中最关键也是首要的一环,人员招聘的成功与否,直接影响到人员配备的其他环节,乃至整个管理活动的进行。招聘方法包括广告法、校园招聘、职业介绍机构、猎头公司等。

员工培训是企业人力资源管理与开发的重要组成部分和关键职能,是通过教学或实验等方法促使员工在知识、技能、品德、动机、态度、行为等方面有所改进和提高,保证员工能够按照预期的标准或水平完成所承担或将要承担的工作与任务。

员工的工作绩效,是指员工经过考评的工作行为、表现及其结果。绩效考评是组织制定调迁、升降、委任和奖惩等人事决策的重要依据,也可根据绩效考评的结果制定员工培训计划,是组织进行管理、决策和控制的不可缺少的机制。

思考与练习题

1. 选择题

(1)人力资源管理与人事管理的主要区别体现在( )。
  A. 内容上　　　B. 观念上　　　C. 工作程序上　　　D. 招聘环节

(2)以"任务管理"为主要内容的泰勒的"科学管理原理",是在( )性假设基础上提出来的。
  A. 经济人　　　B. 社会人　　　C. 自我实现人　　　D. 复杂人

(3)"只有真正解放被管理者,才能最终解放管理者自己"。这句话表明现代人力资源管理把人看成( )。
  A. 资源　　　B. 成本　　　C. 工具　　　D. 物体

(4)依据个体的经验判断,把所有待评价的职务依序排列,由此确定每种工作的价值的方法是( )。
  A. 因素分解法　　B. 因素比较法　　C. 排序法　　D. 评分法

(5)下列奖金属于长期奖金的是( )。
  A. 超额奖　　　　　　　　　B. 成本奖
  C. 员工持股计划　　　　　　D. 结构工资制

2. 简述题

(1)人力资源管理应包括哪些主要内容?
(2)为什么大型公司鼓励员工"像企业家一样思考"?
(3)现代人力资源管理与传统劳动人事管理有哪些区别?
(4)"骏马能历险,犁田不如牛,坚车能载重,渡河不如舟。"这一古诗句对我们选才、用才有何启示?
(5)请阐述工作分析的意义。

3. 案例分析

难以两全的李先生

李先生是一位非常有能力的工程师，于1999年创办了一家生产型的工业企业，这是一家独资企业，所以，李先生每天亲自处理公司的所有业务，包括计划、采购、市场、技术、人事、生产监督等。出于他生产的产品技术含量较高，公司发展极为迅速，由最初的20名员工、年销售400余万元发展到现在的近200名员工、年销售3 000多万元，在全国大、中城市设有近10个办事处。由于规模的扩大，市场竞争激烈，李先生现在十分忙碌。在他的办公室内，他的秘书必须每天向他汇报并需要他解决的工作清单：

①生产中的技术问题；

②招募新员工的考核与面试；

③物资采购明细及采购资金审批；

④产品发运审批。

由于过度的劳累，李先生病倒了。他认为这是一家独资公司，他负有全部的责任，也拥有全部的权力。因此，在住院期间，他还坚持每天到他的公司里安排工作，监督工作执行情况。但是，他这样做遭到了医生的警告。现在，他也感到很矛盾，因为公司的生存与他的健康难以兼顾。

资料来源：张岩松，周瑜弘，李健.人力资源管理案例精选精析.中国社会科学出版社，2006.

分析讨论：

（1）你认为李先生的问题主要是什么？

（2）你认为李先生的问题应该如何解决？

第八章
Chapter 8

领 导

【学习目的与要求】
通过本章的学习,学生应了解领导的含义及类型;理解领导权力的来源;掌握领导理论;灵活运用领导艺术。

【本章主要概念】
领导 管理方格理论 路径-目标理论

【案例导读】

山田的工作表现

日本某工业总公司的创始人、总经理山田,习惯在下班前把办公桌清理一下,把没干完的工作装进包里带回家做。他以对人粗暴而闻名,看见员工做得不对,立刻就会发怒,甚至动手打人。工作中虽没有犯错,但没有创新的人,也会遭到责骂。但事后山田会反省,并向员工解释发怒的原因。

公司员工并不讨厌山田,因为他们佩服山田的表率作用。山田总是率先去做棘手的事、艰苦的活儿,亲自示范,无声地告诉员工,你们也要这样干。例如,为了谈一宗出口生意,山田在一家餐馆里招待外国商人。外国商人在洗手间不小心弄掉了金牙,山田二话没说,挽起袖子帮助客人捞出金牙,当场嘱咐员工对金牙作消毒处理后还给客人。外国商人被山田的行为深深打动,当场就签订了合同。

资料来源:http://www.ahbvc.cn.

【点评】
总经理山田的法定权、感召权的作用发挥得好,亲和权的作用发挥得比较差。由于感召权的作用十分突出,在员工中产生了一定的影响力,因此员工并不讨厌他。可是山田要想把员工领导得更好,必须学会尊重和理解员工,提高亲和权的影响力,否则将会在工作中产生许多负面影响,甚至将削弱法定权的影响力。

第一节 领导概述

一、领导的含义

领导是一个多义词,既是名词,也是动词。名词含义的领导是指领导者,即担任领导职务的人。领导者,有领袖、领导人、首长、主将、首席律师、第一小提琴手的含义,其主要内容是带头人的意思。担任一定领导工作的人,团体和组织的带头人,统称为领导。动词含义的领导是指领导活动,领导活动是指领导者在一定的环境下,在一定的社会组织或团体内,统帅或指引被领导者为实现既定目标而进行的一种高层次的社会管理活动。

从名词角度上看,领导指的是领导的主体,即领导者是领导活动的发起者,是指既拥有组织的职位权力,又具有个人影响力,从而影响他人行为的人。

从动词角度上看,领导是领导者在一定的环境下,运用职位权力和个人影响力,制订组织目标和任务,并通过对组织成功地引导、指挥、协调和控制以完成任务、实现既定目标的行为过程。

从行为方式上看,领导是在组织内部通过影响他人的协调活动,实现组织目标的过程;从权力的构成上看,领导与组织层级的岗位设置有关。在组织活动中,领导者要客观准确地分析、预测内部条件和外部环境,运筹帷幄、高瞻远瞩,帮助组织成员认清当前形势,合理地确定组织目标和行动方案,并在组织成员行动过程中给予指导与帮助。组织在内外因素的干扰下,需要领导者来协调组织成员之间的关系和活动,朝着共同的目标前进。

综上所述,领导是一种职能,是影响组织成员或群体,使其为确立和实现组织或群体的目标而作出贡献和努力的过程。领导包括领导者、被领导者与所处的客观环境。

二、领导的类型

领导是一种社会现象,又是一项复杂的社会活动,其内容广泛,形式多样。从不同角度可以对领导类型进行划分。

(一)按领导的自然演变过程划分

1. 自然领导

原始社会的领导属于这种类型。它是原始的、初级的、简单的。原始社会的酋长、首领,是经群众选举产生的。领导者是群众意志的执行者,如果不按照群众的意志行事,群众可以随时罢免领导者,这是一种原始的民主式的自然领导。

2. 家长式领导

阶级社会产生以后,随着阶级对立的加深,在以小生产方式和生活方式占统治地位的奴隶

社会和封建社会中出现了一种少数人说了算的专制领导,这便是家长式领导。

3. 民主式领导

这种领导方式是相对家长式领导而言的,但又不同于原始社会的自然领导。它是同社会化大生产联系着的一种较高级的领导形式。

4. 专家式领导

专家式领导是社会化大生产同现代科学技术相结合的产物。随着社会生产力的不断发展,科学技术日益广泛地应用于社会生产和生活领域。在这种情况下,单靠外行的领导,已无法适应整个社会发展的需要。因此,专家式领导或专家辅佐式领导占有越来越重要的地位。

5. 专家集团式领导

专家集团式领导是伴随高度发展的社会化大生产出现的。现代化建设是巨大的、复杂的社会工程,其因素之多、层次之强、结构之复杂、各种因素变化的迅速都是空前的。仅靠某个人或几个人的智慧和才能是不够的,需要有一批具有战略眼光、科学头脑、领导艺术高超的专家、技术骨干来共同组织和协调生产,这种集体领导形式就是专家集团式领导。

(二)按领导的性质与形式划分

1. 个人领导与集体领导

个人领导与集体领导也称为个体与群体领导。个人领导一般是较小规模生产活动的领导,主要是通过领导者个人的决策来实施领导。集体领导(群体领导)是在社会化大生产的前提下,由各种各样的专家组成的领导集团,通过分工合作,共同实施领导。个人领导被集体领导所代替是历史发展的必然趋势。

2. 直接领导与间接领导

从领导者作用于被领导者或客观对象的方式来说,直接领导是领导者通过指示、命令,实施的面对面领导;间接领导是指通过某些中间环节实施领导的行为过程。另外,还有分工式领导,按照领导对象自身的性质和特点,又可以分为政治、业务、行政、学术领导四大方面,是领导工作的具体分工。

3. 正式领导与非正式领导

正式领导是指在组织机构中有正式职务、权力和地位的领导者运用主要功能带领组织成员完成组织目标的行为过程。非正式领导是指虽然组织并未赋予某个人职务和权力,但由于其个人的条件(如丰富的知识和经验、超群的能力和技术或者善于关心人等),通过组织成员中所具有的一定影响力,完成一定目标和任务的活动过程,这种人是一种事实上的领导者,他可以通过自己的才能、智慧和影响力,满足组织中某些局部的、特殊的需要。

(三)按领导风格划分

1. 集权式领导与民主式领导

集权式领导者是把管理的制度权力相对牢固地进行控制的领导者。整个组织内部,资源的流动及其效率主要取决于集权式领导者对管理制度的理解和运用。领导者把权力的获取和利用看成是自我的人生价值。组织在规模较小、发展初期或者遇到突如其来的重大问题时,这种领导模式较为有效。

民主式领导是向被领导者授权,鼓励下属参与,并且主要依赖于其个人专长权和模范权影响下属。这种领导模式充分发挥了群体的智慧与能力,提高了员工的工作满意度;在工作与决策中不断提高员工的素质,能够培育和提高员工的智力成本;权力的相对分散,能够较灵活应对环境的变化。但是,权力分散会降低决策速度,增加组织的协调成本和内部资源的配置成本。

2. 魅力型领导与变革型领导

魅力型领导者,通常鼓励下属超越他们预期绩效水平的能力。这种类型的领导者善于创造一种变革的氛围,热衷于提出新奇的、富有洞察力的想法,把未来描绘成诱人的蓝图,并且还能用这样的想法去刺激、激励和推动其他人勤奋工作。他们对下属有种情感号召力,可以拥护某种达成共识的观念,有未来眼光,而且能就此和下属沟通并激励下属。

变革型领导者,通常鼓励下属为了组织的利益超越自身利益,并能对下属产生深远而不同寻常的影响。这种领导者关心每个下属的日常生活和发展需要,帮助下属用新观念分析老问题,进而改变他们对问题的看法,能够激励、唤醒和鼓励下属为达到组织或群体目标而付出加倍的努力。

3. 事务型领导与战略型领导

事务型领导者又称为思维维持型领导者,通过明确角色和任务要求,激励下属向着既定的目标活动,并且尽量考虑和满足下属的社会需要,通过协作活动提高下属的生产效率。

战略型领导者,将领导的权力与全面调动组织的内部资源相结合,致力于实现组织长远目标。他们精于授权,将日常的管理事务委派给他人,自己关注于制定组织的总体战略,并指导战略实施;他们精于目标管理的方法,为员工制订目标,而不是规定任务,鼓励员工用自己的方法解决问题,使其知道自己的需要,最大限度的发挥员工的主动性;具有广阔的视野、敏锐的洞察力、良好的预见性、很强的计划能力是这类领导者获得成功的原因。

三、领导权力的来源

权力是一种影响力,狭义的权力指职务权力,这是本来意义的权力概念。广义的权力则包括职务权力和个人权力,后者包括个人影响力、非强制性影响力。是什么赋予领导者以影响他人的能力?弗伦奇和瑞文提出了权力的五个来源。

(一)法定性权力

法定性权力指组织内各领导所固有的合法的、法定的权力。法定性权利取决于个人在组织中的职位。它代表一个人通过组织中正式层级结构中的职位所获得的权力。可以被看作是一个人的正式或官方明确规定的权威地位,拥有法定性权利的个人凭借与其职位、岗位相当的要求或主张来施加其影响,这是获取权力的基础的最经常的途径。

（二）奖赏性权力

奖赏性权力指领导者提供奖金、提薪、晋级、表扬、理想的工作安排和其他任何会令人愉悦的东西的权力。某人由于控制着对方所重视的资源而对其施加影响，包括给予加薪、额外津贴和晋升的权力；授予官职的权力；选拔员工完成特别任务或有利可图的活动的权力；分配合意资源的权力等。人们服从于一个人的愿望或指示是因为这种服从能给他们带来益处。

（三）强制性权力

强制性权力是领导者通过负面处罚或剥夺积极事项来影响他人的权力，是领导者对其下属具有的强制其服从的力量。与奖赏性权力相反，这是建立在惧怕基础上的，如果不服从就可能产生消极的结果。换句话说，它是利用人们对惩罚或失去其重视的成果的恐惧来控制他人。

（四）专家性权力

专家性权力是知识的权力，指领导者由个人的特殊技能或某些专业知识而形成的权力。有些人能够通过他们在特殊领域的专长来影响他人。一位外科医生在医院可以施加相当大的影响力，是因为虽然他没有高于他人的正式职权，但其他人都依赖于他的知识、技能和判断力。这种来源于专家的技能和知识将日益成为权力的主要来源之一。

（五）参照性权力

参照性权力也就是模范权，指领导者由个人的品质、魅力、资历、背景等产生的权力。参照性权力可以理解成由于领导者与追随者之间的关系强度而产生的潜在影响，它的基础是对于拥有理想的资源或个人特质的人的认同。为消除因缺乏专长而产生的问题，一种方法是构建与下属牢固的个人纽带。当人们钦佩一位领导者，将他视为楷模时，我们就说他拥有参照性权力。

第二节　领导理论

一、领导行为理论

领导行为理论是研究关于领导行为及其结构、组成要素和实际效果的理论。领导行为理论着重分析领导者的领导行为与领导风格对其组织成员的影响，目的是找出最佳的领导行为和风格。

（一）密执安大学的研究

伦西斯·利克特和他的同事们从1947年开始对领导类型和领导行为进行了长期的研究。通过对许多领导者和其下属人员的访问调查，他们发现领导者基本上有以下两种：

1. 生产导向的领导者

这类领导者重视组织目标的完成和良好绩效的实现，利用自己合法的决定报酬和强制职权密切注视和掌握着员工工作的进度,以及员工在工作中的表现,强调严密的监督,要求员工按照详尽的规定行事,很少考虑员工的感受与需要。他们随时都可以指令员工去干某一工作,并指挥他们如何干好工作,甚至把员工看作完成工作的工具。

2. 员工导向的领导者

这类领导者重视人际关系,承认人与人之间的不同,关心员工的需要、晋级和职业生涯的发展。他们对工作小组的建立与发展,对职工参与管理,职工本人的生活福利,对职工个人的成长与发展及其工作的满意度都很关心。

密执安大学的研究人员认为:生产导向的领导者与低群体生产率和低工作满意度联系在一起,而员工导向的领导者与高群体生产率和高工作满意度相关。也就是说,生产导向的领导者所在的组织中,员工的满意度低,离职率和缺勤率普遍偏高;员工导向的领导者所在的组织中,员工的满意度高,离职率和缺勤率都较低,组织生产率高。

(二)俄亥俄州立大学的研究

研究员弗莱希和他的同事们对领导方式进行比较研究,以国际收割公司的一家卡车生产厂为研究样本,将十种领导方式分为关怀维度和定规维度两类,得到领导行为四分图,如图8.1所示。关怀维度,代表领导者对员工以及领导者与追随者之间的关系,对相对信任、尊重和友谊的关注,即领导者信任和尊重下属的观念程度。定规维度,代表领导者构建任务、明察全体之间的关系和明晰沟通渠道的倾向,或者说为了达到组织目标,领导者界定和构造自己与下属的角色的倾向程度。

(三)管理方格理论

在密执安大学和俄亥俄州立大学领导行为研究的基础上,1964年德克萨斯大学的罗伯特·布莱克(Robert R. blake)和简·穆顿(Jans S. Mouton)在《管理方格》一书中提出了"管理方格理论"。结合关心员工和关心生产两个方面对管理进行细分,具体如图8.2所示。

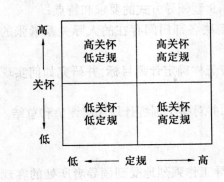

图8.1 领导行为四分图

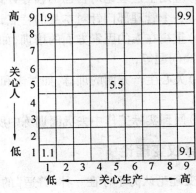

图8.2 管理方格图

1. 贫乏式管理(1.1型)

这种领导方式对员工和生产任务都表现出不经意的状态,仅以最小的努力与工作完成组织必须完成的任务,认为员工能够自己处理好工作与生活的各种事情。

2. 乡村俱乐部式管理(1.9型)

这种领导方式表现的是对员工的需要、成长、健康,甚至家庭生活都非常关心,营造良好的人际关系和融洽的气氛,是一种轻松的领导方式,但对生产与工作漠不关心,不太注重工作效率。

3. 中庸之道式管理(5.5型)

这种领导方式既对工作关心,又对员工关心,但程度适中,强调适可而止,追求正常的效率和令人满意的士气。

4. 任务式管理(9.1型)

这种领导方式对工作非常关心,通过工作条件的安排与规则制度的控制实现高的工作绩效,尽量降低人为因素在工作中的影响,对员工与下属十分冷漠和不近人情,是一个只关心生产不关心人的领导者。

5. 团队式管理(9.9型)

这种领导方式对工作和员工都极为关心,既考虑如何实现组织的既定目标、提高工作绩效,又关心员工的个人需求与成长,努力协调好各项活动,是一种协调配合的领导方式。

布莱克和穆顿认为,9.9型是最理想、最有效的领导方式,应该是领导努力的方向。但是,这种领导方式一般是很难做到的。为此,布莱克和穆顿提出要对领导者进行培训,并提出了相应的培训计划,以推动他们向9.9型发展。

培训计划的内容和步骤大致如下:

(1) 介绍管理方格理论;

(2) 应用上述理论对自己的领导方式作出分析和评价;

(3) 各个管理部门针对本身的特点,确定本部门9.9型领导方式的要求和特点;

(4) 重视在人的因素方面的培训,如分析研究和解决各部门间存在的人际关系紧张的状况和冲突问题等;

(5) 关心生产方面的训练,如讨论和分析领导者应怎样确定计划目标,并研究如何实现这一目标;

(6) 回到实际工作中去巩固训练中所得到的进步,并对整个训练计划作出评价和总结。

二、领导权变理论

权变理论认为不存在一种"普适"的领导方式,领导工作强烈地受到领导者所处的客观环境的影响。换句话说,领导方式是既定环境产物。领导权变理论的代表主要有菲德勒权变领导理论、领导生命周期理论以及路径目标理论等。

（一）菲德勒权变领导理论

领导权变理论的数学表达式为

$$S = f(L, F, E)$$

具体地说，领导方式是领导者特征、追随者特征和环境的函数。在上式中，S 代表领导方式；L 代表领导者特征；F 代表追随者的特征；E 代表环境。

1. 确定领导风格

领导风格是影响领导活动成功与否的关键因素之一，为了确定个体的领导风格，菲德勒设计了最不喜欢的同事（LPC）调查问卷，问卷分为 16 个项目，由 16 组对应形容词构成，分为 1 到 8 个等级。作答者要先回想一下自己的所有同事，并找出一个最不喜欢的同事，在 16 组形容词中按 1~8 等级对他进行评估。把 16 个项目的总分数加起来除以 16，就得出了"相反方面类似点"的分数。菲德勒的 LPC 问卷如表 8.1 所示。

表 8.1 菲德勒的 LPC 问卷

快 乐	8	7	6	5	4	3	2	1	不快乐
友 善	8	7	6	5	4	3	2	1	不友善
拒 绝	1	2	3	4	5	6	7	8	接 纳
有 益	8	7	6	5	4	3	2	1	无 益
不热情	1	2	3	4	5	6	7	8	热 情
紧 张	1	2	3	4	5	6	7	8	轻 松
疏 远	1	2	3	4	5	6	7	8	亲 密
冷 漠	1	2	3	4	5	6	7	8	热 心
合 作	8	7	6	5	4	3	2	1	不合作
助 人	8	7	6	5	4	3	2	1	敌 意
无 聊	1	2	3	4	5	6	7	8	有 趣
好 争	1	2	3	4	5	6	7	8	融 洽
自 信	8	7	6	5	4	3	2	1	犹 豫
高 效	8	7	6	5	4	3	2	1	低 效
郁 闷	1	2	3	4	5	6	7	8	开 朗
开 放	8	7	6	5	4	3	2	1	防 备

这个问卷的最后得分可以用来测定一个领导人对其他人的态度，也可以说是测定情感上或心理上的距离。菲德勒运用 LPC 问卷将绝大多数作答者划分为两种领导风格，也有一小部分处于两者之间，很难区分。如果以相对积极的词汇描述最不喜欢的同事，则他的 LPC 得分高，说明他乐意与同事形成良好的人际关系，他是以人际关系为中心的，乐意与别人建立良好的人际关系，这种人对同事和下属往往持谅解和支持的态度。菲德勒将这类领导者定义为关系取向型领导。相反，如果他对最难共事的同事都用较为消极的词汇来形容，则他的 LPC 得分较低，说明他对工作更为感兴趣，他所关心的是工作任务的完成，这类领导者重视的是通过

完成任务来满足他们的自尊心,即使因为工作任务而损害了人们之间的关系也会在所不惜。菲德勒将这类领导者定义为任务取向型领导。

2. 确定环境因素

菲德勒认为环境的好坏对领导的目标有重大影响。对低 LPC 型领导来说,比较重视工作任务的完成。如果环境较差,他将首先保证完成任务;当环境较好时,任务能够完成,这时他的目标将是搞好人际关系。对高 LPC 型领导来说,比较重视人际关系。如果环境较差,他将首先将人际关系放在首位;如果环境较好时,人际关系也比较融洽,这时他将追求完成工作任务。领导目标与环境的关系如图 8.3 所示。

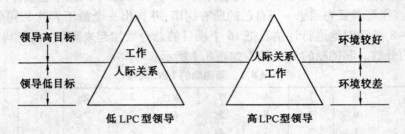

图 8.3 领导目标与环境的关系

菲德勒对 1 200 个团体进行抽样调查,其结论如表 8.2 所示。

表 8.2 菲德勒模型

环境类型	好			中等			差	
人际关系	好	好	好	好	差	差	差	差
工作结构	简单	简单	复杂	复杂	简单	简单	复杂	复杂
职位权力	强	弱	强	弱	强	弱	强	弱
环境	Ⅰ	Ⅱ	Ⅲ	Ⅳ	Ⅴ	Ⅵ	Ⅶ	Ⅷ
领导目标	高			不明确			低	
低 LPC	人际关系			不明确			工作	
高 LPC	工作			不明确			人际关系	
最有效方式	低 LPC			高 LPC			低 LPC	

领导环境决定了领导方式。在环境较好的Ⅰ、Ⅱ、Ⅲ和环境较差的Ⅶ、Ⅷ情况下,采用低 LPC 领导方式,即工作任务型的领导方式比较有效。在环境中等的Ⅳ、Ⅴ和Ⅵ情况下,采用高 LPC 领导方式比较有效,即人际关系型的领导方式比较有效。

需要强调的是,菲德勒认为个体的领导风格是稳定不变的,因此提高领导者的有效性,要有两种方法:一是选择具有恰当领导风格的领导者适应情景的要求;二是设法改变情景适应领导者的风格与方式。例如,通过重新建构任务或者提高或者降低领导者可控制的权力(如加薪、晋职以及训导活动等)。

(二)路径-目标理论

20世纪70年代,加拿大多伦多大学的教授罗伯特·豪斯开发了路径-目标这一权变领导理论,该理论吸收了激励的期望理论和领导四分图理论的内容,认为领导者的工作是帮助下属达到他们的目标,并提供必要的指导与支持,以确保各自的目标与组织的总体目标相一致。豪斯认为,领导方式一般有四种:

1. 指导型领导

领导者界定工作任务和角色,通过发号施令,明确告知下属完成任务的详细规则与程序,重视任务的完成情况,不过多地考虑下属的满意度。

2. 支持型领导

领导者的指导行为与支持行为并重,既关注员工的满意度,保持并提高员工的工作热情,又在指导和支持的过程中锻炼下属的能力,提高他们的工作技能。

3. 参与型领导

领导者鼓励下属共同决策,为下属提供良好的工作条件和沟通渠道,从而提高下属的工作满意度,培养下属的工作热情。

4. 成就导向型领导

领导者给下属充分的自由,提供极少的指导与支持行为,确信下属能够依靠自己的能力明确任务的目标并出色的完成任务。

利用路径-目标理论进行分析,具体可以得出以下几点:

第一,下属是外控型的,或者任务不明确、压力过大,或者组织内部存在实质性的冲突,在这些类型的情境中,指导型领导更为适合。

第二,组织中的正式权力关系明确,官僚化程度高,或者下属从事的任务结构化程度高,在这些类型的情境中,支持型领导会取得更好的效果。

第三,参与型领导会使内控型的下属取得较高的满意度。

第四,对于知觉能力强或者经验丰富的下属,参与型和成就导向型的领导能够取得较好的成绩。

(三)领导生命周期理论

另一个被广泛推崇的领导模型是生命周期理论。该理论由科曼于1966年首先提出,由保罗·赫塞和肯尼斯·布兰查德加以发展。这一理论把下属的成熟度作为关键的情景因素,认为依据下属的成熟度水平选择正确的领导方式,决定着领导者的成功。它包括工作成熟度和心理成熟度,工作成熟是下属完成任务时具有的相关技能和技术知识水平。心理成熟度是下属的自信心和自尊心。高成熟度的下属既有能力又有信心做好某项工作。

生命周期论提出任务行为和关系行为这两种领导维度,并且将每种维度进行了细化,从而组合成四种具体的领导方式:

(1)指导型领导(高任务-低关系),领导者定义角色,告诉下属应该做什么、怎样做以及在何时何地做。

(2)推销型领导者(高任务-高关系),领导者同时提供指导性的行为与支持性的行为。

(3)参与型领导(低任务-高关系),领导者与下属共同决策,领导者的主要角色是提供便利的条件与沟通。

(4)授权型领导(低任务-低关系),领导者提供不多的指导或支持。

成熟度的四个阶段分别是:

第一阶段(M_1):下属对于执行某任务既无能力又不情愿。他们既不胜任工作又不能被信任。

第二阶段(M_2):下属缺乏能力,但却愿意从事必要的工作任务。他们有积极性,但目前尚缺乏足够的技能。

第三阶段(M_3):下属有能力但却不愿意干领导者希望他们做的工作。

第四阶段(M_4):下属既有能力又愿意干让他们做的工作。

在此基础上,领导方式和任务成熟度直接体现的关系如图8.4所示。图中,S代表四种领导方式,分别是授权、参与、推销和指导,它们依赖于下属的成熟度M,M_1表示低成熟度,M_4代表高成熟度。

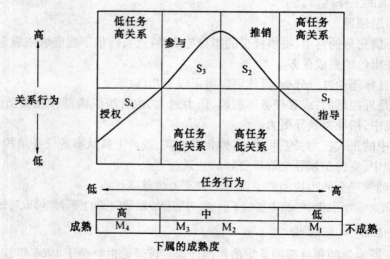

图8.4 领导生命周期理论

赫塞和布兰查德把领导方式和员工的行为关系通过成熟度联系起来,形成一种周期性的领导方式。当下属的成熟度水平不断提高时,领导者不但可以减少对活动的控制,而且还可以不断减少关系行为。如指导型领导方式S_1,是对低成熟度的下属而言,表示下属需要得到明确而具体的指导。S_2方式表示领导者需要高任务-高关系行为,高任务行为能够弥补下属能力的欠缺,高关系行为则试图使下属在心理上领悟领导者的意图。S_3表示可以运用支持性、非指导性的参与风格有效激励下属。S_4是对高成熟度的下属而言的,表示下属既有意愿又有能力完成任务。和菲德勒的权变理论相比,领导方式生命周期理论更容易理解和直观。但它只针对了下属的特征,而没有包括领导行为的其他情景特征。因此,这种领导方式的情景理论算不上完善,但它对于深化领导者和下属之间的研究,具有重要的基础作用。

【资料库8.1】

领导激励理论

1. 泰勒的经济人理论

该理论主张人是经济人,是需要金钱和奖励的,把激励的法则与员工结合起来,但过于偏重于技术和管理,强调经济目标、高工资、低成本、强调物质刺激,而忽视了人的因素。

2. 梅奥的社会人理论

该理论主张在正式组织中,以效率的逻辑为重要标准,而在非正式组织中,则以感情的影响为重要标准。通过提高员工的满足度,激励员工的"士气",从而达到提高劳动生产率的目的。

3. 马斯洛的需求层次理论与优势需求理论

按照其重要性和发生先后次序排列成一个五级阶梯如下:生理需求、安全需求、社交需求、尊重需求和自我实现需求。领导者通过对下属需求层次的提升及其实现的限度有深刻的了解,从而有的放矢,分门别类地进行激励活动,强调"连续激励"的原则,使下属的潜能得以递进式的发挥。

4. 赫兹伯格的激励-保健理论(也称为双因素理论)

通过调查后强调,人们对工作满意时的回答和对工作不满意时的回答大相径庭。员工倾向于把对工作满意的因素归于自己,而把不满意的因素归于外部和组织。如果领导者想在工作中达到激励下属的目的,就必须强调成就、认可、责任、晋升等激励因素。

5. 麦克莱兰德的需要理论

麦克莱兰德的需要理论区分了三种需要:成就需要、权力需要、合群需要。麦克莱兰德的需要理论提出了如下四点结论:第一,具有较高成就需要的人更喜欢具有个人责任、能够获得工作反馈和适度的冒险性的环境;第二,具有较高成就需要的人不一定就是一个优秀的领导者或管理者;第三,合群和权力需要与领导者和管理者的成功有密切关系;第四,激发下属的成就需要是有效的激励手段。

6. 认知评价理论

认知评价理论认为当组织把外部报酬作为对良好绩效的奖励时,来自个人从事自己喜欢做的工作的内部奖励就会减少。

7. 目标设置理论

该理论的主要观点是:第一,具体的、困难的目标比笼统的目标更具有激励作用;第二,目标越困难,绩效水平越高;第三,当人们在向目标努力的过程中其绩效得到及时反馈,人们会做得更好;第四,员工参与目标设置不一定会产生激励作用;第五,这一理论受到目标承诺、适当的自我效能感和民族文化的影响。

8. 强化理论

强化理论认为强化塑造行为是激励过程的核心。它认为人的行为是由环境引起的,关心内部认知活动是没有意义的,而控制行为的因素是外部强化物,它在激励过程中具有最为重要的作用。

> **9. 公平理论**
>
> 公平理论注重公平在激励过程中的作用。该理论认为,个人不仅关心自己经过努力所获得的报酬的绝对数量,也关心自己的报酬和其他人报酬的关系。他们会对自己的投入与产出和其他人的投入与产出的关系作出判断。对于领导者来说,应该注重公平在激励过程中的影响和作用。
>
> **10. 期望理论**
>
> 期望理论认为,一种行为倾向的强度取决于个体对于这种行为可能带来的结果的期望强度,以及这种结果对行为者的吸引力。期望理论的主要观点如下:第一,个人和环境的组合决定一个人的行为;第二,人们决定他们自己在组织中的行为;第三,不同的人有着不同的需要和目标;第四,人们根据他们对一个假设的行为将导致的期望被满足的程度,在变化的情况下作出他们的决定。
>
> 资料来源:http://www.sjyx.cn.

第三节 领导艺术

一、领导的布局艺术

说起布局,也许有人就会联想到阴谋诡计,这是对布局的一种误解,或是一种浅薄的认识。真正的布局是从战略的高度,以纵览全局、饱含智慧的眼光来统筹和协调一件事或者一个项目。战国时期以"合纵连横"大展才华的苏秦、张仪,三国时期的诸葛亮等都是出色的布局高手。布局的应用在于成就一番事业,是大聪明大智慧的体现,与那些损人利己的小聪明、小手腕是截然不同的两个概念。

布局是一个系统、连贯、目标清晰的工程,把布局这个概念应用到管理中来,就是用全局和长远的角度来重新审视管理,让先人的智慧和科学的管理手法相结合,让管理不再是一时、一地的行为,这是理解管理、理顺布局的基础。领导的布局主要方法主要有以下几种:

(一)认清形势是布好管理之局的前提

识时务者为俊杰,对于一个领导者来讲,就是把眼下的形势分析透彻,并作出准确的判断,这是一项最基本的能力。从布局的角度来讲,成与不成的关键在于局前分析,不仅要"识大体,顾大局",更要把方方面面的利害关系了然于胸。把握的要领是:一察名势,出师有名,一定会事到功成;二察地势,因地制宜,这是胜兵之道;三察时势,因时而动,与时俱进;四察事势,顺势而事,事在人为;五察险势,未雨绸缪,学会规避风险。

(二)善于作战略规划,先谋后事者昌

三千年前,姜子牙讨伐殷商时就留下古训:先谋后事者昌,先事后谋者亡。在今天战略成败的关键就在于企业决策者和管理者在战略布局中精心的谋划和准备。其主要在于:一谋自身,一屋不扫何以扫天下;二谋长远,远方的风景最迷人;三谋细节,战略的落实是制胜之道;四

谋对手,懂得与狼共舞的竞争之道;五谋位置,学会管理定位的艺术。

(三)理顺主线是设好管理之局的关键

当管理升华为一门科学的时候,为了适应时代的需要,许多系统性的管理理念层出不穷,这在不经意间难住了许多管理者:管理怎么越来难懂了,难道把事物复杂化了就是科学?这不是管理布局的理论所提倡的,只有理顺管理的几条主线,相应地布好局,管理仍然很简单。

(四)旗开得胜是强者赢得大局的前兆

设局仅仅是个开始,如何把握开局的时机、切入点以及开局的手法,才是整个布局过程的难点和重点。若把握到位,开局的号角就是胜利的前奏;若把握不好,则身未动而半壁江山已失去。要格外注重几个环节:低点切入,水往低处流,地低方成海;高调亮相,高成低就,势不可挡;抛砖引玉,空手套狼,就会以小搏大;以静制动,就会无为而有为,无声胜有声。

(五)懂得智能是企业决胜市场的快捷方式

当市场上针锋相对的竞争开始时,狭路相逢勇者胜、勇者相逢智者胜。要学会出其不意,以奇取胜;釜底抽薪,以巧取胜;欲擒故纵,以智取胜;声东击西,以"诈"取胜;避实击虚,"曲线"取胜。

(六)布局的重点在于控局,实力手腕是掌控大局的法宝

对布局来说局面的失控,可谓是致命的打击。一个真正优秀的布局者首先要把局面牢牢地掌控于手中,让其按照布局的初衷平稳发展。其次,如遇突发事件,使局势不可逆转地陷入失控状态,也要处乱不惊,临危不惧,力挽狂澜。控局的重点在于:未雨绸缪,事前的防范是最好的控制;擒贼擒王,抓住问题的关键是控局的快捷方式;控人控己,切忌因自身的原因乱了大局。

(七)学会讲和局,天下大事以和为贵

布局的根本目的在于得到自己想要的东西。在达到目的之后,不要与竞争者拼得你死我活,搞不好会两败俱伤一场空。最好的结果是大家各取所需,达到双赢的目的。同时,这也是贵和持中、注重和谐中庸之道的魅力所在。要学会化干戈为玉帛,要善于真诚待人,有效交流和重在交心,要与竞争对手联合赢得市场。

(八)保持清醒是保住胜果的良方

世上没有永远的胜利者,也没有永远的失败者。所有的胜局都是一时一地的,眼下的胜利,只是下一场对局和博弈的开始。所有的管理者都应该清醒地认识到,从一个胜利走向一个胜利,一要战胜自己,永不满足;二要守住胜局,抵御竞争;三要积极反击,以攻为守;四要后发制人,弱者不弱;五要随机应变,见机行事;六要创新经营,永续动力。

二、领导的理财艺术

(一)理财的含义

理财即通常说的财务管理。企业理财是企业管理的重要组成部分。企业理财不能简单地认为是赚钱,它是在充分收集企业需求信息的条件下,以稳健为主,兼顾企业资金的流动性、风险性和赢利性,制订出的一份具有合理性和可操作性的条理清晰的综合性规划。

理财主要包括筹资管理、投资管理、营运资金管理、利润及其分配管理等。

(二)理财的方法

理财的方法是指为了实现理财目标,完成理财任务,在理财活动中所采取的各种技术和手段的总称。理财方法按照不同的标准有不同的划分:

第一,按理财的内容来分,可以分为:筹资管理方法、投资管理方法、利润及其分配管理方法。

第二,按理财环节来分,可以分为:财务预测方法、财务决策方法、财务计划方法、财务控制方法、财务分析方法。

第三,按理财方法的性质来分,可以分为定性和定量的理财方法。

以下从理财的内容方面对理财方法进行介绍:

1. 筹资管理方法

企业筹资是企业根据其生产经营、资金运用情况以及调整资本结构的需要,通过金融市场向企业的投资者和债权人筹集和集中资本的理财活动。如何才能最大限度地运用筹资方式来获取最大的经济效益?这主要包括以下步骤:

(1)确定资金需要量,确保资金的使用效率。确定合理的资本需要量是企业合理筹资的前提条件。资金不足会影响生产经营的运行,资金过剩会降低资金的使用效率。这就要求企业应根据其内外信息确定一个合理的资金需要量。预测资金需要量的常用方法有销售百分比法和线性回归分析法。

(2)选择资金来源,力求降低资本成本。资本成本是企业筹集资金时必须付出的代价,包括筹资费用和使用费用。不同的筹资方式和渠道各有利弊,企业在进行筹资时应根据企业的目标及资本结构的要求,综合考虑各种渠道的优缺点、资本成本、财务风险、收益等多方面因素,达到最优筹资组合。

2. 投资管理方法

企业投资是企业将资金投入在将来获得赢利和竞争优势的生产经营中去的理财活动。企业只能投资于那些能产生高于最低可接受收益率的项目。企业在这个原则下应做到分析投资的收益和风险关系、明确企业的发展需要、分析投资项目市场前景。

一般而言,投资管理方法主要有以下几种:

（1）SWOT分析法。它是指在正确认识企业经营状况的条件下，充分发挥自身优势，克服劣势，抓住外部机会，避免或克服外部威胁的方法。

（2）波士顿矩阵法。它是指把企业按其所处的产品市场情况，分为若干个与规划目的相关联的实体，再根据相对市场占有率和行业增长率对经营单位运用一个二维矩阵进行评价，以判断其竞争力和发展前景，从中选择最佳投资方案的方法。

（3）通用电气经营矩阵分析法。这与波士顿矩阵法相似，只是该方法是从行业吸引水平和经营单位在该行业中的竞争力这两方面来评价。

（4）生命周期矩阵分析法。这是根据企业产品的市场生命周期和市场竞争力来确定企业投资的方法。

（三）对理财者的要求

怎样才能成为一个适合时代要求的理财者呢？具体而言，企业理财者应具有以下一些观念：

1. 竞争观念

市场经济本身就意味着竞争，任何企业都不能回避。这就要求企业理财者在激烈的市场竞争中，通过趋利避害，扬长避短，促进企业财务管理的良性循环。

2. 风险观念

在市场经济条件下，任何经营活动面临着许多不确定因素，存在着蒙受经济损失的可能。因此，现代企业理财者必须树立正确的风险观，充分掌握企业与市场需求信息，按照"风险与收益平衡"原则，对各种不确定性因素进行科学预测，有预见性地采取各种防范措施，使可能遭受的风险损失尽可能降到最低限度。

3. 货币时间价值观念

货币时间价值是决定企业筹资的成本和使用成本多少的一个重要因素，又是研究资金流出量和资金流入量的基础。因此，企业理财者应牢固掌握货币时间价值观念，认真研究货币时间价值及其在财务决策和资金运筹等方面的应用，使企业获得最佳收益。

4. 信息观念

信息正在成为市场经济活动的重要媒介，现代企业理财者必须牢固树立信息观念，全面、准确、迅速地收集、分析信息，进行财务决策和资金运筹，并自如地运用信息，使信息资源成为一种动力，促进企业适应市场经济的新形势。

三、领导的用权艺术

运用权力是管理者实施管理的基本条件。管理功能发挥得怎样，从一定意义上讲，主要取决于权力运用艺术水平的高低。古今中外有成就的管理者，无不重视其管理权力的有效运用。因此，探讨如何正确有效地行使权力，是现代管理活动的一个重要课题，也是管理艺术研究中值得认真解决的问题。

(一)权威在管理中的作用及其构成要素

管理者的权威不同于职权,职权是以法律、纪律手段来维系的;而权威的树立主要是靠管理者的品德和能力,靠获得下属的信任来确立和维持的。真正要实施高效率的管理与指挥,必须形成一定的权威。权威是管理者成就事业的基础,没有权威就谈不上管理。权威由以下三个要素构成:

1. 权力

权力是指法定权力,随职务的到来而产生。权力要在人们心中"合法化",管理者必须"威信先行,权力随后",使下属人员对自己的职务权力普遍承认和服从,否则就没有真正取得管理权。

2. 威信

威信,即人们常说的威望,是管理者的自然影响力。威望不是自封的,也不是上级给的,而是靠管理者自身的学识、胆识、才能和成就等个人因素综合作用而形成的。面对素质高、有业绩的管理者,下属的敬佩、信赖和敬重之情会油然而生,服从其管理无强制色彩,而是自觉的、心甘情愿的。

3. 效能

效能是管理权威最活跃、最积极的一个构成因素,时刻都在影响着管理者的权力和威信。管理效能是管理权威是否具有生命力的标志。效率的提高主要是依靠工作方法、管理技术和一些合理的规范,再加上领导艺术,可是要提高效能,必须有政策水平、战略眼光、卓越的见识和运筹能力。

(二)运用权力的基本方略

管理者如何用好权,如何使权力的使用效率最高、效果最好,这是用权艺术探求的中心问题,也是管理活动追求的目标之一。作为一个优秀的管理者,应致力于做好以下几个方面的工作:

1. 强化用权意识

管理者要干管理的事,履行职责、把握全局,抓主要矛盾;不直接干预下一级的工作,尽量排除不必要的干扰。

2. 处事果敢,树立权威

要抓住解决问题的最佳时机,迅速作出决断,使问题顺利、及时地得到解决,办事效率高,而且权力的使用也很充分。

3. 科学授权,调动多方积极性

所谓授权,就是管理者授予直接被领导的下级以一定的权力,使其在管理者的指导和监督下,自主地对本职范围内的工作进行决断和处理。授权也应注意几个问题:一是要选好"授权者";二是要以确保整体目标为目的;三是授权而不弃权;四是要掌握有效的控制方法,防止授权失控、失衡;五是授权而不放弃责任。

4. 明确职责,防止下级"越权"

权力分配是事业成败的关键,但并不是权力越分散越好,权力下放越多越好。下级权力过大,权力过于分散在下级手里,往往会造成下级骄横跋扈,欺下瞒上,上级的政策、法令往往就会不能顺利地贯彻执行。要做到既分权,又防止下级越权,做到以下三点:一是要明确职责范围;二是分层领导;三是要主动为下级排忧解难。

5. 正确把握下级心理承受能力

被管理者是管理权力作用的对象或客体,能否接受和积极配合,是直接体现管理效果的关键。管理权力的运用,就是要保证被管理者的积极性得到最大限度地调动。

6. 严于律己,下无声命令

在管理活动中,管理者要重视运用自己的影响权。影响权表现为两个方面,即权力性影响力和非权力性影响力。权力性影响力是由社会或组织赋予个人的职务、地位和权力等因素构成的。非权力性影响力是由管理者本身的素质,诸如品格、知识、才能和气质决定的。这种影响力是无声的命令,对人们的作用是通过潜移默化而变成被管理者的内在驱动力来实现的。这种影响力远比有声命令对人们的影响和激励作用大。

管理者运用影响权就必须做到:在工作中,兢兢业业,勇于改革,带头实践;在作风上,要深入实际,深入基层;在生活中,不搞特殊化,不以权谋私;在学习上,要善于学习,勤于学习,不断更新观念,更新知识。

四、领导的用人艺术

人才是企业最宝贵的资源。用人即对人才的使用,是充分发挥人才智力和体力的过程。正确使用人才对企业的发展有至关重要的作用。

(一)正确的用人原则

正确的用人原则对正确使用人才有积极的指导作用,管理者只有掌握了正确的用人原则,才能确保对人才的正确使用,才能有效防止对人才的浪费或误用,减少管理过程的失误。正确的用人原则包括以下几个方面:

1. 公道原则

公道是指在解决员工问题时,要坚持公平性、合理性的原则。管理者是否公道,对员工的积极性有着重要的影响。公道原则要求管理者对员工一视同仁,不能有亲有疏、有厚有薄。

2. 信任与制约相结合的原则

用人不疑是用人的一条重要原则,同时也是一种强大的激励手段,这要求管理者充分信任员工,大胆放手去使用。但不能盲目地信任,要与制约相结合,若只有信任没有制约,员工就会变得为所欲为,最后导致用人失败。

3. 激励原则

激励是管理者对员工的激发和鼓励。通过激励去激发员工的内在潜力，开发其能力，使其最大限度地、自觉地发挥积极性和创造性，在工作中作出更大的成绩，这是用人的重要原则。

4. 沟通原则

沟通原则是管理者通过正式的、非正式的形式，与员工进行的思想交流。它是一种在上下之间传达思想、观点、情感和交换信息的社会心理过程。

5. 层次领导原则

它是指管理者一定要按组织层次进行指挥，进行管理。只有按级负责，一级抓一级，才能实现有效的管理。如果不按层次，经常越级去管理，就会越俎代庖，影响上下级的关系。

6. 压力原则

压力原则即是管理者通过采用各种措施，给员工造成各种压力，促使其努力和积极持久地从事工作的原则。

7. 鼓励竞争原则

鼓励在员工之间开展竞争，在用人中引入竞争机制，有利于提高员工的素质，有利于激发员工的内在动力。有利于各项任务的完成。要加强对竞争的掌握，用人上的竞争是通过工作竞争锻炼培养人才，而不是员工之间争夺职位。竞争必须贯彻公平、平等、公正的原则，要加强对竞争的引导，防止竞争的消极性，防止相互拆台和内耗。

8. 考评原则

考评就是采用考察、民主测评等定量、定性相结合的方法，对员工的德、能、勤、绩进行评审和鉴定。管理者对员工的考评是必不可少的，这既是职业经理人的工作职责，又是领导用人的一个重要艺术。

（二）用人的方略

用人是一门艺术，就如作战时排兵布阵一样，用人得当，则大功告成；用人不当，就有满盘皆输的危险。

1. 知人善任、量才使用

知人善任是指用人时要对所用的人有所了解，了解他的气质特征、知识背景、成长经历、能力素质等，以便能正确地使用他。量才使用是指在知人的基础上，根据人的才能大小及方向，把他安排在与其相适应的工作岗位上。

具体来说，用开拓型人才开新路，用智囊型人才当参谋，用组织型人才当助手，用实干型人才做根基，用科技型人才搞科研，用外向性人才搞公关。大凡人才，气质特点是比较明显的。领导干部要充分挖掘人的气质背后的内涵，注意发现那些具有个性特征并表现出各种才能的人，给予重用。

2. 扬长避短、宽容待人

任何人都既有长处，又有短处，用人就是用他的长处，使他的长处得到发展，宽容他的某些短处,使短处在经验积累中得以克服。为了切实做到扬长避短、宽容待人,充分挖掘一切可用之才,一定要有用人于争议之中的魄力和要有容人之短的度量。发挥长处是克服短处的最好办法。等人把缺点全部都克服了再用,那是不现实的。

3. 竞争用人,让能人有用武之地

竞争往往能激起人最大的能量,使一些看似无法做到的事变成现实。在用人方面,也应充分运用这一规律,做到优胜劣汰。竞争是一种社会现象和组织行为,客观存在于人类社会发展的始终。没有竞争,就很难发现其潜在的能量。伯乐相马,有一个重要的方法就是让马都跑起来,给每匹马都创造表现的机会,展开竞争,让马充分地表现自己,那时千里马自然就脱颖而出了,用人亦是此理。

4. 用人以严,恩威并重

所谓用人以严,并非是对下属不苟言笑、冷若冰霜,使下属整日如履薄冰,而是在用人中要做到刚柔相济、严爱结合。在平常生活中,尽量实现"柔和恩";在工作中,则应说到做到。从辩证的观点来说,事物总存在正反两个方面,用人艺术中的宽和严也是如此。在用人过程中,施威和善后也是一种宽严相济的艺术处理方法。

5. 用人时要注意感情投资

情感方面的需要是任何人都不可少的,人才也是如此。在生活中一次不经意的帮忙,工作中一次小小的赞扬,都可能使人产生愉悦和感激,从而在今后的工作中更加努力,更上一层楼。有些人总认为投桃报李是以物易物,其实这只看到了两者表面的类似,而忽视了本质上的不同,如果是虚情假意的付出,只能招致别人的厌恶。

6. 使用和培养一起抓

如果只使用不培养,使用对象得不到提高机会,他们就会越来越跟不上时代发展的步伐,整个队伍的能力就会越来越弱。从"以人为本"的价值准则来看,对人才的培养和使用都是在提高人的人生价值,改善人的生存状态,促进人的自我实现,所以对人才的培养和使用是一个统一的过程。

五、人性化管理艺术

(一)关爱员工,以心换心

最受下属欢迎的上司能理解下属、关心下属、帮助下属,只有这样的上司才会受下属的爱戴,也只有这样的上司才能使公司上下一心,形成一股强大的凝聚力,共同为公司的发展作出努力。

【阅读资料 8.1】

有一家日资企业。一天,各部门接到电话,下班之后在贵宾厅召开职工大会。有些人感到很纳闷,为什么放着会议室不去,而去贵宾厅开会。因为在员工们眼里,日本人很精明,甚至有人议论说:"老板又在搞什么小把戏?"当全厂员工陆续地走进贵宾厅里,眼前的一切让人感到意外,只见每张桌子上摆满了水果、饮料等各类食品。尤其是一名60岁的老门卫,看到眼前的一切,以为走错了地方,正要离开时正好碰上了老板,老板一看他要走,便毕恭毕敬地把他请了回来。老板走上讲台,恭恭敬敬地向大家行礼,说:"今天,把大伙召集起来,同大伙开一个聊天会,大家可以畅所欲言。提问题、讲困难、提意见或建议,说工厂的、家里的事都可以。"人们看到老板不时地往工人手里塞苹果、倒饮料,并微笑着同大伙打招呼,便积极地为工厂出谋划策。

资料来源:黄新华. 激励员工的18个大原则和180个小手段. 当代世界出版社,2010.

将心比心,以心换心,作为一名管理者,只要付出真心和真情,就会获得下属的拥戴,他们就会心甘情愿地效力,用实际行动来回报促进企业的发展。

(二)爱员工,企业才会被员工所爱

管理员工,也是要讲感情的。对员工的工作、生活进行全方位的体贴,使员工深深感觉到企业对自己的爱护与关怀,是搞好企业管理的重要手段。许多有远见的领导从劳资矛盾中悟出了"爱员工,企业才会被员工所爱"的道理,因而采取软管理办法,对员工进行感情投资。法国企业界有句名言:"爱你的员工吧,他会百倍地爱你的企业。"热爱自己的员工是管理者之本。一个被管理者热爱的员工,才会被管理者的真诚所感动,而以实际行动去热爱企业。管理者对员工的关爱,可以极大地满足员工被关注的需求,这种感觉能激励员工关心他们所做的事,持续表现超标准的工作效率。善于进行"爱"的投资正是每一位成功管理者的必备条件。

(三)天时地利不如人和

"天时、地利、人和",被看成是事业成功的必备条件。在现代企业管理中,运用"和"的理念取得显著成效的,当数战后日本企业最为突出。日本本田公司创始人本田佐吉就以"天地人"为座右铭,取意"天时不如地利,地利不如人和",认为经营企业,人和最为重要。被誉为"经营之神"的松下幸之助,在企业管理中,十分重视"人和",以此来调适和化解内部矛盾,使企业员工在共同价值观念和共同的企业目标基础上,形成相依相存、和谐融合的氛围,产生出对企业的巨大向心力和认同感。松下公司和其他许多日本公司的成功经验,使越来越多的企业家认识到"人和"在企业管理中的重要作用。"人和"是企业成长取得成功的必要因素,没有"人和"就无法实现持续发展。在市场竞争的环境下,"人和"则成为保持竞争力的关键因素。

(四)要学会感情投资

作为领导有没有必要对员工进行感情投资?不少人认为没必要。事实上,领导与员工之间存在着互相的制约和影响,这种互相制约和影响,不仅要求员工对领导进行感情投资,而且也要求领导对员工进行感情投资。领导若想把自己所在的单位管理好并做出成绩,仅靠命令、指挥是远远不够的,还必须激发下属的主动性、积极性,充分发挥下属的能力和智慧。这是领导对员工进行感情投资的最根本原因。不懂得对员工进行感情投资的领导,不可能成为成功的、卓越的领导。想让别人听从你的指挥,不能只靠强制和命令,还必须通过感情投资激发员

工的巨大潜能。感情就是凝聚力,感情有时甚至就是生产力!为员工多花一点钱进行感情投资,绝对值得,感情投资花费不多,但换来员工的积极性产生的巨大创造力,是任何一项别的投资都无法比拟的。优秀的管理者要善于对员工进行感情投资。

（五）管理要刚柔并重,严爱结合

在企业管理中,可以将刚性管理比作牙齿,将柔性管理比作舌头。柔性管理比刚性管理往往更有效。"柔性管理"是相对于"刚性管理"提出来的。"刚性管理"以"规章制度为中心",凭借制度约束、纪律监督、奖惩规则等手段对企业员工进行管理,而"柔性管理"则是"以人为中心",依据企业的共同价值观和文化、精神氛围进行的人格化管理,它是在研究人的心理和行为规律的基础上,采用非强制性方式,在员工心目中产生一种潜在的说服力,从而把组织意志变为个人的自觉行动。

"柔性管理"的最大特点在于,它主要不是依靠外力（如上级的发号施令）,而是依靠人性解放、权力平等、民主管理,从内心深处来激发每个员工的内在潜力、主动性和创造精神,使他们能真正做到心情舒畅、不遗余力地不断开拓新的优良业绩,成为企业在激烈的市场竞争中取得竞争优势的力量源泉。

【阅读资料8.2】

斯特松公司是美国最古老的制帽厂之一,有一段时间公司的情况非常糟糕:产量低、品质差、劳资关系极度紧张。此时,当地的一位管理顾问薛尔曼应聘进厂调查。他的调查结果显示:员工对管理层、工会缺乏信任,员工彼此间也如此。公司内的沟通渠道全然堵塞,员工们对基层领导更是极度不满,指责他们存在作风偏激、言语辱骂、不关心员工的情绪等问题。

通过倾听员工的心声,认清问题所在后,薛尔曼开始实施一套全面的协调措施。加上有所觉悟的管理层的支持,竟在4个月内,不但员工憎恨责难的心态瓦解,同时他们也开始展现出团队精神,生产能力也有提高。

资料来源:http://www.faqlife.cn.

人非草木,孰能无情。作为领导者,仅仅依靠一些物质手段激励员工,而不着眼于员工的感情生活,那是不够的,与下属进行思想与情感交流是非常必要的。现代情绪心理学的研究表明,情绪、情感在人的心理生活中起着组织作用,它支配和组织着个体的思想和行为。因此,感情管理应该是管理的一项重要内容,这一点对技术创新型企业尤其重要。在知识经济时代的今天,管理重点已由"物"转向"人",人情、人性为当代管理者不得不考虑的问题。顺应人性、尊重人格、理解人心,柔性管理显然比刚性管理更具效力。

（六）要公平、公正地对待每一个员工

奖赏员工良好行为、调动积极因素和惩罚员工不良行为、约束消极因素的重要手段,关键是要公平、公正。领导者在情感上的公平、公正必须做到不分高低贵贱,一律平等;不分亲疏远近,一视同仁;不分好恶恩仇,一样对待;不分上下左右,一个标准。管理实践中,有一个不容忽视的理论,称之为公平理论,又称为社会比较理论,当人们感到报酬过低时,就会引发他们的不满。为了消除不满,恢复公平感,他们就有可能调整自己的行为表现,如请更多的病假,上班时迟到或早退,在工作中故意消磨时间,工作不努力,要求加薪,甚至对别人采取攻击性行为,以阻碍他人的正常工作。在极端的情况下,感觉报酬过低的员工会丧失对企业的忠诚,愤而辞职或跳槽。

公平可以使员工踏实地工作,使员工相信付出多少就会有多少公平回报在等着他。公平的企业使员工满意,使员工能够心无杂念地专心工作。作为一个管理者,要运用公平激励,做到努力满足激励对象的公平意识和公平要求,积极减少和消除不公平现象,只有这样,才能确保制度的严肃性和管理效应的长期性。

六、领导的语言表达技巧

领导的语言艺术很重要,因为语言是人的表达方式,不讲求语言艺术,就别谈领导艺术。

(一)运用语言要与语境贴切

语境,即语言环境,是指讲话时的现实环境,即时间、地点、人物和背景。领导者讲话要看场合、对象,运用语言时要与当时的环境贴近。领导者语言要做到生动、灵活、巧妙,关键是把握语境,并根据不同场合把握语言表达的要领。从大的方面说,领导语言运用的场合有两个:一是工作场合;二是非工作场合。

工作场合主要是指主持会议、做报告、召开座谈、批评下级等,此时的语言运用要融入知识、情感、意志,并让下属充分领悟和把握,以顺利地展开工作。为达到说话的效果,领导语言要做到:角色明晰,语意明确;判断准确,用语精确;语言内行,专业突出;语言精当,富有朝气。

领导者除有正常的工作时间场合外,还有一些与他人交往的非工作时间场合,这也能沟通感情、融洽关系、交流见解。处于非工作场合的领导不可胡诌乱侃,而应把握住轻松的气氛,选择语言表达的最佳时机,适时地亮出工作中的某些问题,让下属感到茅塞顿开,感到身心愉悦。不过,这时的领导者还必须一改工作时严肃的态度,创设一种和谐的气氛,语言中透出平等、信任,使双方敢于敞开心扉,互相交流见解。

每个领导,无不处于复杂的社会环境、工作环境和人际环境中,必然会接触到不同的人群,领导的语言要亲切、自然,切忌盛气凌人。要与群众平等相处、以诚相待,从群众实际出发,使用富有浓郁的地方特色、通俗易懂、群众熟悉喜爱的语言,这样就能大大增强语言的感染力、说服力、表现力和穿透力。当然,这里也要注意,面向群众,语言要力求大众化;而对知识分子,语言要尽量文雅庄重。

(二)要学会即席讲话

即席讲话是领导者经常遇到的事情,它要求边想边说,边说边想,很能体现应变能力和表达水平。领导者很有必要提高自己即席讲话的语言技巧,以便在各种场合临阵不乱,应对自如。即席讲话主要包括临时讲话的结构和现场表达的技巧两个方面,没有精心准备的讲话稿,主要靠临场发挥,它虽然具有临时性、突然性、紧迫性特点,但也不是没有一点机会加以准备的。

领导者即席讲话要以语言打动听众,学会先声夺人,抓住听众,要求一下子就可以把听众带入讲话人为他们拟设的情境,并做到不落俗套,语惊四座,出奇制胜。同时,要观点鲜明,言简意赅,生动活泼,吸引听众。要浓缩讲话内容,做到简洁新颖,层次分明,妙语连珠。即使在严肃的场合,也可来点幽默,以吸引听众。

即席讲话应注意紧张失态,思维混乱,不知所措。要注意身份,言行适当。切忌装腔作势,无话找话,东拉西扯,风马牛不相及,不可故作深沉,装腔作势,官气十足,因为这些都是听众十分反感的。

(三)要学会通过演讲显示才能

演讲,即演讲者借助语言、手势、神态等手段,面对广大听众说明事理,发表见解。讲演要有真情实感。真话、实话是演讲的基本要求。领导演讲一般有传播性演讲、说服性演讲、鼓动性演讲、娱乐性演讲等。其中说服性演讲,就是面对困难时要说服听众,只有实话实说,把道理讲清、讲透,让听众真正了解困难所在,才能取得谅解和支持,达到预期的效果。

演讲要关注焦点,切中时弊。领导演讲就要围绕着焦点问题展开分析,亮出观点,引起人们的关注与兴致。演讲材料的选择与文章的选材一样,选材要严,挖掘要深,去粗取精,突出典型。

领导者的演讲材料必须具有表现力。为增强演讲的生动性,可适当运用一些形象化材料,如比喻性材料、比拟性材料。同时,选材还要新颖,富有新意的材料能满足人们审美活动和求异思维的需要,能开阔人们的视野,使听众回味无穷。领导演讲应注意不要故弄玄虚、过分渲染、先定调子、"哼哼"、"啊啊"、随意扭曲、前后相异、老生常谈。

(四)要讲求同下级谈话的语言艺术

领导者同下级谈话的语言运用,是谈话成功、领导活动有效的重要条件,是领导获得信息、恰当地处理问题的方法,是密切上下级关系和干群关系的良好途径。领导者与被领导者进行语言的交往,即谈话的过程,是领导活动整个过程的一部分,可以直接、明了、系统地传递各种信息,使上下级之间沟通感。要掌握语言技巧,做到情中寓理,理中含情,情理交融,情随理生。不要唱高调,说空话,搬套话,而要从谈话对象的实际出发,考虑其合法利益和合理要求。

在处理思想问题时,一要因人施教,不可"一刀切";二要因事施教,不要凡事一个调子,凡事一个方法;三要因时施教,在解决思想问题时,领导者要抓住时机,因势利导,方可事半功倍;四要因地施教,在处理思想问题时,一定要注意其环境的特征,因地制宜。领导者在谈话中要学会运用幽默,要讲究情感性,尤其要克服语言的无意义性,切记无内容、无重点、无主次、无条理的语言,也要克服语言的随意性。

在赞扬下属时,首先应全面了解情况,摸清下级的优点和成绩,然后选择好合适的词句,给予具体明确的表扬。表扬要适时,不得错过时机,同时要在公开场合下对其表扬。但是,赞美要适度,不可任意拔高。赞赏要真诚,不能敷衍了事。

批评下属时更要讲究语言技巧。领导者对下属的缺点和错误,态度必须鲜明,不能遮遮掩掩,含含糊糊。对不良倾向,发现苗头,早做处理,经常"吹吹风",下点"毛毛雨",防微杜渐。可以说,批评和表扬都是激励下级的好方法。与表扬相比,批评更需要讲究方式方法,更需要讲究语言艺术。应当注意拿不准的事情不要急于批评,不能随心所欲,更不能以感情代替原则。

另外,批评时讲究一把钥匙开一把锁。对那些平时马马虎虎、不拘小节的人,工作出了失误或犯了错误,往往不当一回事,还到处找理由,给予直接严肃的批评。批评他人先批评自己,主动承担责任,进行自责,然后再点出下属的错误,和下属一同分析原因,查找不足,制定整改措施。有时下属犯了错误实在令人难以容忍,就有必要给他一次教训,不妨爆发一次,来一次暴风雨,促其醒悟。当然,爆发时领导必须确定自己是正确的,对方的错误是严重的、不能迁就的。事情过后一定要专门找他谈心,及时疏通引导下属明白错在何处,帮助他认识危害,分析产生错误的原因,制定改进的具体措施,并在某些场合给予鼓励,使之放下包袱,轻装上阵。这样,就会消除上下级之间的隔阂,化解矛盾。要尽量不在公开场合批评,不当众给下属下不了台阶,以免产生对抗心理,也可对下属进行幽默风趣式的批评。

(五)要善用体态语言

领导者讲话能否吸引人、打动人,不仅与讲话的内容有关系,还与讲话者的气质风度、举止言谈、服饰装束有关系。领导者的头、臂、手、腿、眼、鼻、耳……都可以表示某一类态势语言;时间、空间、服饰,甚至桌椅等也可以表示某一类态势语言。领导的体态语言主要表现在手势语言、面部语言、眼神语言和身姿语言。正确运用体态语言,可以使领导者的形象更加高大,既有助于表达感情,又具有丰富的内涵,能起到"此处无声胜有声"的作用。

本章小结

领导是一种职能是影响组织成员或群体,使其为确立和实现组织或群体的目标而作出贡献和努力的过程。领导包括领导者、被领导者与所处的客观环境。

按领导的自然演进过程、领导的性质和形式、领导的风格划分,可将领导分为多种类型。

领导权力有法定性权力、奖赏性权力、强制性权力、专家性权力和参照性权力五种来源。

领导理论包括领导行为理论、领导权变理论和领导激励理论。

领导艺术包括领导布局艺术、领导理财艺术、领导用权艺术、领导用人艺术等。

思考与练习题

1. 选择题

(1)按领导风格不同领导可将分为(　　)类型。
  A. 魅力型领导与创新型领导　　B. 事务型领导与战略型领导
  C. 家长式领导与民主式领导　　D. 指导型领导与参与型领导

(2)日益成为权力主要来源的是(　　)。
　　A. 法定性权力　　　　　　　B. 参照性权力
　　C. 奖赏性权力　　　　　　　D. 专家性权力
(3)双因素理论又称为(　　)领导激励理论。
　　A. 泰勒的经济人理论　　　　B. 梅奥的社会人理论
　　C. 赫兹伯格的激励-保健理论　D. 麦克莱兰德的需要理论
(4)领导权变理论中的路径-目标理论提出的假设认为,当任务不明或压力过大时,能产生更高满意度的领导方式是(　　)。
　　A. 支持型领导　　　　　　　B. 成就导向型领导
　　C. 指导型领导　　　　　　　D. 授权型领导
(5)在管理方格理论中,表示为任务型领导方式的是(　　)。
　　A. (1,1)　　B. (1,9)　　C. (9,1)　　D. (5,5)

2. 简述题
(1)简述领导方格理论。
(2)领导的正确用人原则有哪些?
(3)企业理财者应具备哪些观念?
(4)简述领导的语言表达技巧。
(5)如何理解"领导要做领导的事"？联系实际,谈谈自己的认识。

3. 案例分析

苏兰的职业生涯规划

苏兰,今年22岁,就读于某名牌大学人力资源管理学院,即将获得学士学位。在过去的两年里,她每年暑假都在保险公司打工,因此她在这里做过许多不同类型的工作。目前,她已接受该公司的聘请,毕业之后加入该保险公司,担任保险单更换部的主管。

苏兰所在的保险公司有5 000多名员工。公司奉行员工的个人开发,自上而下都对所有员工十分信任,这以成为公司的经营哲学。苏兰将要承担的工作要求她直接负责25名职员。他们的工作不需要什么培训而且具有高度的程序化,但员工的责任感十分重要,因为更换通知要先送到原保险单所在处,要列表显示保险费用与标准表格中的任何变化;如果某份保险单因无更换通知的答复而将被取消,还需要通知销售部。

苏兰工作的群体成员全部为女性,年龄跨度19～62岁,平均年龄为25岁。其中大部分人是高中学历,以前没有过工作经验,她们的薪金水平为每月800～1 000元。苏兰将接替梅芬的职位。梅芬为保险公司工作了37年,并在保险单更换部做了17年的主管工作,现在她退休了。苏兰去年夏天曾在梅芬的群体里工作过几周,因此比较熟悉她的工作风格,并认识大多数群体成员。她预计除了王芳之外,其他将成为她下属的成员都不会有什么问题。王芳今年50多岁,在保险单更换部工作了10多年,而且作为一个"老太太",她在员工群体中很有分量。

苏兰断定,如果她的工作得不到王芳的支持,将会十分困难。

苏兰决心以正确的步调开始她的职业生涯。因此,她一直在思考一名有效的领导者应具有什么样的素质?

资料来源:安妮特·威驰.管理沟通策略.毕香玲,译.北京:中国人民大学出版社.

分析讨论:

(1)影响苏兰成功地成为领导者的关键因素是什么?

(2)你认为苏兰能够选择领导风格吗?如果可以,请为她描述一个你认为有效的风格。如果不可以,也请说明原因。

第九章
Chapter 9

激 励

【学习目的与要求】

通过本章的学习,学生应了解人的行为规律,需求、动机与行为的关系,激励的作用、意义和要求;了解行为动因的基本模式及有代表性的激励理论;了解激励过程与激励模式;理解需要层次理论和双因素理论并且能够在具体工作中正确应用;明确激励机制在管理工作中的重要性。

【本章主要概念】

激励 动机 需求层次 保健因素 激励因素 正强化 负强化 工作丰富化

【案例导读】

知识激励、物质奖励和精神鼓励:三位一体

华晨华通公司是国内生产经营高等级路面机械、建设机械产品的骨干企业。为了在公司内部形成"如饥似渴求人才、优选优培育人才、不拘一格用人才"的创新氛围,充分调动科技人员及能工巧匠自主创新的积极性。公司首先采取知识激励,每年拨出 50 多万元技术教育经费,设立员工培训基金,把在岗位上有所建树又具有求知欲望的生产技术骨干、管理人员输送到高等院校进行深造或赴国外知名公司跟班培训学习,并自办技师、高级技工及外语、MBA 项目管理、计算机专业知识培训班,激励员工参加学历培训和继续教育。2005 年共举办各类培训班 32 期,培训员工 3 000 多人次,培训覆盖率达 90% 以上。目前,公司已形成以 22 名省市级中青年专家、学科带头人、高级工程师和高级技师等高技术创新型人才为主体的企业科技创新队伍,工程技术人员已占员工总数的 20%。其次是物质奖励,公司积极推行科技奖励实施办法,对引进应用新技术、新工艺、新材料和科技攻关、专利发明、技术革新、新产品开发等自主创新取得成果的科技人员和能工巧匠给予重奖,并坚持每月给高级工程师、工程师、高级技师、技师发放职称津贴,给新引进的大学生每月增发生活特别补助费等。

与此同时,公司大力实施精神鼓励政策。定期开展争当科技模范、科技标兵、科技明星立功竞赛活动,将评选出的创新型先进人物登上企业明星榜,广泛进行宣传。一个求才、求知、求新、求进的创新氛围已在公司内部形成。

知识激励、物质奖励、精神鼓励有效地激活了创新型人才资本,公司自主创新能力不断增强,技术创新成果层出不穷。近年来,华晨华通公司共完成国家及省、市级重大科技成果40多项,其中35项成果分别获得中国机械工业科学技术奖和省市科技进步奖,国家专利授权总数已达35个,并创造出多项全国第一,公司被科技部列为"全国CAD应用工程示范企业"、"国家重点高新技术企业",被中国机械工业联合会列为"全国管理进步示范企业",并跻身于中国机械工业企业核心竞争力百强先进行列。华晨华通公司成功的诀窍是什么呢?

资料来源:潘春华,郑柯. 镇江日报. 2006-06-22.

【点评】

华晨华通公司对员工实施了系统的激励,即知识激励、物质奖励和精神鼓励,从多层次满足员工的心理需要,从多侧面激发员工积极努力工作的动机,在实践中产生较大的激发力量,取得了良好的激励效果。实施激励是一个系统工程,缺乏系统性的激励,难以全方位调动不同层次员工的积极性,难以产生较高的激励效益。

第一节 激励概述

现代企业管理的核心是对人的管理。企业管理面临的首要任务,就是引导和促使员工为实现组织目标作出最大的努力。在管理的领导职能中,领导过程就是管理者如何指挥和协调部下为实现目标而努力的过程。组织成员或下属来说,响应管理者领导行为的出发点是他们内在的个体需求。员工加入组织的个人目标往往与组织目标不一致,工作的努力程度也经常与组织的预期有差距。如何才能使员工把组织的目标视为自己的任务目标?怎样才能使员工为实现组织目标做出最大的努力?这就是激励所要解决的问题。

一、激励的含义与对象

(一)激励的含义

激励是人类活动的一种内心状态。它具有加强和激发动机,推动并引导行为朝向预定目标的作用。激励源于动机,当动机促使人们为达到目标而努力时,就形成激励。人类的动机源于某种需要,不论这种需要是有意识的还是下意识的。有些需要属于基本的生理需要,如水、空气、食物、性、睡眠、住所等;有些则是属于较高层次的需要,如自尊、地位、归属、感情、礼尚往来、成就、自信等。通常认为,一切内心要争取的条件,如欲望、需要、希望、动力等都构成了对人的激励。

心理学家认为,人的一切行为都是由动机支配的,动机是由需要引起的,行为的方向是寻求目标、满足需要。动机是人们付出努力或精力去满足某一需求或达到某一目的的心理活动。动机的根源是人内心的紧张感,这种紧张感是因人的一种或多种需求没有得到满足而引起的。动机驱使人们向满足需求的目标前进,以消除或减轻内心的紧张感。

美国管理学家罗宾斯把动机定义为,个体通过高水平的努力去实现组织目标的愿望,而这种努力又能满足个体的某些需要。因此,无论是激励还是动机,都包含三个关键要素:努力、组织目标和需要。一般而言,动机是指诱发、活跃、推动并指导和引导行为指向一定目标的心理过程。所以,激励是指影响人们的内在需求或动机,从而加强、引导和维持行为的活动或过程。

在管理学中,激励是指管理者通过激发动机来鼓励员工自觉按照组织所希望的方式行动的过程。激励的目的是诱使员工做出组织所期望的成绩。搞好激励工作除了要积极地把握员工具体的需要和动机,即把握能影响个人行为的某种东西,如更多的工资、有声望的头衔、同辈们的赞扬等,还需要良好的人际关系和组织环境,需要某种精神观念或文化因素,如价值观、道德理想等。在以产品精良而崇尚荣誉的企业里工作的员工,一般都会积极地响应组织的各种激励,为维护这个声誉而工作。

(二)激励的对象

从激励的定义看出,激励是一个适用于各种动机、欲望、需要、希望以及其他相类似的力量的一个通用术语。因而,激励的对象主要是人,确切地说,是组织范围中的员工或领导对象。激励的对象受到多种因素的影响。

正确认识激励的对象有助于体现领导的管理职能。从激励的内涵看,意味着组织中的领导者应该从行为科学和心理学的基础出发,认识员工的组织贡献行为,即认识到人的行为是由动机决定的,而动机则是由需要引起的。动机产生以后,人们就会寻找能够满足需要的目标,而目标一旦确定,就会进行满足需要的活动。从需要到目标,人的行为过程是一个周而复始、不断升华的循环。通过认识激励的对象,可以认识到需要是人类行为的基础,不同的需要在不同的条件下会诱发出不同的行为。

(三)激励与行为

人类的有目的的行为都是出于对某种需要的追求。未得到满足的需要是产生激励的起点,进而导致某种行为。行为的结果可能是需要得到满足,之后再发生对新需要的追求;行为的结果也可能是遭受挫折,追求的需要未得到满足,由此而产生消极的或积极的行为。

激励是组织中人的行为的动力,而行为是人实现个体目标与组织目标相一致的过程。无激励的行为是盲目而无意识的行为;有激励而无效果的行为则说明激励的机理出现了问题。比如,领导者打算通过增加额外的休息日来提高员工的劳动生产率,其结果可能有效,也可能无效,因为在一定的环境下,员工可能更愿意保持以往的工作日,希望提高薪水,而不是增加闲暇支出。这说明激励与行为也存在匹配的问题。

通过激励促成组织中人的行为的产生,取决于某一行动的效价和期望值。所谓效价,是指个人对达到某种预期成果的偏爱程度,或某种预期成果可能给行为者带来的满足程度;期望值则是某一具体行动可带来某种预期成果的概率,即行为者采取某种行动,获得某种成果从而带来某种心理上或生理上满足的可能性。显然,能够满足某一需要的行动对特定个人的激励力,是该行动可能带来结果的效价与该结果实现可能性的综合作用的结果。激励力、效价和期望值之间的相互关系用公式表示:激励力 = 行动的效价 × 期望值。

二、激励的作用与必要性

(一)激励的作用

激励作为一种内在的心理活动过程或状态,虽不具有可以直接观察的外部形态,但可以通过行为的表现及效果对激励的程度加以推断和测定。由于人们的行为表现和行为效果在很大程度上取决于其所受到的激励程度和激励水平,因此,激励水平越高,人们的行为表现越积极,行为效果也就越大。

现代管理高度重视激励问题,并把它视为管理的主要职能之一。一个管理者如果不懂得怎样去激励员工,是无法胜任其工作的。因此,激励在组织管理中具有十分重要的作用。

1. 有利于激发和调动员工的积极性

积极性是员工在工作时一种能动的自觉的心理和行为状态。这种状态可以促使员工智力和体力的能量充分地释放,并导致一系列积极的行为,如提高劳动效率、超额完成任务、良好的服务态度等。美国哈佛大学的心理学家威廉·詹姆士在对员工的研究中发现,按时计酬的员工其能力仅能发挥 20% ~ 30%;而受到激励的员工,由于思想和情绪处于高度激发状态,其能力可发挥到 80% ~ 90%。这就是说,同样一个人在通过充分激励后所发挥的作用相当于激励前的 3 ~ 4 倍。

2. 有助于个人目标与组织目标统一

个人目标及个人利益是员工行为的基本动力。它们与组织的目标有时是一致的,有时是不一致的。当两者发生背离时,个人目标往往会干扰组织目标的实现。激励的功能就在于以个人利益和需要的满足为前提,诱导员工把个人目标统一于组织的整体目标,激发和推动员工为完成工作任务作出贡献,从而促使个人目标与组织整体目标的共同实现。

3. 有助于促进内部各组成部分的协调统一

任何组织都是由个体、工作群体及各种非正式群体组成的有机结构。为保证组织整体能够有效、协调地运转,除了必需有良好的组织结构和严格的规章制度外,还需运用激励的方法,分别满足他们的物质、精神、尊重、社交等多方面的需要,以鼓舞员工士气、协调人际关系,进而增强组织的凝聚力和向心力,促进各部门、各单位之间的密切协作。

(二)激励的必要性

人进入一个组织(或是进入任何一个群体),是为了实现只靠个人而无法达到的某种目的。但这并不是说他就必然会尽全力工作,为组织多作贡献以保证这些目的的实现。正如巴纳德清楚地指出:如果把所有被认为可能为组织作出贡献的人,按其情愿的程度加以排列,那么其幅度可以从极度愿意到无所谓或零度,并一直下降到极不愿意甚至是反对、仇恨。他的这个令人吃惊的结论所包含的道理,也许大多数人都不一定会完全接受。但只要稍加考虑,就会发现他说的是多么真实。任何人只要想一想自己所归属的组织,然后扪心自问,如果自己在组织内除了作为正式成员的身份以外不再有任何其他动力,那么还会心甘情愿地为它尽自己所能吗?

弗朗西斯·培根有句名言:"自然,如欲驾驭它,必先服从它。"管理者要从心理学、社会学、伦理学等角度理解人、诱导人和激励人。只有了解人的需要、动机、信心和期望,才能选择适当的激励手段。彼得·德鲁克也曾表达了同样的思想:"无论一个机构如何专制,必须满足其成员的愿望和需要,并且把成员看成单独的个人去满足他们"。人是为了一定的利益而行动的,而这一利益又往往为人们的需要所决定。要使组织内的成员为实现组织的目标而贡献自己的力量,管理者就得创造条件,使员工有可能通过自己的贡献来满足自己的需求。

员工的激励和组织的绩效密切相关,在组织行为学中有以下公式

$$绩效 = F(能力,激励,环境)$$

这说明,在一个人能力不变的情况下,工作成绩的大小取决于特定环境的激励程度。换而言之,组织的绩效本质上取决于组织成员的能力、被激励情形和工作环境条件。人要有效地工作,先要明白如何去做(能力),并要有做好该项工作的动力(激励),要做该项工作还必须有从事这项工作所需要的材料、工具、适当的条件(环境)。如果缺少这些要素,或者这些要素不充分,就不可能使员工达到有效的业绩。管理者即使拥有高素质的下属,并为他们提供了最好的工具和设备,但如果对于这些下属不加以激励,也无法使其有出色的表现。

三、激励过程

激励过程就是一个由需要开始,到需要得到满足为止的连锁反应。当人产生需要而未得到满足时,会产生一种紧张不安的心理状态,在遇到能够满足需要的目标时,这种紧张不安的心理就转化为动机,并在动机的驱动下向目标努力,目标达到后,需要得到满足,紧张不安的心理状态就会消除。随后,又会产生新的需要,引起新的动机和行为,这就是激励过程。激励实质上是以未满足的需要为基础,利用各种目标激发产生动机,驱使和诱导行为,促使实现目标,提高需要满足程度的连续心理和行为过程。激励的整个过程如图10.1所示。

(一)激励过程的复杂性

实际上,这个连锁反应比表面上看到的要复杂得多。首先,需要的内容就不简单。除了人所具有的天然生理需要(如温饱)之外,人的需要是受环境影响的。常常可以看到,有很多生理上的具体需要是由环境因素的刺激产生的。比如,食物的味道可能引起食欲,温度表上度数较高可能造成更加热的感觉等。环境对人们较高层次的需要而言有重大的影响。同事的晋

图 10.1 激励过程

升,可能点燃起其他员工在职务上要更上一层楼的欲望;一个棘手的难题可能引发解决问题的欲望;一个融洽的社交团体可能增强成员的归属需要。

其次,这个过程所形成的连锁反应,其运行关系不会像一般描述的那样简单。需要当然是会引起行为的,但行为也可能引起需要。满足一个需要,可能引起更多的需要企求满足。比如,一个人的成就欲可能在他所追求的目标得到满足之后变得更强烈了;但也可能因得不到满足而衰减下去。这个连锁反应是单向性的,但它也受到了一些生物科学家研究成果的挑战。尤其是近些年来,他们发现需要未必总是人的行为的原因,而往往是人的行为的结果。换言之,行为当中重要的是人们做的是些什么,而不是为什么去做。

(二)激励因素

激励的因素可归纳为两大类:一类是人的外部推动力;另一类是人的内在动力。

由于客观环境条件的变化,外界因素的刺激会形成强大的推动力,引发人的行为。首先是人的自然需要,人为了活下去、求生存,生理上的需求是最迫切的,这是人类的共性。饥饿的时候,食品是最急需的因素,才会产生饥不择食的现象。经过失业之后竞争上岗,才会珍惜重新取得的工作机会。实际上,由于每一个人都处在特定的客观环境中,即使相对同一个因素,也有需求程度上的差别,从而构成了人的需求愿望的复杂性,因此作为诱因的客观条件是多种多样的,例如,经济上的激励:较高的薪金、多发奖金、额外的报酬、各类津贴、特殊补助等;物质上的奖励:一辆豪华的汽车,一幢更舒适的房子,一笔高额回报率的股权;精神上的激励:职务晋升,委任重要职位,一顶享有荣誉的桂冠,领导的表扬与信任,富有挑战性的工作等。以上由于经济上的报酬、物质上的奖励和福利待遇以及精神刺激,强烈地驱使人们为实现这些欲望而努力。这类激励因素主要依靠外部的客观条件来满足人的需求,需求一旦实现,又有更高的欲望产生。所以这种形式的激励,在一定时间内能发挥强有力的作用,但是没有持久性。管理者必须了解到,员工需求欲望不仅因人而异,而且对同一个人还会因时而异,因此只有创造性地利用各种途径,才能达到激励的目的。

另一类激励因素是通过教育培养,提高人的涵养、素质,提高人对世界的认识高度,从而产生强烈的责任感。比如,通过灌输社会发展的规律,不断地吸取新的知识,使人在认知的海洋中获得自由,树立远大的理想,具有高度的事业心和社会责任感。人为实现自我抱负,将会自我尊重,自觉发挥智力潜能,一旦解决疑难问题之后,还会自我奖赏。人在进行自我奖赏之后,内心会产生更大的满足感。这种对人的行为的激发,完全建立在自觉自愿的基础上,它能使人对自己的行为进行自我指导、自我监督和自我控制。从管理的意义上讲,只有培育人内在的动力,才具有更持久的推动力。当然,人的知识结构、觉悟素质的提高,受物质条件制约,也受社会大系统的影响。因而重视企业文化建设,树立企业精神风范,有助于这类激励因素积极发挥作用。

(三)激励手段

尽管近年来出现了不少关于激励的研究成果和理论,但奖惩仍然是有力的激励因素。一则流传已久的故事——"胡萝卜和大棒",大意是讲驱赶驴子最好的办法,就是在它前面挂一只胡萝卜,要不然就拿一根棍子在后面赶它。这种比喻的意思是指采用奖、惩两种办法来诱导人们按所要求的那样行动。几百年来,奖惩被当作是唯一能推动人们的力量。事实上,奖励与惩罚是被激励者"期望得到"和"害怕失去"的特殊形式。

所有的激励理论都需要用某种形式的"期望得到"来调动人的积极性,而过去通常采取的是以工资或奖金形式出现的钱。虽然,时下流行的说法似乎钱已经不再是有力的激励因素了。但它过去是,将来仍会是一个重要的力量。以钱作为"期望得到"的具体形式,其缺点在于三个方面:第一,组织成员所获得的相当一部分"钱"事实上已成为员工生活的基本保障,往往会出现不论工作表现如何,人人都能获得的情况。比如,按年资提薪和升级,定期论"功"加薪,以及发给与工作成绩无关的职务津贴等;第二,随着整个社会生活水平的不断提高,作为激励诱因,同等数量"钱"的边际效应在不断递减;第三,人们对越来越多金钱所无法取代的激励诱因,如声望、工作乐趣、成就等的需要日益强烈。因此,作为激励的基本手段之一,"期望得到"的含义虽包括了金钱,但远比金钱要广泛得多。

以恐吓形式出现的"大棒",比如,使人惧怕失去职业和收入、扣发奖金、降级或其他惩罚等,过去是,现在是,将来仍就是一种有力的造成紧张的激励因素,只不过今后由于人们需求的档次越来越高、需求的内容越来越多,害怕失去的东西自然也就不一样了。例如,就职于一所颇有声望的大学某教师,虽然待遇不高,但照样紧张地工作,原因之一可能就在于害怕失去"就职于颇有声望的大学"这样一顶"桂冠"。但"害怕失去"不是一种最好的激励手段,它常会引起一些防卫性的或报复性的行为,如组织对抗性团体,故意降低工作质量,下级主管人员对领导工作漫不经心、在决策上不肯冒一点风险,甚至弄虚作假等。对惩罚的惧怕是个不容忽视的现实,采用这一激励手段可能产生的负面效应更是不容忽视的现实,这就要求管理者合理选择和巧妙运用这一手段的各种具体形式,以及创造出更多的形式和运用方式。

第二节 激励理论

人们在研究行为模型和理论的同时提出了一系列的人员激励理论与方法,其中最主要的有下述几种理论与方法。

一、内容型激励理论

需要和动机是推动人们行为的动因。内容型激励理论是着重研究需要的内容和结构及其如何推动人们行为的理论。其中有代表性的理论有:需要层次理论、双因素理论、激励需求理论等。

(一)需要层次理论

需要层次理论是美国著名心理学家和行为学家亚伯拉罕·马斯洛(A. H. Maslow)提出来的,因而也称为马斯洛需要层次论(Hierarchy of Needs Theory)。马斯洛被认为是当代最伟大的心理学家之一,并被称为"人本心理学之父",其撰有《动机与人格》、《激励与个人》等著作。在管理学发展史上,马斯洛最杰出的贡献就是提出了需要层次论。马斯洛的需要层次论有两个基本出发点。一个基本论点是:人是有需要的动物,其需要取决于它已经得到了什么,还缺少什么,只有尚未满足的需要能够影响行为。换言之,已经得到满足的需要不再起激励作用。另一个基本论点是:人的需要都有层次,某一层需要得到满足后,另一层需要才出现。

在这两个论点的基础上,马斯洛认为,在特定的时刻,人的一切需要如果都未能得到满足,那么满足最主要的需要就比满足其他的需要更迫切。只有前面的需要得到充分的满足后,后面的需要才显示出其激励作用。马斯洛把人类的需要归为五大类,这些需要之间相互紧密联系。需要层次理论按照需要的重要性及其先后顺序排列成的需要层次图,如图10.2所示。

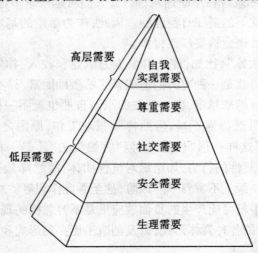

图10.2 需要层次理论

从图10.2中可以看出:第一层次的需要是生理需要。这是维持人类自身生命的基本需要,如食物、水、衣着、住所和睡眠。马斯洛认为,在这些需要还没有达到足以维持生命之前,其他的需要都不能起到激励人的作用。

第二层次的需要是安全需要。安全需要是保护人类自身免受身体和情感伤害的需要。它又可以分为两类：一类是现在的安全的需要，另一类是对未来的安全的需要。一方面要求自己现在的社会生活的各个方面均能有所保证；另一方面，希望未来生活能有所保障。

第三层次的需要是社交的需要（友爱和归属）。当生理及安全需要得到相当的满足后，社交方面的需要便占据主要地位。因为人是感情动物，愿意与别人交往，希望与同事保持良好的关系，希望得到别人的友爱，以使自己在感情上有所寄托和归属。总之，人们希望归属于一个团体以得到关心、爱护、支持、友谊和忠诚，并为达到这个目的而积极努力。虽然友爱和归属的需要比前两种需要更难满足，但对大多数人来说，这确是一种更为强烈的需要。

第四层次的需要是尊重的需要。根据马斯洛的理论，人们一旦满足了归属的需要，就会产生尊重的需要，即自尊和受到别人的尊重。自尊意味着"在现实环境中希望有实力、有成就、能胜任和有信心，以及要求独立和自由"；受人尊重是指"要求有名誉或威望，并把它看成别人对自己的尊重、赏识、关心、重视或高度评价"。"自尊需要的满足使人产生一种自信的感情，觉得自己在这个世界上有价值、有实力、有能力、有用处。而这些需要一旦受挫，就会使人产生自卑感、软弱感、无能感"。

第五层次的需要是自我实现的需要。马斯洛认为，在他的需要层次理论中，这是最高层次的需要。它具体是指一个人需要从事自己最适宜的工作，发挥最大的潜力，成就自己所希望实现的目标等。如科学家、艺术家等往往把自己的工作当作是一种创造性的劳动，竭尽全力去做好它，并使自己从中得到满足。

马斯洛还将这五种需要划分为高低两级。生理需要和安全需要称为较低级需要，而社会需要、尊重需要与自我实现需要称为较高级的需要。高级需要是从内部使人得到满足，低级需要则主要是从外部使人得到满足。马斯洛的需要层次论会自然得到这样的结论，在物质丰富的条件下，几乎所有员工的低级需要都得到了满足。

马斯洛认为，一般的人都是按照这个层次从低级到高级，一层一层地去追求并使自己的需要得到满足的。不同层次的需要不可能在同一层次内同时发挥激励作用，在某一特定的时期内，总有某一层次的需要在起着主导的激励作用。人类首先是追求最基本的生理上的吃、穿、住等方面的需要。处于这一级需要的人们，基本的吃、穿、住就成为激励他们的最主要的因素。一旦这一层次的需要得到满足，那么这一层次的需要就不再是人们工作的主要动力和激励因素，人们就会追求更高一层次的需要。这时，如果管理者能根据不同的需要层次，善于抓住有利时机，用人们正在追求的那级层次的需要来激励他们，将会取得极好的激励效果。

马斯洛的激励理论决不限于指出需要的几个层次，而是包含着丰富的、有价值的思维成果。

首先对于具体的个人来说，对各种激励因素的需要往往是一种混合的需要。需要层次的一个重要前提是，当一种需要基本得到满足时，下一个最重要的需要就会占支配地位，并决定个人的行为方向。所谓基本满足，就是说每一个需要层次对大多数人来说都是部分地得到满足,又有部分没有得到满足。最多的满足往往发生在生理需要的层次;最少的满足则在自我实现的层次。因此,不能把马斯洛的某个需要层次看成是要么没有,要么全有。现实生活中,比较常见的情形是,很多人既有一定的生理需要、安全需要,也有较强的尊重和归属需要以及相对较少的自我实现的需要。究竟哪种需要的强度最大是因人而异的。

其次,从需要和激励的关系来看:①马斯洛特别强调需要对激励的重要作用。在他看来,需要本身就是激发动机的原始驱动力。一个人如果没有什么需要,也就没有什么动力与活动;反之,一个人有了需要,也就存在着激励的因素。②需要分为层次,阶梯式逐渐上升。不仅每一层次包含众多的需要内容,具有引发人们行为的激励作用,而且低层次需要满足以后又会产生更高层次的需要。所以人的行为始终具有多种多样的激励方式。③高层次需要不仅内容比低层次需要广泛,而且实现的难度更大,满足的可能性也就更低。马斯洛曾做过这样的估计:现实生活中的人们,大约有85%的生理需要和70%的安全需要一般得到了满足,而只有50%的爱的需要、40%的尊重需要和10%的自我实现需要能得到满足。④考察需要的激励作用还应看到人的需要的文化特性和普遍性,应该看到具体的期望在不同的文化中,表面差异后面的相对统一性。因此,关于基本需要的分类在某种程度上就是要解释文化与文化之间的表面多样性背后的这种统一性。差异是存在的,但掩盖不了内在的一致。⑤马斯洛认为,被称之为基本需要的东西,通常大部分是无意识的。虽然,对于富有经验和反思精神的人,借助于恰当的方法,使它们可以变为有意识的。在很多情况下,人们受某一层次需要的支配,却不能清醒地意识到它的存在及重要性。同时,还应看到,需要的这些层次绝不能被理解为某种行为的唯一决定者。在动机决定因素的范围内,任何行为都往往由几个或者全部基本需要同时决定,而非只由其中的一个决定。所有行为也并非都由基本需要决定,甚至可以说并非所有的行为都是有动机的。除了动机以外,行为还有其他的决定因素。

总之,马斯洛的需要层次论给管理领域带来了重大影响。从管理理论上说,它为激励理论的大发展打下了坚实的基础;从管理实践上说,它促进了"参与式管理"方式的兴起。

(二)双因素理论

赫茨伯格围绕着马斯洛的理论对需要进行了研究,提出了著名的双因素理论。20世纪50年代后期,赫茨伯格等人采用"关键事件法"对他们所在地区9个企业中的203名会计师和工程师进行了调查访问,要求被访者回答两个问题:第一,什么原因使你愿意干你的工作?第二,什么原因使你不愿意干你的工作?对这两个问题有两类明显不同的反应。通过调查发现,对本组织的政策、管理、监督系统、工作条件、人际关系、薪金、地位和职业安定以及个人生活所需等,如得不到基本的满足会导致人们的不满,如果得到满足则没有不满。赫茨伯格把这类和工作环境或工作条件相关的因素称为保健因素。而对成就、赏识、艰巨的工作以及工作中的成长、晋升、责任感等,如果得到满足,则会给人们以极大的激励,产生满意感,有助于充分、有效、持久地调动人们的积极性。赫茨伯格把这类与工作内容紧密相连的因素称为激励因素。赫茨伯格认为,保健因素不能直接起到激励人们的作用,但能防止人们产生不满情绪。作为管理者,首先必须确保满足员工保健因素方面的需要。要给员工提供适当的工资和安全保障,要改善他们的工作环境和条件;对员工的监督要能为他们所接受,否则,就会引起员工的不满。但是,即使满足了上述条件,也不能产生激励效果,因此,管理者必须充分利用激励方面的因素,为员工创造工作的条件和机会,丰富工作内容,加强员工的责任心,使其在工作中取得成就,得到上级和人们的赏识,这样才能促使其不断进步和发展。

赫茨伯格的双因素理论与马斯洛的需要层次理论大体上是相符的。他的保健因素相当于马斯洛的较低层次的需要,而激励因素则相当于中高层次的需要。当然,他们的具体分析和解释是不同的。赫茨伯格与马斯洛的理论比较如表 10.1 所示。

表 10.1　赫茨伯格与马斯洛的理论比较

马斯洛的需求层次理论	赫茨伯格的双因素理论
自我实现的需要	激励因素:成就、赞许、晋升、职责、挑战性机会和工作中的成长等
尊重的需要	
归属和友爱的需要	保健因素:公司政策与行政管理、监督工作、人与人之间的关系、工作条件、薪金地位和工作保障等
安全需要	
生理需要	

双因素理论修正了传统的关于满意和不满意的观念。传统观念认为满意的对立面是不满意。赫茨伯格认为,满意的对立面是没有满意(而不是不满意)。满意与不满意是质的区别而不是量的差异。在他看来,缺少"保健因素",员工会感到不满,但有了保健因素,员工并不会感到满意。当然这并不等于不满。有了"激励因素"员工才会感到满意,而没有"激励因素"员工不会感到不满意,但是也不会感到满意。因此,并非所有的需要得到满足都能激励起人们的积极性,只有那些被称为"激励因素"的需要得到满足时,人们的积极性才能得到极大的调动。这一思想被认为是对马斯洛需要层次理论的重大发展。

赫茨伯格坚信,激励因素是以工作为核心的。也就是说,激励因素是在员工进行工作时发生的。由于工作本身所带来的愉快和成就感就是一种报酬,所以,有意义的工作也就能调动人内在的积极性。假如报酬是在执行工作之后或是离开工作场所后才有意义,则在进行工作时,即使有积极性,也只能提供极少的满足。

因此,赫茨伯格提出现代管理要充分调动人们的积极性,激励员工的有效行为,应该努力促使"工作丰富化"。

所谓"工作丰富化"也称为"丰富工作内容"。在赫茨伯格看来,就是从事能施展个人才能的工作,通过在工作上取得更大成就,得到人们的承认,得到更多的晋升机会等。

赫茨伯格之所以强调"工作丰富化"的价值,是因为他看到,在他所处的时代,管理人员过分迷信"工作扩大化"的作用。所谓"工作扩大化"是增加工作的范围和责任以增加员工满意的一种激励方式。按照这种观点,调动员工的积极性,就应不断地为他们调换工作,增加工作范围,但其结果却是部门越来越多,而效率未必会有提高。这种激励方式只从横向的角度重视量的增加,而不进行质的挖掘,因而,其激励作用也只能是短暂的。按照赫茨伯格的说法,"这种活动只扩大了工作的无意义性"。

赫茨伯格的"双因素"理论对管理领域的重大价值在于:

首先,它不仅揭示了人的需要对激励人的行为和活动的意义,而且区别了不同的需要对人的活动的不同作用。赫茨伯格把人的需要划分为激励因素与保健因素,实际上就是指出了激发人的活动的内部力量和外部条件。在他看来,从事有内在激励因素的工作本身就是激励,而外部激励因素在工作进行过程中只能提供极少的满足。当员工受到很大的内部激励时,对外部因素引起的不满足感往往具有很强的承受力。而当他们经常处于"保健"状态时,常常会对周围事物感到极大的不满意。因此,来自于工作本身的报酬称为内酬,发自于员工内心的激励称为内激。这一发现使人们认识到从员工心理上、观念上和工作中培养内在激励的意义。

其次,从理论上说,双因素理论把工作看作是一种内激,实际上是把人的行为、活动本身看作是激发人的积极性、创造性的力量。这不能不说是对马斯洛需要层次论的重大发展。同时,这一理论还进一步将马斯洛的理论加以具体化,使之更易于为管理人员所接受。

虽然,这一理论也受到了许多批评,被认为存在着严重缺陷:其一,批评者们认为,赫茨伯格对双因素的划分未免有点绝对,这与他对人的简单看法是相联系的;其二,赫茨伯格的研究方法被认为是有局限性的。但是,赫茨伯格的理论在当代西方管理领域仍是较为引人注目的一种激励理论,特别是它强调了帮助员工满足全部需要,而不仅是基本需要的重要性。因此,并没有人怀疑赫茨伯格为工作激励研究所作出的实质性的贡献。

【资料库10.1】

柔性管理

柔性管理从本质上说是一种对"稳定和变化"进行管理的新方略。柔性管理理念的确立,以思维方式从线性到非线性的转变为前提。线性思维的特征是历时性,而非线性思维的特征是共时性,也就是同步转型。从表面混沌的繁杂现象中,看出事物发展和演化的自然秩序,洞悉下一步前进的方向,识别潜在的未知需要和开拓的市场,进而预见变化并自动应付变化,这就是柔性管理的任务。

柔性管理以"人性化"为标志,强调跳跃和变化、速度和反应、灵敏与弹性,它注重平等和尊重、创造和直觉、主动和企业精神、远见和价值控制,它依据信息共享、虚拟整合、竞争性合作、差异性互补、虚拟实践社团等,实现管理和运营知识由隐性到显性的转化,从而创造竞争优势。

柔性管理是相对于"刚性管理"提出来的。"刚性管理"以"规章制度为中心",用制度约束管理员工。而"柔性管理"则"以人为中心",对员工进行人格化管理。

柔性管理的最大特点,在于它主要不是依靠外力(如发号施令),而是依靠人性解放、权力平等、民主管理,从内心深处来激发每个员工的内在潜力、主动性和创造精神,使员工能真正做到心情舒畅、不遗余力地为企业开拓优良业绩,因此具有明显的内在驱动性。当组织规范内化为员工的自觉认识,组织目标转变为员工的自发行动,这种内在驱动力、自我约束力就会转变为不竭的前进动力。

> 柔性管理的特征：内在重于外在，心理重于物理，身教重于言教，肯定重于否定，激励重于控制，务实重于务虚。在知识型企业管理柔性化之后，管理者更加看重的是职工的积极性和创造性，更加看重的是职工的主动精神和自我约束。
> 　　一般说来，柔性管理主要满足员工的高层次需求，因而具有有效的激励作用。
> 　　　　　　　　　　　　　　　资料来源：http://zhidao.baidu.com.

（三）成就需要理论

自20世纪50年代以来，美国哈佛大学心理学家戴维·麦克利兰（David Ma Clelland）对成就需要这一因素作了大量的调查研究，提出了"成就需要理论"。它主要研究生理需要得到基本满足以后，人还有哪些需要。麦克利兰认为人们在生理需要得到满足以后，还有以下三种基本的激励需要。

1. 对权力的需要

具有较高权力欲的人对施加影响和控制表现出极大的关心。这样的人一般寻求领导者的地位，健谈，好争辩，直率，头脑冷静，善于提出要求，喜欢讲演，爱教训人。

2. 对社交的需要

极需社交的人通常能从人际交往中得到快乐和满足，并总是设法避免因被某个团体拒之门外所带来的痛苦。作为个人，他往往喜欢保持一种融洽的社会关系，享受亲密无间和相互谅解的乐趣，随时准备安慰和帮助危难中的伙伴，并喜欢与他人保持友善的关系。

3. 对成就的需要

有成就需要的人对工作的胜任和成功有强烈的要求，同时也非常担心失败。他们乐于接受挑战，往往为自己树立有一定难度但又不是高不可攀的目标。对于风险他们采取现实主义的态度，不怕承担个人责任；对他们正在进行的工作情况，希望得到明确而又迅速的反馈。他们一般喜欢表现自己。

麦克利兰对人的需要及其在管理学上的意义研究了20多年。他指出，有着强烈成就感需要的人，是那些倾向于成为企业家的人。他们喜欢与比竞争者作比较把事情做得更好，并且敢冒商业风险。另一方面，有着强烈社交需要的人，是成功的"整合者"。他们的工作是协调组织中几个部门的工作。整合者包括品牌管理人员和项目管理人员，他们必须具有过人的人际关系技能，能够与他人建立积极的工作关系。不过，麦克利兰指出，这种需要一直未能引起研究人员的足够重视。高归属需要者（即对社交的需要强烈）喜欢合作而不是竞争的环境，希望彼此间的沟通和理解。而有着强烈权力需要的人，则经常有较多的机会晋升到组织的高级管理层。麦克利兰对美国电报电话公司的管理跟踪研究了16年。结果发现，那些有着强烈的权力需要的人，更有可能随着时间的推移而逐步晋升。在这家公司，高层管理中有一半以上的人，对权力有强烈的需要。相比之下，有强烈的成就需要但没有强烈的权力需要的人，容易登上他们职业生涯的顶峰，只不过职位的组织层次较低。其原因在于，成就的需要可以通过任务本身得到满足,而权力的需要只能通过上升到某种具有高于他人的权力层次才能得到满足。

以麦克利兰的理论进行研究发现,这些动机的强弱程度受到组织环境的影响。表10.2简要地表明了这一研究结果。

表10.2 组织环境与激励的关系

环 境	对权力激励的影响	对成就激励的影响	对社交激励的影响
组织结构(具有条例、规定和程序的严格结构)	增强	减弱	减弱
职责(有主人翁感)	增强	增强	无影响
奖励(强调积极的奖励而不是惩罚)	无影响	增强	增强
风险(强调敢于冒风险和接受挑战)	减弱	增强	减弱
温暖(友好的、无拘束的群体气氛)	无影响	无影响	增强
支持(相互支持,认为管理者及同事会给予帮助)	无影响	增强	增强
标准(强调把工作做好;目标具有挑战性)	增强	增强	减弱
矛盾(强调听取不同意见,把存在的问题公开)	增强	增强	减弱
身份(感觉自己属于公司并且是一名有用的员工)	无影响	增强	增强

麦克利兰的研究表明,对主管人员来说,成就需要比较强烈。因此,这一理论常常应用于对主管人员的激励。他还认为,成就需要可以通过培养来提高。他指出,一个组织的成败与其所具有高成就需要的人数有关。

总的来说,激励的内容理论突出了人们根本上的心理需要,并认为正是这些需要,激励人们采取行动。需要层次论、双因素理论和成就需要激励理论,都有助于管理人员理解是什么行为在激励人们。

二、过程型激励理论

过程型激励理论着重研究人们选择其所要进行的行为的过程,即研究人们的行为是怎样产生的,是怎样向一定方向发展的,如何能使这个行为保持下去以及怎样结束行为的发展过程。它主要包括弗鲁姆的期望理论、亚当斯的公平理论和波特-劳勒模式。

(一)期望理论

期望理论是美国心理学家V.弗鲁姆(Victor Vroom)于1964年在《工作与激励》一书中提出来的。期望理论认为,只有当人们预期到某一行为能给个人带来有吸引力的结果时,个人才会采取特定的行动。它对于组织通常出现的这样一种情况给予了解释,即面对同一种需要以及满足同一种需要的活动,为什么不同的组织成员会有不同的反应:有的人情绪高昂,而另一些人却无动于衷呢?有效的激励取决于个体对完成工作任务以及接受预期奖赏的能力的期望。它是通过考察人们的努力行为与其所获得的最终奖酬之间的因果关系,来说明激励过程并以选择合适的行为达到最终的奖酬目标的理论。这种理论认为,当人们有需要,又有达到目标的可能时,其积极性才会高。

该理论的研究表明,员工对待工作的态度依赖于对三种联系的判断:

(1)努力-绩效的联系。员工感觉到通过一定程度的努力而达到工作绩效的可能性。如需要付出多大努力才能达到某一绩效水平?我是否真能达到这一绩效水平?可能性有多大?

(2)绩效-奖赏的联系。员工对于达到一定工作绩效后即可获得理想的奖赏结果的信任程度。当我达到这一绩效水平后,会得到什么奖赏?

(3)奖赏-个人目标的联系。如果工作完成,员工所获得的潜在结果或奖赏对他的重要性程度。如这一奖赏能否满足个人的目标?吸引力有多大?

员工在工作中的积极性或努力程度(激励(Motivation))是期望值(Valence)和效价(Expectancy)的乘积:

$$M = E \cdot V$$

即

$$激励水平的高低 = 期望值 \times 效价$$

激励水平的高低,表明动机的强烈程度,被激发的工作动机的大小,也就是为达到高绩效而努力的程度。

期望值是指员工对自己的行为能否导致所想得到的绩效和目标(奖酬)的主观概率,即主观上估计达到目标、得到奖酬的可能性。

效价是指员工对某一目标(奖酬)的重视程度与评价高低,即员工在主观上认为这奖酬的价值大小。

这个公式表明,激励水平的高低与期望值和效价有密切的关系。效价越高,期望值越大,激励水平也就越高;反之亦然。如果一个人对达到某一目标漠不关心,那么效价是零。而当一个人宁可不要达到这一目标时,那么效价为负,激励水平当然为零。同样期望值如果为零或负值时,一个人也就无任何动力去达到某一目标。

期望理论的基础是自我利益,认为每个员工都在寻求获得最大的自我满足。期望理论的核心是双向期望,管理者期望员工的行为,员工期望管理者的奖赏。期望理论的假说是管理者知道什么对员工最有吸引力。期望理论的员工的判断依据是员工个人的知觉,而与实际情况关系不大。不管实际情况如何,只要员工以自己的知觉确认自己经过努力工作就能达到所要求的绩效,达到绩效后就能得到具有吸引力的奖赏,他就会努力工作。

激励过程的期望理论对管理者的启示:管理者的责任是帮助员工满足需要,同时实现组织目标。管理者必须尽力发现员工在技能和能力方面与工作需求之间的对称性。为了提高激励,管理者可以明确员工个体的需要,界定组织提供的结果,并确保每个员工有能力和条件得到这些结果。企业管理实践中不时有公司在组织内部设置提高员工积极性的激励性条款或措施。比如,为员工提供担任多种任务角色的机会,激发他们完成工作和提高所得的主观能动性。若要达到使工作的分配出现所希望的激励效果,则根据期望理论,应使员工的工作能力要求略高于执行者的实际能力,即执行者的实际能力略低于工作的要求。

(二)公平理论

公平理论是美国心理学家亚当斯(J. S. Adams)在1965年首先提出来的,也称为社会比较理论。该理论的基础在于,员工总是在进行比较,比较的结果对于他们在工作中的努力程度有影响。大量事实表明,员工经常将自己的付出和所得与他人进行比较,而由此产生的不公平感将影响到他们以后付出的努力。这种理论主要讨论报酬的公平性对人们工作积极性的影响,人们通过横向和纵向两个方面的比较来判断其所获报酬的公平性。

亚当斯认为,人们是通过寻求人与人之间的社会公平(即他们所拿到的报酬与其绩效是否相称合理)而被激励的。所谓的公平是指人们相信相对于他人的待遇,自己也受到了公正的对待。在这种评估中参照对象起着十分关键的作用。这里的参照对象通常是指个人所在单位中的某些群体或单位外的人们。通过个人对公平的认识,通常可以预测人的行为方式。

根据公平理论,从工作中得到的报酬包括薪酬、领导的赏识、晋升、人际关系的变化以及内在心理上的报酬。为了得到这些报酬,个人所付出的代价是对工作的各种投入,如贡献出自己的时间、经验、努力、知识和精神等。人们往往把自己的报酬与投入之比与他人(参照对象)的情形相比较,即

$$\frac{报酬}{投入} \times 自己 = \frac{报酬}{投入} \times 他人$$

对于上述公式,首先要充分认识到分子和分母含义的广泛性,分子与分母的含义对于平衡员工的心理具有非常积极的意义。另外,公式中的比可能是非定量的、主观的,等式两边的比率是非精确的,可是个人的态度却受之影响。

人们通过比较,有可能出现三种情况:①感到报酬公平;②感到报酬不足;③感到报酬多了。当个人感受到等式两边的比率相等,其心态就容易平衡。有时尽管他人的报酬超过了自己的报酬,但只要对方的投入相应也大,就不会有太大的不满。

当人们发现自己的报酬相对低了,就会设法消除不公,就有可能采取以下的方式来求得平衡:①通过减少努力来降低投入;②要求加薪来增加报酬;③理性地曲解原先的比率以求心理平衡;④促使他人减少报酬或加大投入;⑤离开或调走;⑥变换比较目标。

当个人感到自己相对于他人报酬高于合理水平时,对多数人而言不会构成什么大问题,但研究表明,处于这种不公平的情况下,有些人也会去努力减少这种不公,包括:①通过付出更多的努力来增加自己的投入;②假如是计件制,则通过减少自己的产量以缩小与他人报酬的差距;③有意无意地曲解原先的比率;④设法使他人减少投入或增加报酬。

公平理论对企业管理的启示非常重要。首先,管理者用报酬或奖赏来激励员工时,一定要使员工感到公平与合理。个人的内部或外部报酬如果是和其绩效相称的,且他也认为这些报酬是公平的,则会导致满意的结果;其次,作为管理者应注意与其他组织做横向比较。有些高校师资流失率很高,理由很简单,和外面单位比,待遇差距太大。因此必须提高教师的工资待

遇,否则就难以激励教师专心于教育事业。公平理论表明,报酬是相对的东西,员工对工资的绝对数是关注的,但是否满意则部分取决于他们比较的参照群体;再次,公平理论表明公平与否是源于个人的感觉。人们在心理上通常会低估别人的工作绩效,高估别人的得益,由于感觉上的错误,就会产生心态不平衡。这种心态对组织和个人都很不利。所以管理人员应有敏锐的感觉来体察员工的心情,如果确有不公,则应尽快解决;如果纯属个人主观上的认识偏差,也有必要进行说明解释,做好思想工作。

公平理论的不足之处在于员工本身对公平的判断是极其主观的,这种行为对管理者施加了比较大的压力。因为人们总是倾向于过高估计自我的付出,而过低估计自己所得到的报酬,而对他人的估计则刚好相反。因此,管理者在应用该理论时,应当注意实际工作绩效与报酬之间的合理性,并注意留心对组织的知识吸收和积累有特别贡献的个别员工的心理平衡。

(三)波特-劳勒模式

美国心理学家和管理学家波特和劳勒在期望理论和公平理论的基础上发展出一个更为完善的激励模型,即波特-劳勒模型,如图 10.3 所示,并把它主要用于对管理人员的研究。

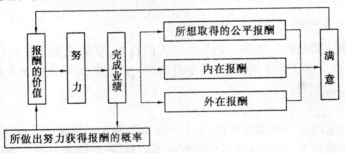

图 10.3 波特和劳勒的激励模式

如图 10.3 所示,一个人的努力程度(激励的强度和发挥的能量)取决于效价(报酬的价值)和期望值(通过努力达到高绩效的可能性及该绩效导致特定结果的可能性)。而工作的实际绩效又主要取决于员工所做的努力,同时也受到个人从事该项工作的能力(知识和技能)和他对所做工作的理解(对目标、所需的活动及有关任务的其他因素的理解程度),以及环境因素的影响。工作绩效会带来报酬,其中有些报酬是内在报酬(如成就感或自我实现感),也有的是外部报酬(如工作条件和地位的提高)。这些报酬再加上个人对这些报酬是否公平合理的评估,比如认为报酬是公平的,将导致个人的满足。实际的绩效和得到的报酬又会影响以后个人对期望值的认识。同样,个人以后对效价的认识也将受满足与否的影响。此模型表明,要取得一个满意的结果,可能需要采取一系列相互联系的行动。

波特和劳勒提出了以下几个步骤来改进主管人员的激励工作:

①尽可能判断或者诱导出每个员工最想要和组织有可能提供的报酬;

②向员工作出报酬许诺并设法获得员工的高度信任;

③确定实现组织目标所需要达到的工作标准；
④确保所提出的工作标准员工是能够达到的；
⑤将员工想要的报酬和所做出的工作表现相联系；
⑥对工作中各种与计划冲突、矛盾的情形作全面的分析；
⑦确保在员工达到目标后兑现所许诺的优厚报酬；
⑧通过积极平衡员工心理来确保整个制度的公平性。

从波特和劳勒的激励模式中可以看出，激励不是一种简单的因果关系。管理人员应该仔细评价他的报酬结构，并通过周密的规划、目标管理以及由良好的组织结构明确规定的职位和责任，将努力——业绩——报酬——满意这一连锁关系融入整个管理系统中去。

波特-劳勒模型也有局限性，尽管该理论言之有理，并为一些实证性的研究所支持，但它在实际应用中尚有不少困难。比如，要确认每个员工向往的潜在报酬，要使员工产生尽可能高的期望值，以及要平衡诸多因素来最大限度地激励员工，都有相当的难度。

三、其他激励理论

（一）行为改造理论

行为改造理论主要是研究如何改造和修正人的行为，变消极为积极的一种理论。该理论认为，当行为的结果有利于个人时，行为会重复出现；反之，行为则会削弱或消退。这种理论主要有强化理论和归因论等。

1. 强化理论

强化理论是由美国心理学家斯金纳(B. F. Skinner)首先提出来的。该理论认为，人的行为因外部环境的刺激而调节，也因外部环境的刺激而控制，改变刺激就能改变行为。所谓强化是指通过不断改变环境的刺激因素来达到增强、减弱或消除某种行为的过程。因此管理者要采取各种强化方式，以使员工的行为符合组织的目标。

强化的方式主要分为四类：正强化、负强化(也称规避)、惩罚和自然消退。前两类可以增强或保持一种行为，后两类则会削弱或减少某种行为。

正强化就是奖励那些符合组织目标的行为，以使这些行为得到进一步加强，从而有利于组织目标的实现。正强化的刺激物不仅包含奖金等物质奖励，还包含表扬、提升、改善工作关系等精神奖励。

负强化是严防某种行为发生——类似"杀鸡儆猴"的方法，是通过预先告知某种严重危害组织的恶意行为一旦发生可能招致的严重后果，来促使员工主动规避此种行为、保持良好行为。

惩罚指用某种令人不愉快的结果，来减弱某种行为。即在消极行为发生以后，管理者采取适当的惩罚措施，以减少或消除这种行为。比如，管理人员可以用批评、罚款等措施来减少诸如迟到早退等不良行为的再发生。

自然消退是通过不提供个人所愿望的结果来减弱一个人的行为。即,当某种管理者不希望看到的行为发生后,管理者视而不见,听而不闻,既不进行积极强化,也不给当事者以惩罚。那么,员工可能会感到自己的行为得不到承认,慢慢地这个行为也就消失了。比如,对员工的某种无聊行为不予理睬或者使这种行为在组织内没有市场,从而使这种行为得以自然消失。

2. 归因理论

归因理论最初是由美国斯坦福大学的罗斯等人在研究社会知觉的实验中提出来的,但以后随着归因问题研究的不断深入,它逐渐被应用到管理领域中。目前,在管理领域归因理论主要研究两个方面的问题:一是对引发人们某一行为的因素作分析,看其应归结为内部原因还是外部原因;二是研究人们获得成功或遭受失败的归因倾向。

心理学家威纳认为,人们把自己的成功和失败主要归结为四个方面的因素:即努力程度、能力、任务难度和机遇。这四个方面的因素可以按三个方面来划分:①内部原因和外部原因。努力程度和能力属于内部原因;而任务难度和机遇属于外部原因。②稳定性。能力和任务难度属于稳定因素;努力程度和机遇则属于不稳定因素。③可控性。努力程度是可控的;而任务难度和机遇则是不可控的;能力在一定条件下是不可控的,但人们可以提高自己的能力,在这个意义上能力是可控的。

归因理论认为,人们把成功和失败归于何种因素,对以后的工作态度和积极性,进而对人们的行为和工作绩效有很大的影响。例如,把成功归于内部原因会使人感到满意和自豪,归于外部原因会使人感到幸运和感激。把失败归于稳定因素会降低以后工作的积极性,归于不稳定因素可以提高工作的积极性等。

总之,利用归因理论可以很好地了解下属的归因倾向,以便正确地指导和训练员工的归因倾向,调动和提高下属的积极性。

(二)挫折理论

挫折理论专门研究人遇到挫折后会有一些什么行为反应,管理者应如何针对员工挫折采取相应措施,引导员工走出挫折阴影、积极努力地对待工作。挫折是一种普遍存在的社会心理现象,任何人一生中不可能事事一帆风顺,因而挫折的产生是不以人的意志为转移的。面对挫折,有的人以积极态度对待,有的人却以消极态度对待甚至是对抗态度对待。挫折理论提出采用改变环境、分清是非、心理咨询等多种方法引导人们在挫折面前避免消极的甚至是对抗的态度,而采用积极的态度,以改变人的行为朝积极方向发展。挫折理论对管理工作实践有较强的实用价值。

(三)X 理论和 Y 理论

这是关于人性的问题,由美国管理心理学家道格拉斯·麦格雷戈总结提出。管理者关于人性的观点是建立在一些假设基础上的,管理者正是根据这些假设来塑造激励下属的行为方式。管理者对人性的假设有两种对立的基本观点:一是消极的 X 理论;另一种是积极的 Y 理论。

X 理论认为：员工天性好逸恶劳，只要可能，就会躲避工作。以自我为中心，漠视组织要求；员工只要有可能就会逃避责任，安于现状，缺乏创造性；不喜欢工作，需要对他们采取强制措施或惩罚办法，迫使他们实现组织目标。

Y 理论认为：员工并非好逸恶劳，而是自觉勤奋，喜欢工作。员工有很强的自我控制能力，在工作中执行完成任务的承诺；一般而言，每个人不仅能够承担责任，而且还主动寻求承担责任；绝大多数人都具备作出正确决策的能力。

麦格雷戈本人认为，Y 理论的假设比 X 理论更实际有效，因此他建议让员工参与决策，为员工提供富有挑战性和责任感的工作，建立良好的群体关系，认为这有助于调动员工的工作积极性。

第三节 激励手段与方法

在管理实践中，激励和绩效之间并不是简单的因果关系。要使激励能产生预期的效果，就必须考虑到奖励内容、奖励制度、组织分工、目标设置、公平考核等一系列的综合因素，并注重个人满意程度在努力中的反馈。另外，还需要注意的是，所有的激励理论都是一般而言的，而每个员工都有自己的特性，他们的需求、个性、期望、目标等个体变量也各不相同。因此管理者根据激励理论处理激励实务时，应该针对员工的不同特点采用不同的方法。虽然激励是复杂的且因人而异，也不存在唯一的最佳方案，不过还是可以找到一些基本的激励手段和方法的。

一、物质激励

在物质激励中，最突出的就是金钱。金钱虽不是唯一能激励人的力量，但金钱作为一种很重要的激励因素是不可忽视的。无论采取工资的形式，还是采取奖金、优先认股权、红利等其他鼓励性形式，金钱都是重要的因素。金钱是许多激励因素的反映。金钱往往有比金钱本身更大的价值，它可能意味着地位和权力。金钱的经济价值使其成为能满足人们的生理需要和安全需要的一种重要手段；金钱的心理价值对许多人来讲，又是满足较高的社会需要和尊重需要的一种手段，它往往象征着成功、成就、地位和权力。进入 20 世纪 90 年代以来，西方企业在多种激励理论的基础上，提出了一些形式新颖的激励计划，竭力改善企业员工的满意度和绩效，值得参考。

（一）绩效工资

企业突出绩效工资意味着员工是根据他的绩效贡献而得到奖励的，因此这种工资一般又称为奖励工资。它实际上是激励的期望理论和强化理论的逻辑结果，因为增加工资是和工作行为挂钩的。通用汽车公司就曾大力推行这种激励计划。公司管理层在取消员工的年度生活补贴后，建立了一种绩效工资制度，通过涨工资刺激员工的工作任务。

（二）分红

分红是员工和管理人员在特定的单位中，当单位绩效打破预先确定的绩效目标时接受奖金的一项激励计划。这些绩效目标可以是细化了的劳动生产率、成本、质量、顾客服务或者利润。和绩效工资不同的是,分红鼓励协调和团队工作,因为全体员工都对经营单位的利益在作贡献。绝大多数公司都采用了某种精确的指定绩效目标和奖金的核算方法。

（三）员工持股计划

员工持股计划(Employee Stock Ownership Plans,ESOPs)给予员工部分企业的股权,允许他们分享改进的利润绩效。相对而言,员工持股计划在小企业的管理中比较流行,但也有像宝洁公司这样的大企业在采用这种激励计划。员工持股计划实际上是公司以放弃股权的代价来提高生产率水平。绝大多数企业主管发现这种激励形式的效果很不错。员工持股计划使得员工们更加努力工作,因为他们是所有者,要分担企业的盈亏。但要使这种激励计划有效进行,管理人员必须向员工提供全面的公司财务资料,赋予他们参加主要决策的权力,以及给予他们包括选举董事会成员在内的投票权。

（四）总奖金

总奖金是以绩效为基础的一次性现金支付计划。单独的现金支付旨在提高激励的效价。这种计划在员工感到他们的奖金真正反映了公司的繁荣时才有效,不然,效果适得其反。

（五）知识工资

知识工资是指按照员工掌握的与工作有关的知识和技术来确定其工资的一种工资制度,又称为知识报酬。具体做法是:对刚参加工作的员工,先支付一定的基础工资,作为起点工资。随着员工所掌握的知识和技术的增多其工资也会逐渐增多。知识工资增加了公司的灵活性和效率,因为它使公司需要的做工作的人会越来越少。但要贯彻这项计划,公司必须有一套高度发达的员工评估程序,必须明确工作岗位,这样工资才可能随着新工作的增加而增加。

对不同的人来讲,金钱的激励作用是有区别的。对那些养家糊口的人来说,金钱是非常重要的;而对那些已经功成名就的、在金钱的需要方面已不那么迫切的人来说,金钱则不那么重要。金钱是获得最低生活标准的主要手段,这种标准随着人们生活水平的提高而日渐提高。对于某些人来说,金钱是极端重要的,而对另一些人可能从来就不那么重要。

当金钱被用做一个组织吸引和留住人才的手段,或当组织中各类管理人员的薪金收入大体相同时,金钱的激励作用往往会有所削弱。

要使金钱成为一种有效的激励手段,必须使薪金和奖金能够反映出个人的工作业绩,否则,即使支付了奖金,也不会有很大的激励作用。并且,只有当预期得到的报酬远远高于目前个人收入时,金钱才能成为一个强有力的激励因素。

二、精神激励

与物质激励密不可分的是精神激励,目前,企业经常采用的精神激励方法主要有以下几种:

（一）目标激励法

目标是企业及其成员一切活动的总方向。企业目标有物质性的，如产量、品种、质量、利润等；也有精神性的，如企业信誉、形象、文化以及员工个人心理的满足等。

（二）环境激励法

调查发现，如果一个组织中的员工缺乏良好的工作环境和心理氛围，人际关系紧张，就会使许多员工不安心工作，造成人心思离；相反，如果使企业成为一个人人相互尊重、关心和信任的工作场所，保持员工群体人际关系的融洽，就能激励每个员工在企业内安心工作，积极进取。

（三）领导行为激励法

有关研究表明，一个人在报酬引诱及社会压力下工作，其能力仅能发挥60%，其余的40%有赖于领导者去激发。

（四）榜样典型激励法

人们常说榜样的力量是无穷的。绝大多数员工都是力求上进而不甘落后的。如果有了榜样，员工就会学有方向、做有目标，从榜样成功的事业中得到激励。

（五）奖惩激励法

奖励是对员工某种良好行为的肯定与表扬，以使员工获得新的物质和心理上的满足。惩罚是对员工某种不良行为的否定和批评，以使员工从失败和错误中吸取教训，以克服不良行为。奖励和惩罚得当，有利于激发员工的积极性和创造性，所以有人把批评或惩罚看作是一种负强化的激励。

（六）员工参与管理

所谓参与管理，是指让员工或下级不同程度地参与组织决策及各级管理工作的研究和讨论。让员工参与管理，可以使员工或下级感受到上级主管的信任、重视和赏识，能够满足归属和受人赏识的需要，从而体验到自己的利益同组织的利益及发展密切相关，增强责任感。同时，主管人员与下属商讨组织发展问题，对双方来说都是一个机会，从而给人一种成就感、尊重感。事实证明，参与管理会使多数人受到激励。参与管理既是对个人的激励，又为组织目标的实现提供了保证。

目标管理是员工参与管理的一种很好形式。目标管理鼓励下属参与目标的制定工作，是一种在组织的政策或有关规定的限度内，自己决定达到目标的最佳方法；目标管理要求下属发挥自己的想象力，创造性地工作，这可以使下属人员产生独立感和参与感，激发他们完成目标的积极性。

合理化建议是员工参与管理的另一种形式。鼓励下属人员积极提出改进工作和作业方法的建议，也能起到激励作用。当然，鼓励下属参与管理，丝毫也不意味着主管可以放弃自己的职责。相反，主管人员必须在民主管理的基础上，努力履行自己的职责，需要由主管决策的事情,主管必须决策。

三、工作丰富化

工作丰富化就是使工作具有挑战性且富有意义。这是一种有效的激励方法,不仅适用于管理工作,也适用于非管理工作。工作丰富化和赫茨伯格的激励理论有密切的关系,在这一理论中,诸如挑战性、成就、赏识和责任等都被视为真正的激励因素。工作丰富化的目的,就是试图为员工提供富有挑战性和成就感的工作。

工作丰富化不同于工作内容的扩大,工作内容的扩大是用工作内容有更多变化的办法,来消除因重复操作而带来的单调乏味感。工作内容的扩大,只是增加了一些类似的工作,并没有增加责任。工作丰富化则试图使工作具有更高的挑战性和成就感,它通过赋予多样化的内容使工作丰富起来。一般可以用下列方法使工作丰富化:

①在工作方法、工作程序和工作速度的选择等方面给下属以更大的自由,或让他们自行决定接受还是拒绝某些材料或资料;

②鼓励下属人员参与管理,鼓励人们之间相互交往;

③放心大胆地任用下属,以增强其责任感;

④采取措施以确保下属能够看到自己为工作和组织所作的贡献;

⑤最好是在基层管理人员得到反馈以前,把工作完成的情况反馈给下属;

⑥在改善工作环境和工作条件方面,如办公室或厂房、照明和清洁卫生等,要让员工参加并让他们提出自己的意见或建议。

工作丰富化也有其局限性,比如对技术水平要求比较低的一些职务工作就难以做到丰富化。另外,在采用专用机器和装配技术的情况下,要使所有工作都很有意义也是不大可能的。既然如此,那么如何使工作丰富化卓有成效呢?首先,必须更好地了解人们需要什么,有的放矢。研究表明,技术水平要求低的工人更需要诸如工作稳定、工资报酬较高、厂规限制较少以及富有同情心、能体谅人的基层领导,而高层次的专业人员和管理人员,则不是工作丰富化的重点对象;其次,管理人员要真正关心员工的福利,让员工感觉到管理人员正在关注他们。人们喜欢及时得到有关自己工作成绩的反馈,获得正确的评价和赞赏;再次,让员工愿意参与管理,欢迎上级同他们商量问题并给予他们提出建议的机会;最后,让员工了解工作丰富化的主要目标及由此带来的好处。

本章小结

任何一个组织都是人的集合体,对组织的管理首先是对人的管理。因此,作为一个管理工作者,必须认识、理解、尊重、用好每一个人,满足他们的需要,激发他们的热情,使组织内的所有人都为实现组织目标而努力。

马斯洛的需要层次理论。马斯洛把人类的需要归为五大类。他认为一般的人都是从低级到高级,一层一层地去追求并使自己的需要得到满足。某一特定时期内,总有某一层次的需要在起着主导的激励作用。

赫茨伯格提出了双因素理论,将影响人类需要的因素分为两类,即保健因素和激励因素。他认为保健因素不能直接起到激励人们的作用,但能防止人们产生不满情绪。激励因素有助于充分持久地调动人的积极性。

麦克利兰的成就需要激励理论认为,人们在生理需要得到满足后,还有三种基本的激励需要,即对权力的需要、对社交的需要、对成就的需要。

期望理论要求管理者积极帮助人们实现其期望值。

波特-劳勒模式认为,一个人的工作业绩主要取决于他所做的努力,其努力的程度又与他所想得到的公平报酬密切相关。

公平理论认为,报酬结构是否公平是激励中的一个重要因素。

激励的手段和方法包括物质鼓励、精神鼓励、鼓励员工参与管理、努力促使工作丰富化等。

思考与练习题

1. 选择题

(1) 从期望理论中,人们得到的最重要启示是(　　)。
　　A. 目标效价高低是激励是否有效的关键
　　B. 存在着负效价,应引起领导者注意
　　C. 期望概率的高低是激励是否有效的关键
　　D. 应把目标效价和期望概率进行优化组合

(2) 在所有的激励方式中,最常用的是(　　)。
　　A. 目标激励　　　　　　B. 榜样激励
　　C. 奖惩激励　　　　　　D. 评比激励

(3) 赫茨伯格把工资、工作条件、公司的政策与管理方式等描述为(　　)。
　　A. 保健因素　　　　　　B. 激励因素
　　C. 政策因素　　　　　　D. 管理因素

(4) 激励的简单模式是(　　)。
　　A. 动机→行为→满足→需求　　B. 需求→动机→行为→满足
　　C. 动机→需求→行为→满足　　D. 需求→动机→满足→行为

(5) 期望理论是研究(　　)。
　　A. 需要与目标之间规律的理论　B. 需要与动机之间规律的理论
　　C. 行为与目标之间规律的理论　D. 动机与行为之间规律的理论

2. 简答题

(1) 什么是需要、动机与行为? 如何理解它们之间的关系?

(2) 什么是激励？描述激励的过程。
(3) 分析比较几种内容型激励理论。
(4) 描述各种激励理论的主要内容。
(5) 在管理中如何运用需要层次理论、期望理论、公平理论与强化理论？

3. 案例分析

林肯电气公司的激励制度

林肯电气公司总部设在克利夫兰，年销售额为44亿美元，拥有2 400名员工，并且形成了一套独特的激励员工的方法。该公司90%的销售额来自于生产弧焊设备和辅助材料。

林肯电气公司的生产工人按件计酬，没有最低小时工资。员工为公司工作两年后，便可以分享年终奖金。该公司的奖金制度有一整套计算公式，全面考虑了公司的毛利润及员工的生产率与业绩，可以说是美国制造业中对员工最有利的奖金制度。在过去的几十年里，平均奖金额是基本工资的95.5%，该公司中相当一部分员工的年收入超过10万美元。近年来，经济发展迅速，员工年均收入为44 000美元左右，远远超出制造业员工年收入17 000美元的平均水平；在不景气的年头里，工资虽有降低，但相比其他公司也不算太差。

公司自1958年开始一直推行职业保障政策。从那时起，公司没有辞退过一名员工。当然，作为对此政策的回报，员工也相应要做到以下几点：在经济萧条时，员工必须接受减少工作时间的决定；要接受工作调换的决定；有时甚至为了维持每周30小时的最低工作量，而不得不调整到一个报酬更低的岗位上。

林肯电气公司极具成本和生产率意识，如果员工生产出一个不符合标准的部件，除非这个部件修改至符合标准，否则这件产品就不能计入该工人的工资中。严格的计件工资制度和高度竞争性的绩效评估系统，形成了一种很有压力的氛围，有些工人还因此产生了一定的焦虑感，但这种压力有利于生产率的提高。据该公司的一位管理者介绍，与国内竞争对手相比，林肯电气公司的总体生产率是它们的两倍。自20世纪30年代以来，公司年年获利丰厚，年年分红。该公司是美国工业界中工人流动率最低的公司之一。前不久，该公司的两个分厂被《财富》杂志评为全美十佳管理企业。

资料来源：http://wenku.baidu.com.

分析讨论：
(1) 你认为林肯电气公司使用了哪几种激励理论来调动员工的工作积极性？
(2) 为什么林肯电气公司的方法能够有效地激励员工工作？
(3) 你认为这种激励制度可能给公司管理当局带来什么问题？

第十章

Chapter 10

沟　　通

【学习目的与要求】

通过本章的学习,学生应了解沟通的含义、过程、风格及类型;掌握人际关系沟通与公共关系沟通;灵活运用有效的沟通技巧。

【本章主要概念】

沟通　正式沟通　非正式沟通　书面沟通　口头沟通　人际沟通

【案例导读】

杨瑞是一个典型的北方姑娘,热情直率,总是愿意把自己的想法说出来和大家一起讨论,正是因为这个特点她在上学期间很受老师和同学的欢迎。2009年,杨瑞从西安某大学的人力资源管理专业毕业。她认为,经过四年的学习自己不但掌握了扎实的人力资源管理专业知识,而且具备了较强的人际沟通技能,因此她对自己的未来期望很高。为了实现自己半年内的梦想,她毅然只身去广州求职。

经过将近一个月的反复投递简历和面试,在权衡了多种因素的情况下,杨瑞最终选定了东莞市的一家研究生产食品添加剂的公司。她选择这家公司是因为该公司规模适中、发展速度很快,最重要的是该公司的人力资源管理工作还处于尝试阶段,她将是人力资源部的第一个职员,因此她认为自己施展能力的空间很大。

但是到公司实习一个星期后,杨瑞就陷入了困境中。原来该公司是一个典型的小型家族企业,企业中的关键职位基本上都由老板的亲属担任,其中充满了各种裙带关系。老板安排了他的大儿子做杨瑞的临时上级,而这个人主要负责公司研发工作,在他的眼里,只有技术最重要,只要公司能赚钱其他都无所谓,根本没有管理理念。可是杨瑞却认为越是这样就越有施展能力的空间。在到公司的第五天,杨瑞拿着自己的建议书走向了直接上级的办公室。

"王经理,我到公司已经快一个星期了,我有一些想法想和您谈谈,您有时间吗?"杨瑞走到经理办公桌前说。

"来来来,小杨,本来早就应该和你谈谈了,只是最近一直扎在实验室里,就把这件事忘了。"

"王经理,对于一个企业尤其是处于上升阶段的企业来说,要持续企业的发展必须在管理上狠下功夫。我来公司已经快一个星期了,据我目前对公司的了解,我认为公司主要的问题在于职责界定不清;雇员的自主权力太小致使员工觉得公司对他们缺乏信任;员工薪酬结构和水平的制定随意性较强,缺乏科学合理的基础,因此薪酬的公平性和激励性都较低。"杨瑞按照自己事先所列的提纲开始逐条向王经理叙述。

王经理微微皱了一下眉头说:"你说的这些问题我们公司也确实存在,但是你必须承认一个事实——我们公司在赢利,这就说明我们公司目前实行的体制有它的合理性。"

"可是,眼前的发展并不等于将来也可以发展,许多家族企业都是败在管理上。"

"好了,那你有具体方案吗?"

"目前还没有,这些还只是我的一点想法而已,但是如果得到了您的支持,我想方案只是时间问题。"

"那你先回去做方案,把你的材料放这儿,我先看看然后给你答复。"说完王经理的注意力又回到了研究报告上。

杨瑞此时真切地感受到了不被认可的失落,她似乎已经预测到了自己第一次提建议的结局。果然,杨瑞的建议书石沉大海,王经理好像完全不记得建议书的事。杨瑞陷入了困惑之中,她不知道自己是应该继续和上级沟通还是干脆放弃这份工作,另找一个发展空间。

资料来源:http://www.ebook-seek-engine.com.

【点评】

本案例是一个典型的由于管理者缺乏新员工导入机制理念而导致上下级沟通失败,最终使新员工的积极性受挫的案例。杨瑞满腔热情想把自己的所学应用到实践中去,从而获得成就感。可是他的直接上级却没有认识到杨瑞的特点和需求,过分强调杨瑞缺乏实践经验的一面,对杨瑞的行为作出了消极的反馈,致使杨瑞的积极性受到挫伤。

企业管理者必须设计出良好的用人机制以留住企业的核心人才,良好的沟通机制和新员工的导入机制发挥着巨大的作用,尤其是新进入员工与其直接上级之间的沟通将直接影响着他们的去留以及未来的工作态度。

对企业来说,良好的沟通机制和正确导入可为企业注入新的活力,增强企业的竞争力;失败的沟通与导入,意味着企业不但损失了招聘成本,而且影响了企业的社会美誉度。

第一节 沟通概述

一、沟通的含义

在现代社会生活中,沟通无时不在,无处不在,无处不有。在管理过程中,管理者开展的每一项活动以及从中取得的每一个业绩都离不开沟通。从某种意义上来说,沟通是领导者的首要能力,沟通已经不再是领导艺术,而是领导者必备的一种领导技能。

沟通是借助一定手段把可理解的信息、思想和情感在两个或两个以上的人或群体中传递或交换的过程,目的是通过相互间的理解与认同来使个人和(或)群体间的认知以及行为相互适应。

在很大程度上,组织的整个管理工作都与沟通有关。沟通也可以理解为:管理者与被管理者之间、管理者与管理者之间、被管理者与被管理者之间,即组织成员内部相互之间,或者组织成员与外部公众或社会组织之间发生的,旨在完成组织目标而进行的多种多样的形式、内容与层次的,对组织而言有意义信息的发送、接受与反馈的交流全过程及各组织对该过程的设计、规划、管理与实施及反省过程。

沟通除了存在于组织或企业内部之外,更存在于企业或组织的外部。企业与相关企业、相关供应商、市场、客户、社区大众等之间也存在着大量必要的、为实现企业管理目标的沟通行为过程。如公共关系管理、客户关系管理、供应链管理,对于信息时代背景下的现代企业来讲,都有十分关键和重要的管理沟通活动。

沟通不仅是人际交流的基础,而且是个人成功的基本前提。个人的事业成功在很大程度受到社会环境的影响,只有在充分认识并依从环境特征的同时被特定环境所接受,个人才能充分施展自己的才华,实现自己的社会价值。美国著名的普林斯顿大学曾对1万份人事档案进行分析,发现"智慧"、"专业技术"和"知识"在个人的成功中只起25%的作用,影响个人成功的其余75%的因素与良好个体间的沟通有关。哈佛大学就业指导小组在1995年对500名被解聘者调查结果也表明,82%的被调查对象失去工作岗位与个体间沟通能力有关。

总体而言,沟通是信息的传递、信息的理解,有效沟通并不是沟通双方达成一致的意见,而是准确地理解信息的含义,同时沟通是一个双向、互动的反馈和理解过程。

二、沟通的过程

简单地讲,沟通就是由信息发送者,通过一定的信息渠道,向信息的接收者传递信息的过程。信息沟通过程可以通过图9.1反映出来。

(一)信息的发送者

发送者是信息的来源,也是信息沟通过程的起点。发送者首先要确定希望传送的意念或

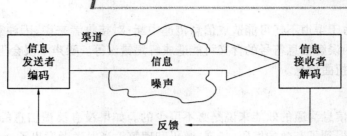

图 9.1　沟通过程简图

思想是什么。例如,是告诉别人某一件事,还是传达上级的命令。然后还需要将传送的意念以某种方式表达出来,即将意念转换成符号信息,这个过程称为"编码"。编码的方式很多,如文字、语言、图表和动作等。编码时应注意,所选择的符号必须是接收者知道和懂得的符号,也就是说,必须选择接收者熟悉的符号编码。例如,如果接收者不懂英语,那就不能用英语来编码;如果接收者是个外行,那就应尽量避免使用专业名词或行话编码。

（二）信息的传递

信息是指在沟通过程中传送给接收者的信息或情报,它是通过一条连接发送者和接收者的渠道进行传递的。传递信息的媒介可以是口头的或是书面的,如面议、会议、备忘录和报告等,也可以是各种设备,如电话、电报、电视、计算机、传真机等。发送者可以同时采用两种或两种以上的媒介传递信息。例如,在电话中与对方初步达成协议之后,再以书面文件加以确认。由于可用的传送媒介很多,各种媒介又各有利弊,所以选择适当的媒介使信息沟通有效就显得非常重要。选择沟通媒介通常需要考虑信息的重要性,是否必须有文字记录,是否必须立刻得到对方的反馈三方面的问题。

（三）信息的接收者

在进行信息沟通时,接收者必须处于准备接收的状态,才能详解信息编码。例如,一个人的脑子里正在回想着一场精彩的球赛,他就不可能十分留意别人对他所说的话。当发生信息竞争时,发送者首先必须设法让接收者能够倾听他的谈话,否则沟通中出现障碍的可能性就会增加。接收过程的下一步是解码,就是把信息译回原来的意思。只有在发送者和接收者对信息符号的含义都有相同的理解时,才会有准确的沟通。这里所说的"理解"是指接收者内心的理解。许多发送者忽略了理解的重要性,他们认为沟通只是将信息由一个人传递给另一人,而没有考虑接收者是否理解、是否接受,这样的沟通很难有什么效果。除非接收者理解信息包含的意义,否则沟通不算完成。

（四）噪声干扰

噪声是指一切妨碍信息沟通的因素。在很多情况下,信息沟通都会受到噪声的影响,以致造成沟通的障碍而影响沟通的效果。信息沟通过程中的每一步都有可能产生噪声,例如,对发送者来说,嘈杂的环境可能会妨碍意念的形成,由于所用的符号不清也可能造成编码错误;对信息传递来说,由于渠道不畅可能造成信息传递中断;对接收者来说,因注意力不集中可能造成接收不准确,因误解信息符号的含义可能造成解码错误等。噪声不仅会阻止信息的传递,也会在传递过程中扭曲信息。

（五）反馈

反馈对检验信息沟通的效能来说是必不可少的。如果没有反馈信息的证实,可能永远无法确定信息是否得到了有效的编码、传递、解码和理解。当发送者发出了一个信息而没有收到任何反应,可能表示接收者没有收到信息或者是因某种理由而不愿意作出任何反应。无论是哪一种情况,发送者都必须有所警戒:为什么对方没有反应? 有效的沟通应当是双向的,接收者应将他的想法和意见等反馈给发送者。反馈是接收者的一种反应,是发送者了解接收者对信息的理解和接收程度的最好方法。但许多发送者忽略了这一点。在其他条件相同的情况下,鼓励反馈的发送者比不注重反馈的发送者更能有效的沟通。

从信息沟通的过程可以看出,信息沟通要经过许多环节,每一个环节都有可能产生噪声,干扰信息的传递。对沟通中出现的问题如果不加以防范或解决,则沟通的效果便会受到严重影响。

三、沟通的风格

沟通风格包括驾驭型、表现型、平易型和分析型四种。

（一）驾驭型

具有这种沟通风格的人比较注重实效,具有非常明确的目标与个人愿望,并且不达目标誓不罢休。他们往往以事为中心,要求沟通对象具有一定的专业水准和深度。在沟通中,他们精力旺盛,节奏迅速,说话直截了当,动作非常有力,表情严肃,但是有时过于直率而显得咄咄逼人,如果一味关注自我观点,可能会忽略他人的情感。与这种类型的人进行沟通,首先要刺探其想法,提供各种备选方案,若决定不合适,可以提供其他方案,投其所好,趁其不备,提出新点子。若直接反驳或使用结论性的语言,啰啰唆唆,这样的沟通注定是低效甚至是无效的。

（二）表现型

具有这种沟通风格的人显得外向热情、生气勃勃、魅力四射,喜欢扮演主角。他们干劲十足,不断进取,总喜欢与人打交道并愿意与人合作。具有丰富的想象力,对未来充满憧憬与幻想,也会用自己的热情感染他人。他们富有情趣,表情丰富,动作多,节奏快,幅度大,善用肢体语言传情达意,但是往往情绪波动大,易陷入情感的漩涡,可能会给自己或别人带来麻烦。与这种类型的人沟通时,首先应该成为一个好观众或好听众,少说多听,热情反馈,支持与肯定,加之适度的引导,切忌将自己的观点强加给他或打断、插话,或冷漠、无动于衷,这都会影响与这种类型的人的有效沟通。

（三）平易型

这种类型的人具有协作精神，支持他人，喜欢与人合作并常常助人为乐。他们富有同情心，擅长外交，对人真诚，对公司或客户忠诚，为了搞好人际关系，不惜牺牲自己的时间与精力，珍视已拥有的东西。这种类型的人做事非常有耐心，肢体语言比较克制，面部表情单纯，但是往往愿意扮演和事老的角色，对于所涉及的敏感问题，往往采取回避的态度。与这种类型的人沟通，应该了解其内心的真实观点，多谈点主题内容，多提封闭式问题并以自己的观点适度影响他。与其沟通应尽可能少提开放式问题，不要过多增加自己的主观意识，同时要避免跟着此人的思路走，因为这种人不愿对一些棘手的事作出决策。

（四）分析型

具有这种沟通风格的人擅长推理，一丝不苟，具有完美主义倾向，严于律己，对人挑剔，做事按部就班，严谨且循序渐进，对数据与情报的要求特别高。他们不愿抛头露面，认为与其与人合作，不如单枪匹马一个人单干，因而往往沉默寡言，不爱表露自我情感，动作小、节奏慢，面部表情单一，有时为了息事宁人，他们采取绕道迂回的对策，反而白白错失良机。与这种类型的人沟通时，必须以专业水准与其交流，因而必须表达准确且内容突出、资料齐全、逻辑性强，最好以数字或数据说明问题，以自己的专业性去帮助其作出决定。切忌流于外表的轻浮与浅薄，避免空谈或任其偏离沟通的方向与目的。

四、沟通的类型

按照不同的划分标准可以将沟通分为不同的类型。

（一）按照组织系统划分

1. 正式沟通

正式沟通是指以企业正式组织系统为渠道的信息传递。只有正式沟通畅通无阻，组织的生产经营活动及管理活动才会井然有序，反之，整个组织将陷入紊乱甚至瘫痪状态。因此，正式沟通渠道必须灵敏而高效。正式沟通的优点是正规、权威性强、沟通效果好，参与沟通的人员普遍具有较强的责任心和义务感，从而易保持所沟通信息的准确性及保密性。管理系统的信息都应采用这种沟通方式。其缺点是对组织机构依赖性较强而造成速度迟缓，沟通形式刻板，如果组织管理层次多，沟通渠道长，就容易造成信息损失。

2. 非正式沟通

非正式沟通是以企业非正式组织系统或个人为渠道的信息传递。这类沟通主要是通过个人之间的接触来进行的。非正式沟通不受组织监督，是由组织成员自行选择途径进行的，比较灵活方便。员工中的人情交流、生日聚会，工会组织的文娱活动、走访、议论某人某事，传播小道消息等都属于非正式沟通。非正式沟通中往往能表露人们的真实想法和动机，还能提供组织没有预料的或难以获得的信息。与正式沟通相比，非正式沟通有以下特点：

（1）信息交流速度较快。由于这些信息与职工的利益相关或者是他们比较感兴趣的问题，再加上没有正式沟通的程序，信息传播速度大大加快。

（2）非正式沟通的信息比较准确。研究表明，非正式沟通的信息准确率可高达95%。一般来说，非正式沟通中信息的失真主要来源于形式上的不完整，而不是提供无中生有的谣言。人们常把非正式沟通与谣言混为一谈，这是缺乏根据，也是不正确的。

（3）可以满足职工的需要。由于非正式沟通不是基于管理者的权威，而是出于职工的愿望和需要。因此，这种沟通常常是积极的，卓有成效的，并且可以满足职工们的多种需要。

（4）沟通效率较高。非正式沟通一般是有选择地、针对个人的兴趣传播信息，正式沟通则常常将信息传递给本人不需要它们的人。

（5）非正式沟通有一定的片面性。非正式沟通中的信息常常被夸大、曲解，因而需要慎重对待。

（二）按照沟通的流动方向划分

1. 下行沟通

下行沟通是指自上而下的沟通，即上级将政策、目标、制度、方法等告诉下级。如上级把企业战略有关目标、管理制度、政策、工作命令、有关决定、工作程序及要求等传递给下级。下行沟通顺畅可以帮助下级明确工作任务、目标及要求，增强其责任感和归属感，协调企业各层次的活动，增强上下级之间的联系等。但在逐层向下传达信息时应注意防止信息误解、歪曲和损失，以保持信息的准确性和完整性。

2. 上行沟通

上行沟通指自下而上的沟通，即下级向上级反映情况、问题、要求和建议，请求支持等。比如，下级向上级反映意见，汇报工作情况，提出意见或要求等。上行沟通是管理者了解下属和一般员工意见及想法的重要途径。上行沟通畅通无阻，各层次管理人员才能及时了解工作进展的真实情况，了解员工的需要和要求，体察员工的不满和怨言，了解工作中存在的问题，从而有针对性地作出相应的决策。上行沟通中应防止信息层层"过滤"，尽量保证真实性和准确性。

3. 平行沟通

平行沟通也称为横向沟通，是指组织内部平行机构之间或同一层级相互之间的沟通。如组织内部各职能部门之间、车间之间、班组之间、员工之间的信息交流。平行沟通是加强各部门之间的联系、了解、协作，减少各部门之间的矛盾和冲突，改善人际关系和群际关系的重要手段。

4. 斜向沟通

斜向沟通是指处于不同层次的没有直接隶属关系的成员之间的沟通。这种沟通方式有利于加速信息流动，促进理解，并为实现组织的目标而协调各方面的努力。

管理中四种沟通缺一不可。纵向的上行、下行沟通应尽量缩短沟通渠道，以保证信息传递的快速与准确;横向的平行沟通应尽量做到广泛和及时,以保证协调一致和人际和谐。同时,为加速信息流动可灵活运用斜向沟通。

（三）按表达方式划分

1. 书面沟通

书面沟通即利用文字进行的沟通。其特点是正式、权威、持久,有利于准确地理解,并且在一定程度上排除了传递过程中信息遗失或信息被曲解的可能性,如合同、协议、规定、通知、布告等。

2. 口头沟通

口头沟通是借助于口头语言进行的沟通,如谈话、报告、讲课、电话。口头沟通的优点是快速传递和快速反馈;缺点是事后难以准确查证。

3. 非语言沟通

非语言沟通是借助于人的目光、表情、动作、体姿等肢体语言所进行的信息交流。在信息交流中,语言只起到了方向性和规定性的作用,而非语言才准确地表达了信息的真正内涵。非语言行为在人际沟通中不但起到支持、修饰或否定语言行为的作用,而且可以直接替代语言行为,甚至反映出语言难以表达的思想情感。

（1）副语言。副语言是指说话音调的高低、节奏的快慢、语气的轻重,它们伴随着语言表达信息的真正含义,因而副语言与语言之间的关系非常密切。副语言尤其能表现一个人的情绪状态和态度,影响人们对信息的理解以及交流双方的相互评价。管理人员要有意识地控制好自己的副语言行为,不要给人造成误解和歧义,同时,要注意倾听交流对象的弦外之音,识别交流对象所传信息的真正含义。

（2）表情。表情是人类在进化过程中不断丰富和发展起来的一种交流手段。表情能够传递个人的情绪状态或态度,喜、怒、哀、乐、愁等心理状态都能在面部表情中得到淋漓尽致地展示。管理人员在与交流对象沟通时,决不能对着天空高谈阔论,或者对着地下埋头苦讲,一定要注意对方的表情及其变化,及时作出反应和调整,如交谈、演讲、展示、谈判等。

（3）目光。目光是非语言沟通的一个重要通道。在人际沟通中,关于对方的许多信息特别是非语言信息,需要通过眼睛去搜集和接收,同时目光也是一种非语言信号,向他人传递着管理人员的态度、情感等信息。在人际沟通中,管理人员要善于使用目光,如用目光来表明赞赏和强化顾客的语言和行为,用目光来表示困惑,让交流对象有一个自我表现（暴露）和申诉的机会。

（4）体姿。人们对待他人的态度在一定程度上是通过体姿表现出来的。虽然体姿不能完全表达个人的特定情绪,但它能反映一个人的紧张或放松程度。当某人对交流对象感到拘谨和恐惧、敌意或不满时,往往会呈现体姿僵硬、肌肉绷紧的情况,在这种情况下,往往使交流双方都感到不自在,人际沟通达不到预期的效果。所以说不同的体姿也是一种沟通行为。

除了上述几种非语言行为外,还有动作、接触和个人空间以及服饰打扮等非语言行为,如销售人员对顾客点点头、拍拍肩表示赞赏和认可。当然,在人际沟通中,人们往往将几种非语言行为组合起来伴随着语言行为共同完成信息交流任务,快速、有效地达到人际沟通的目的。

(四)按照是否具有可逆性划分

1. 单向沟通

单向沟通是朝着一个方向的沟通。其特点是速度快、次序好,但无反馈、无逆向,接受者容易产生挫折、埋怨和抗拒心理。

2. 双向沟通

双向沟通指来回反馈的沟通。其特点是速度慢、气氛活跃、有反馈、接受者能表达意见,人际关系较好,但是传达者有心理压力。

单向沟通和双向沟通的比较如表9.1所示。

表9.1 单向沟通和双向沟通的比较

因素	结果
时间	双向沟通比单项沟通需要更多时间
信息和理解的准确程度	在双向沟通中,接受者理解信息和发送者意图的准确程度大大提高
接受者和发送者的置信程度	在双向沟通中,接受者和发送者都比较相信自己对信息的理解
满意	接受者比较满意双向沟通,发送者比较满意单向沟通
噪声	由于与问题无关的信息较易进入沟通过程,双向沟通的噪声比单项沟通要大得多

严格地讲,单向沟通并不是真正的沟通,而只是一方把话告诉另一方;双向沟通才是真正的沟通,但是不能因此而否定单向沟通。一般说来,例行公事、有章可循、无甚争论的情况可采用单向沟通;事情复杂、底数不大,可采用双向沟通;重视速度、维护表面威信可采用单向沟通;重视人际关系则可采用双向沟通。

(五)按照组织形式划分

1. 讨论式沟通

讨论式沟通即沟通人员之间无阻碍地进行讨论,最后在商讨的基础上得出一致意见。这种沟通一般在组织对某一问题进行决议时使用较多,体现出一定的民主性,效果相对较理想。

2. 汇总式沟通

汇总式沟通即沟通是按照一定的顺序进行思想传递,其中可以穿插一些讨论式沟通,最后作出总结性意思表示的是某一具有决定权力的沟通者。

第二节 人际关系沟通与公共关系沟通

沟通分为人际关系沟通与公共关系沟通。人际关系与公共关系是两个既有联系又有区别的概念。人际关系指个人在社会实践中形成的各种社会关系。公共关系指组织与公众之间的传播与沟通。

一、人际关系沟通与公共关系沟通的关系

（一）人际关系与公共关系的联系

从工作内容上看,公共关系中包含了许多人际关系;从工作方法看,公共关系工作需要运用人际关系的手段,要求公关人员具备较好的人际关系能力。良好的人际关系有助于建立良好的公共关系。

（二）人际关系与公共关系的区别

首先,人际关系的行为主体是个人,公共关系的行为主体是组织;其次,人际关系的对象是私人关系,公共关系的对象是公众;再次,人际关系是个人的交际技巧,公共关系是组织的管理职能;最后,人际关系局限于人际传播,公共关系较强调运用大众传播。

二、人际关系沟通

人际关系沟通指人与人之间相互了解、共享信息的交流过程。由于不同的人的知识背景、世界观、所处岗位不同,因此某种情况下的有效沟通并不一定适用于另一种情况下的沟通。对大量沟通实践进行分析,总结其一般规律和方法,通过学习掌握它,对做好人际关系沟通、尽快形成领导者自己独特适用的沟通艺术来说是十分有效的。下面根据不同的沟通流动方向对有效的人际关系沟通的方法与技巧进行阐述。

（一）上行关系沟通

正确沟通好与上级领导者的关系需要适应彼此的需要与风格、分享彼此的期望、相互依赖和信任。

1. 尊重而不恭维

一般来讲,上级领导都是由一定的组织民主选举产生或委派的,在其分工负责的范围内所作的各项决定,都是代表一定的组织,而不是代表他个人。所以,下级对上级首先应该尊重。作为下级应该懂得,尊重领导者不仅是对领导者个人的尊敬,而且是顾全大局,支持工作的表现,特别是在正式严肃的工作场合,要讲究礼节,维护领导者的威信。但是,这种尊重不是恭维,不是畏首畏尾、低三下四,更不能奴颜婢膝地讨好领导。过分的恭维不仅得不到领导者的好感,反而会降低自己的人格和威信。尊重领导最主要表现在支持和服从。在工作中要主动请示汇报,自觉接受上级的领导,树立上级领导的威信,甘当无名英雄。在生活中要注意谦虚礼让,尽量给上级领导者以体面,对私下议论上级领导者的人,要好言规劝,正确引导。对上级领导者的家庭困难,要主动关心,帮助解决,但不能把这种工作上的关系随意延伸,致使同上级领导的关系庸俗化。

2. 服从而不盲从

每个领导者都希望下属服从自己的领导,这种领导心理是正常的。因为下属人员服从领导,是领导者实现领导的基本条件,是维护上下级关系的基本原则。但是,这种服从不是毫无条件的服从。在现实情况下,对于正确的领导下级理应服从,问题是对于错误的领导是否也要服从。一般来说,对于错误的领导,为了顾全大局也要服从。但这种服从不是盲从,而是在组织服从的前提下,要采取适当的方法向领导者阐明问题的严重性,在实际行动上有所保留、修正和变通。

3. 到位而不越位

按照组织分工负责制度,每个人在组织系统中都扮演着特定的角色。作为下级在协调与上级领导关系时,一定要明确自己在组织系统中的角色地位,努力按照角色的行为规范去做好工作,做到尽职尽责,尽力而不越位。如果在工作中出现了越位现象,就会出现出力不讨好的现象。其一,避免决策越位。任何决策都是有层次权限的,如果下级领导者未经请示就做出了该由上级领导者决策的事情,则叫做决策越位。其二,不要表态越位。在工作中,对某个问题该谁表态,是有一定规范的。有些问题该由上级领导者表态,如果下级领导者没加请示就自行表态,则叫做表态越位。其三,防止工作越位。在领导活动中,每一个人都应积极主动地工作,但有的工作该由上级领导者出面做的,作为被领导者抢先做了,就造成工作越位。其四,杜绝场合越位。在一些公开场合,作为领导者和被领导者、正职和副职,出场时走或坐在什么位置,都有不成文的规定。作为下级领导者,如果抢了上级领导者的位置喧宾夺主,使领导者陷入被动地位,就会造成场合越位。越位不仅危害领导活动秩序,而且是一种侵权行为,必然损害上下级关系。因此,作为下级领导者,一定要处理好工作与越位的关系,努力做到出力而不越位。

4. 建议而不强求

下级在协调与上级人际关系时,要特别注意善于将自己的意见用适当的方式让上级领导者采纳,从而变成领导者自己的意见,这是一条十分重要的经验。在领导活动中,作为下级要善于自用其才。特别是对某一问题提出自己独到的见解时,要善于将自己的意见变成领导者的意见,学会说服领导者采纳自己意见的方法。为此,一要研究不同领导者听取下属意见的特点,采用不同的反映意见的方法;二要反复研究推敲自己的意见,使之既有科学性,又有可行性,易于被领导者采纳;三要选择向领导者提建议的适当时间、地点和场合,最好是领导者也在思考这个问题而又百思不得其解的时候,或是领导者心情舒畅的时候;四要在建议中留有几种方案,给领导者以选择的余地,一般不要造成逼领导者就范,被你牵着鼻子走的局面;五要点出问题的成败利害关系,使领导者有紧迫感;六要语言简明,逻辑性强,态度端正,让人信服。

(二)下行关系沟通

良好的下行关系沟通有助于领导者了解下情,充分调动下级的积极性,使他们的潜力得以最大限度的发挥,有助于增强团结,保证领导活动的正确性。与下属沟通最常见的是谈心。每个下属都想得到上级的重视和能力的认可,这是一种心理需要,和下属经常谈谈话,对于形成

群体凝聚力,完成任务与目标,有着重要的意义。在下行关系沟通中应做到以下几点:

1. 对亲者应保持距离,对疏者需正确对待

在领导和管理实践中,成功的领导者都是以一种超然的、不受感情影响的方式来看待同下属的关系的。如果领导者与某一个或一些部下关系过分密切,便会引起另一部分人的猜疑,他们便会疏远乃至嫉恨领导者。与下属过分亲近,还会对下属的缺点视而不见,群众对这些人正确的批评意见,也会听不进去。特别是领导者对下属过分亲疏,倾向一方,排斥一方,处事不可能做到公平,必然影响干部群众的积极性。

在领导工作中,与下属"保持距离"有利于领导者与下属保持一种深沉、持久、真挚的私人友谊。同时,在领导者的人际关系中,总存在着一些不愿接近上级领导或与上级领导持不同意见,甚至反对上级领导的人,姑且称之为"疏者"。有的领导者往往容纳不了"疏者"而采用排挤、打击的办法,这样做不仅解决不了问题,反而促使矛盾激化。

事实证明,如果容纳不了"疏者"的意见,甚至打击报复,不仅改正不了领导本人的缺点错误,反而会激化矛盾,损害领导的威信。正确对待"疏者",团结一个可以带动一批,有利于调动一切积极因素。要本着"亲者严,疏者宽"的精神,在分清大是大非的基础上求大同、存小异,允许疏者和自己有不一致的地方,并力图在实践中逐渐取得统一的认识,这样才能使下属心情舒畅,消除隔阂,增进人际关系的协调发展。

2. 对下属要多激励,少斥责

每个人的内心都有自己渴望的"评价",希望别人能了解,并给予赞美。身为领导者,应适时地给予鼓励、慰勉,认可褒扬下属的某些能力,尤其是当众讲话时对下属要有激励作用。下属的优点给予适度的褒奖,使对方得到心理上的满足,使其在较为愉快的情绪中接受工作任务。对于下级工作中出现的不足或者是失误,特别要注意,不要直言训斥,要同你的下级共同分析失误的根本原因,找出改进的方法和措施,并鼓励他一定会做得很好。斥责会使下属产生逆反心理,而且很难平复,对以后的工作会带来隐患。积极的激励和消极的斥责,对于下属的影响就会是两种不同的结果,更重要的是心理上的影响,这是最根本的影响。

3. 与下属推心置腹,做真正的朋友

领导者的说服工作,在很大程度上,可以说是情感的征服。只有善于运用情感技巧,以情感人,才能打动人心。感情是沟通的桥梁,要想说服别人,必须架起这座桥梁,才能到达对方的心理堡垒,征服别人。领导者与对方谈话时,要放下架子站在下属的角度考虑问题,要使对方感到领导不抱有任何个人目的,没有丝毫不良企图,而是真心实意地帮助自己,为下属的切身利益着想,这样沟通双方的心就接近多了,就会产生"自己人"、"哥儿们"效应。

领导者与对方谈话时,对下级要以礼相待,人是有思想有感情的,如果上级对下级视如"草芥",下级则会视上级如同"陌路";上级冷落、歧视、训斥下属,下属也可以从内心里蔑视上级。因此不尊重下属,不礼贤下士,就得不到人才;即使得到了人才,也不可能使之尽心尽力。领导者放下架子,站在被劝说人的位置上瞻前顾后,与下属建立人格上平等的关系,就能不断增进自己的威望。

4. 语言幽默、轻松诙谐

领导者与下属谈话营造一个和谐的交谈气氛和环境很重要。上级和部下谈话时,可以适当点缀些俏皮话、笑话、歇后语,从而取得良好的效果。只要使用得当,就能把抽象的道理讲得清楚明白、诙谐风趣,会产生一种吸引力,使下属愿意和领导交流。领导的语言艺术,对于下属来说,既是一种享受,又是一种激励,可以拉近上下级之间的距离。

5. 对纠纷需公平处理

在领导工作中,同事之间、上下级之间、领导班子内部难免会产生一些矛盾和纷争,甚至发展为成见与私仇。在这些矛盾面前,上级领导者应冷静分析,避免感情用事而卷入具体矛盾与争论的漩涡中而不能自拔,若表现出支持一方,压制一方,这样就会使原来复杂的人事关系变得更加复杂,从而降低领导者的威信,涣散组织内部的凝聚力。领导者应像诸葛亮所说的:"吾心如秤,不能为人作轻重。"也就是说,要公平如秤,一视同仁,不以亲疏爱憎为转移,用今天的话说就是要"一碗水端平"。所以,为了建立宽松、和谐的人际关系,利于事业的顺利发展,领导者必须公平地处理好下级之间的不协调关系。

(三)平行关系沟通

任何一个团队的成功,除了团队本身的努力之外,如何与组织内其他部门协调合作更是关键。一个优秀的领导者,除了掌握上下沟通技巧之外,还应学习如何与平级合作,以获得其他部门的配合与支持。

1. 要换位思考与沟通对方随时保持联系

要争取平级的支持,就得学会运用他们的思考逻辑来沟通。每个部门都有自己的业绩压力,因此它们在思考问题时,难免会从自己部门的角度出发。要转换立场,从对方的角度思考问题。另外,不要事到临头,才急着抱佛脚。沟通者平时应注意与其他部门保持联系,主动了解其他部门的工作进度,掌握最新的情况,遇到较为敏感的会议沟通,应事先照会。

2. 彼此尊重,平等相待

在一个组织中,所有成员彼此之间只是分工不同,没有高低之分,其人格是平等的。只有尊重别人,平等相待,才会有融洽和谐的同志关系;而装腔作势、盛气凌人,贬低别人抬高自己,则会破坏同事关系。所以,应学会尊重别人,尊重同事的人格,尊重同事的意见,采纳他们合理的建议,切不可把自己分管的工作视为自己的领地,容不得别人插手,听不得别人意见,尤其要尊重同事的劳动,要看到其他同事对自己工作的辅助,要尊重他人的劳动。

3. 彼此相互信任,团结合作

诚实、信任是同事之间友谊的桥梁。同事之间切记不要在上级那里打小报告。当听到闲言碎语时,要认真分析,明辨是非。在一个集体中,每一个成员都是根据各自分工,从不同角度为一个共同目标努力工作的。每个人要做好自己的本职工作,不仅需要自己个人的努力,而且还需要相互支持和帮助。同事之间要做到分工不分家,平等竞争,化解矛盾,协调关系。

三、公共关系沟通

公共关系沟通通常是指组织与其关系单位之间的沟通活动。通过公共关系活动,创造和维持认同感,并通过增强组织对于环境的预测力,提高组织效能。沟通在公共关系中起着增进了解、实现信息互换、协调误解和矛盾、加强协作等积极作用。其包含以下内容:

(一)做好联系社会,关注民生的活动

任何一个单位,尤其是企业,除了不断开发推出优质低廉的产品之外,还要尽可能多地与社会各个方面进行交流。把企业的营销活动搞活、搞好,对社会上组织的各种有意义的公益活动应积极参加,处处体现企业的声音,其目的就是抓住一切机会多与社会深入接触,融入其中,在活动中倾听外部对企业的意见和建议,将有效沟通融化在与社会的广泛交流中去,促进社会公众与企业之间的相互了解和认识,在无形中提升企业自身的形象和品牌影响。此外,任何一个单位要积极参与有意义的捐赠活动,比如国家遇到自然灾害、贫困群体、养老院等,大的单位要有计划地实施捐赠救助,以此来履行社会责任。

(二)强化本单位与政府部门的公关力度

任何一个单位,尤其是企业,要加大与政府、工商、税务、法院、公安、交通、社区等部门的联系,经常与其互动,达成一种默契。通过电子邮件、短信等形式传达企业有关资讯,扩大企业在政府层面的美誉度、知名度。这就要求任何一个单位,平时应多走动多联系,建立走访制度,加深了解,寻求有效沟通,让政府部门知道企业在守法做事、在依法经营、在依法纳税,获得政府部门各方面的有力支持,保持良好的关系,这一点在今天看来尤为重要。

(三)增加本单位与媒体部门的交流

任何一个单位,尤其是企业,要不断加大和重视媒体的力量。企业资讯部门应定期向各类媒体发布多种信息,包括产品信息、管理创新信息、企业文化活动、企业重大节日、企业发展中的疑难问题等,这些信息要让媒体了解,要不断引起媒体的关注,并配合媒体采访做好企业的对外舆论服务工作。

(四)注意掌握公关原则、方法及技巧

公关交际原则是广结朋友、平等交往、求同存异、互惠互利、诚实守信。公关交际技巧是:强化接触、深入了解,注重感情投资,不断增添新的内容,注意培养心理素质,善于解决人际冲突,善用多样化的交际方式。在公关语言技巧方面,要掌握好交谈话题,善于问答,注意运用聆听艺术,注意谈话的知识性和启迪性,努力创造一种轻松与欢快的气氛,不断根据对方的即时反应进行"反馈调整",注意进行言谈的具体外部场景,充分发挥非语言因素的沟通作用。在公关谈判技巧方面:开局时要烘托气氛、投石问路、模棱两可;交锋时对事不对人、察言观色、注重报价技巧与让步技巧。在缔约技巧方面:把握进入成交阶段的迹象,促成协议缔约。

第三节 有效的沟通技巧

怎样才能促使企业形成一个良好的人际沟通呢？作为组织管理者，首先要了解在人际沟通中有哪些障碍，然后再根据这些障碍采取一定的方法和技巧，以确保有效沟通的形成。

一、克服人际沟通障碍

（一）构成人际沟通障碍的主要因素

在人际沟通的过程中，由于一些因素的影响，使群体人际的沟通存在一定的障碍。

1. 组织因素

在管理中，合理的组织机构有利于信息沟通。但是，如果组织机构过于庞大，中间层次太多，那么，信息从最高决策层传递到下属单位不仅容易产生信息的失真，而且还会浪费大量时间，影响信息的及时性。有的学者统计，如果一个信息在高层管理者那里的正确性是100%，到了信息的接受者手里可能只剩下20%是正确性的。这是因为，在进行这种信息沟通时，各级主管部门都会花时间把接收到的信息加以甄别，一层一层地过滤，然后有可能将断章取义的信息下传。此外，在甄选过程中，还掺杂了大量的主观因素，尤其是当发送的信息涉及传递者本身时，往往会由于心理方面的原因，造成信息失真。

2. 个人因素

（1）个性因素。信息沟通在很大程度上受个人心理因素的制约。个体的性格、气质、态度、情绪、见解等的差别，都会成为信息沟通的障碍。

（2）知识、经验水平的差距。在信息沟通中，如果双方经验水平和知识水平差距过大，就会产生沟通障碍。其原因是信息沟通的双方往往依据经验上的大体理解去处理信息，使彼此理解的差距拉大，形成沟通的障碍。

（3）个体记忆不佳。在管理中，信息沟通往往是依据组织系统分层次逐次传递的，然而，在按层次传递同一条信息时往往会受到个体记忆力的影响，从而降低信息沟通的效率。

（4）对信息的态度。这又可分为不同的层次来考虑：一方面认识差异。在管理活动中，企业员工和管理者忽视信息的作用的现象还很普遍，这就为正常的信息沟通造成了很大的障碍。另一方面，利益观念。在团体中，不同的成员对信息有不同的看法，所选择的侧重点也不相同。很多员工只关心与他们的物质利益有关的信息，而不关心组织目标、管理决策等方面的信息，这也成为信息沟通的障碍。

（5）相互不信任。有效的信息沟通要以相互信任为前提。管理者在进行信息沟通时，应该不带成见地听取意见，鼓励下级充分阐明自己的见解，这样才能做到思想和感情上的真正沟通，才能接收到全面可靠的情报，才能作出明智的判断与决策。

（6）沟通者的畏惧感以及个人心理品质。在管理实践中，信息沟通的成败主要取决于上级与下级、领导与员工之间的全面、有效的合作。但在很多情况下,这些合作往往会因下属的恐惧心理以及沟通双方的个人心理品质而形成障碍。

(7)知觉选择偏差。接收和发送信息也包含一种知觉形式。但是,由于种种原因,人们总是习惯接收部分信息,而摒弃另一部分信息,这就是知觉的选择性。知觉选择性所造成的障碍既有客观方面的因素,又有主观方面的因素。客观因素如组成信息的各个部分的强度不同,对接受信息者的价值大小不同等,都会致使一部分信息容易引人注意而为人所接受,而另一部分则被忽视。主观因素也与知觉选择时的个人心理品质有关。在接受或转述一个信息时,符合自己需要的,与自己有切身利害关系的,很容易听进去;而对自己不利的,有可能损害自身利益的,则不容易听进去。

(二)克服人际沟通障碍的方法

1. 克服群体沟通障碍

组织中的群体沟通不同于个人之间的沟通,要有效地管理信息沟通,必须在信息传递上下功夫。

(1)信息传递要贯彻"多、快、好、省"的原则。所谓"多",是就数量而言,即在单位时间内传递的信息数量要多;"快"是就速度而言,即信息传递要迅速、及时,一条很有价值的信息,如果传递速度过慢,就可能变得毫无价值;"好"是就质量而言,即要消除信息传递中的种种干扰,保持信息的真实性;"省"是就效益而言,要求在较短的时间内,花较少的费用,传递尽可能多的信息。在信息传递中,这几方面互相联系,互相制约,要加以协调。

(2)传递信息要区分不同的对象。这一方面是指在传递信息时的目的性,另一方面又指信息传递的保密性。信息是有价值的,但是,价值的大小却因人而异,同一信息对不同的人价值不同。因此,要注意信息传递的目标,确保信息的效用。要研究不同对象的不同需要,追踪信息接收者的视线所向,保证信息传递的质量,减少无效劳动。

(3)要适当控制信息传递的数量。在管理中,由于各级主管部门的角色不同,每个团体成员所考虑的问题不同,因此,在信息传递时,要适当注意量的控制。这就是说,应该让下级知道的信息必须尽快传递,适用范围有限的信息则力求保密。应注意避免两种倾向:一种是信息过分保密的倾向;另一种是随意扩散信息的倾向。

(4)要控制使用直接传递与非正式渠道。所谓直接传递就是越级传递,撇于管理信息系统,使沟通双方直接对话。在管理中,不能过多采用这种方式,但在某些特殊情况下可以控制使用。

比如,为了迅速处理管理中的重大问题;由于上级主管部门官气严重会妨碍时效;时效性特别强的信息需要立即向决策者汇报;涉及个人隐私、需要保密的材料等。

对于向下沟通渠道来说,有些管理者往往坚持把信息直接送达需要它的部门,并实行"反馈"制度。对于非正式沟通,也应实施有效的控制,否则它也可能成为散布谣言和小道消息的渠道,产生副作用。

(5)在信息加工处理过程中也需要信息反馈。这是确保信息准确性的一条可靠途径。这种反馈要求是双向的,即下级主管部门经常给上级领导提供信息,同时接受上级领导的信息查询;上级领导也要经常向下级提供信息,同时对下级提供的信息进行反馈,从而形成一种信息环流。

2. 克服个体沟通障碍

要获得有效的信息沟通,提高沟通效果,必须注意沟通方法。

(1)提高沟通信息的清晰度。要明确沟通的问题和所要传递的信息,保持行动和言语的一致性,用最简明的语言表明最主要的信息。

(2)增加沟通双方的信任度。沟通双方要始终保持亲密、信任的人际关系,互相理解、互相配合。

(3)及时获得和注意沟通的反馈信息。要弄清对方是否已了解,是否愿意进行,是否能采取适当的行动等。

(4)克服不良的沟通习惯。不良的沟通习惯不仅会影响沟通本身的进行,还会影响人际交流和人际关系。

(5)要创造良好的沟通气氛。力图使沟通在一种和谐、平等、互利、尊重的气氛下进行,这是沟通顺利进行的保证。

在每个组织中,所有的主管人员都能体会到实施有效沟通的实际困难,所以仅仅通过学习人际关系沟通和公共关系沟通是远远不够的,还必须不断开发沟通的方法和技巧,加强沟通,进行控制,以便使管理工作能健康、更有效地进行。

二、掌握倾听技巧

倾听是有效沟通的第一个技巧,做一个永远让人信赖的领导者,倾听是最简单的方法。倾听可以定义为:通过视觉、听觉媒介接收、吸收和理解对方思想、信息和情感的过程。通过听觉,人们不仅仅听到对方所说的话语,而且可以听到不同的重音、声调、音量、停顿等,这些也是倾听过程中不可忽视的因素。同时,人们也能从说话的声音中区别出愤怒、吃惊、轻视和怀疑等讲话人要表达的态度。

众所周知,最成功的领导者,通常也是最佳的倾听者。倾听是对沟通者的尊重和关注。

(一)选择恰当的环境倾听

倾听总是在一定的环境中进行的,无论是安静的室内、喧闹的街区,还是空旷的田野。环境总是客观存在并在一定程度上影响着沟通质量。有效倾听的管理者必须意识到环境因素的影响,以最大限度地消除环境对倾听的障碍。良好的倾听环境应包括以下几种:

1. 安全的环境

这种环境可为正式的,如谈判场所等;也可以选择非正式的,如在酒吧或咖啡厅等。在这种环境中,双方有一定的安全感,并有与他人平等的感觉。

2. 适当的地点

必须保证不受打扰或干扰,如较为封闭、有隔音设备的场所等。

3. 合适的时间

选择时间要提前与对方约定并得到对方的认可,这样做一方面是尊重对方,让对方有充分的准备;一方面也表达了自己的积极态度与诚意。

(二)保持良好的精神状态倾听

良好的精神状态是保证倾听质量的重要前提,沟通的一方萎靡不振只能使沟通质量大打折扣。因为倾听是包含肌体、感情、智力的综合性活动,在人的情绪低落和烦躁不安时,倾听效果决不会太好。而良好的精神状态能使倾听者集中精力,随时提醒自己交谈到底要解决什么问题。交谈时应保持与谈话者的眼神接触,但对时间长短应适当把握。如果没有语言上的呼应,只是长时间盯着对方,那会使双方都感到局促不安。另外,要努力维持大脑的警觉,保持身体警觉则有助于使大脑处于兴奋状态。专心地倾听不仅要求有健康的体质,而且要使躯干、四肢和头部处于适当的位置。

(三)明确倾听的目的倾听

倾听的目的应该是获得良好的沟通效果。目的不明确,倾听就无任何意义可言。只有明确目的,才能在倾听中驾驭沟通的内容,使人们对谈话可能出现的问题或意外有个解决的思路;同时可以围绕主题进行讨论,使双方对沟通内容的认识更加深刻,感受更加丰富,从而收到显著的效果。

(四)采取谦逊的态度倾听

要耐心倾听对方所说的话,即使你可能认为它是错误的或与话题无关的。用点头、点烟斗或偶尔插进一声"嗯"或"我懂了"以示简单的认可(但未必就是同意)。要设法摸清说话人所表露的情绪及理性内容,大多数人在牵涉到自身感受时就很难说得有条有理,因而就需要注意听。

(五)避免对事实的直接质问和争辩

在倾听的过程中切忌说这样的话:"事情根本不是这么回事","让我们查看查看事实"或"拿证据来"等。因为验证证据和对方现在的感受是毫不相关的两码事。

(六)有效倾听的10项因素

美国心理学家戴维斯提出了有效倾听的10项因素,可以在实际工作中加以借鉴:

(1)少讲多听,多保持沉默,不要打断对方讲话;

(2)设法使交谈轻松,使讲话人感到舒适,消除拘谨等不良情绪;

(3)表示对谈话有兴趣,不要漫不经心,表情冷漠;

(4)尽可能排除干扰;

(5)站在对方立场上考虑问题,表现出对对方的同情心;
(6)要有绝对耐性,不要随便插话;
(7)控制情绪,保持冷静;
(8)不要与对方争论或妄加批评;
(9)提出问题以显示你在充分注意和求得了解;
(10)少讲多听。

【阅读资料9.1】

金 人

曾经有个小国的人到中国来,进贡了三个一模一样的金人,金碧辉煌的,把皇帝高兴坏了。可是这小国的人同时出了一道题目:这三个金人哪个最有价值?皇帝想了许多办法,请珠宝匠检查、称质量、看做工,可都是一模一样的,怎么办?使者还等着回去汇报呢。泱泱大国,不会连这点小事都不懂吧?最后,有一位退位的老大臣说他有办法。皇帝便将使者请到大殿上,老臣胸有成竹的拿出三根稻草,插入第一个金人的耳朵里,这稻草从另一边耳朵出来了。第二个金人的稻草则从嘴巴里直接掉出来了。第三个金人的稻草进去后掉进了肚子,什么响动也没有。于是,老臣说:第三个金人最有价值!使者默默无言,答案正确。

管理启示:最有价值的人,不一定就好似最能说的人。老天给我们每个人两只耳朵一张嘴巴,本来就是让我们多听少说的。善于倾听,是沟通最重要的技巧之一。

资料来源:http://wenwen.soso.com.

三、处理人际冲突

(一)冲突及人际冲突的含义

沟通是一种认知和协调,是通过双方的互动达到理解的过程。但是由于个体的差异以及诸多因素的影响,沟通有时并不一定很顺利,甚至会发展成为冲突。冲突是行为主体之间,由于目的、手段的分歧而导致的行为对立状态。无论冲突的表现形式如何,都可以简单地归纳为以个人为主体的内心冲突、人际冲突及组织冲突,这里主要关注人际冲突。

人际冲突指的是人与人之间在认识、行为、态度及价值观等方面存在着分歧。以下通过著名的"囚徒困境"来解释这一冲突。

两名嫌疑犯被分别关押起来,当地的检察官知道他们犯有某种罪,但却没有足够的证据在审讯中判他们有罪。检察官让这两名嫌疑犯作出选择:要么承认警方已掌握的所犯罪行,要么什么也不承认。这位检察官说,如果他们俩都不承认的话,将指控他们犯有类似小偷小摸或非法拥有枪支等罪。这样他们两人所受到的惩罚不会太重;如果他俩都招供的话,那么他们将依法受到惩罚。两个罪犯在相互不知对方选择的情况下,不得不自己作出决定。表9.2表明可能产生四种结果。

表9.2 嫌疑犯的选择与结局

甲的选择	乙的选择	甲的结局	乙的结局
承认	承认	判5年监禁	判6年监禁
承认	否认	判1年监禁	判10年监禁
否认	承认	判10年监禁	判1年监禁
否认	否认	判3年监禁	判3年监禁

这种情景具有人际冲突的许多特征。首先,每个人的结果取决于别人做什么;其次,这一困境强调了个人行为和联合行为的差异。对每个人来说,采取承认的态度对自己最为有利。然而,最美好的结局来自于两人都不承认。这一困境中包含着信任的因素。假设那两名嫌疑犯在各自作出决定前有一次见面机会,见面时这两人商量好不招供。但当他们回到各自的牢房再来考虑这个选择时,最好的结局还是承认,因为他们谁也不知道是否应该相信对方。

(二)人际冲突的分类

在沟通的过程中,不同利益间的冲突是很难避免的,有时冲突的数量是相当大的。一项调查表明,管理者一般要用20%的时间来处理冲突,他们或者是冲突的直接参与方,或者是努力解决两个或多个员工之间冲突的调停人。因此,为了很好地解决人际冲突,有必要将冲突进行分类。

1. 根据冲突的主体划分

(1)个人间的冲突。当两个人在一些事务上不能达成共识,就发生了个人间的冲突,这种冲突往往会导致人际关系紧张。

(2)个体与群体的冲突。该类冲突可以是实质性的,也可以是情绪性的。

(3)群体间的冲突。这类冲突往往是由于两个群体目标不一致或在实现目标过程中相互争夺资源而引起的。群体间的冲突比较复杂,因为它涉及较多的人。这种冲突常常使群体内成员产生很强的群体意识。

(4)组织内的冲突。该类冲突又可以分为三类:其一,纵向冲突,指发生于上下级之间的冲突;其二,横向冲突,指发生于同级部门之间的冲突;其三,直线-职能冲突,例如,任务单位与职能部门之间的冲突,焦点常常在资源分配上或职能部门干预生产经营系统的决策方面。

(5)组织间的冲突。组织间的冲突是指同一行业的两个组织间,或不同行业或经济部门的两个组织间,甚至两个国家间,由于其中一个组织或国家的目标受到另一个组织或国家的阻挠而发生的冲突。

2. 根据人际冲突结果的利弊划分

根据人际冲突结果的利弊划分,人际冲突可分为积极的和消极的两类,也就是有建设性的冲突与有破坏性的冲突。传统的观点认为冲突总是有害的,因而必须避免。

可是,现代组织理论却认为,适度的冲突在某些情况下是有益的。例如,冲突可以迫使组织寻找新的思路和新的机制以解决组织中存在的问题。因此,冲突可以导致组织的创新和变革。另外,冲突还使职工感到压力,激发出他们的斗志,从而推动他们努力实现绩效目标。冲突有时还有助于职工和群体成员关系的稳定和统一。

冲突对个人和组织也有消极作用，它使组织成员把更多的精力投入冲突的解决之中，而忽视了组织的绩效和目标。而持续的冲突对组织成员的心理也有不利的影响，研究表明，冲突是造成组织成员心理压力和紧张的主要因素。另外，持续的冲突也影响群体的人际关系，破坏群体的凝聚力。

可见，工作环境中的冲突既有有利的一面，也有不利的一面，必须根据冲突的性质、强度和持续性做出判断，提出解决的办法。不管怎样，过多和过少的冲突都会对组织带来不利影响，只有适度的冲突才能产生良好的效果。因此，管理人员的任务不是去消除冲突，而是如何管理和解决冲突。

(三) 人际冲突的处理方法

不同的冲突处理会使冲突要么激化，要么减弱，或者维持现状，或者避免冲突。个人冲突处理的目的以及组织对待冲突的价值观将会决定处理冲突的方法。

1. 处理人际冲突的传统方法

(1) 妥协。这是解决冲突常用的方法。当各个群体为了资源的分配发生冲突时，上层领导常常充当仲裁人。仲裁人采取妥协的方法，让每一方都得到部分的满足。

(2) 第三者裁判。这就是由权威人士仲裁，靠法规来解决，或者由共同的上司裁决。比如，两位经理人员发生争执而出现僵局，就请共同的上司来听取双方的争论，然后由上司裁定哪一方有理。

(3) 拖延。这是解决冲突的一种微妙而又常常没有结果的办法。冲突的双方都不去寻求解决的办法，而是拖延时间，任其发展，以期等待环境的变化来解决分歧。

(4) 回避。这是"拖延"办法的变种。按照心理学的观点，不作决定比起拒绝别人的要求来说，产生的冲突更小。所以，有些人就采用回避问题、不予理睬的办法。事实上这种办法有时不但不能解决问题，还会加剧冲突。

(5) 合作。这种方法由冲突各方决定，采取求同存异，和平共处，避免把意见分歧公开化。这样做虽没有彻底解决分歧，但可以避免冲突的激化。

(6) 压制冲突。建立一定法规或由上级命令限制冲突。这种办法能收效于一时，但并没有消除冲突的根源。

(7) 转移目标。寻找一个外部竞争者，把冲突双方的注意力转移。

(8) 教育。教育冲突双方了解冲突所带来的有害结果，讨论冲突的得失，帮助他们改变思想和行为；或者教育某一方，识大体，顾大局，宽恕对方，取得对方合作，解决冲突。

(9) 重组群体。有时一个群体内冲突激烈，又长期解决不了，影响效率的发挥，可果断地将该群体解散，重新组织。

2. 处理冲突的最新办法

(1) 注重多种沟通渠道的利用。按照不同的划分标准可以将沟通分为很多类型，在现实生活中,可以借助不同的沟通渠道解决冲突。

个人内部沟通,是指单独的个人身心内的沟通行为。换句话说,个人内部沟通是个体内部信息加工的过程。例如,对信息的认知、理解和记忆、思考与分析等都属于"独省"的内心活动。

人际沟通,是指两个人之间的沟通行为,也称为双向沟通。人际沟通主要是在面对面的情况下进行的,但也可以在非面对面的情况下进行,如打电话或写信等,可以在不同的空间里用声音或文字来互通信息。在人际沟通中,由于任何一个参与者都有得到反馈的机会,因此,这种沟通方式是所有沟通类型中最富有说服力的。

小团体沟通,是指3个以上20个以下成员的小团体中,成员之间彼此均有充分机会进行面对面的沟通。小团体沟通主要讨论沟通的结构与网络,成员间彼此的冲突及其解决方法等。一般来说,组织内部召开的会议属于这类沟通。

公众沟通,是指在以某种目的而聚合的人群之内所进行的沟通活动,譬如演讲会、音乐会、电影、教学或展览会等。这种形式的沟通允许参与者反馈,但公众容易感染情绪,因此,其反馈有时容易走向极端。

组织沟通,是指在大型的团体内进行的沟通行为。其目的在于达成个人与组织的共同目标,使彼此获益。组织沟通所探讨的重点包括组织沟通的网络、模式及组织的领导行为和决策等。

跨文化沟通,就是一般的所谓文化交流,通常是指国际间不同文化背景的人之间发生的沟通行为。

(2)运用"安全阀"理论。德国社会学家齐美尔提出的"宣泄"理论和社会冲突论中的"安全阀"理论。齐美尔认为,矛盾和冲突不能掩盖、压制,而应让它表现、发生、显现出来,这样有利于不同观点、情绪的宣泄,使对立情绪的人在心理上获得平衡,从而有利于矛盾的缓和和解决。就如同食物中毒的病人,首先要洗胃,将体内的有毒食物排泄出来,否则,即使在体内服下解毒药品,其后果仍不堪想象。

解决矛盾就是领导者要创造一定的条件和环境,使下属的不满情绪有一定的渠道、途径和方式发泄出来,使组织得到稳定和有序的运行,这里的发泄渠道、途径和方式就称为"安全阀"。"安全阀"是从其他学科中移置来的术语,如水利工程专家在水库设计、施工中,为确保水库安全,都设"溢洪道"装置,当蓄水位达到一定高度时,多蓄的水便从"溢洪道"中自动流出来;再如工业锅炉均设有"限压阀",使炉内容器的压力控制在安全的系数内。无论是"溢洪道",还是"限压阀",都是确保水库和锅炉正常运行的。

(四)处理人际冲突的原则

1. 调查研究,熟悉情况到位

没有调查研究就没有发言权。不能准确掌握矛盾的来龙去脉,就不能做好协调工作。领导者在协调之前,必须进行深入细致的调查分析,了解问题涉及的单位、人员,弄清矛盾的来龙去脉,真正了解矛盾的起因、性质、发展趋势、影响范围等,做到不打无准备之仗,在全面掌握情况的基础上,拟订出一个较完整的协调方案,遇到矛盾灵活处置,从而推动整个协调活动。

2. 坚持原则,尺度掌握到位

在实际工作中,冲突的双方站在不同角度,可以讲出不同的道理。在目前社会情况比较复杂、任务比较重、协调手段又不多的情况下,领导者必须坚持按原则办事;注重强化岗位责任制,依程序处理问题;根据领导分工、部门分工,该谁处理的问题就归谁,不归该部门干的工作不违心指派,努力做到实事求是,处事公正。同时,在工作协调中,要努力做到对事不对人,协调不越权,参与不干预,既不失职,又不失当,堂堂正正做人,绝不能在群众面前趾高气扬。协调问题,要光明磊落,实实在在,诚恳表达自己的意愿,不要小聪明,不玩小权术,不用小点子,能办的实事要尽心尽力去办,不以自己的好恶偏袒一方,确保协调工作有理、有力。

3. 平易近人,情感投入到位

协调能帮助人们解决意见分歧,消除思想隔阂,落实上级精神。人非草木,情感投入有着其他方法难以达到的效果。注重情感投入首先要注重换位思考,多替别人着想,多替别人打算。其次是面对不同的对象,采取不同的方法,对上级领导要先敬几分,与同级交往要注意自己的工作能给对方提供条件,与下级交往要注意真正站在对方角度考虑问题,对协调自己的问题要做到严格要求。其三是与他人共事应平等交流,慎用指令性语言,即使是传达上级指示,传达领导交办的事情,也不要口气太硬,要做到态度随和,语言平和,想方设法融洽与被协调者之间的感情。情感投入到位了,被协调者就能充分信赖,需协调的问题就容易解决。

4. 以柔克刚,不要以硬碰硬

特别是如果自己的反应也是攻击性的,那么事态会更加严重。因为,攻击性的沟通者常常会认为:"你认为自己是正确的,这恰好说明我错了,这不是就表明我失败了吗?"或者他们会认为对方想控制他们。在任何一种情况下,他们都会觉得自己的需求受到了威胁,这样他们攻击的程度就会更加强。

本章小结

沟通是借助一定手段把可理解的信息、思想和情感在两个或两个以上的人或群体中传递或交换的过程,目的是通过相互间的理解与认同来使个人和(或)群体间的认知以及行为相互适应,它有两层含义,即信息的传递和理解。按照不同的标准可以将沟通分为不同的类型。

沟通过程包括信息源(发送者)、信息、编码、通道、解码、接受者以及反馈。沟通的各个环节都有可能受到噪音的干扰,从而使沟通的效率下降。

组织因素和个人因素都可以造成人际沟通的障碍,倾听是保证有效沟通的主要技巧。

人际冲突指的是人与人之间在认识、行为、态度及价值观等方面存在分歧。可以利用传统方法和最新方法来解决人际冲突。

思考与练习题

1. 选择题

(1) 关于沟通的过程,下列说法不正确的是(　　)。
　　A. 至少存在这一个发送者和一个接受者
　　B. 发送者将信息译成接受者能够理解的一系列符号
　　C. 接受者将接受的符号译为具有特定含义的信息
　　D. 信息传递的有效性和接受者的翻译能力无关,只与发送者的翻译能力有关

(2) 如果一个组织中小道消息很多,而正式沟通消息较少,这意味着该组织(　　)。
　　A. 非正式沟通渠道中信息传递顺畅,运作良好
　　B. 有相当多的人好搬弄是非,传播小道消息
　　C. 充分发挥非正式沟通渠道的作用,促进信息交流
　　D. 正是沟通通道中信息传递存在问题,需要调整

(3) 有反馈的信息传递的沟通是(　　)。
　　A. 单向沟通　　　　　　B. 双向沟通
　　C. 上行沟通　　　　　　D. 非正式沟通

(4) 各种沟通方式中,具有持久、有形、可以核实等优点,但效率低,缺乏反馈的沟通方式是(　　)。
　　A. 非语言　　　　B. 口头　　C. 书面　　D. 电子媒介

(5) 当冲突无关紧要时或当冲突双方情绪极为激动,需要时间慢慢恢复平静时,可采用(　　)策略。
　　A. 妥协　　　　　　B. 合作　　C. 回避　　D. 迁就

2. 简述题

(1) 什么是沟通？按照沟通的流动方向可分为哪些类型？
(2) "沟通障碍主要是由发送者引起的",你是否赞同这一观点？请说说你的看法。
(3) 有些高级主管认为,应该依靠书面信息和计算机报告,因为这些会比面对面沟通所带来的信息更准确,你同意吗？为什么？
(4) 倾听的技巧有哪些？
(5) 处理人际冲突的方法有哪些？

3. 案例分析

AC 航班空难

一个初春的晚上 19:40 分,AC 航班正飞行在离目的地 K 市不远处的高空。机上的油量还可维持近两个小时的航程。在正常情况下,像 AC 这样的航班,由此飞行到 K 机场,仅需不到半小时的时间。可以说,飞机的这一缓冲保护措施是安全的。但没有想到的是,AC 航班在

降落前遭遇了一系列耽误和问题。

首先,晚上20:00整,K机场航空交通管理员通知AC航班飞行员,由于机场出现了交通问题,他们必须在机场上空盘旋待命。20:45,AC航班的副驾驶员向机场报告他们飞机的"燃料快用完了"。交通管理员收到了这一信息,然而,在21:24之前,飞机并没有被批准降落机场。而在此之前,AC航班机组成员再没有向K机场传递任何情况十分危急的信息,只是飞机座舱中的机组成员在相互紧张地通告说他们的燃料供应出现了危机。

21:24分,AC航班第一次试降失败。由于飞行高度太低及能见度太差的原因,飞机安全着陆没有保证。当机场指示AC航班进行第二次试降时,机组成员再次提到他们的燃料将要用尽,但飞行员还是告诉机场交通管理员说新分配飞行跑道"可行"。几分钟后,准备时间是21:32,飞机有两个引擎失灵了,1分钟后,另外两个也停止了工作。耗尽燃料的飞机终于在21:34坠毁于K市,机上73名人员全部遇难。

当事故调查人员考察了飞机座舱中的磁带并与当事的机场交通管理员交谈之后,他们发现导致这场悲剧发生的原因实际上很简单,机场方面不知道AC航班的燃料会这么快耗尽。下面是有关人员对这一事件所作的调查。

第一,飞行员一直说他们"油料不足",交通管理员则告诉调查者,这是飞行员们惯用的一句话。当因故出现降落延误时,管理员认为,每架飞机都不同程度地存在燃料问题。但是,如果飞行员发出"燃料危急"的呼声,管理员有义务优先为其导航,并尽可能迅速地允许其着陆。一位管理员这样指出:"如果飞行员表明情况十分危急,那么,所有的规则程序都可以不顾,我们会尽可能以最快的速度引导其降落的。"事实是,AC航班的飞行员从未说过"情况危急",由此导致K机场交通管理员一直未能理解飞行员所面临的真正问题。

第二,AC航班飞行员的语调也并未向交通管理员传递有关燃料紧急的严重信息。机场交通管理员接受过专门的训练,可以在多数情况下捕捉到飞行员声音中极细微的语调变化,但是AC航班机组成员不愿意声明情况紧急是有一些客观原因的。如按条例规定,驾驶员在飞行中作紧急情况报告后,他们事后要补写长篇的、正式的书面汇报给有关方面。还有,紧急情况报告后如果飞行员被发现在估算飞机在飞行中需要多少油料方面存在严重的疏漏,那么,飞行管理局有理由吊销其驾驶执照。在这种情况下,飞行员的专业技能和荣誉感便会变成一种"赌注"。

资料来源:http://www.100guanli.com。

分析讨论:

(1)AC航班的不幸坠毁根本上是何种原因?
(2)从该案例的当事人来看,存在哪些沟通技能方面的问题?
(3)分析K机场的制度是如何影响其当事人的沟通行为的?
(4)为稳妥与安全起见,你认为案例中当事人如何做才能避免这场空难?

第十一章

Chapter 11

控 制

【学习目的与要求】

通过本章的学习,要求学生掌握控制的重要性、控制类型及控制方法;了解预算控制与非预算控制。

【本章主要概念】

控制 管理控制 前馈控制 反馈控制 预算控制 财务控制 库存控制

【案例导读】

三鹿集团败于管理失控

2008年12月25日,河北省石家庄市政府举行新闻发布会,通报三鹿集团股份有限公司破产案处理情况。三鹿牌婴幼儿配方奶粉重大食品安全事故发生后,三鹿集团于2008年9月12日全面停产。截止2008年10月31日财务审计和资产评估,三鹿集团资产总额为15.61亿元,总负债17.62亿元,净资产-2.01亿元,12月19日三鹿集团又借款9.02亿元付给全国奶协,用于支付患病婴幼儿的治疗和赔偿费用。三鹿集团净资产为-11.03亿元(不包括2008年10月31日后企业新发生的各种费用),已经严重资不抵债。经中国品牌资产评价中心评定,价值高达149.07亿元的三鹿品牌资产灰飞烟灭。

反思三鹿奶粉事件,不难发现,造成三鹿悲剧的三聚氰胺只是一个导火索,事件背后的运营风险、管理失控才是真正的罪魁祸首。

1. 醉心于规模扩张,高层管理人员风险意识淡薄

对于乳业而言,若要实现产能的扩张,则要实现奶源的控制。为了不丧失对奶源的控制,三鹿在有些时候接受了质量低下的原奶。据了解,三鹿集团在石家庄收奶时对原奶要求比其他企业低。

对于奶源质量的要求,乳制品行业一般认为巴氏奶和酸奶对奶源质量要求较高,UHT奶次之,奶粉对奶源质量要求较低,冰淇淋等产品更次之。因此,三鹿集团祸起奶粉,也就不足为奇。另外,三鹿集团大打价格战以提高销售额,以挤压没有话语权的产业链前端环节利润。尽管三鹿的销售额从2005年的74.53亿元激增到2007年的103亿元,但是三鹿从未将公司与上游环节进行有效的利益捆绑,因此,上游企业要想保住利润,就必然要牺牲奶源质量。

2. 企业快速增长,管理存在巨大风险

作为与人们生活饮食息息相关的乳制品企业,本应加强奶源建设,充分保证原奶质量,然而在实际执行中,三鹿仍将大部分资源聚焦到了保证原奶供应上。

三鹿集团"奶牛+农户"饲养管理模式在执行中存在重大风险。乳业在原奶及原料的采购上主要有四种模式,分别是牧场模式(集中饲养百头以上奶牛统一采奶运送)、奶牛养殖小区模式(由小区业主提供场地,奶农在小区内各自喂养自己的奶牛,由小区统一采奶配送)、挤奶厅模式(由奶农各自散养奶牛,到挤奶厅统一采奶运送)、交叉模式(是前面三种方式交叉)。三鹿的散户奶源比例占到一半,且形式多样,要实现对数百个奶站在原奶生产、收购、运输环节实时监控已是不可能的任务,只能依靠最后一关的严格检查,加强对蛋白质等指标的检测,但如此一来,反而滋生了层出不穷的作弊手段。但是三鹿集团的反舞弊监管不力。企业负责奶源收购的工作人员往往被奶站"搞"定了,这样就形成了行业"潜规则"。不合格的奶制品就在商业腐败中流向市场。

另外,三鹿集团对贴牌生产的合作企业监控不严,产品质量风险巨大。贴牌生产,能迅速带来规模的扩张,可也给三鹿产品质量控制带来了风险。至少在个别贴牌企业的管理上,三鹿的管理并不严格。

3. 危机处理不当导致风险失控

2007年底,三鹿已经先后接到农村偏远地区反映,称食用三鹿婴幼儿奶粉后,婴儿出现尿液中有颗粒现象。到2008年6月中旬,又收到婴幼儿患肾结石去医院治疗的信息。于是三鹿于7月24日将16个样品委托河北出入境检验检疫技术中心进行检测,并在8月1日得到了令人胆寒的结果。与此同时,三鹿并没有对奶粉问题进行公开,而其原奶事业部、销售部、传媒部各自分工,试图通过奶源检查、产品调换、加大品牌广告投放和宣传软文,将"三鹿"、"肾结石"的关联封杀于无形。2008年7月29日,三鹿集团向各地代理商发送了《婴幼儿尿结晶和肾结石问题的解释》,要求各终端以天气过热、饮水过多、脂肪摄取过多、蛋白质过量等理由安抚消费者。

资料来源:中国铁合金商务网,2009-09-03.

【点评】

三鹿问题奶粉事件首先反映的是一个社会责任感的问题,企业要生存和发展,这是起码应该做到的一点。在此基础上,企业制定好自己的发展目标和发展战略,并通过科学、合理、有效的管理控制,通过规章、准则等形式规范与限制组织中各级管理者与员工的行为,以保证管理活动有利于组织战略和目标的实现。

第一节 控制的基本概念

一、管理控制的含义

导入案例说明了如果一个组织不能建立合适的控制系统和控制运行机制,其将难以实现组织的预期运营目标,甚至难以生存。另外,管理的一切活动(如计划、组织等)都是为了实现组织的目标,但要使目标转化为现实,组织中的人员就必须在管理工作中对这一转化过程进行控制,以保证这一过程不会偏离(或者是在可以忍受的范围内波动)预期路径。那么什么是控制呢?

(一)控制的定义

控制是指管理层开展的旨在增强实现既定宗旨和目标的实现可能性的一切活动。控制系统是组织用以实现其宗旨和目标的所有控制要素和活动的整合。1948年,诺伯特·维纳(Norbert Wiener)出版了他的奠基性著作《控制论》,自其创立控制论以来,控制论的思想及方法渗透到了社会各领域,运用于生命机体、人类社会和管理等多种系统之中,在此基础上又兴起了诸多边缘学科,如系统控制、信息控制、机体控制等。管理学也从中吸收和借鉴了控制因素,丰富和发展了自身管理理论体系。控制既是管理的一项重要职能,又贯穿于管理的全过程。

(二)管理控制的定义

管理中的控制工作指按计划的标准衡量,纠正执行中的偏差,确保计划目标的完成,以及适当调整计划,以适应外部环境变化的过程。从定义可知,管理控制工作的目标首先包括纠正并限制计划执行中偏差的积累,再次通过收集信息,预测组织发展趋势,修正组织计划从而促进组织的稳定与发展。管理控制具有以下特点:

1. 整体性

首先控制的对象是组织各个方面,其次履行控制职能是组织中每一位成员的职责。

2. 动态性

由于组织内外环境的不断变化,要求管理控制确定的标准和控制方法也相应进行调整,以适应新情况的出现。

3. 人性化

管理控制的对象是人,职能的履行也要靠人来完成执行,因此在控制活动中需注重人的因素。

(三)管理控制与一般控制的异同

1. 管理控制与一般控制的联系

(1)具有共同的目标,即维持组织正常秩序并推动组织发展。

(2)具有共同的工作原理。两者同是一个信息反馈过程,都需通过信息反馈发现系统中存在的问题并对此进行修正,完善组织发展。

(3)计划是控制活动实施的标准。无论是管理控制还是一般控制都遵循组织所确定的计划,以计划为蓝本寻找偏差。

2. 管理控制与一般控制的区别

(1)一般控制是一个简单的信息反馈过程,输出的测量和纠偏都可在给定的程序下自动完成。而在管理控制中,主管人员面临的是一个有机系统,控制过程比较复杂,包含收集甄别信息、识别偏差原因、制订和纠正措施等一系列活动。

(2)一般控制的目的在于使计划实施中出现的偏差维持在一定的范围内;而管理控制在一般控制基础上又提出了更高要求,即通过控制纠正偏差、分析原因,采取积极措施改正系统缺陷,力求使组织活动有所前进、有所创新,最终实现组织的更高目标。

(3)一般控制通常是在一个机械系统内完成,不涉及人的智能和行为;而管理控制更多的是通过人的行为来完成,受到人的文化、价值观的影响。

(4)一般控制系统的环境相对比较稳定;而管理控制系统的环境快速多变。

(四)控制工作的重要性

1. 有效的控制工作保证组织目标与计划的实现

任何组织的目标和计划都是以未来一定时期的预测为基础,是组织努力的方向和行动步骤的描述,关系到组织的发展。主管人员通过控制活动及时调整修改组织目标,并采取控制措施维持组织正常活动。

2. 有效的控制工作提高组织效率

恰当运用管理控制有利于改善企业经营活动,提高工作效率和经济效益。控制工作保证组织活动在有序而高效的前提下进行,组织如果缺少有效控制就会出现偏差,远离组织既定目标,有时甚至产生混乱。

3. 有效的管理控制制约并激励员工工作

管理控制对企业员工发挥着制约作用,通过严格的监督与考核如实反映团队和个人工作成绩,在此基础上予以奖励,激发了员工的工作热情,提高了组织的工作效率。

4. 控制工作在管理职能中所处的地位及其相互关系

控制活动贯穿于组织管理活动全过程,它维持其他职能的正常运行,当系统中存在偏差,通过改变其他管理职能实现控制。

【资料库11.1】
> 罗宾斯在其《管理学》一书中曾这样阐述控制的重要性:"尽管计划可以制订出来,组织结构可以调整得使达到目标非常有效,员工的积极性也可以通过有效的领导调动起来,但是这仍然不能保证所有的行动都按计划执行,不能保证管理者追求的目标一定能达到。因此控制是重要的,因为它是管理职能环节中最后的一环。这是管理者知晓组织目标是否实现的唯一办法及没有实现的原因……有效的管理者应该始终督促他人应该采取的行动事实上已经在进行,保证他人应该达到的目标事实上已经达到。事实上,管理是一个持续的过程,控制活动提供了回到计划的关键联系。如果管理者不采取控制,他们就根本不知道他们是否正对着目标和计划前进,也不知道未来该采取什么行动。"

(五)控制的主体与客体

控制要涉及的管理领域很广,对于一个组织而言,无论是在财务、运营、结构还是战略层面上,都需要有效的控制来成功地管理和监控组织的行为。一般而言,可以从下面两个视角来理解控制的内容:第一,从主体上看,哪个管理层面上来控制——高层、中层还是基层;第二,从客体上看,需要控制哪类资源——人、财、物还是信息。

1. 控制的主体

一般来说,组织发展到一定规模后管理者就无法直接控制下级人员,而是通过授权进行间接管理。因此,组织中控制主体是各级管理者及其职能部门,高层管理人员主要负责例外事件和关键点的控制,而中、低层的管理人员主要负责日常、程序化的控制。

战略控制主要由高层管理者实施,高层管理者指那些 CEO 或副总裁层次的人。战术控制是监督战术执行过程,确保战术计划在部门或分部的层面上能沿着需要的方向顺利执行,主要由中层管理人员完成,这些人员主要是指那些有"部门领导"、"分公司负责人"和"分区销售负责人"头衔的人。由一线管理者实施的控制是运营控制。运营控制监控组织的表现,确保每一阶段的计划目标能够顺利实现,在必要的时候采取相应的纠偏措施。实施运营控制的一线管理者主要是指那些有"车间主任"、"团队领导"或"主管"头衔的人。

2. 控制的客体

控制的客体可以用3M1I表示,即人(Men)、财(Money)、物(Material)和信息(Information)。

不同资源领域的控制内容和控制方式也不尽相同。

(1)人力资源。其主要包括岗位需求、培训需求、训练期间的业绩表现、衡量工作绩效的业绩评价以及评估工作满意度和领导能力的调查等。例如,考勤就是一种最为常见的对组织成员的控制行为。

(2)物质资源。物质资源包括房屋、设备和有形产品。例如,监控设备的利用率、库存控制、供货发货日期等。

(3)财务资源。财务资源的控制包括管理组织的债务使其不至于过多,确保组织永远拥有足够的现金以及满足其债务要求但又不至于在账户中存有过量现金,并保证及时收到应收账款,支付应付账款。现金流量、营业收入、广告预算等都属于财务资源的控制内容。显然,组织的财务控制非常重要,因为它与对组织中的其他所有资源的控制都有关系。过多的库存使得存货成本增加;选错人员则需要解雇和重新雇用,这也会增加支出;不准确的销售预测会导致现金流中断及其他财务影响。财务问题倾向于渗透到大多数与控制相关的活动中。

(4)信息资源。生产进度安排、销售预测、竞争分析、政策导向分析、公共关系等,所有这些都是对组织不同信息资源的控制。

(六)控制与其他管理职能的关系

控制职能与其他三个主要管理职能——计划、组织和领导是相互联系的。它建立在计划职能的基础之上,通过对计划内容的调整使计划得以完成。控制确保资源被用来实现组织目标并支持组织和领导职能,如图11.1所示。

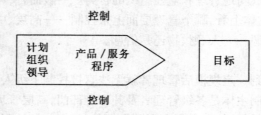

图 11.1　控制与其他管理职能

1. 控制与计划的关系

一般来说,明确而完备的计划是组织所着力追求的目标,但即使计划在设计之初非常完美,随着时间和空间的变化也会出现问题,因此出现了对控制的需求。完善的计划首先是一种有效的控制方式,主管人员首先制订计划,然后计划又成为用以评定行动及其效果是否符合组织需要的标准。如果说组织的计划工作是谋求一致、完整而又彼此衔接的计划方案,那么组织的控制工作则是使一切管理活动都能按计划进行。控制工作不是简单的纠正执行计划中出现的错误,有时控制措施会涉及修订组织计划目标、设计新计划、调整组织人员等,这些活动又引发了新的管理过程。可以说,控制工作一方面在保证计划顺利实施,另一方面又影响了计划工作或促成了新计划的产生。控制工作既是一个管理过程的终结,又是一个新的管理过程的开始。

2. 控制与组织的关系

组织结构承载组织职能的发挥,它为组织成员提供一种适合默契配合的工作环境,组织通过发挥其职能实现组织既定目标,而组织又通过控制来履行职能。控制功能的实现需要组织授权并提供人员配备,计划执行过程中的信息通过各职能部门为组织提供控制依据。当组织目标的偏差源于组织问题时,则控制活动就会涉及组织结构的调整、职权划分和工作关系的重新确定等。

3. 控制与领导的关系

领导职能的发挥影响组织控制系统的建立和控制工作的质量,而良好的发挥组织控制职能会有利于改进领导者工作,提高领导者工作效率。值得注意的是,日常生活中人们习惯于将控制主体限定为高层管理者,忽视直接领导者尤其是基层领导者。基层领导贴近组织生产第一线,容易感知组织活动中出现的问题,可以及时采取措施纠正偏差。当问题被高层管理人员感知时,由于信息传递具有"时滞"性,或许已经错过纠正偏差的最好时机。因此,组织必须重视基层领导的控制作用。

总而言之,在控制活动中需正确理顺控制与计划、组织、领导三者关系,提高控制系统的质量与效率。

二、控制工作的类型

采用不同的标准,可把控制工作分成多种类型。根据纠正措施的作用环节,将控制工作分为前馈控制、同期控制和反馈控制;按照主管人员与控制对象关系,控制工作可以分为间接控制和直接控制。

(一)同期控制、前馈控制和反馈控制

1. 同期控制

同期控制又称为现场控制、实时控制或同步控制。这类控制工作的纠正措施作用在计划执行过程中,如图 11.2 所示。管理者通过现场监督检查、指导和控制下属人员的活动,当发现不符合标准的偏差时立即采取纠正措施。该方法主要被基层主管人员采用,主管人员的控制标准来自于计划工作所确定的活动目标、政策、规范和制度。

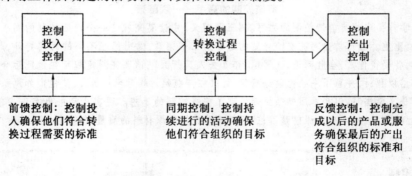

图 11.2 根据时间安排的主要控制类型

同期控制存在以下几个优点:首先,主管人员可亲自对下级员工进行指导,现场为员工示范正确的工作方法,解释工作要领,纠正下级在工作中的错误并提高他们的工作能力;其次,同期控制使管理者在第一时间了解计划执行情况,当发现组织活动过程中存在与计划目标偏离状况时,及时纠正偏差将问题解决在萌芽状态,最大限度地降低偏差对组织造成的损失,避免

不利因素继续扩散。同期控制的有效性取决于基层主管人员的素质,一个主管人员的管理水平和领导能力也会在该过程中充分表现。因此,在进行同期控制时要注意避免管理人员凭主观意志工作,要切实加强基层管理人员素质,要求以组织计划为标准,遵从组织统一领导,提高控制水平。

2. 前馈控制

前馈控制又称为预先控制,是着眼于系统的未来状态的预测,事先采取措施应对即将发生的情况。前馈控制利用所收集到的最新信息,把计划达到的目标同预测相比较,进行认真反复的预测并采取措施修改计划,以保证计划目标的实现。前馈控制系统具有相当的复杂性,它不仅要输入各种影响计划执行的变量,还要输入影响这些变量的各种因素,对执行中的干扰因素也要进行关注。切实可行的前馈控制应满足以下几个条件:组建前馈控制系统的模式,并保持该模式动态性;详细了解认真分析组织计划和控制系统;建立畅通的信息收集系统,定期向控制系统输入搜集到的变量数据;定期预测实际输入数据与计划输入数据间的差距,并采取有效措施解决这些问题。在企业管理控制活动中,前馈控制的内容包括对人力资源、原材料、资金等的前馈控制。

前馈控制克服了反馈控制中的时滞缺陷,且前馈控制的纠正措施往往为预防式,作用在计划执行过程的输入环节。目前运用的比较先进的前馈控制技术之一是计划评审法或称网络分析法,是把工程项目当作一个系统,围绕关键线路对系统进行统筹规划,以达到用最少的时间和资源消耗来完成任务。

【资料库 11.2】

前馈控制的高手——诸葛亮

许多文学作品中都有前馈控制的描写。《三国演义》中诸葛亮就是一个前馈控制的高手:刘备去江东招亲,危险重重。临行前诸葛亮交给保驾的赵子龙三个锦囊,嘱咐他在不同的时间打开,赵子龙依计行事,保得刘备娶得佳人,全胜而退,让周瑜"赔了夫人又折兵";诸葛亮料定魏延在他死后会反叛,便在临终前授马岱以秘计,并留下一条锦囊给杨仪,让其在与魏延对阵时现场拆开,使他们如愿杀了魏延。

这固然是文学描写,但是本质却很好地体现了前馈控制的思想。现实生活中也有许多前馈控制的事例:司机上坡前加速;学生上课前预习;工厂管理首先控制原材料的质量;新产品上市前做广告宣传等等。

3. 反馈控制

反馈控制又称为后馈控制、事后控制,是指在一个时期的生产经营活动已经结束以后,对计划执行中资源的利用状况及产出结果进行总结,如图 11.2 所示。它是管理控制工作的主要形式,这类控制作用发生在经营过程结束之后,主要将工作结果与控制标准相比较,对出现的偏差进行纠正,防止偏差的继续发展或再度发生。

反馈控制既可以用来控制组织最终成果,也可以控制组织的中间成果。例如,对产量、质量、销售收入的信息反馈称为终端反馈;生产计划、工序质量、在制品库存量等信息反馈属局部反馈。局部反馈对保证产品质量实现组织计划具有重要作用。而终端反馈是在偏差出现后再采取措施纠正,造成损失已既成事实,但可以为未来计划的制订和活动的安排以及系统持续运作提供借鉴作用。局部反馈和终端反馈之间并非相互割裂,而是一种多重嵌套的关系。

【阅读资料 11.1】

扁鹊三兄弟的启示

魏文王问名医扁鹊说:"你们家兄弟三人,都精于医术,到底哪一位最好呢?"扁鹊答说:"长兄最好,中兄次之,我最差。"文王再问:"那么为什么你最出名呢?"扁鹊答说:"我长兄治病,是治病于病情发作之前。由于一般人不知道他事先能铲除病因,所以他的名气无法传出去,只有我们家的人才知道。我中兄治病,是治病于病情初起之时。一般人以为他只能治轻微的小病,所以他的名气只及于本乡里。而我扁鹊治病,是治病于病情严重之时。一般人都看到我在经脉上穿针管来放血、在皮肤上敷药等大手术,所以以为我的医术高明,名气因此响遍全国。"文王说:"你说得好极了。"

(二)直接控制和间接控制

1. 直接控制

直接控制是相对于间接控制而言,它通过提高管理人员素质进行控制工作。直接控制的指导思想认为,一名合格的管理人员与一名普通管理人员相比在工作中出现差错的几率少。合格的管理人员可以敏锐地察觉正在形成的偏差,并及时采取措施纠正错误。所谓的"合格"是指他们能熟练应用管理的概念、原理和技术,能以系统的观点来进行管理工作。

直接控制的优势有:第一,对个人委派任务时有较大的准确性。通过不断评价管理者,发现工作中存在的问题,并为其培训提供依据;第二,促使管理者主动采取更加有效的措施纠正偏差。面对评价过程中暴露的缺点,主管人员会努力确定其职责并自觉纠正错误;第三,提高管理者威信。主管人员经过培训及自觉的纠正错误,自身素质得以提高,因而容易获得下属信任和支持;第四,减少偏差和损失的发生。由于管理者素质提高,减少了间接控制造成的负担,节约了组织成本。

2. 间接控制

间接控制是指根据计划和标准考核实际工作,分析偏差出现的原因,并追究责任者责任用以改进未来工作。除了对未来社会发展的一些不可抗力因素,诸如新技术的发明、市场机制的转换等因素外,对主管人员因缺乏经验、知识和判断力造成的失误及偏差,运用间接控制可以助其纠正错误。与直接控制相类似,间接控制帮助管理人员吸取经验教训,总结失误产生的原因,增加其经验和管理能力。间接控制也存在诸多缺陷,该方式是在工作出现偏差或损失后才采取措施,因此,造成的费用支出也较大。间接控制建立在五个假设之上:工作成效可计量;对工作负有责任感;有足够时间分析偏差出现原因;偏差具有可预见性;采取措施纠正偏差。然而实践中这些很难成立。首先,相当多的工作成效不易计量,对责任感的高低也难以衡量或责任感与工作绩效无关或关系不大;其次,管理人员有时不愿花费时间、费用调查形成问题的原因,即使发现了偏差并找出了引发问题的原因,也没有人愿意主动负责纠正偏差。尽管可以做到责任明确,当事主管却固执己见,不愿纠正错误。因此,间接控制并不是最有效的控制方法,存在很大的局限性。

三、控制的原则

(一)反映计划要求原则

控制是实现计划的保证,控制的目的是为了实现计划,计划与控制是一个问题的两个方面。当组织制订的计划明确而完整时,控制的效果也会更好,所设计的控制系统也就越是能反映这样的计划。要事先考虑计划以及计划的完善程度,控制达到什么程度以及如何控制都取决于计划的要求。控制过程中应确定怎样的标准,哪些关键点和重要参数需要管理者进行控制,收集何种信息,选择什么样的评估方法以及由谁来控制和采取何种纠正措施等,都必须与组织确立的计划相匹配。

(二)控制关键点原则

控制关键点原则是控制工作的一条重要原理。控制关键点原则体现了效率原则。为了进行更有效的控制,需要管理者在各种计划中选取具有关键意义的那些因素进行控制。在执行计划过程中做到关注每一个细节是不可能的,每一个管理者自身精力是有限的,即使可以做到关注每一个计划执行过程,结果只会造成组织的控制成本过高,控制因而也变得毫无意义。能以较低的监控费用发现计划实施中存在的偏差及原因的控制方法就可以称之为是有效的控制措施。因此,管理者也只能将注意力集中于计划执行中的一些主要影响因素上。事实上,控制住了关键点,也就控制住了全局。

(三)控制趋势原则

对控制全局的管理者来说,重要的是认识组织发展趋势,而不是现状本身。认识趋势比发现单个问题更困难,一般来说,趋势很容易被诸多表面现象掩盖,因为趋势本身又包含错综复杂的因素。如果不利于组织发展的趋势长期得不到扭转,就会直接影响组织的生存与发展。控制趋势的关键在于从现状中揭示倾向,特别是在趋势刚显露苗头时就觉察,并给予有效的控制。

(四)例外原则

例外原则是指企业高级管理人员将日常事务交予下级管理人员,只保留例外的事项即重要事项的决策权和监督权,有关重大决策和重要的人事任免等。泰勒指出遵循例外原则时"经理只接受有关超过常规或标准的所有特别好和特别坏的例外情况……概括性的压缩的及比较的报告……以便使他有时间考虑重大政策问题并研究在他手下的重要人员的性格和合适性等问题。"遵循例外原则控制工作就会更有效。事实上,例外原则必须与控制关键点原则相结合,即要多注意关键点的例外情况。

（五）控制权责匹配的原则

拥有一定的权力就要承担相应的责任,管理者被组织授予制订计划、执行政策、组织落实及实施监督等权力。因此与计划执行相关的管理者应首先对控制负首要责任。由于管理者拥有人事任免、委派责任的权力,因而对控制执行计划的责任也应由他们来承担。组织结构越合理、权力与责任规定越明晰,所设计的控制技术就越有利于纠正偏差。因此,控制活动应遵循权力与责任匹配原则。

第二节 控制过程

一、确定控制标准

控制标准指对给定目标设定期望的业绩水平。制定控制标准是进行控制的基础,没有一套完整的标准,衡量绩效或纠正偏差就失去了客观依据,控制就成了无目的的行动。

首先,确定控制标准的方法。最理想的是以可将考核的目标直接作为标准,但更多的情况往往是将某一计划目标分解为一系列的控制标准,进一步可分为定量标准和定性标准,前者是控制标准的主要形式,后者主要是有关服务质量、组织形象等难以量化的标准。在工业企业中,最常用的定量控制标准有四种:时间标准(如工时、交货期等)、数量标准(如产品数量、废品数量)、质量标准(如产品等级、合格率)和成本标准(如单位产品成本)。组织中所有作业活动都可依据这四种标准进行控制。对于一项工作,人们总是可以近似或准确地找出数量、质量、时间及成本间的内在联系。如生产控制往往注重质量和时间控制,而销售控制更多侧重于成本和数量控制。

其次,控制标准应具有以下特征:①简明性。标准尽可能数量化,具有可操作性,对标准的表述要通俗易懂,便于理解和把握。②适用性。标准的建立既要考虑组织的计划和目标,同时也必须考虑组织成员的实际情况。标准不能过高也不能过低,要让绝大多数成员经过努力工作后可以达到,保证一种挑战性和可达性的平衡。只有当标准是"跳起来"可以摘得着的"桃子",才是有效的标准。③公正性。标准应体现协调一致,公平合理的原则。④一致性。标准应协调一致。一个组织的活动是多种多样的,各职能管理部门都会制定出各自的标准,这些标准应协调一致。

二、衡量实际业绩

控制活动应当跟踪工作进展,及时预示脱离正常或预期成果的信息,及时采取矫正措施。为了确定实际工作绩效究竟如何,组织管理者需要考虑两个问题:如何衡量和衡量什么？

（一）如何衡量

关于如何衡量是一个方法问题，在实际工作中经常采用的有如下三种：

1. 个人观察

为了获得关于实际工作的最直接的资料，避免可能出现的遗漏和信息失真，管理者可以采用个人观察。特别是在对基层工作人员工作绩效的控制时，个人观察是一种非常有效的方法，现在提倡的走动管理（Management by Walking Around，MBWA）就是注重个人观察。个人观察包含非常丰富的内容，通过观察得到的信息不同于阅读报告得到的信息，尤其是走动管理、现场办公等，可以获得面部表情、语调以及懈怠这些常被忽略的信息。但是这种方法也有不足的地方：首先是费时费力，管理人员必须走出办公室深入基层，才能掌握第一手资料；其次，由于观察的时间有限，观察往往以点带面，缺乏一般性，不能全面了解各个方面的工作情况；第三，工作在被观察时和未被观察时可能不一样，管理者看到的可能只是假象，从而被表面现象所蒙蔽；第四，仅凭简单的观察往往只能得到感性认识，缺乏具体的数量分析，难以考察更深层次的工作内容。同时，观察范围也具有一定的局限性，且易受个人偏见的影响。

2. 口头报告

口头报告主要通过下级对上级的汇报，使上级能够掌握实际情况，了解工作的成果、现状及存在的问题和困难等。口头报告形式多种多样，比较灵活，如各种会议、一对一的谈话或远程电视、电话、网络会议等。这种方法信息传递直接、全面、迅速，并且能及时反馈，听取报告者可以随时提出自己需要了解的问题。但这种形式的缺点也比较明显，那就是不便于存档和以后重新使用。但是现在随着信息技术的发展，口头汇报很容易被录制下来，可以像书面文字一样永久保存。

3. 书面报告

控制所需要的信息大多数是由书面报告提供的。书面报告的具体形式很多，但大体上可以分为报表资料和专题报告两类。报表资料一般由各种指标和必要的文字说明构成，它能提供大量的数据、图表，这些数据一般是由统计方法（如普遍调查或抽样调查）获得。因此其不足之处主要在于：一是真实性，即统计方法所采集的原始数据是否正确，使用的统计方法是否恰当，管理者往往难以判断；二是全面性，即统计过程中是否全部包括了涉及工作衡量的重要方面，是否遗漏或掩盖了其中的一些关键点，管理者也难以肯定。专题报告则主要是针对某一个问题进行比较深入的分析。

（二）衡量什么

罗宾斯（Stephen P. Robbins）认为，在控制过程中衡量什么是比如何衡量更重要的一个问题，因为"错误地选择了标准，将会导致严重的不良后果"，而且"我们衡量什么将会在很大程度上决定组织中的员工追求什么"。因此，实际衡量应该围绕构成好绩效的重要特征来进行，管理者应避免仅仅侧重于那些易衡量的项目，而忽视那些实际上相当重要的项目。比如有些活动的结果很是难以数量标准来衡量的,举个例子,上级领导在衡量一个数学研究员或一个大学老师的工作时,显然比衡量一个汽车半轴加工工人的工作要困难得多。需要注意的是,当一种衡量绩效的指标不能用定量的方式表达时,管理者应该寻求一种主观衡量方法。当然,主观方法有很大的局限性,但是这总比什么标准都没有要好,比没有控制机制要好。

三、进行差异分析

对实际工作进行衡量之后,就应该将衡量结果与所建立的标准进行比较,这样就可以确定实际工作绩效与标准之间的偏差。比较的结果只可能有两种:一是没有偏差,任务顺利完成,这是最为理想的状态。但是现实中几乎所有的活动都会产生偏差,然而偏差的程度有所不同,一种是偏差在可以接受的范围内;另一种是偏差超出可以接受的范围,这时候就应该引起管理者的注意,需要组织系统深入衡量偏差以及相关信息,并分析导致偏差产生的主要原因。

(一)找出偏差产生的主要原因

由于工作的结果是由多方面因素决定的,所以偏差产生的原因也是多种多样的。一般来说,偏差产生的原因有三种:一是计划或标准本身就存在偏差;二是由于组织内部因素的变化,如营销工作组织不利、生产人员工作的懈怠等;三是由于组织外部环境的影响,如宏观经济的调整等。事实上虽然各种原因可以归结为这三点,但要作出具体的分析,不仅要求有一个完善的控制系统,还要求管理者具备细致的分析能力和丰富的控制经验。分析衡量结果是控制过程中最需要理智的环节,组织是否要采取管理行动,就取决于对结果的分析。

(二)确定纠偏措施的实施对象

在纠偏过程中,需要纠正的可能不仅是企业的实际活动,也可能是指导这些活动的计划或衡量活动的标准。因此,纠偏的对象可能是进行的活动,也可能是衡量的标准,甚至是指导活动的计划。

计划目标或标准的调整是由两种原因决定的:一种原因是最初制订的计划或标准不科学,过高或过低,有必要对标准进行修正;另一种原因是所制订的计划或标准本身没有问题,但由于客观环境发生了变化,或一些不可控制因素造成的大幅度偏差,使原本适用的计划或标准变得不合时宜,也有必要重新调整原有的计划或标准。

四、采取纠偏措施

(一)纠偏工作中采取的主要方法

针对产生偏差的主要原因,在纠偏工作中采取的方法主要有:①改进实际行动。如果偏差是由于工作的不足所引起的,管理者就应该采取纠正行动。这种纠正行动的具体方式包括管理策略、组织结构、补救措施或培训计划上的调整,比如,利用组织手段进一步明确职责、补充授权或是对组织机构进行调整等。②修订标准。工作中的偏差也可能来自不现实的标准,这时候值得注意的是标准,而不是工作表现,所以应当对原来的计划或标准进行调整和修正。若发现组织的客观环境发生重大变化,使计划失去客观依据,这就要启动备用计划或重新制订新的计划。

(二)纠偏措施的类型

具体的纠偏措施有两种:一是立即执行临时性应急措施;另一种是永久性的根治措施。对于那些迅速、直接地影响组织正常活动的急迫问题,多数应立即采取补救措施。例如,某一种规格的部件一周后如不能生产出来,其他部门就会受其影响而出现停工待料,此时,不应花时间考虑该追究什么人的责任,而要采取措施确保按期完成任务。管理者可以凭借手中的权力,采取如下行动:要求工人加班加点,短期突击;增添工人和设备;派专人负责指导完成等。危机缓解以后,则可转向永久性的根治措施,如更换车间管理人员,变更整个生产线,或者重新设计部件结构等。现实中不少管理者在控制工作中常常局限于充当"救火员"的角色,没有认真探究"失火"的原因,并采取根治措施消除偏差产生的根源和隐患。长此以往,必将自己置于被动的境地。

(三)需要注意的问题

1. 使纠偏方案双重优化

使纠偏方案双重优化的第一重优化,是指考虑纠偏工作的经济性问题。如果管理人员发现纠偏工作的成本大于偏差可能带来的损失,管理人员将放弃纠偏行动。若要纠偏,应使纠偏的成本小于偏差可能带来的损失;第二重优化是在此基础上,通过对各种纠偏方案的比较,找出其中追加投入最少、成本最小、解决偏差效果最好的方案来组织实施。

2. 充分考虑原先计划实施的影响

由于对客观环境的认识能力提高,或者由于客观环境本身发生了变化而引起的纠偏需要,可能会导致对部分原先计划、甚至全部计划的否定,从而要求对企业活动的方向和内容进行重大的调整。这种调整类似于"追踪决策"的性质。

3. 注意消除组织成员对纠偏措施的疑虑

控制人员要充分考虑到组织成员对纠偏措施的不同态度,特别是要注意消除执行者的疑虑,争取更多的人理解、赞同和支持纠偏措施,以避免在纠偏方案实施过程中可能出现的人为障碍。

第三节 控制方法

企业管理实践中有多种控制方法可以应用,如现场巡视、预算控制、财务控制、审计控制等方法。下面主要介绍几种常用的控制方法。

一、预算控制

(一)预算及预算控制

预算控制是用数字、特别是用财务数字的形式来描述企业未来的活动计划,并将这些计划分解成许多部分使之与组织结构和有关的计划相一致,以便把职权授予出去,而又不失去控制。预算控制是管理控制中使用最广泛的一种控制方式,预算为评价经济效益,控制经济活动过程提供了标准。预算最大价值还在于它对改进协调和控制的贡献,组织中各职能部门以本部门预算为基础协调运作。同时,由于预算以数据形式存在,使管理者更容易查明和评定执行结果,预算为组织纠正偏差奠定了基础。

西方国家对预算理解同中国不尽相同。在中国,"预算"一般是指经法定程序批准的政府部门、事业单位和企业在一定时期的收支预计;西方国家的预算概念除了财务活动,还包括组织生产数量等方面的计划。预算的编制是计划过程的一部分,预算本身又是计划过程的终点。在许多组织中,如政府部门、大学等,普遍存在着计划与预算脱节的情况。在那里,两者是分别进行的,而且往往互不通气。预算编制工作往往被简化为一种在过去基础上的外推和追加的过程,而预算审批则更简单,甚至不加研究调查,就以主观想象为根据任意削减预算。从而使得预算完全失去了应有的控制作用,偏离了其基本目的。针对出现的非正常现象,新的控制方式应运而生,如"零基预算法"、"规划-计划-预算法"等方法使预算这种传统控制方式恢复了活力。

(二)预算控制的过程

预算是一种计划,编制预算的工作是计划工作一部分,预算内容可以简单地概括为四个方面:

(1)编制合理预算,做好相关时期收支计划,将未来一段时期内预算成果用金额表示;

(2)对组织内各职能部门的各项预算数据进行综合平衡,汇总后的预算应符合组织总目标,切实可行;

(3)定期将计划实际执行情况与预算进行比较;

(4)分析执行情况与预算差异,采取必要的纠正措施,消除差异。

(三)预算控制的种类

预算在形式上是一整套预计的财务报表和其他附表。组织活动的每个方面都可以编制预算,不同组织或同一组织不同部门的预算各不相同。按照内容不同可以将预算分为经营预算、投资预算和财务预算三大类。

1. 经营预算

经营预算是最为常见的预算,指企业日常发生的以货币单位表示收入和经营费用支出的计划预算,它可以为人们提供一个有关组织业务活动状况的简要说明,具体包括销售预算、生产预算、管理费用预算等。

销售预算建立在销售预测的基础上。销售预测不仅是计划的基础,也是预算控制的基础,因为企业主要依靠销售产品和劳务所获得的收入来维持经营活动。销售预测通过分析企业过去销售情况、目前和未来的市场需求特点及发展趋势确定组织为实现目标必须达到的销售水平。在销售预算确定的销售量基础上可以按产品品种、数量编制生产预算。生产预算又被细化为季度生产进度日程表或称生产计划大纲。在生产大纲和生产预算的基础上,可编制直接材料预算、直接人工预算、制造费用预算等。这三种费用预算是企业经营支出预算。

(1)直接材料预算。直接材料预算以生产预算为基础编制的同时,要考虑原材料存货情况。其主要内容包括直接材料的单位产品用量、生产需用量以及期初、期末存量等,通常以实物单位表示。考虑到库存因素后,直接材料预算可成为采购部门编制预算、进行采购活动的基础;

(2)直接人工预算。直接人工预算为企业预计生产产品工人种类和数量,以及利用这些人员劳动的成本费用,包括单位产品工时、人工总工时、每小时人工成本和人工总成本。

(3)制造费用预算。制作费用是企业为生产产品和提供劳务发生的各项间接成本,包括产品生产成本中除直接材料和直接工资以外的一切生产成本。因此,制造费用预算是一种反映直接人工预算和直接材料使用和采购预算以外的所有产品成本的预算计划。

2. 投资预算

投资通常指为获得收益,在未来一段时期投放财力于某项活动。投资预算是组织为更新或扩大规模,投资于厂房、机器设备及其他有关设备等固定资产的各项支出预算。固定资产投资数额巨大,因此投资预算应与企业战略及长期计划结合考虑。此外,组织的人事发展、新市场的开拓、新产品的研发、广告宣传和发展规划等投资,也因投资额较大,回收期长,需慎重考虑列出专项预算。当预算付诸实施,管理部门必须开始监督和控制支出,并不时检查支出结果,进行差异分析,采取调整措施。

编制投资预算对组织有重要意义:首先,投资对企业营业费用和资金周转有重要影响。因此对投资或专项拨款支出应当控制,而通过预算就能够为控制提供一种标准。其次,对重大项目进行预算控制能提高投资的经济效益,可促使组织在每一个领域都提高计划与决策的质量。最后,投资预算有利于现金预算及财政收支平衡。

为确保投资项目的有效性,必须对预算实行控制和监督,做到资金的使用符合管理部门规定,逐项鉴别认可投资预算中每一个项目的相应预算数字,实际支出的投资需出具凭证。灵活编制投资预算,对计划实施中出现的超支情况,规定超支限额或超支比例。此外还要关注每个投资项目的营业成本和收入,该控制通常在投资项目建成后还要持续几年之久。

3. 财务预算

财务预算指企业在计划期内反映有关预计现金支出、经营成果和财务状况的预算。财务预算是各项经营业务和投资项目的整体计划,包括现金预算、预计收益表和预计资产负债表。

(四)编制预算的注意事项

1. 预算目标应与组织目标相一致

现实中存在以预算目标取代企业目标的情况,在目标置换的情况下,主管人员只热衷于尽量使自己部门的费用不超过预算规定,但却忘了自身首要责任是实现组织目标。因此,为预防该情况的发生应使预算更好地体现计划的要求。

2. 适应新情况灵活编制预算

预算包含一种因循守旧的倾向,前期花费的某些费用可以成为本期预算的基数,从而导致本期不需要的项目仍然沿用,本期必需而上期没有的项目会因缺乏先例而不能增设。所以,必须拥有更加有效的管理方法来扭转这种局面,否则预算只会成为掩盖懒散、低效工作的保护伞。"零级预算法"和编制可变预算的方法正是针对预算中存在的弊端而产生的新的预算管理方法。通过预算控制实现对组织的管理,便利了管理者控制并了解组织的财务状况。由于组织受内外环境变化的影响,选用正确、适合自身的预算控制方式才能真正有利于组织最终目标的实现。

二、财务控制

财务控制是为了实现企业预期财务目标,对企业财务活动的各个环节、各个方面,以及影响和制约企业财务绩效的各因素实施约束并对脱离预算或适度的偏差进行调节的一种管理活动。它通过审核各期的财务报表,把现金流量和债务负担控制在一个合理的水平,进而保障各项资产得到有效的利用。

在财务管理活动中常用一些财务比率指标来考察组织在利用资产、负债和库存等方面的效率,如流动比率、速动比率、资产负债率、存货周转率、总资产周转率、销售利润率、投资收益率等。利用财务报表提供的数据,并通过财务比率和经营比率,可以对企业整体绩效进行检查,这些比率,可以说明企业运营的有利和不利之处。

1. 偿债能力评价

企业的偿债能力是指企业用其资产偿还长期债务与短期债务的能力。企业有无支付现金的能力和偿还债务能力,是企业能否健康生存和发展的关键。短期偿债能力是企业偿还流动负债的能力,短期偿债能力的强弱取决于流动资产的流动性,即资产转换成现金的速度。企业流动资产的流动性强,相应的短期偿债能力也强。因此,通常使用流动比率、速动比率和现金比率衡量短期偿债能力。长期偿债能力是指企业对债务的承担能力和对偿还债务的保障能力。长期偿债能力的强弱是反映企业财务安全和稳定程度的重要标志。反映长期偿债能力的有资产负债率、负债经营率、利息保障率等。

2. 营运能力评价

营运能力是指企业的经营运行能力,即企业运用各项资产以赚取利润的能力。企业营运能力的财务分析比率有:存货周转率、应收账款周转率、营业周期、流动资产周转率和总资产周转率等。这些比率揭示了企业资金运营周转的情况,反映了企业对经济资源管理、运用的效率高低。企业资金周转越快,流动性越高,企业的偿债能力越强,资产获取利润的速度就越快。

3. 盈利能力评价

企业的盈利能力,是指企业利用各种经济资源赚取利润的能力,它是企业营销能力、获取现金能力、降低成本能力及规避风险能力等的综合体现,也是企业各环节经营结果的具体表现,企业经营的好坏都会通过盈利能力表现出来。企业盈利能力分析主要是以资产负债表、利润表、利润分配表为基础,通过表内各项目之间的逻辑关系构建一套指标体系,通常包括销售利润率、成本费用利润率、总资产报酬率等,然后对盈利能力进行分析和评价。

财务控制渗透到了管理控制的其他方面,如人员控制、生产控制等都涉及了一些财务指标,因此可以把它看作是管理控制的核心内容。

财务控制虽然是企业财务管理中的一种手段,但并不说明它仅仅是企业财务部门的事情,它涉及企业内部的各级部门,只是由于各自承担的责任不同,所尽的义务也就存在着一定的差异。也正是因为这一点,在涉及某一具体责任的承担问题时,各部门之间极易产生矛盾。这些矛盾将严重阻碍着财务预算的贯彻执行。财务部门是财务控制工作的主导和核心,正确处理好各部门之间的关系,责无旁贷。

三、审计

(一)审计的内容

审计是针对企业的整体运行和经营管理活动的一项控制技术,在日常生活中被广泛使用。审计控制的主要内容包括管理审计与财务审计。

管理审计是检查一个单位或部门管理工作好坏,评价人、财、物的组织和利用有效性的一种方法。通过对企业外部环境客观预测来确定企业在行业中的位置,拟定今后的发展规划,向主管人员提供企业生产经营各环节的信息,帮助管理层进行科学决策与控制。管理审计的特点在于该控制方式必须同时兼顾企业生产经营的全局和局部两方面。可以说,它既要站在促进组织发展的战略高度观察和处理问题,又要从组织各局部出发来考虑问题。管理审计的另外一个特点为预测性,依据所掌握的资料,对生产经营各方面可采用的方案、今后可能的成绩和效益对组织进行科学的预测,为组织管理人员正确选择最优方案提供依据。

财务审计是以财务活动为中心,以检查并核实账目、凭证、财务、债务以及结算关系等客观事物为手段,以判断企业报表中所列的会计事项的准确性和报表本身的真实性为目的的控制方法。

(二)审计的分类

根据审查的内容和主体不同,可将审计划分为内部审计和外部审计。

外部审计是指由组织外部的人员对组织的活动进行审计。外部审计人员通过抽查组织的基本财务记录检查财务报表及其反映的资产、负债、损益是否与企业真实性相符,并依法作出客观公正的评价,形成审计报告,出具审计意见和决定。由于外部审计由独立于被审计单位的审计机构执行,因而不受任何干涉,独立行使审计监督权,所出具的审计报告也相对公正、客观,得到了社会的信任。其缺点在于外部审计人员对企业内部组织结构、生产经营特点不甚了解,有部分组织内部人员的不配合,这些因素都增加了审计工作的难度。

内部审计是指组织自身专门设有审计部门,以便随时控制本组织的各项活动。同外部审计相同,内部审计也验证企业财务记录,并测定这些记录是否符合预计要求。内部审计的职能体现在它力图测定其他控制方式的有效性,因此内部审计可以被看作是对其他控制形式的总控制。现代企业内部审计内容涵盖以下四个方面:财务收支审计、经济效益审计、经济责任审计、开展明晰产权的审计。内部审计的主要范围是企业的财务部门,但并不局限于这些部门。近年来,诸多企业内部审计范围扩展到非财务部门,接近管理审计的范畴。因此造成实践中很多企业或会计人员不清楚财务审计和内部审计的区别。财务审计更多关注的是与财务相关的内部控制制度,而内部审计对企业内部控制关注的范围更广,涉及企业运营的各方面。

(三)审计原则

为保证审计的有效性需遵循以下五点原则:

1. 政策原则

审计工作的开展必须符合国家规定的法律、法规。

2. 独立原则

审计工作的执行应不受任何机构或部门影响,独立行使审计监督权。

3. 客观、公正原则

审计一定要对客观事实进行如实的评价,审计部门出具的审计报告应体现公正、客观性。

4. 群众原则

审计要依靠群众才能解决现实中的众多问题,因此要走群众路线。

5. 经常性原则

审计工作应实现经常化、制度化。

四、库存控制

(一)库存控制的定义

库存控制又称为库存管理,是对企业生产、经营全过程的各种物品以及其他资源进行管理和控制,以保证库存处于合理水平。库存控制是仓储管理的一个重要组成部分。通过利用信息化手段,掌握企业库存量动态情况,使库存量经常保持在合理的水平上,保证企业正常生产经营活动,推进组织进一步发展。

(二)合理控制库存

企业或其他组织要使自己的经营继续进行就必须拥有一定的原材料、辅助材料、半成品、成品等各种库存材料。但库存量太大会造成物品积压、产品成本增加、企业流动资金周转减缓;库存量过低会造成服务水平下降,影响企业销售利润和信誉,无法保证组织正常运行。因此,必须根据供应和需求规律确定生产和流通过程中合理的物资存储量。

(三)库存管理模型的分类

1915 年哈里斯(Harris)的经济订货批量模型,开创了现代库存理论研究。随着管理理论和时间的发展,库存管理理论也有了长足发展,形成了许多库存模型,这些模型在企业管理中发挥了重要作用。

1. 根据订货方式分类

(1)定期定量模型。订货的时间和数量固定不变。

(2)定量不定期模型。订货量固定,当某一时间点上库存量低于订货点时就增加订货。

(3)定期不定量模型。固定订货时间,依据实际库存量和最高库存量的差别订制货物数量。

(4)不定量不定期模型。不固定订货的时间和数量。

(5)有限进货率定期定量模型。由于货物有限,因此限定时间和数量进货。

前四种模型适用于货源充足的情况,最后一种模型适用于货源稀缺的情况。

2. 根据库存管理目的分类

(1)经济型模型。该模型以节约资金,提高组织效益为目的。

(2)安全型模型。安全型模型指通过增加安全库存量和安全储备期,保证货源充足维持正常货物供应。

本章小结

控制是管理的一个基本职能,是由一系列以保证组织或计划目标按照一定路径得以实现为目的的连续性活动构成的过程。管理控制具有整体性、动态性、人性化等特点。

构成控制活动的三要素包括:制定明确的标准;根据标准衡量工作成效;采取措施纠正偏离标准的偏差。

进行控制活动时应遵循的原则有:反映计划要求原则;控制关键点原则;控制趋势原则;例外原则;控制权责匹配原则。要正确认识控制与计划、领导及组织的关系。

根据纠正措施的作用环节,将控制工作分为前馈控制、同期控制和反馈控制;按照主管人员与控制对象关系,控制可以分为间接控制和直接控制。

控制方法包括预算控制与非预算控制。非预算控制方法包括:亲自视察、报告、审计、网络分析方法等方法。

思考与练习题

1. 单项选择题

(1)控制工作得以开展的前提条件是(　　)。

　　A.建立控制标准　　　　　　　B.分析偏差原因

C. 采取矫正措施　　　　　D. 明确问题性质

（2）"治病不如防病，防病不如讲卫生"。根据这一说法，以下几种控制方式中，最重要的是（　　）。

A. 预先控制　　　　　　　B. 实时控制
C. 反馈控制　　　　　　　D. 前馈控制

（3）管理控制工作的一般程序是（　　）。

A. 建立控制标准→分析差异产生原因→采取矫正措施
B. 采取矫正措施→分析差异产生原因→建立控制标准
C. 建立控制标准→采取矫正措施→分析差异产生原因
D. 分析差异产生原因→采取矫正措施→建立控制标准

（4）为了保证企业管理控制系统的有效运行，从根本上来说，管理者长期应该关注的主要是对有关人员（　　）。

A. 严加管制　　　　　　　B. 奖惩得当
C. 友好相处　　　　　　　D. 增加其对组织目标的认同感

（5）所有权和经营权相分离的股份公司，为强化对经营者行为的约束，往往设计有各种治理和制衡的手段，包括：①股东们要召开大会对董事和监事人选进行投票表决；②董事会要对经理人员的行为进行监督和控制；③监事会要对董事会和经理人员的经营行为进行检查监督；④要强化审计监督，等等。这些措施（　　）。

A. 均为事前控制。
B. 均为事后控制。
C. ①事前控制，②同步控制，③、④事后控制。
D. ①、②事前控制，③、④事后控制。

2. 简答题

（1）什么是控制？简要说明控制的重要性。
（2）有人说"计划工作是事前的，控制工作是事后的"。你认为呢？
（3）请找一个成功控制的实例，描述控制的基本过程，并总结其经验。
（4）控制的基本类型有哪些？结合实际各举1~2例。
（5）利用节假日，调查一家企业或单位，了解一下他们控制的重点主要集中在哪些方面？分别是如何进行控制的？

3. 案例分析

麦当劳公司的控制系统

麦当劳公司以经营快餐闻名退迹。1955年，克洛克在美国创办了第一家麦当劳餐厅，其菜单上的品种不多，但食品质高价廉，供应迅速，环境优美。连锁店迅速发展到每个州，至1983年，国内分店已超过6 000家。1967年，麦当劳在加拿大开办了首家国外分店，以后国外业务发展很快。到1985年，国外销售额约占它的销售总额的1/5。在40多个国家里，每天都有1 800多万人光顾麦当劳。

麦当劳金色的拱门允诺：每家餐厅的菜单基本相同，而且"质量超群，服务优良，清洁卫生，货真价实"。它的产品、加工和烹制程序乃至厨房布置都是标准化的，处于严格控制之下的。麦当劳撤销了在法国的第一批特许经营权，因为这些特许经营店尽管盈利可观，但未能达到快速服务和清洁方面的标准。麦当劳的各分店都由当地人所有和经营管理。鉴于在快餐饮食业中维持产品质量和服务水平是其经营成功的关键，因此，麦当劳公司在采取特许连锁店经营这种战略开辟分店和实现地域扩张的同时，特别注意对各连锁店的管理控制。如果管理控制不当，使顾客吃到不对味的汉堡或受到不友善的接待，其后果就不仅是这家分店将失去这批顾客，还会波及其他分店的生意，乃至损害整个公司的信誉。为此，麦当劳公司制定了一套全面、周密的控制办法。

麦当劳公司主要通过授予特许权的方式来开辟连锁分店。其考虑之一，就是让购买特许经营权的人在成为该店经理人员的同时也成为该分店的所有者，从而在直接分享利润的激励机制中把分店经营得更出色。特许经营使麦当劳公司在独特的激励机制中形成了对其扩展中的业务的强有力控制。麦当劳公司在出售其特许经营权时非常慎重，总是通过各方面调查了解后挑选那些具有卓越经营管理才能的人作为店主，而且事后如发现其能力不符合要求则撤回这一授权。

麦当劳公司还通过详细的程序、规则和条例规定，使分布在世界各地的所有麦当劳分店的经营者和员工们都遵循一种标准化、规范化的作业。麦当劳公司对制作汉堡、炸土豆条、招待顾客和清理餐桌等工作都事先进行翔实的动作研究，确定各项工作开展的最好方式，然后再编成书面的规定，用以指导各分店管理人员和一般员工的行为。公司在芝加哥开办了专门的培训中心——汉堡包大学，要求所有的特许经营者在开业之前都接受为期一个月的强化培训。回去之后，他们还被要求对所有工作人员进行培训，确保公司的规章条例得到准确的理解和贯彻执行。

为了确保所有特许经营分店都能按统一的要求开展活动，麦当劳公司总部的管理人员还经常走访、巡视世界各地的经营店，进行直接的监督控制。例如，有一次在巡视中发现某家分店自作主张，在店厅里摆放电视机和其他物品以吸引顾客，这种做法因与麦当劳的风格不一致，立即得到了纠正。除了直接控制外，麦当劳公司还定期对各分店的经营业绩进行考评。为此，各分店要及时提供有关营业额和经营成本、利润等方面的信息，这样总部管理人员就能把握各分店经营的动态和出现的问题，以便商讨和采取改进的对策。

麦当劳公司的另一个控制手段，是在所有经营分店中塑造公司独特的组织文化，这就是大家熟知的"质量超群，服务优良，清洁卫生，货真价实"口号所体现的文化价值观。麦当劳公司的共享价值观建设，不仅在世界各地的分店，在上上下下的员工中进行，而且还将公司的一个主要利益团体——顾客包括进这支建设队伍中。麦当劳的顾客虽然要求自我服务，但公司特别重视满足顾客的要求,如为他们的孩子开设游戏场所、提供快乐餐厅和组织生日聚会等,以形成家庭式的氛围,这样既吸引了孩子们,也增强了成年人对公司的忠诚感。

资料来源:http://www.mie168.com.

分析讨论:

(1)麦当劳提出的"质量超群,服务优良,清洁卫生,货真价实"口号如何反映它的公司文化?以这种方式来概括一个组织或公司的文化,具有哪些特色或不足?

(2)麦当劳公司所创设的管理控制系统,具有哪些基本构成要素?该控制系统如何促进麦当劳公司全球扩张战略的实现?

第十二章
Chapter 12

管理创新

【学习目的与要求】

通过学习,学生应了解创新在经济发展中的作用;掌握管理创新的概念;了解管理创新的动力;熟悉管理创新的过程;掌握管理创新的内容、企业再造理论的概念;了解企业再造的程序;熟悉知识管理的程序;掌握学习型组织的模型。

【本章主要概念】

管理创新　理念创新　手段创新　模式创新　企业再造　知识管理　学习型组织

【案例导读】

哪怕只节省一滴焊接剂

有一位青年在美国的一家石油公司工作,他所做的工作很简单,就是巡视并确认石油罐有没有自动焊接好。石油罐在输送带上移动至旋转台上,焊接剂便自动滴下,沿着盖子回转一周,作业就算结束。

这位青年每天要重复几百次地巡视着这种作业,厌烦极了。有一天他数了一下,焊接一个石油罐盖滴了 39 滴焊接剂。他想:如果焊接剂减少一、两滴,是不是能节省点成本? 于是他经过一番研究,终于研制出"37 滴型焊接机"。

但是,利用这种机器焊接出的石油罐,偶尔会漏油,并不理想。但他不灰心,又研制出"38 滴型焊接机"。这次发明非常完美,公司对他的评价很高,不久便在生产中改用新的焊接方式。虽然每个石油罐只节省一滴焊接剂,但仅此一项每年即为公司带来了可观的利润。

这位青年,就是后来掌握全美石油业 95% 实权的石油大王——洛克菲勒。

资料来源:http://book.qq.com.

【点评】
在动态环境中，组织管理仅维持基本功能是不够的，还必须不断调整系统活动的内容和目标，以适应环境变化的要求，这就是管理的"创新职能"。

如果企业固守原有的规范，不能适时进行局部或全局的调整，则可能会被不断变化的环境所淘汰。创新表现出一个企业的活力，不能创新的企业，就渐渐成为一潭死水。

第一节　管理创新概述

一、管理创新的含义

（一）创新的含义

经济学家约瑟夫·熊彼特于1912年在其《经济发展理论》一书中给出了创新的概念，认为创新不同于"创造"和"发明"。熊彼特将创新纳入经济发展之中，论证创新在经济发展过程中的重大作用。熊彼特认为创新是一个在破坏中创造、在创造中毁灭的生命过程，强调生产技术的革新和生产方法的变革在经济发展过程中至高无上的作用。熊彼特所说的创新概念包括下列五种情况：①引用一种新的产品——消费者还不熟悉的产品，或提供一种产品的新特性；②引用新技术，即新的生产方法；③开辟一个新的市场，即某一经营部门以前不曾进入的市场，不管这个市场以前是否存在过；④控制原材料或半成品的新供应来源，不管这种来源是已经存在的，还是第一次被创造出来的；⑤推行一种新的企业组织形式，比如造成一种垄断地位或打破一种垄断地位。从熊彼特的创新概念中，可以得出管理创新的部分内涵。

彼得·德鲁克对创新的理解为：创新不是一种技术用语，而是一种经济和社会用语，其判断标准不是科学或技术，而是经济或社会的一种变革，是一种价值。

自从熊彼特提出"创新"概念以来，管理学者们赋予了创新各种各样的定义。综合各方观点，我们将创新定义为对原有事物的改变或新事物的引入，是创造新的理念并将其付诸实践的过程。

（二）管理创新的含义

保罗·罗默（Paulo Romer）认为：管理创新是在创造和掌握新的管理知识的基础上，主动适应外部环境，提高组织整体效能，推动生产要素在质和量上发生新的变化和新的组合的过程。彼得·德鲁克把创新理论引入管理领域，认为创新就是赋予企业以新的创造财富能力的行为，企业通过在经济与社会中创造一种新的管理机构、管理方式或管理手段，从而在资源配置中获得更大的经济价值和社会价值。

管理创新不只是一种在现有结构中降低成本的方法，还可能是对现有资源整合模式本身的改变，这种改变不仅体现为原有绩效的渐进改善，而且可能获得绩效突破式的成长，是资源整合模式的飞跃。因此,管理创新是指管理者借助于系统的观点,利用新思维、新技术、新方法,创造一种新的更有效的资源整合范式(该范式既可以是新的有效整合资源以达到组织目标和实现组织责任的全过程式管理,也可以是新的具体资源整合及目标制定等方面的细节管理),以促进企业管理系统综合效益的不断提高,达到以尽可能少的投入获得尽可能多的产出综合效益的目的,是具有动态反馈机制的管理。

(三)创新管理与管理基本职能的关系

计划、组织、领导、控制等管理基本职能与创新对系统的生存和发展都非常重要,它们相互联系、不可或缺。

1. 创新管理与管理基本职能相互联系和补充

组织的管理总是从创新到基本管理,再到创新和管理循环反复的过程。管理的基本职能是保证组织活动顺利进行的基本手段,对于组织资源的有效利用、目标的实现具有不可替代的作用;而管理创新则是为适应组织内外环境变化进行的局部或全局性的调整,其对组织的发展也是非常重要的。

2. 有效的管理要求管理基本职能与创新相结合

管理的基本职能与创新在逻辑上的相互联结、互为延续的关系意味着两者在空间和时间上的不可分离。创新是管理基本职能基础上的发展,而管理的基本职能则是创新的逻辑延续;管理是为了实现创新的成果,而创新则是为更高层次的管理提供依托和框架。卓越的管理是实现维持与创新最优组合的管理。

3. 基本管理与创新管理在基本职能上的差异

就管理使命来说,基本管理活动则致力于维持秩序和现状;而创新管理则是力图突破现状,率领所领导的企业抛弃一切不适宜的传统做法。一方面,过度强调基本管理工作而忽视创新会导致组织的僵化和保守,抑制组织个体的自我发展,导致组织反应能力下降,使得组织失去发展机会。另一方面,过度的创新和对创新的采纳消耗大量的物力、财力资源,并不能从创新收益中得到补偿;过度创新会导致组织规章制度权威性减弱、结构体系紊乱、专业化程度削弱;严重的过度创新还会导致组织的凝聚力下降。

二、管理创新的类别与特征

(一)创新的类别

1. 从创新主体的主动程度来划分,创新可分为积极主动创新和消极被动创新

积极主动创新是指组织主动寻求市场机会,敏锐地预测未来环境可能提供的某种有利机会,从而主动地调整系统的战略和战术,积极开发消费者的潜在需求,以新产品、新技术、新的营销方式等积极开发和利用市场机会,创造及满足消费者的潜在需求,增强企业竞争力,谋求企业更大的发展;消极被动创新是指企业面对外部环境和自身资源状况及资源应用能力的变化,为规避环境变化对自身构成的威胁,转变企业在竞争中的不利态势而在系统内部展开的局部或全局性的调整。

2. 从创新的规模以及创新对系统的影响程度来考察,可以将其分为局部创新和整体创新

局部创新是指在系统性质和目标不变的前提下,系统活动的某些内容、某些要素的性质或其相互组合的方式,系统的社会贡献的形式或方式等发生变动;整体创新则往往改变系统的目标和使命,涉及系统的目标和运行方式,影响系统的社会贡献的性质。

3. 从创新发生的时期来看,可以将其分为组织初建期的创新和运行中的创新

组织的组建本身就是社会的一项创新活动。组织的创建者在创新思想和创新意识的指导下,寻找最满意的方案,并以最合理的方式,使组织活动有效进行,实现组织目标。而要在动荡的环境中维持乃至强化自身的竞争地位,必然要适时变换组织结构以适应变化,要不断地创新。系统的管理者要不断地在组织运行的过程中寻找、发现和利用新的发展机会,更新组织的活动内容,调整组织的结构,扩展组织的规模。

4. 从创新的组织程度上看,可以分为自发创新与有组织的创新

自发创新是指组织的子系统(要素)根据自身环境的变化自发地作出调整。各子系统自发创新的收益有可能相互抵消,对组织整体是不利的,因而需要有组织的创新。有组织的创新包含两层意思:第一,系统的管理人员根据创新的客观要求和创新活动本身的客观规律,制度化地检查外部环境状况和内部工作,寻求和利用创新机会,计划和组织创新活动;第二,管理人员积极地引导和利用各要素的自发创新,使之相互协调并与系统有计划的创新活动相配合,使整个系统内的创新活动有计划、有组织地展开。

5. 从创新的程度来看,创新可分为渐变性创新和创造性创新

渐变性创新主要是基于对原有事物的改进,如对现有管理方法加以改进或对运用范围加以拓展,其表现为管理手段和技巧的改进上,新生事物与原有事物比较变化相对较小;创造性创新则更多的是基于新事物的开发和引入,如根据环境的变化提出新的管理思想,形成新的管理模式和管理方法,其表现是对原有事物较大程度甚至根本的否定。

(二)管理创新的特征

管理创新是组织在市场经济条件下生存与发展的基本条件,它揭示了组织需要不断为适应和创造需求而优化组织要素的本质。它具有以下特征:

1. 首创性

创新是要解决前人没有解决的问题,它不是简单的模仿、再造,而包含着过去所没有的新的因素和成分。

2. 未来性

创新是面向未来、研究未来和创造未来的活动。

3. 变革性

创新是一种变革旧事物的活动,创新的成果也表现为变革旧事物的产物。

4. 先进性

创新是在已有成就基础上的发展,所以高于现有成就。

5. 时间性

对创新成果的确认,与时间有着密切的关系。

6. 全方位性

管理创新是全方位、多层次的创新活动,需要组织的全体成员、各个部门及各个管理子系统协调运作,步调一致,同时创新活动对组织的影响是全方位的,贯穿于组织发展的全过程。

三、管理创新的动力

彼得·德鲁克在其著名的论著《创新与企业家精神》中,较为详尽地论述了创新机遇的来源,他认为创新的原动力主要基于以下方面:

(一) 来自于体系内部的动力

德鲁克认为,体现于企业内部的动力包括:意外事件;不协调事件;程序的需要以及产业和市场结构的变化。

1. 意外事件

意外事件包括意外的成功和意外的失败两个方面。意外的成功为企业带来了意想不到的收益,而意外的失败则使企业蒙受了较大的损失,但无论是意外的成功还是失败,都可能预示着企业未来的发展机遇,企业必须对这些意外的成功和失败加以充分的分析和论证,以便把握机遇,获得长远发展。

管理者不但要重视企业内部的意外事件,而且应重视企业外部的意外事件,将其视为企业创新的重大机遇而加以利用,事实上,这些事件对企业来说往往成本更低,影响更大。

2. 不协调事件

当现实与企业对外部经营环境或内部经营条件的假设相冲突,或当企业经营的实际状况与预想状况不一致时,便出现了不协调状况。与意外的成功或失败一样,不协调事件既可能是已经发生了某种变化的结果,也可能是将要发生某种变化的征兆。因此企业应意识到其可能为企业创新提供的机会,应充分重视并仔细观察不协调的存在,分析出现不协调的原因,并以此为契机进行管理创新。

一般来说,不协调的状况有以下几种:

①某个产业(或公共服务领域)的经济现状之间的不协调;
②某个产业(或公共服务领域)的现实与假设之间存在的不协调;
③某个产业(或公共服务领域)所付出的努力与客户的价值和期望之间的不协调;
④程序的节奏或逻辑的内部不协调。

3. 程序改进的需要

与意外事件与不协调事件从企业与外部的关系的角度对企业的经营进行分析的角度不

同,程序改进的需要与企业内部生产经营过程有关,其存在于某个企业、产业或某个服务领域的程序内部。基于程序的创新,有些需要利用的是不协调,有些则需要利用人口统计资料。程序创新并不始于环境内部或者外部的某一事件,而是始于有待完成的工作,它是以任务为中心,而不是以形势为中心。其目的是替换经营管理中的薄弱环节,利用新知识、新技术使业已存在的程序更加完善,从而提高效率、降低成本、改善产品质量。

程序改进既可能是科技发展的逻辑结果,也可能是推动和促进科技发展的原动力。实际上,在过程改进所需要的知识尚未出现以前,任何改进都是不可能实现的。因此,在组织这种改进之前,企业可能要针对生产过程中的薄弱环节进行长期的"基础研究",以产生出克服这种薄弱环节所需的新知识。只有在新知识产生以后,人们才能实际地考虑如何将其应用于工业生产、改进生产过程中的某个环节。必须指出,从基础研究到应用分析、最后到工艺与方法的实际改进,这个过程可能是非常漫长的。与前两个因素相联系,过程的改进以及与此相联系的技术创新也可能是由外部的某个或某些因素的变化而引起的。比如,劳动力资源的匮乏以及由此造成的劳动成本的增加,促使企业努力推进生产过程的机械化和自动化。

不协调状况产生的负面影响应引起企业的充分重视,企业应对这些状况进行充分的分析和论证,查找问题出现的真正原因,从而为产品的改进与开发、市场的确定与拓展方面的创新提供良好的机遇。

4. 产业和市场结构的变化

企业是在一定的产业结构和市场结构条件下经营的。产业结构和市场结构一旦出现了变化,企业必须迅速对其作出反应,在生产、营销以及管理等诸方面组织创新和调整,否则就有可能影响企业在行业中的相对地位,甚至引发企业的生存危机。相反,如果企业及时应变,则这种结构的变化给企业带来的将是众多的创新机会。所以,企业一旦意识到行业或市场结构发生了某种变化,就应迅速分析这种变化对企业经营业务可能产生的影响,确定企业经营应该朝什么方向调整。

实际上,处在同一产业之内的企业通常对行业发生的变化不甚敏感,甚至将其视为威胁,而那些"局外人"则可能更易观察到这种变化及其意义,因而也较易组织和实现创新。同一产业的众多企业和组织形成行业,所以,对已在行业内存在的现有企业来说,行业结构的变化常构成一种威胁。面对同一市场和行业结构的变化,企业可能作出不同的创新和选择。

以下四个指标可以非常显著地显示产业结构即将发生的变化:

①某项产业的快速成长;

②某个产业的产量迅速成长到过去的两倍时,预示着其认知方式和服务市场可能已不合时宜;

③一直被视为彼此之间独立的科技整合在一起;

④某一产业的运营方式正在发生迅速改变。

因此,面对市场以及行业结构的变化,关键是要迅速地组织创新的行动,至于创新努力的形式和方向则可以是多重的。

(二)来自于体系外部的动力

除了体系内部的动力来源外,德鲁克还列举了来自于体系外部的动力来源:人口数量及结构的变化;观念的改变;新知识的产生。

1. 人口数量及结构的变化

人口因素对企业经营的影响是全方位的。作为企业经营中一种必不可少的资源,人口数量及结构的变化直接决定着劳动市场的供给,从而影响企业的生产成本;作为企业产品的最终用户,人口的数量及其构成确定了市场的结构及其规模。因此,人口结构的变化有可能为企业的技术创新提供契机。人口作为一种经营资源,其有关因素(如人口数量、年龄结构、收入构成、就业水平以及受教育程度等)的变化相对具有可视性,其变化结果也较易预测。分析人口数量对企业创新机会的影响,不仅要考察人口的总量指标,而且要分析各种人口构成的统计资料。作为企业产品最终用户的人口,其有关因素对企业经营的影响从而对创新的要求是难以判断和预测的。

2. 观念的改变

观念反映了人们对事物的认识和分析的角度。从企业创新的角度来说,观念的改变既意味着消费者本身的有关认识的改变,也意味着企业对消费者某种行为或态度的认识的改变。

以观念转变为基础的创新必须及时组织才能给企业带来发展和增长的机会。如果滞后于竞争对手行动,等到许多竞争企业都已利用消费观念的改变开发了某种产品才采取措施,那么待企业措施产生效果、推出产品时,由于消费观念转变而出现的市场可能早已饱和了。相反,如果消费者的观念尚未转变或刚刚开始转变,企业在敏锐地观察到这种机会后迅速采取行动,这样固然可以领先竞争者许多,但为了促成这种消费观念的转变并使市场真正形成,所需的费用将不但使企业受益,而是使整个行业受益。换句话说,企业开发的不但是企业市场,而且是行业市场。与稍后行动的企业相比,迅速行动的企业前期投入的各种费用可能过高,因而在成本上可能处于不利地位,但对于企业品牌形象的树立、体现在位优势则是十分有利的。

3. 新知识的产生

一种新知识的出现将为企业创新提供异常丰富的机会。在各种创新类型中,以新知识为基础的创新是最为企业重视和欢迎的。但这种创新也是最为变化莫测、难以驾驭的。与其他类型的创新相比,知识性创新具有最为漫长的前置期,从新知识的产生到应用技术的出现、最后到产品的市场化,这个过程通常需要很长的时间。

知识性创新不是以单一因素为基础,而是以好几种不同类型的知识的组合为条件。在这类创新的组织中首先需要依靠一种或少数几种关键的技术以及相关的知识,在所有其他必备知识尚未出现之前,创新是不可能实现的。这种对知识集合性的要求也是这类创新前置期较长的一个重要原因。飞机、计算机等的出现无不说明了这一点。前置期较长和对相关知识的集合性要求不仅决定了企业必须在早期投入大量的资金,而且由于即便投入许多资源和新知识也可能不会出现或难以齐全。因此与其他创新相比,以新知识为基础的创新需要承担更大的风险。

当然,除以上来源外,创新主体的兴趣及追求成就感的心理需求等也是创新的来源之一。在企业实践中,创新通常是几种不同来源或影响因素共同作用的结果。

四、管理创新的作用

(一)促进生产力发展

管理是生产力,只有管理创新才能产生生产力。这是因为:第一,管理创新影响着生产力的存在状态。一定社会有一定水平的生产力,但这一定水平的生产力,在不同管理条件下,其存在状态却不同,有的被压抑、有的则比较解放,主要取决于管理创新。第二,管理创新制约着生产力的发展速度。生产力的发展从根本上来说取决于科技进步和劳动者素质的提高,而要做到这一点,既有调动人的积极性问题,又有具体组织和筹划等问题,而这些都是最基本的管理创新问题。第三,管理创新规定着生产力的实现程度。好的政策、制度,只是给生产力的发展提供了必要的前提,却不是其实现本身。生产力的具体体现,还要靠具体的管理创新活动。第四,管理创新还能创造一种新的生产力。亚当·斯密早就指出,组成集体的一群人的共同行动的效果,比每个人单独行动时的总计效果要大。其原因就在于这种"共同行动"不仅通过分工协作提高了个人生产力,而且创造了一种新的生产力,即"集体力",而这正是管理创新的结果。

(二)促使企业经济效益的提高

管理创新的目标是提高企业有限资源的配置效率,最终提高企业的经济效益。提高企业经济效益分为两个方面:一是提高目前的效益;二是提高未来的效益,即企业的长远发展。管理在诸多方面的创新,有的是提高前者,如生产组织优化创新,有的是提高后者,如战略创新与安排。无论是提高当前的效益还是未来的效益,都是在增强企业的实力和竞争力,从而有助于企业下一轮的发展。管理创新还可以有效降低交易成本。管理层级制的创新,使得现代企业可以将原本在企业之外的一些营业单位活动内部化,从而节约企业的交易费用。

(三)维持企业的稳定与发展

企业管理的有序化、高度化是企业稳定与发展的重要力量。管理创新的结果为企业提供了更有效的管理方式、方法和手段。管理创新对稳定企业、推动企业发展的作用可以从诸多方面来看。例如,管理层级制一旦形成并有效地实现了它的协调功能后,层级制本身也就变成了持久性、权力和持续成长的源泉。当一名经理去世、退休、升职或离职时,另一个人已做好准备。他已受过接管该职位的培训。人员虽有进出,其机构和职能却保持不变。管理层级制的这一创新,不仅使层级制本身稳定下来,也使企业发展的支撑架稳定下来,而这将有效地帮助企业长远发展。

（四）巩固企业的优势竞争地位

市场营销方面的管理创新，将帮助企业有力地拓展市场。企业在进行市场竞争和市场拓展时，将遇到众多竞争对手，因此这一竞争过程实为多个博弈对象的动态博弈过程。一个企业若能在这一过程中最先获得该博弈的均衡解，即管理创新具体方案，便能战胜对手，获得胜出。这个解无非是在能预见对手们的相应对策条件下，寻找出最佳的、新的市场策略和运行方式而已，这就是一种管理创新。许多跨国公司在瞄准东道国市场后所采取的一系列市场行为，均有其战略意图，该意图本身就是一种创新。

（五）有助于企业家阶层的形成

现代企业管理创新的直接成果之一，按照钱德勒的看法是形成了一个个新的职业经理，即企业家阶层。这一阶层的产生一方面使企业的管理处于专家的手中，从而提高了企业资源的配置效率；另一方面使企业的所有权与经营管理权发生分离，推动了企业更健康地发展。职业经理层的形成对企业的发展有很大作用，因为他们知道管理创新的功效，也因此往往成为管理创新的主体。

第二节 管理创新的过程和原则

一、管理创新的过程

管理学者通过对创新的成功和失败的大量研究，认为完整的创新过程应包括以下步骤：

1. 寻找阶段

寻找阶段就是组织为寻求变革信号和创新机会阶段。创新的第一个阶段是探测环境中潜在的变革信号，它们可能是新技术形式的出现或者是市场需求上发生的局部变化，这可能是政策压力或者竞争对手的活动导致的结果。绝大多数创新是多种力量相互影响的产物，有些变革需要拉动创新，而其他则是新机会的出现促成了创新。

在给定的大量变革信号下，有一套完善的能从复杂环境中分辨处理、选择信号的机制，对成功的创新管理是很重要的。

当然，组织并不是毫无目的地大范围地寻找，而是在期望发现有帮助的地方进行寻找。经过一段时间后，寻找的范围便要高度集中，但目标的集中往往会变成飞跃性创新的一种阻碍。创新管理的一个主要挑战是清楚地知晓哪些因素对选择环境和战略发展有制约，以确定这些因素的影响范围。

2. 选择阶段

创新本来就是冒险，即使是再有天赋的公司也不能进行无边界的冒险。因此，有必要对不同市场和技术机会进行选择，而且所作出的选择要符合公司的整个经营战略，还要建立在已有的技术领域和市场已有营销能力上。这一阶段的目的是解决对创新的知识投入问题。

这一阶段包括三种知识投入:第一是企业可以利用的有关技术和市场机会的创新信号。第二是与公司的现存技术基础——公司自己独特的技术能力有关,这样就可确定公司的产品和服务及它们是如何有效地生产和销售的。这种知识可能在具体的产品或设备上体现,也可能体现在人们的需求或使程序正常运转的系统上。更重要的是,确保现在拥有的知识正是公司想做的改变所需要的。第三是与公司整个经营状况相适应,在这一阶段,应该把创新与公司整个战略联系起来,将公司的整体战略与创新战略紧密结合起来是此阶段的关键。

3. 实施阶段

实施阶段分成三个主要部分,即获取知识、执行项目、推行创新。

(1) 获取知识。这一阶段是使新知识或已有知识(组织内外可利用的)结合来给问题找到解决办法,包括科技知识和技术转让。这些知识代表了创新中问题的最初解决办法,并很可能随着创新的发展发生巨大变化。在创新过程中这一阶段的结果既是对下一阶段的详细发展的预示,也是对前一阶段的回顾,在前一阶段中获取的知识可能被丢弃、修改或者是得到认同。

(2) 执行项目。这一阶段是创新的核心,此阶段需要清晰的战略概念和实现这一战略概念的一些最初想法。此阶段完成后将得到创新结果的雏形和预备好的市场,为创新结果的最终市场投放做好准备。在不确定状态下对项目进行管理,是最基本的挑战。而项目实施则相对容易一些,只要确保某些活动按照一定的顺序完成,并以时间和一定的成本费用为代价进行活动宣传就行了,在最初阶段的缺乏知识及随着活动的开展,新知识的引入意味着在整个目标活动及相关活动中要有极高的灵活性。很多时候需要把不同团体和个人的不同知识体系汇集起来,这些团体和个人往往拥有各种各样不同的特点和背景。这个项目也许涉及不同的团体,他们在组织机构和地理方位上很分散,而且经常属于完全单独的小组织,因此,在项目团队、项目想法和计划有效沟通、保持创新的冲动和激情等方面的建设和管理非常重要。

形容这一发展阶段的一个方法是把它比成一个漏斗,从较开阔的地方慢慢变窄,主要焦点是解决问题,然后就是最后的创新出现。

(3) 推行创新。在推行创新的过程中,不仅要关注技术革新问题,还要关注为产品进入市场而展开的一系列活动。不管市场上存在的是群体的零售消费者还是新项目的内部用户,对于要推行创新的市场,在准备活动和发展进程上都是统一的要求。其原因在于,只有在目标市场作出要推行创新的决定时,整个创新过程才能够完成。而推行创新又需要不断地搜集资料,解决问题,最后才能够完成创新活动,尤其是需要收集实际的或是想象中的客户需求信息,然后把这种信息反馈到产品开发过程中,最后还要解决新产品的推广场地和营销等问题。

4. 学习和再创新

很多时候,创新推广的结果是新的创新的开始。所谓再创新是建立在早期创新的成功基础之上的,在早期创新中修正过或者完善过的方案对下一次的创新也是很有好处的。

尽管学习创新,推广创新和管理创新过程的机会很多,但是很多组织并不热衷于创新。这种情况下,很有必要提高向成功案例学习的主动性。

以上过程如图 12.1 所示。

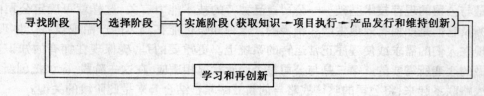

图 12.1 创新过程模型

二、管理创新的原则

创新的原则是指产生管理创新创意的行为准则。由于创意是管理创新的出发点,因此又可以把创新的原则看做是管理创新的基准和出发点。

(一)逆向思维原则

所谓逆向思维是指与一般人、一般企业思考问题的方向不同、方法存在差异。某人不想或没有想的,或认为是正常的事情,另一人却加以思考,从中发现问题,这就是一种逆向思维;某人对某一问题通常是这样考虑的,然而另一人却从其他角度去考虑,这也是一种逆向思维。通过逆向思维,通常可以得到许多创新的灵感。汤姆·彼得斯认为:"今天成功的企业领导人将是那些头脑最灵活的人。接受新见解,习惯性地向旧见解提出挑战,与反论(逆向思维见解)共处的能力,将是这些领导者的首要品质。"

(二)交叉综合原则

交叉综合原则是指创新活动的展开或创意的获得可以通过各种学科知识的交叉综合来实现。目前,科学发展的趋势是综合和边缘交叉,许多科学家都把目光放在这两个方面,以求创新。管理作为一门科学,它的创新发展过程也呈现这一态势。

从管理创新的历史过程来看,有两种创新方式是值得重视的。一是用新的科学技术、新的学科知识来研究、分析现实管理问题。用新的学科知识和技术来看待现实管理问题,即从一种新的角度来研究问题,就可能得到不同于以往的看法和结论。如把数理统计方法运用到质量管理中,使质量管理从事后检验走向事前控制。二是将以往的学科知识、方法、手段综合起来,系统地来看待管理问题,这样也就产生不同以往的思路和看法。

(三)兼容性原则

兼容性原则是指根据企业自身的实际情况,在吸收别人先进的管理思想、管理方式、管理方法的基础上进行综合、提高和创新。

管理创新要兼收并蓄,自成一家。即在企业管理创新中,不但要借鉴其他企业的先进经验,学习先进的管理思想,而且要结合自身的实际情况,开展开创性的工作。

兼容性创新是在原有创新的基础上发展,因此要对原有创新出现问题加以分析研究,把握深层原因,同时注意自身的特点和长处,进行深层思考,就可能发掘出许多新的创意,从而进行管理创新。

（四）宽容失败原则

创新是在走前人没有走过的路,这就难免会走弯路,甚至会犯错误。管理者在创新上的最大错误就是怕犯错误,管理创新的最大敌人就是害怕失败。没有新尝试,就没有新作为,而要进行管理创新,就有可能面临失败,就有犯错误的可能。组织中只有营造出一种不怕犯错误、宽容失败的良好氛围才会有利于创新行为的产生。

三、有效管理创新的基础条件

为使管理创新能有效进行,还必须创造以下基础条件：

1. 创新主体应具有良好的心智模式

这是实现管理创新的关键。心智模式是指由于过去的经历、习惯、知识素养、价值观等形式的基本固定的思维认识方式和行为习惯。创新主体具有的心智模式包括：一是远见卓识；二是具有较好的文化素质和价值观。

2. 创新主体应具有较强的能力

管理创新主体必须具备一定的能力才可能完成管理创新,创新管理主体应具有核心能力、必要能力和增效能力。核心能力体现为创新能力；必要能力包括将创新转化为实际操作方案的能力,从事日常管理工作的各项能力；增效能力则是控制协调加快进展的各项能力。

3. 企业应具备较好的基础管理

现代企业中的基础管理主要指一般的最基本的管理工作,如基础数据、技术档案、统计记录、信息收集归档、工作规则、岗位职责标准等。管理创新往往是在基础管理较好的基础上才有可能产生,因为基础管理好可提供许多必要的准确的信息、资料及规则,这本身有助于管理创新的顺利进行。

4. 企业应营造良好的管理创新氛围

创新主体能有创新意识,能有效发挥其创新能力,与拥有一个良好的创新氛围有关。在良好的工作氛围下,人们思想活跃,新点子产生得多而快,而不好的氛围则可能导致人们思想僵化,思路堵塞,头脑空白。

5. 管理创新应结合本企业的特点

现代企业之所以要进行管理上的创新,是为了更有效地整合本企业的资源以完成本企业的目标和任务。因此,这样的创新就不可能脱离本企业和本国的特点。

6. 管理创新应有创新目标

管理创新目标比一般目标更难确定,因为创新活动及创新目标具有更大的不确定性。尽管确定创新目标是一件困难的事情,但是如果没有一个恰当的目标则会浪费企业的资源,这本身与管理的宗旨也不符。

7. 企业应建立有效的创新激励机制

创新本身要有投入,产品创新和技术创新更要有投入。公司应建立鼓励创新的激励机制,要激发每个人的创新热情,必须建立合理的评价和奖惩制度。创新的原始动机也许是个人的成就感、自我实现的需要,但是如果创新的努力不能得到组织或社会的承认,不能得到公正的评价和合理的奖酬,则继续创新的动力会渐渐失去。

第三节 管理创新的基本内容

一、管理理念创新

理念是指人们基于知识与经验而形成的关于客观对象的理性认知与概括。理念以其概括性、稳定性和深刻性支配影响着人们的思想与行动。理念创新,就是革除旧有的不合时宜的既定看法和思维模式,以新的视角、新的方法和新的思维模式,形成新的结论或思想观点,进而用于指导新的实践的过程。管理理念创新是指在管理活动中,思维主体不受现在的、常规的思路约束,发现潜在管理问题,找出解决管理问题全新的或独创性的有效方法的创新思维过程。它是思想观念的超前思维创新,是能动性理念创新,是科学发展观的体现。

(一)管理理念创新必须克服思维定式对创新的消极影响

所谓思维定式,就是一种先前形成的知识、经验、习惯对于现在或后继活动的趋势、程度和方式的影响。它使得人们对于从事某项活动时预先准备的心理状态总是摆脱不了已有框架的束缚。人一旦形成了某种思维定式,就会习惯性地顺着定式的思维来思考问题,不愿也不会转个方向、换个角度去想问题。人们一旦相信了这种用过去推导未来,让未来受制于过去的思维定式,那就不免要与许多稍纵即逝的机会擦肩而过,甚至做出连自己事后都觉得哭笑不得的傻事或者遗憾事。

工作和生活中,人们在筛选信息、分析问题、作出决策的时候,总是自觉或不自觉地沿着某种熟悉的方向和路径思考,这就是一个人特有的思维定式,如经验定式、从众定式、书本定式、权威定式等。在处理日常事务和一般性问题时,思维定式能够让人驾轻就熟,得心应手。但由于思维定式中被固化的概念不一定都正确,被固化的规则不一定都适用,被固化的理论可能有偏差,被固化的逻辑可能不严密等,因而当遇到不一样的问题时,思维定式就有可能产生负面效应,将人们引入歧途。

【阅读资料 12.1】

飞不出瓶口的蜜蜂

如果你把六只蜜蜂和同样多只苍蝇装进一个玻璃瓶中,然后将瓶子平放,让瓶底朝着窗户,会发生什么情况?

你会看到,蜜蜂不停地想在瓶底上找到出口,一直到它们力竭倒毙或饿死;而苍蝇则会在不到两分钟的时间里,穿过另一端的瓶颈逃逸。

原来,蜜蜂以为,瓶子的出口必然在光线最明亮的地方,于是它们死盯着这个目标不放,不停地重复着飞向有光亮的地方这种合乎逻辑的行动,无论怎么碰壁也不愿改变这个目标,结果导致自身的灭亡。而苍蝇则不是这样,它们不会过分地留意事物的逻辑,起初它们也会朝有光亮的目标飞,碰了壁之后就改变方向,经过不断的"试错",最终找到了出口,从而重获自由。

资料来源:http://emuch.net/html.

思维定式对于解决问题具有极其重要的意义。思维定式的作用是:根据面临的问题联想起已经解决的类似的问题,将新问题的特征与旧问题的特征进行比较,抓住新旧问题的共同特征,将已有的知识和经验与当前问题情境建立联系,利用处理过类似的旧问题的知识和经验处理新问题,或把新问题转化成一个已解决的熟悉的问题,从而为新问题的解决做好积极的心理准备。

定式思维对解决问题也有消极的一面,它容易使人们产生思想上的防卫性,养成一种呆板、机械、千篇一律的解题习惯。当新旧问题形似质异时,思维的定式往往会使管理者步入误区。当一个问题的条件发生质的变化时,思维定式会使管理者墨守成规,难以涌出新思维,做出新决策,造成知识和经验的负迁移。

思维定式是创新的大敌,不打破思维定式,就不可能创新。因此,要刻意培养自己的发散思维、空间思维、数字思维、逆向思维、灵感思维等。

(二)理念创新是其他创新的基础

理念创新是企业从事各种创新的基础。凡是有创新意识,而且持续提高其创新能力的企业,往往都能够实现快速发展。理念创新使企业具有强烈的、内在的创新冲动,能够积极主动地去创新,通过各种创新方式推动企业的经营活动,推动制度创新、技术创新、产品创新和经营创新。企业理念的不断创新又会推动企业运作模式发生重大改变。以创新的、先进的、正确的经营理念指导企业,企业才会有正确的方向,也才会得到企业员工的全力支持和社会公众对企业的信赖。

管理理念创新的意义在于,它是管理创新的决定力量,它决定了管理创新行为的创新性质、创新方向、创新方法、创新程度和创新效果,任何管理创新行为都是管理理念创新的思维延伸、外在表现和具体形式,有效的管理理念创新可以对其他方面的创新产生积极的促进作用,不适应的管理理念创新则可能给其他管理活动带来较大风险、有害的冲突和无序。换言之,管理理念创新是管理创新的核心,从实现管理理念创新入手是实现真正管理创新最经济、最有效的路径。可以说,管理先进的企业,必然都是管理理念创新领先的企业。

二、管理手段创新

管理手段创新是指创建能够比以前更好地利用资源的各种组织形式和工具的活动,可进一步细分为组织与制度创新、方法创新和文化创新。

(一)组织与制度创新

组织变革和创新的理论基础是系统理论、情景理论和行为理论。系统理论认为组织是一个开放、有机和动态的系统,由三个子系统组成,即技术系统、管理和行政系统、文化系统。其特点是相互联系,一处改变,其他也会跟着改变。典型的组织变革和创新是通过员工态度、价值观和信息交流,使他们认识和实现组织的变革与创新。情景理论认为在企业中没有一成不变、普遍适用的最好管理理论和方法。行为理论认为企业中人的行为是组织与个人相互作用的结果。通过企业的组织变革和创新,改变人的行为风格、价值观念、熟练程度,同时能改变管理人员的认识方式。

组织与制度创新主要有三种:

(1)以组织制度及组织结构为重点的变革和创新。如对产权制度、经营制度管理制度的管理与创新;重新划分或合并部门,流程改造,改变岗位及岗位职责;调整管理幅度等。

(2)以人为重点的变革和创新。即改变员工的观念和态度,知识的变革、态度的变革、个人行为乃至整个群体行为的变革。

(3)以任务和技术为重点的创新。如任务重新组合分配,更新设备、技术创新,以达到组织创新的目的。

【阅读资料12.2】

十个老头的酒会

有十个老头要举行酒会,相约每人带一壶酒,都倒在酒桶里,然后用勺子舀到碗里喝。一个老头想,我带一壶水去,混在里面谁也不知道。结果大家都这样想,十个老头带了十壶水,喝酒时一点酒味也没有。大家互相埋怨,可都知道自己也没带酒,说别人没底气,酒会不欢而散。

过了几天,这十个老头又商量开酒会,为避免出现上次的情况,规定每人带的酒不倒在酒桶里混着喝,而是先喝一个人的,喝完再喝另一个人的,最后谁的酒好喝就评谁为酒仙。这次酒会开得很成功,大家都把自己窖藏的好酒拿了出来,结果大家越喝越高兴,尽兴而归。

资料来源:http://www.antoc.com

(二)管理方法创新

管理方法创新是指创造更有效的资源配置方式的各种活动。管理方法创新更多的是基于理论和科学技术的发展。近年来,物料需求规划(MRP)、制造资源规划(MRP-II)、企业资源规划(ERP)、计算机集成制造系统(CIMS)等都得到一定程度的发展与应用,并结合企业情况创造了许多管理方法。企业引进或创造的管理方法能否得到持续、有效地运用,又对企业管理方法的适应性提出了新挑战。

(三)组织文化创新

组织文化主要是组织人格化的生活方式,它代表了员工认同及接受的信念、期望、态度及办事准则等,是决定组织行为方式的价值观系统。由于从事组织活动的是员工个人,他们带着各种各样的态度、感情和动机,组织文化本身对创新活动就有着深层而持续的影响。组织文化创新主要是从企业的生存环境的根本性变化入手,对企业文化进行变革,支持组织创新活动,以实现组织行为与环境的一致性。当今时代科技发展突飞猛进,社会文化都在发展着根本性变化,企业间竞争越来越残酷,企业文化的变革势在必行。只有企业内部塑造了创新文化,才能适应外部环境的变化,获取竞争优势。

三、管理模式创新

"管理无定式,但管理有模式。"企业管理模式(Enterprise Management Model,EMM),包括结构模型和支撑模型。EMM 的结构要素主要有企业文化、经营管理、管理技术、管理体制和规章、决策及领导体制;支撑模型则说明了支撑 EMM 存在和有效运转的要素,以及要素之间的连结关系。EMM 的支撑要素包括人员素质、产品技术、企业目标和目标市场。以上这些要素只有在企业管理中按照一定的规则产生互动,才能发挥各要素应有的作用。

现代企业处在知识经济时代,知识和信息日益成为企业经营的重要资源,新的管理思想不断涌现,具有时代特征的企业管理模式正在形成,其主要特征为:

(1)突出以人为本的观念。一切以人为根本,注重对人的积极性、创造性激励的管理思想。企业管理从来没有像今天这样,从人类自身发展的需要出发,重视对人进行培育、开发、激励。

(2)体现系统整合的观念。注意组织内部管理层次、环节、部门、人员之间的相互联系和制约,注意个体与整体的配合协调,强调一切从整体出发,旨在优化企业系统整体功能的管理思想。

(3)强化了择优决策的观念。决策必须是多角度、多因素分析之后的多方案比较,然后择优。这种决策不是单纯的经验指导,而是一种多元、动态、系统的管理行为。

(4)树立战略管理观念。认为对管理问题的解决、管理措施的制定、管理方法的调整必须从企业的长远发展出发,与企业内外环境协调一致,强调管理行为要高瞻远瞩,管理者要具有超前思维。

(5)融入权变观念。即强调管理的适应性,认为管理必须是随机应变,因人、因事、因时、因地制宜。

第四节 管理创新的理论

一、企业再造理论

"再造"是20世纪90年代初兴起于西方的一种新的企业管理思想,其根本的意义在于:对亚当·斯密提出的一直主宰着管理理论和实践的"分工理论"提出了质疑,主张对企业流程进行"再设计"并彻底变革企业的组织方式和组织形态,从各种活动流程出发,对企业进行全方位的改造,以求经营管理的根本改善。

(一)企业再造(Business Process Reengineering,BPR)的含义

"再造"(Reengineering)的概念源起于MIT在1984到1989年间进行的一项名为"20世纪90年代的管理"的研究。该研究项目在借助计算机及其信息技术带来的革命性影响力为企业管理指明方向。

1993年迈克尔·哈默(Micheal)在其著作《企业再造:企业革命的宣言》一书中首次提出了企业再造(业务流程再造)的概念,并将其定义为:对企业业务流程进行根本性的再思考和彻底性的再设计,以取得企业在成本、质量、服务和速度等衡量企业绩效的关键指标上显著性的进展。

该定义包含了四个关键词,即"流程(Process)"、"基本的(Foundamental)"、"彻底的(Radical)"、"显著的(Dramatic)"。

"流程"就是以从订单到交货或提供服务的一连串作业活动为着眼点,跨越不同职能和部门的分界线,以整体流程、整体优化的角度考虑与分析问题,识别流程中的增值和非增业务活动,剔除非增值活动,重新组合增值活动,优化作业过程,缩短交货周期。

"基本的"即指企业人员在着手再造前,必须先对企业的运作提出一些最基本的问题:为什么组织要做这项工作?为什么组织要这样干?这些基本问题会促使人们去注意在从事他们的业务工作时所因袭的那些规则和前提,结果常常会发现这些规则是过时的、错误的或不适当的。

"彻底的"就是要从事物的根本入手,不是对现有事物做表面的、微小的变动,而是把旧的一切抛掉,摆脱现有系统的束缚,对流程进行设计,从而获得管理思想的重大突破和管理方式的革命性变化。

"显著的"是指企业再造不是要在业绩上取得点滴的改善或逐渐的提高,而是要在经营业绩上取得显著的改进。通过对流程的根本思考,找到限制企业整体绩效提高的各个环节和因素,通过彻底性的重新设计来降低成本,节约时间,增强企业的竞争力,从而使得企业的管理方式与手段、企业的整体运作效果达到一个质的飞跃,体现高效益和高回报。

（二）流程再造的主要程序

"再造"就是重新设计和安排企业的整个生产、服务和经营过程，使之合理化。通过对企业原来生产经营过程的各个方面、各个环节进行全面的调查研究和细致分析，对其中不合理、不必要的环节进行彻底变革。在具体实施过程中，可以按照以下程序进行：

1. 对原有流程进行全面和系统的分析，发现存在的问题

一般来说，原来的作业程序是与过去的市场需求、技术条件等相适应的，并由一定的组织结构、作业规范作为其保证。当原来的作业程序已不再适应市场环境、技术条件发生的变化时，作业效率或组织结构的效能就会降低。因此，必须从以下方面分析现行作业流程的问题：

（1）机构设计的合理性。随着技术的发展，技术上具有不可分性的团队工作，个人可完成的工作额度就会发生变化，因此原来的作业流程、组织机构设计可能形成企业发展的瓶颈。

（2）关键环节。不同的作业流程环节对企业的影响是不同的。随着市场的发展，顾客对产品、服务需求的变化，作业流程中的关键环节以及各环节的重要性也在变化。

（3）顺序性。根据市场、技术变化的特点及企业的现实情况，分清问题的轻重缓急，找出流程再造的切入点。

2. 设计新的流程改进方案

为了设计更加科学、合理的作业流程，必须群策群力，集思广益，鼓励创新。在设计新的流程改进方案时，可以考虑：将原有的相关的业务进行整合，以剔除不必要的环节；工作流程的各个步骤按其自然顺序进行，以避免走回头路；鼓励员工参与改进方案的设计，以减少变革的阻力；方案执行中应尽量减少检查、控制、调整等管理工作，以节约成本；设置项目负责人，以对改进工作有效推进；结合企业自身的资源状况来设定改进方案。

3. 评估各改进方案

对于提出的多个流程改进方案，不但要结合组织的资源及能力，对方案的可行性进行有效论证，还要从成本、效益、技术条件和风险程度等方面进行有效评估。

4. 选择流程改进方案

对制订与流程改进方案相配套的组织结构、人力资源配置、业务规范等方面进行评估，选取可行性强、有利于组织综合效益的提高及整体绩效改进的方案。

5. 组织实施与持续改善

实施流程再造方案，必然会触及原有的利益结构。因此，必须精心组织，谨慎推进。既要态度坚定，克服阻力，又要积极宣传，形成共识，以保证企业再造顺利进行。

（三）企业再造的原则

企业再造在塑造企业核心竞争力，适应日益变化的环境等方面起着重要的作用。因此，很多企业都希望通过企业再造的实施，使得企业在各个方面都有所改善。企业再造实施的基本核心原则——坚持以流程为中心原则、坚持以人为本的团队式管理的原则和坚持顾客导向的原则。

1. 坚持以流程为中心的原则

以流程为中心的企业与以职能为中心的企业的根本区别,不是企业运营流程的不同,而在于其基本结构的不同。在传统的企业中,组成企业的基本单元是职能相对单一的工序和部门,由这些工序和部门分别完成不同的工作任务,流程片段由若干个单一的任务组成。而在一个以流程为中心的企业中,企业的基本组成单元是不同的流程,这样就使得企业的部门乃至流程本身都富有弹性,并可以随着市场环境的变化随时增减改变。以流程为中心的企业还意味着企业的形态也富有弹性,流程是直接面对顾客的,即随着市场需求的变化而变化。所以,以流程为中心的变革是一场持续的革命,仅仅一次改进,哪怕效果多么显著,都是微不足道的。一个企业必须持续地关注流程,才能与不断变化的企业环境相协调。

2. 坚持以人为本的团队式管理的原则

目前,以人为本的管理理念已经深入人心,然而,以流程为中心的企业所关心的并不仅仅是人本身,更关心以人为本的团队管理。在传统企业里,相对静止的市场环境决定了以分工为基础的职能导向型管理是有效率的。传统企业中除了领导之外,其他人思考问题的出发点是如何完成本职工作,对自己工作流程的进展却往往不够关注。而在以流程为中心的企业里,企业领导者必须学会像球队教练一样思考和统筹安排。他们要将主要的流程编织在一起,要合理地分配资源,还要制定战略。在以流程为中心的企业里,团队是完成每一个流程的基本单位,基于团队而工作的员工,其工作积极性和主观能动性得以充分发挥,让员工变"要我做"为"我要做",是流程再造的最高境界,也是坚持团队式管理的精髓所在。

3. 坚持顾客导向的原则

从根本上说,流程再造就是站在顾客的立场上重建企业,再造的出发点就是顾客需求。以顾客为导向,就要使得企业的各级人员都明确,全心全意为顾客服务才是企业得以生存和发展的根本。在实施流程再造的企业里,员工的绩效由流程运作结果来衡量,顾客满意度的高低是评价员工绩效的唯一标准。坚持顾客导向的原则是流程再造成功的保证。

二、知识管理理论

知识管理诞生于知识经济逐渐兴起,信息技术飞速发展,商业竞争日益加剧的环境中,知识管理与信息技术密不可分,并成为企业核心竞争力的源泉。

(一)知识的含义与特征

知识管理,就是在组织中建构一个人文与技术兼备的知识系统,让组织中的信息与知识,透过获得、创造、分享、整合、记录、存取、更新等过程,达到知识不断创新的最终目的,并回馈到知识系统内,以达到个人与组织的知识得以永不间断地累积,并转化成为组织的智慧资本,有助于企业作出正确的决策。

1. 知识的定义

一般而言,知识是指有价值的信息。知识不能简单地等同于数据或信息。数据是代表特定意义的文字、数字或音像;信息是条理化、格式化的数据。而知识是有价值的信息,能够指导人们开展价值创造的实践活动。因此,不能把数据或信息简单地等同于知识,促进信息或数据向知识的转化,是知识管理的首要任务。

2. 知识的特征

(1) 知识的隐含性。从存在形式看,知识可以分为易于编码、描述的显性知识和难以形式化的隐性知识。隐性知识具有高度个体性、难以与他人共享的特点。隐性知识转移、复制的成本高昂,可是在员工的工作过程中,隐性知识往往发挥着巨大作用,有时这种作用无法替代并且难以量化。

(2) 知识的积聚性。知识的积聚过程就是知识主体扩充原有知识存量的过程,即在现有的基础上吸纳新知识的过程。这种接受新知识的能力取决于知识主体原有的知识存量与结构。当知识存量积聚到一定程度,知识之间有了一定的衔接,从而构造出较为宽广的知识平台之后,知识结构就会趋于合理,对于新知识的容纳能力急剧上升,知识的扩充速度也会急剧增长。

(3) 知识的增值性和价值的剧变性。知识一旦形成,在使用过程中可以使其不断地得到完善,其使用价值和对企业增值的贡献不断提高;在知识价值形成和价值实现过程中,随着时间的推移,新的知识平台不断构建,将使构筑于旧的平台之上的知识失去继续发挥效用的空间,使其知识价值遭受到无形损耗,从而价值量急剧下降。

(4) 知识的非竞争性。知识一旦被发现并公布后,增加知识使用者的边际成本极低,特别是信息技术的迅速发展使得知识传播的成本大大降低,知识的非竞争性特点更加突出。

(5) 知识的分布性和合作性。由于个人对知识的创造、储存和整理只能专注于某一特殊的领域,因而知识在主体中具有分布性,即不对称分布。而知识在各个相关领域内具有可衔接的特性。具有不同知识背景的知识主体之间进行理想的合作,就应当把知识接口处理得相当吻合,进而构筑起完整的、功能齐全的知识体系,达到实现组织目标的目的。

3. 知识的分类

就知识的分类,不同的学者有不同的观点。根据知识的存在形态知识可分为隐性知识和显性知识。隐性知识(Tacit Knowledge)是高度个性化而且难于格式化的知识,主观的理解、直觉和预感都属于这一类;显性知识(Explicit Knowledge)是能用文字和数字表达出来,容易以硬数据的形式交流和共享的知识,比如编辑整理的程序或者普遍原则。

根据 Delphi Group 的调查显示,企业中的最大部分知识(42%)是存在于员工头脑中的隐性知识,可是显性知识(如电子的和纸制的)的总和却又大于隐性知识。可见,两种知识都必须得到相同的重视。

针对显性知识和隐性知识的不同特性,有学者提出采用不同的策略进行知识管理。

针对显性知识可以采用编码化的策略。将显性知识搜集整理成文档的形式,这样就可以在组织内重复使用。采用这种策略,要着重激励员工,让他们将知识记录下来。针对隐性知识可以采用个人化的策略。将隐性知识吸收消化成为自己的知识,这样就可以在组织中培养出大量的专家。采用这种策略,要着重激励员工共享自己的知识。

(二)知识管理的功能

企业实施知识管理必须与其战略目标相结合,才能获得最大的效益,知识管理功能体现于它在实现现代企业基本目标中所发挥的重要作用。

首先,知识管理的实施有助于企业的创新。在科技高速发展,产品生命周期显著缩短的现代商业社会中,创新性往往是企业获得并保持竞争优势的主要因素。许多大型企业设法将各国的员工组织在一起,跨越地域和时间的限制,进行讨论和研究,创造出新的产品和服务。合作的一个主要目标就是创新,知识管理通过对合作活动进行组织,将使团体的交流超越简单的讨论而实现创新。

其次,知识管理的实施有助于提高企业的适应性。现代的商业社会瞬息万变,不可预知的事件越来越多。对此,传统的信息技术已经无法满足企业的要求。知识管理技术能够协助企业感知微弱的商业信号,并按要求对各种资源进行组织,对突发事件作出有效的反应,通过提高企业内部合作的密切程度,使企业能够快速适应多变的环境。

再次,知识管理的实施有助于提高企业的生产效率。知识管理致力于把知识财富进行有效的整理、分类、传播,使知识财富得到充分的再利用,从而实现企业效率的提高。通过知识管理,企业可以方便地查询和发掘已经拥有的知识,通过将已经拥有的知识用到新工艺或新问题中,企业可以对现有知识进行改进,甚至创造出新的知识财富。

最后,知识管理的实施有助于提高企业员工素质。企业要保持竞争力,就必须拥有具有新知识和创造力的员工。员工的培训和教育是现代企业保持竞争优势的一个重要措施。成功的知识管理将加快员工的学习过程,提高企业员工的整体素质,使员工的再教育成为企业的一种日常活动。

(三)知识管理的程序

1. 认知

认知是企业实施知识管理的第一步,主要任务是统一企业对知识管理的认知,梳理知识管理对企业管理的意义,评估企业的知识管理现状。帮助企业认识是否需要知识管理,并确定知识管理实施的正确方向。其主要工作包括:全面完整的认识知识管理,对企业中高层进行知识管理认知培训,特别是让企业高层认识知识管理;利用知识管理成熟度模型等评价工具多方位评估企业知识管理现状及通过调研分析企业管理的主要问题;评估知识管理为企业带来的长、短期效果,从而为是否推进知识管理实践提供决策支持;制定知识管理战略和推进方向等。

2. 规划

知识管理的推进是一套系统工程,在充分认知企业需求的基础上,详细规划也是确保知识管理实施效果的重要环节。这个环节主要是通过对知识管理现状、知识类型的详细分析,并结合业务流程等多角度,进行知识管理规划。在规划中,切记知识管理只是过程,把知识管理充分融入企业管理之中,才能充分发挥知识管理的实施效果。其主要工作包括:从战略、业务流程及岗位来进行知识管理规划;企业管理现状与知识管理发展的真实性分析;制订知识管理相关战略目标和实施策略,并对流程进行合理化改造;对知识管理进行需求分析及规划;在企业全面建立知识管理的理论基础。

3. 试点

该阶段是第二阶段的延续和实践,按照规划选取适当的部门和流程依照规划基础进行知识管理实践,并从短期效果来评估知识管理规划,同时结合试点中出现的问题进行修正。其主要工作内容:根据不同业务体系的任务特性和知识应用特点,拟订最合适、成本最低的知识管理方法,即知识管理模式分析。结合企业业务模式进行知识体系梳理,并对知识梳理结果进行分析,以确定知识管理具体策略和提升行为,即知识管理策略规划。

本阶段在知识管理系统实施中难度最大,需要建立强有力的项目保障团队,做好协调业务部门、咨询公司、系统开发商等多方面工作。

4. 推广和支持

在试点阶段不断修正知识管理规划的基础上,知识管理将大规模在企业推广,以全面实现其价值。推广内容为:知识管理试点部门的实践,在企业中其他部门的复制;知识管理全面的融入企业业务流程和价值链;知识管理制度初步建立;知识管理系统的全面运用。

推广难点主要包括:对全面推广造成的混乱进行控制和对知识管理实施全局的把握;知识管理融入业务流程和日常工作;文化、管理、技术的协调发展;知识管理对战略目标的支持;对诸如思想观念转变等人为因素的控制以及利益再分配;建立知识管理的有效激励机制和绩效体系。

5. 制度化

制度化阶段既是知识管理项目实施的结束,又是企业知识管理的一个新开端,同时也是一个自我完善的过程。为完成这一阶段,企业必须重新定义战略,并进行组织构架及业务流程的重组,准确评估知识管理在企业中实现的价值。

三、学习型组织理论

学习型组织理论是20世纪90年代以来在管理理论与实践中发展起来的全新的管理理论。1990年,麻省理工学院斯隆管理学院彼得·圣吉出版了他的旷世之作——《第五项修炼》,创立了学习型组织理论。在该书中,圣吉在系统地分析了学习型组织的内部结构和运作规律,认为学习型组织是21世纪全球企业组织和管理方式的新趋势。

(一)学习型组织的内涵

自从彼得·圣吉提出学习型组织的"圣吉模型"、"五项修炼"后,在管理界就掀起了一股研究探讨组织学习和创建学习型组织的热潮。许多优秀的企业,都在积极倡导和创建学习型组织。

关于学习型组织,并没有一致的定义。一种观点认为,学习型组织就是把学习与工作系统地、持续地结合起来,以支持在个人、工作团队及整个组织系统三个不同层次上发展的组织。另一种观点认为,学习型组织是一个精于知识的创造、吸收和转化的组织,是一个精于根据新的知识和远景目标而调整自己行为的组织。彼得·圣吉认为,学习型组织是指具有如下特征的组织:组织结构扁平化,组织交流信息化,组织开放化,员工与管理者关系由从属关系转为伙伴关系,组织能够不断调整内部结构关系等特征。

综上所述,学习型组织是指通过培养弥漫于整个组织的学习气氛、充分发挥员工的创造性思维能力而建立起来的一种有机的、高度柔性的、扁平的、符合人性的、能持续发展的组织。这种组织具有持续学习的能力,是可持续发展的组织。

学习型组织理论认为,学习是人的天性和快乐的源泉,人人都是学习者;学习内容不仅是各种知识,还包括实践能力、态度和价值观。与传统组织管理模式相比,学习型组织更侧重于依赖组织成员的自主、自觉,依赖于组织内部相对稳定的运行机制,而不是靠权力、靠领导意志、靠行政命令。学习型组织能够通过保持学习的能力,及时扫除发展道路上的障碍,从而保持持续发展的态势。

(二)组织学习智障

大部分组织都存在学习智障,这是因为其固守的文化、结构、管理模式、定义工作的方式以及员工的互动方式造成的。圣吉总结了组织的七种智障:

(1)局限思考。组织中的人只专注于与自身职务有关的事情,而非所有职务互动所产生的结果。现代组织功能导向的设计,将组织按功能切割分工,加剧这种学习智障。

(2)归罪于外。组织成员总是将失败的责任推到别人身上或强调客观环境,而不是从自身找原因。

(3)缺乏积极主动的整体思考。

(4)专注于个别事件。

(5)对渐变环境反应迟钝。

(6)经验学习的错觉,在存在这种智障的组织中,人们通常难以克服经验学习的时空限制。

(7)管理团体的迷思。组织的管理团队在面对例行问题时具有良好的表现,但当组织遭遇威胁与困境时,团体精神就丧失殆尽,这是高层管理团队的智障。

(三)学习型组织的模式

彼得·圣吉模型,从系统动力学视角思考学习型组织的建立,他认为虽然构造学习型组织的五项修炼都是从抽象的角度来谈的,但却不能脱离组织结构、管理模式和组织文化而孤立存在,需要作为一个整体来考虑。只有通过整合五项修炼,使融合的整体得到大于各部分总和的效果,才能促进学习型组织的发展。圣吉认为组织演变成学习型组织,并保持持久的竞争优势,必须进行五项修炼:自我超越、改善心智模式、建立共同愿景、团队学习及系统思考,如图12.2示。

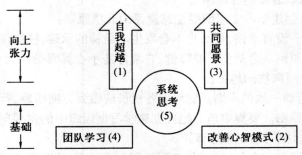

图12.2 圣吉的五项修炼模型

1. 自我超越

强调员工向自我极限挑战,实现内心深处最想实现的愿望,是建立学习型组织的精神基础。其主要方法是保持创造性张力,根据不断变化的情况调整愿望,使愿望与现状之间始终保持一定的差距,激发员工全身心投入并不断进行创造与超越。

2. 改善心智模式

组织成员的心理素质和思维方式,影响着人们如何看世界、对待事物的态度;组织内部共有的心智模式则影响组织的行为与发展。

3. 建立共同愿景

组织的全体成员拥有一个衷心的共同目标、价值观和使命感,共同愿景对学习型组织至关重要,它能为学习提供焦点和能量,把组织成员凝聚在一起,为共同的目标而开展创造性学习。

4. 团队学习

团队学习的目的在于充分发挥整体协作的力量。只有会学习的团队才可能发展为善于学习的组织,当团队真正开始学习时,能够使团队成员超越自我,克服防备心理,学会如何相互学习与工作,并形成有效的共同思维,使团队整体产生更加出色的成果。

5. 系统思考

圣吉将系统思考作为构建学习型组织的"第五项修炼",强调运用系统的观点看待组织发展及其在学习型组织中的核心地位,引导人们从局部思考到综观整体,从看事物的表面到洞察其变化背后的结构,从静态的分析到认识各种因素的相互影响,进而寻找到高杠杆解,产生以小搏大的作用,解决组织面临的各种困境,使组织达到一种动态的平衡。

圣吉模型的五项修炼中,改善心智模式和团队学习两项修炼是基础;自我超越和建立共同愿景两项修炼是向上的张力;而第五项修炼系统思考是圣吉模型的核心,它整合其他修炼成一体,并不断强化其他每一项修炼。通过五项修炼,使组织不断提高自身学习和解决各种问题的能力,促进组织在修炼、学习的过程中得到成长,发展成为学习型组织。

(四)学习型组织的创建

1. 创建学习型组织遵循的基本原则

彼得·圣吉提出创建学习型组织要注意遵循的五项原则:

(1)承诺的原则。没有承诺,什么也不会发生。最初的承诺,往往仅限于一小群人。

(2)起步稳健的原则。启动步子要稳健,它常常是小心翼翼的巨大步伐的第一步,它会将你带到前所未有的众所向往的地方。

(3)目标明确、行动一致的原则。组织内各成员应做到方向明确、行动一致及共同拥有。

(4)集中精力的原则。要集中精力把握创建学习型组织中的主要问题。遇到干扰就把它作为学习的机会,学会把问题变成好事。

(5)灵活机警的原则。在创建组织、克服障碍过程中需要机警、反思和创造,而不是硬拼或蛮干。

2. 创建学习型组织的基本途径

(1)转变观念,在组织中营造学习的氛围。企业要转变为学习型组织,推进知识创新,须从转变观念开始,从转变思维模式开始,特别是转变管理层的思维模式开始。改善企业的思维模式是改善行为模式的第一步。创建学习型组织,决不能靠行政命令来推行,观念不更新,就没有发展,就没有创新。

(2)对企业的管理人员进行专门的培养和训练。以领导班子集体或中层干部群体学习为突破口,让他们首先掌握建立学习型组织的精髓,并且带领员工迅速应用于企业生产、经营和管理实践,全面推进学习型组织建设。学习型组织的建设一般有以下几种模式选择:

模式一:领导者带头学习→形成表率作用→推动中层和员工学习→良好的组织学习。

模式二:中层管理者学习→带动员工学习→领导班子典型引路→良好的组织学习。

模式三:个人学习→班组学习→车间学习→组织学习。

通过强化学习,转变观念,改革现有的组织结构,形成扁平化组织。在这一学习链条之中,如果同时推进,理论上是可行的,但在实践中,最好选择其中的一个环节作为突破口,待取得成绩后,继而推广之。

(3)制订规划及坚持学习。由浅入深,循序渐进,坚持做到学习经常化、制度化。要有全面详细的计划,对远期与近期、重点与一般等内容一定要做出明确的安排,并认真地落实,以保持连续性和稳定性,这是保证创建坚持不懈、持之以恒的有效方式。

(4)实施"工作、生活、学习"一体化战略。学习型组织不是一个孤立体,而是家庭和组织共享的集体。学习型组织就是充分认识员工的价值,关心其家庭,重视与社会的长期性的相互学习和联系,讲求和谐的人际关系的组织。在这样的组织中能够寻找到工作和家庭的平衡点,使员工投入再学习的热潮。企业应积极创造条件实施一体化战略,促进员工工作、学习、生活一体化。

（5）保障措施。学习重在激励，因此要采取相应的激励措施，以调动参与者的积极性。如给予一定的物质奖励、精神奖励，成效显著者还应与重用，让人们看到刻苦学习对自己和事业实实在在的益处，其激励作用将难以估量。

3. 创建学习型组织应注意的问题

把企业创建为真正的学习型组织，除了应具备的理念和行动之外，还应注重把握以下几个问题：

（1）创建学习型组织是"一把手"工程。能否把一个企业创建成学习型组织，关键在于"一把手"的创造力、能动性和组织才能。一个优秀的企业家，首先要当好培训师。培训好高级主管和员工的培训者队伍，让他们带领员工团体把整个工作的过程变为学习的过程，在学习中不断升华。

（2）做好基础性工作。从本企业的实际出发，着眼特色，不能照搬照抄，图省事，走捷径。学习型组织的创建，是需要具备一定的基础和条件的。一是企业应具备较好的基础管理工作，如培训、计量、规章制度、激励机制等；二是员工应具备较高的素质，如技术业务水平、世界观、思想觉悟、职业道德、观念更新等。

（3）要树立学习是一种能力的理念。学习不是一项事务或活动，也不是一种思维方式，而是一种能力，必须将其融企业的活动中，把它看作一个系统。一方面可以增强员工对企业的归属感与忠诚感，另一方面它也是经营的一部分。

（4）要与企业文化、流程再造相结合。三者本质上是相通的，都是围绕着人的全面发展而进行的。学习型组织强调员工从过去的经验中学习，从他人成功的实践中学习，在组织中迅速有效地传递知识，最终建立扁平化组织；企业文化管理中，员工通过学习，形成较高的职业道德、企业信念和企业精神，最终建立灵活高效的组织；流程再造是通过学习掌握了信息技术，对企业管理进行重新思考，以作业过程为中心，摆脱传统组织分工理论的束缚，建立新的组织结构，适应快速变化的环境。

（5）创建学习型组织是一个长期积淀的过程。学习型组织是以学习为前提的，以转变思维方式为目的的企业管理革命，它通过企业中每个人自觉的学习和自我修炼来进行，是一个长期积淀、持续转换的过程。因此，学习型组织建设需要经过长期艰苦努力。成功来自各种因素，如努力培养员工的学习态度、责任感，精心设计管理过程，所有这些都是一个渐进的过程。

本章小结

创新是对原有事物的改变或新事物的引入，是创造新的理念并将其付诸实施的过程。管理创新是指管理者借助于系统的观点，利用新思维、新技术、新方法，创造一种新的更有效的资源整合范式，以促进企业管理系统综合效益不断提高。

管理创新具有首创性、未来性、变革性、先进性、时间性及全方位性等特征；管理创新的动力来源于意外事件、不协调事件、产业和市场结构的变化、人口数量和结构的变化、观念的改变以及新知识的产生等方面。

管理创新的过程主要包括寻找、选择、实施及学习和再创新四个阶段；管理创新要遵循反向思维、交叉综合、兼容性、宽容失败等原则。管理创新的内容主要包括管理理念创新、管理手段创新和管理模式创新等内容。

关于管理创新模式。企业再造主张对企业流程进行"再设计"，并彻底变革企业的组织方式和组织形态，从各种活动流程出发对企业进行全方位的改造，以求经营管理的根本改善。学习型组织理论是全新的管理理论。在彼得·圣吉提出学习型组织的"圣吉模型"、"五项修炼"后，管理界兴起了研究探讨组织学习和创建学习型组织的新潮流。

思考与练习题

1. 选择题（可多选）

（1）管理创新与管理基本职能的关系是（　　）。
　　A. 管理基本职能是创新基础上的发展
　　B. 创新是管理基本职能的逻辑延续
　　C. 管理基本职能是为了实现创新的成果
　　D. 创新是为更高层次的基本管理提供依托和框架

（2）从创新的程度来看，创新可分为（　　）。
　　A. 局部创新　　　　　　B. 全局创新
　　C. 渐变性创新　　　　　D. 创造性创新

（3）管理创新的基本内容有（　　）。
　　A. 管理理念创新　　　　B. 管理手段创新
　　C. 管理模式创新　　　　D. 管理概念创新

（4）企业流程再造应遵循的原则有（　　）。
　　A. 坚持以流程为中心的原则
　　B. 坚持顾客导向的原则
　　C. 坚持以人为本的团队式管理的原则
　　D. 坚持个人管理的原则

（5）根据德鲁克的观点，以下不是诱发企业创新的来源之一的是（　　）。
　　A. 意外的事件（意外的成功和失败）
　　B. 企业内外的协调
　　C. 产业和市场结构的改变
　　D. 人口数量和结构的变化
　　E. 新知识的产生

2. 简答题
(1)简述管理创新和管理基本职能的关系。
(2)管理创新应遵循哪些原则?
(3)简述创新的过程。
(4)简述彼得·圣吉关于学习型组织的五项修炼的内容。
(5)根据本章内容,谈谈你对管理创新职能的理解。
3. 案例分析

创新在用友

企业创新绝不只是产品和技术的创新。如果企业只注重在技术上创新,而忽略在内部运行机制、内部管理体系等方面不断创新,其技术创新本身很难真正为企业带来价值。企业全面创新,才是企业发展真正动力所在。用友的历程十分清晰地印证了这一点。

一、企业体制创新

1988年12月6日由两个人靠5万元借款创立的用友公司,其前身为"用友财务软件服务社"。在当时年代和环境下体现了用友创新意识,也注定了用友必须要走一条创新之路。

软件服务社经过一年多的创业过程,1990年转办为"用友电子财务技术有限公司",从无限责任的个体工商户转变为有限责任公司,实现了公司第一次在体制上的重大变迁。

随着公司的规模扩大及业务发展需要,1995年在有限责任公司基础上,发展为"用友软件(集团)有限公司"并组建"用友软件集团",象征着国内软件开始向产业化、规模化方向发展,并探索一条发展软件产业规模化的道路。用友体制不断创新和变迁,伴随着用友公司的不断发展。

二、技术、产品创新

软件产业发展的一个突出的特点就是"波浪式"前进,即:软件技术、产品和市场每隔一定周期就会出现一次大的浪潮和更替,而且频率越来越快。每一次新的浪潮都带来机会,也是一次严峻的考验。对软件企业来说,抓住一次、两次机会是可能的,真正的挑战是能否抓住每一次机会,这就要求软件企业要不断地进行技术和产品的创新,确保抓住每次机会,确保竞争优势。

用友公司由于始终不断地进行技术、产品创新,把握住了历次发展的机会,使公司一直走在这一领域的前沿,产品持续领先,树立了较好的竞争优势,巩固了财务及企业管理软件龙头企业的地位。

三、营销服务创新

用友公司的销售服务网络从直销开始,经历了"直销-代理分销-地区销售服务公司/代理分销"的发展过程。到目前为止,用友已建立起40家地区分、子公司,500家代理商、60家客户服务中心和100家授权培训中心的销售服务体系,是目前中国商品化软件最大销售服务网。

面对网络时代的到来,用友公司率先开通基于Internet网络支持服务体系,并正在建设用友软件产品销售服务的电子商务系统,实现用友软件产品销售和服务的网络化。

四、运行机制创新

为确保用友软件产业的发展,公司在内部运行机制不断创新,以适应日益激烈的市场竞争。

用友软件的运行机制从1989年的按功能划分的中心制,1996年发展为以产品为核心的产品事业部制。1998年发展为按用户对象划分的产品分公司制,针对不同用户群,分设了管理软件、财务软件和商务软件三个产品分公司。1999年根据全球信息产业发展趋势及结合业务战略,发展为按战略事业单位方式建立的内部运行机制。

五、内部管理创新

用友公司一直按照规范化进行管理,强调内部管理围绕公司业务开展,并为业务发展提供支持,在内部管理上不断创新。

1. 建立并实施完善的软件开发和质量控制的文件化管理体系。

1997年企业通过了ISO9001质量保证体系,为国内同行第一,实现软件产品开发、生产供应和维护的质量管理和保证与国际接轨,开创了国内软件企业ISO9001认证的先河。

2. 建立并实施覆盖全国的文件化的软件服务质量保证体系。

1999年用友又率先于国内软件业界通过ISO9002标准认证,建立并通过了覆盖全国的服务质量保证体系认证,标志着覆盖全国的软件服务与支持的质量保证体系与国际接轨。

3. 全面推行绩效管理系统。

用友公司推行的绩效管理是以公司业绩和员工发展为中心,帮助公司完成业绩目标和帮助员工取得成功的全过程控制的有效管理方法。通过将公司目标、任务层层分解到机构、部门和岗位,将机构、部门和员工的工作目标与公司战略和目标有机结合起来,并通过对各机构、部门和岗位目标完成情况进行监控,提高或改善员工的工作表现,加强与员工的双向沟通。

4. 公司建立并实施完善的知识产权管理监督控制体系,将尊重他人知识产权、保护自有知识产权制度化。

5. 建立用友知识管理系统,使公司知识、经验不断得到积累和应用。

有效的知识管理系统,对软件企业的发展是相当重要的。在公司内部网络系统中建立了如知识仓库、产品文档管理、产品测试统计及管理系统、产品支持库等知识管理的应用。

分析讨论:

(1)用友创新的意义是什么?

(2)用友的创新体现在哪些方面?

参考文献

[1] 斯蒂芬·罗宾斯,戴维·德森佐. 管理学[M]. 北京:中国人民大学出版社,2009.
[2] 陈传明,周小虎. 管理学原理[M]. 北京:机械工业出版社,2007.
[3] 苗长川,杨爱花. 企业经营管理[M]. 北京:清华大学出版社,2004.
[4] 罗锐韧. 哈佛管理全集[M]. 北京:企业管理出版社,1999.
[5] 徐向艺. 管理学[M]. 济南:山东人民出版社,2009.
[6] 彼得·德鲁克. 创新与企业家精神[M]. 北京:机械工业出版社,2007.
[7] 柯蒂斯·卡尔森,威廉·威尔莫特. 创新:变革时代的成长之道[M]. 北京:北京师范大学出版社,2007.
[8] 约翰·本珊特,基思·帕维特. 管理创新[M]. 北京:清华大学出版社,2008.
[9] 杨文士,张雁. 管理学原理[M]. 北京:中国人民大学出版社,1994.
[10] 谢家驹. 全面质量管理[M]. 北京:经济科学出版社,1991.
[11] 斯蒂芬·P·罗宾斯,玛丽·库尔特. 管理学[M]. 7版. 孙健敏,译. 北京:中国人民大学出版社,2004.
[12] 周三多. 管理学[M]. 2版. 北京:高等教育出版社,2005.
[13] 凯瑟琳·巴特尔. 管理学[M]. 5版. 南京:南京大学出版社,2009.
[14] 李垣. 管理学[M]. 北京:高等教育出版社,2007.
[15] 蒋景楠,刘龙宫,徐江. 现代企业管理[M]. 上海:华东理工大学出版社,2003.
[16] 张明玉. 管理学[M]. 北京:科学出版社,2005.
[17] 黄津孚. 现代企业管理原理[M]. 北京:首都经济贸易大学出版社,2002.
[18] 彼得·德鲁克. 德鲁克管理学[M]. 北京:东方出版社,2009.
[19] 周三多,陈传明,鲁明深. 管理学[M]. 3版. 上海:复旦大学出版社,1999.
[20] 邢以群. 管理学[M]. 杭州:浙江大学出版社,2005.
[21] 芮明杰. 管理学[M]. 上海:上海人民出版社,1999.
[22] 安德鲁·J·杜伯林. 管理学精要[M]. 胡左浩,郑黎超. 译. 北京:电子工业出版社,2007.
[23] 赵曙明. 人力资源管理研究[M]. 北京:中国人民大学出版社 2001.
[24] T·彼得斯,R·沃特曼. 追求卓越——美国杰出企业家成功的秘诀[M]. 北京:中国展望出版社 1984.
[25] 保建云. 企业速度——企业危机与扩张的新思维[M]. 成都:西南财经大学出版社,2000.
[26] 王利平. 管理学原理[M]. 北京:中国人民大学出版社,2003.
[27] 张一驰. 人力资源管理教程[M]. 北京:北京大学出版社,1999.
[28] 蔡树堂. 企业战略管理[M]. 北京:石油工业出版社,2001.
[29] 迈克尔·波特. 竞争战略[M]. 北京:华夏出版社,1997.
[30] 杨杜. 现代管理理论[M]. 北京:中国人民大学出版社,2001.
[31] 戚安邦. 管理学[M]. 北京:电子工业出版社,2006.

读者反馈表

尊敬的读者：

您好！感谢您多年来对哈尔滨工业大学出版社的支持与厚爱！为了更好地满足您的需要，提供更好的服务，希望您对本书提出宝贵意见，将下表填好后，寄回我社或登录我社网站（http://hitpress.hit.edu.cn）进行填写。谢谢！您可享有的权益：

☆ 免费获得我社的最新图书书目　　☆ 可参加不定期的促销活动
☆ 解答阅读中遇到的问题　　　　　☆ 购买此系列图书可优惠

读者信息
姓名_____ □先生 □女士　　年龄_____　学历_____
工作单位_____ 职务_____
E-mail _____ 邮编_____
通讯地址_____
购书名称_____ 购书地点_____

1. 您对本书的评价

内容质量　□很好　□较好　□一般　□较差
封面设计　□很好　□一般　□较差
编排　　　□利于阅读　□一般　□较差
本书定价　□偏高　□合适　□偏低

2. 在您获取专业知识和专业信息的主要渠道中，排在前三位的是：
①_____　②_____　③_____
A. 网络　B. 期刊　C. 图书　D. 报纸　E. 电视　F. 会议　G. 内部交流　H. 其他：_____

3. 您认为编写最好的专业图书（国内外）

书名	著作者	出版社	出版日期	定价

4. 您是否愿意与我们合作，参与编写、编译、翻译图书？
_____

5. 您还需要阅读哪些图书？
_____

网址：http://hitpress.hit.edu.cn
技术支持与课件下载：网站课件下载区
服务邮箱　wenbinzh@hit.edu.cn　duyanwell@163.com
邮购电话　0451－86281013　0451－86418760
组稿编辑及联系方式　赵文斌（0451－86281226）　杜燕（0451－86281408）
回寄地址：黑龙江省哈尔滨市南岗区复华四道街10号　哈尔滨工业大学出版社
邮编：150006　传真 0451－86414049